일본 규슈의 조선도공

일본 규슈의 조선도공

초 판 인 쇄　　2020년 04월 20일
초 판 발 행　　2020년 04월 27일

저　　　자　　노성환
발 행 인　　윤석현
발 행 처　　박문사
책 임 편 집　　최인노
등 록 번 호　　제2009-11호

우 편 주 소　　서울시 도봉구 우이천로 353 성주빌딩 3층
대 표 전 화　　02) 992 / 3253
전　　　송　　02) 991 / 1285
홈 페 이 지　　http://jncbms.co.kr
전 자 우 편　　bakmunsa@hanmail.net

ISBN 979-11-89292-58-4　93380　　　　　　　정가 35,000원

일본 규슈의 조선도공

노성환 저

박문사

일본의 규슈(九州)는 일본 국토 가운데 우리나라와 가장 가깝다. 그곳 나가사키현(長崎縣)의 쓰시마(對馬島)는 부산에서 지척의 거리이어서, 이곳으로 건너가면, 바로 밑에 잇키섬(壹岐島)이 가깝게 다가온다. 다시 잇키섬에 건너가면 사가현(佐賀縣)의 가라츠(唐津)가 눈에 잡힐 듯이 가깝게 보인다.

1592년 도요토미 히데요시(豊臣秀吉)가 일으킨 임진왜란 때 왜군들은 이 루트를 통하여 우리나라를 쳐들어 왔다. 정유재란 때도 마찬가지였다. 특히 당시 규슈의 모든 영주들은 히데요시로부터 동원 명령을 받아 군사를 이끌고 조선으로 가야 했다. 그러므로 이곳 어디를 가더라도 7년 동안 벌어진 전쟁에서 왜군들에게 잡혀간 무수한 조선인들의 이야기가 있다. 이들의 삶은 사실상 노예와 다름없었다. 임진왜란을 노예의 전쟁으로 부르는 이유도 바로 여기에 있다.

필자는 역사 속에서 잊혀져간 이들을 생각하면 가슴이 아프다. 이들은 어떠한 의미에서 나라가 지켜주지 못해 생긴 유민들이었지만, 다른 한편으로는 조선의 문화를 일본에 이식한 주역들이었다. 그러나 이들에 관한 관심은 국내외적으로 그다지 높은 편이 아니다. 그러한 의미에서 이들은 양국에 의해 버려진 사람들이었다.

나는 이들의 역사를 모두 살려내고 싶었다. 그리하여 일단 그들을 임란포로라고 이름을 붙이고, 수년간 규슈 전역을 돌아다니며 추적 조사하여 왔다. 그리하여 부끄럽지만 그 성과를 몇 권의 책으로 엮을 수 있었다. 그런데 그 중에서 유달리 눈에 띄는 것은 그릇을 굽는 도공들이었다. 사실 규슈는 국내외적으로 도자기 생산지로 유명하다. 알고 보면 그것들을 이룩한 장본인들이 바로 임진과 정유의 왜란 때 바다를 건넌 조선도공들이었다는 점은 새삼 놀랄 일이 아니다.

도요토미 히데요시가 일으킨 7년 전쟁을 두고 혹자는 도자기 전쟁이라 표현하기도 한다. 그 이유에 대해 어떤 이는 17세기 초까지 백자를 만드는 기술은 중국, 한국만 가지고 있었고, 이를 탐낸 일본이 조선도공을 대거 잡아갔기 때문이라고 설명한다. 이러한 주장에 대해 기본적으로 동의는 하나, 그것에는 무언가 하나가 부족하다는 느낌이 든다. 왜냐하면 일본은 한반도에서 데리고 간 조선도공들을 통하여 일본 도자 산업의 기틀을 다졌을 뿐만 아니라, 17세기 중엽부터는 유럽으로 수출하여 크게 인기를 얻어, 일본의 경제에 크게 이바지하였다는 점이 간과되어있기 때문이다.

혹자는 이에 대해 우리의 기술을 도둑질해 세계에서 기술력을 인정받은 일본이라고 혹독한 비판을 가할지 모른다. 그러나 냉정히 생각하면 그 말에는 그러한 기술을 가지고 있으면서도 세계화하지 못한 우리에 대한 반성이 부족하다는 느낌을 지울 수 없다. 다시 말해 어떠한 형태이던 그 기술을 잘 수용하고 보존하며 발전시켜 세계화한 것과 그것을 가지고 있으면서도 그렇게 하지 못한 우리의 처지를 생각하면 일본에 대한 원망보다는 아쉬움이 더 커지는 것도 부인할 수 없을 것이다. 임란 이후에도 우리에게 기회는 있었다.

일본이 우리의 도자기에 관심을 두게 된 배경에는 일본의 차문화가 있었다. 임란 이전 15세기경 당시 일본 차문화를 주도했던 노아미(能阿彌: 1397-1471, 본명 中尾眞能)이었다. 그의 제자로는 무라다 쥬코(村田珠光: 1423-1502)가 있고, 쥬코의 제자로는 타케노 죠오(武野紹鷗: 1502-1555)가 있으며, 죠오의 제자에는 일본 다도 완성자인 센노리큐(千利休: 1522-1591)가 있다. 이같이 일본 다도에서 차지하는 그의 위치는 대단히 크고도 중요하다. 그러한 그가 무로마치막부(室町幕府)의 쇼군 아시카가 요시마사(足利義政: 1436-1490)에게 바치는 다완은 주로 중국 제의 청자이거나 천목다완(天目茶碗)이었다.

청자의 경우 가장 대표적인 것으로서 마황반(馬蝗絆)이라는 특이한 이름을 가진 다완이 있다. 이는 1175년경 타이라노 시게모리(平重盛: 1138-1179)가 중국 저장성 항주 육왕산(育王山)에 황금을 기부한 답례로 당시 주지였던 불조선사(佛照禪師)로부터 받은 것으로서, 그 후 쇼군 아시카가 요시마사가 소지하게 되었다. 그 때 바닥에 균열이 있어 이를 중국에 보내며 그에 상응하는 다완을 요구하게 되었는데, 당시 중국에는 이처럼 뛰어난 청자 다완이 이미 존재하지 않아 균열을 꺾쇠로 고정시켜 일본에 다시 돌려보냈다. 그 꺾쇠의 모양이 마치 말의 등에 붙어있는 메뚜기처럼 보였다 하여 「마황반」이라는 이름이 지어졌다는 이야기가 있다.

한편 천목다완은 중국 복건성(福建省)에서 만든 것이나, 일본 승려들이 절강성 천목산(天目山)에 유학을 마치고 돌아갈 때 가지고 간 것에서 출발한다. 이것이 중국 다도와 함께 일본으로 전래된 것이다. 현재 일본 국보로 지정되어있는 8개 다완 중 5개가 천목다완이며, 그 중 3개가 요변천목(曜變天目), 1개가 유적천목(油滴天目), 1개가 대파천목(玳玻天目)이다. 여기에서 보듯이 가장 인기 있는 것이 색채가 화려한 요변천목이었다.

이러한 중국제의 다완에 싫증을 느낀 일본 다인들은 조선인들이 만든 다완에 관심을 돌리기 시작했다. 이는 일본인의 미적 가치가 변화한 것을 의미한다. 즉, 차의 산지와 맛을 판가름하여 승부를 가리는 투차(鬪茶)와 같은 다회(茶會)가 불교와 와카(和歌)를 만나게 됨으로

7

써, 불교의 선(禪), 와카의 와비(侘び)가 결합되어 일본의 미적 가치가 바뀌어진 것이다.

이것으로 인해 일본의 다인들은 그에 맞는 다완을 추구하였고, 화려하지 않고, 투박하면서도 기품을 잃지 않은 조선의 다완이 그들을 매료시켰던 것이다. 그 결과 일본다인들에게서 "첫째는 이도(井戸), 둘째는 라쿠(樂), 셋째는 가라츠(唐津)"라는 말이 생겨났다. 이 말은 말차를 마시는 데는 이도다완(井戸茶碗)이 제일 좋고, 두 번째는 라쿠(교토)에서 만든 다완이 좋으며, 세 번째는 가라츠에서 만든 다완이 좋다는 뜻이다. 특히 이 세 곳은 모두 한국과 관련이 있다. 즉, 이도다완은 조선에서 만든 것이며, 라쿠 또한 조선인 후손으로 추정되는 초지로(長次郎) 가문에서 만든 것이며, 가라츠는 규슈 가라츠에 정착한 조선도공들의 후손이 만든 것을 의미한다. 이처럼 일본 다도계에서는 조선계가 주류를 형성하게 된 것이다. 앞에서 언급하였듯이 그 중 특히 이도다완을 좋아했다. 센 노리큐의 제자인 야마노우에 소지(山上宗二: 1544-1590)는 심지어 "이도다완은 천하제일의 고려다완"이라고까지 서슴치 않았다.

이처럼 조선인들이 만든 다완의 가치를 일본인들은 알고 있었다. 그리하여 쓰시마를 통하여 많은 량의 다완을 주문했고, 그렇게 만들어진 다완은 엄청나게 높은 가격으로 인기리에 일본 다인들에게 팔려나갔다. 즉, 한국인들에 의해 일본의 미가 만들어진 것이다. 그러면서도 우리들은 우리가 가지고 있는 기술의 가치를 몰랐으며, 더구나 그러한 기술을 가진 자들을 천시했었다.

이러한 대우를 받았던 도공들은 타의든 자의든 일본으로 건너가 자신의 기술을 인정받아 우리의 양반계층과 같은 사족 또는 이에 준

8

하는 극진한 대우를 받은 자들도 적지 않았다. 일본에서 그들은 그야 말로 눈부신 활약을 펼쳤다. 오늘날에도 그들이 이룩한 야마구치의 하기, 후쿠오카의 다카토리와 아가노, 사가의 아리타와 가라츠, 나가사키의 미가와치, 가고시마의 사쓰마, 구마모토의 야쓰시로 등 일본 각지의 가마는 일본 도자산업을 주도하고 있다.

얼마 전 울산 도예가들이 나의 연구실을 찾아왔다. 이들은 울산에서 잡혀간 조선도공에 대해서 알고 싶다고 했다. 수년간 임란 때 일본으로 잡혀가 돌아오지 못한 조선인들을 추적한 나였지만, 선뜻 그들에게 시원한 대답을 내놓지 못했다. 사실 돌이켜보면 우리가 임진 왜란을 우리가 도자기 전쟁이라고 정의하면서도 정작 그들에 관한 연구와 자료부족이 컸기 때문이었다.

그러한 데는 이유가 있다. 그들에 관한 기록이 있다고 해도 일본 측이 남긴 것이 대부분이기 때문이다. 일본은 그들이 조선인이라는 것만 밝힐 뿐, 구체적으로 출신지가 어디라는 것은 그들에게 그다지 중요하지 않았다. 그러므로 조선도공들의 출신지를 밝히는 일은 너무나 힘든 작업이라 하지 않을 수 없다. 그리하여 나는 울산 도예가들에게 "일본으로 끌려간 조선도공들의 고향을 찾는 작업도 중요하지만, 그들에 대한 추모사업은 지역을 초월하여 이루어져야 한다"고 권할 수밖에 없었다.

이 책은 규슈의 가고시마현(鹿兒島縣), 나가사키현, 사가현에 흩어진 조선도공들을 추적한 결과물이다. 앞에서 언급하였듯이 일본의 조선도공 연구에 있어서 그들의 루트인 고향 찾기란 물론 중요하다. 그러나 그것과 함께 그들이 일본 속에서 어떠한 삶을 살았는가에 대한 것도, 또 오늘날 우리가 이들을 어떻게 바라보아야 하는 가에 대한 문제도 간과할 수 없는 중요한 문제이다. 이 책을 통하여 그에 대한 문제들을 재인식하고 잃어버린 우리의 조선도공들을 생각하는 계기가 된다면 필자로서 더할 나위 없이 기쁘게 여길 것이다.

물론 이 책이 일본에서 활약한 모든 조선도공을 대변하는 것이 아니다. 이 책에서 다루지 못한 그 밖의 규슈지역에서도 조선도공은 많이 있을 것이다. 우리에게 잘 알려진 것으로는 후쿠오카현(福岡縣)의 아가노 도자기(上野燒)와 다카토리도자기(高取燒)가 있고, 구마모토현(熊本縣)에는 야츠시로 도자기(八代燒), 쇼오다이 도자기(小岱山燒) 등이 있지만, 이들의 기술이 규슈 전역으로 퍼져나가 후쿠오카현 아사쿠라군(福岡県朝倉郡)의 코이시와라 도자기(小石原燒), 오이타현 히다시(大分県日田市)의 온다 도자기(小鹿田燒), 최근 복원된 미야자키현 노베오카시(宮崎県 延岡市)의 코미네 도자기(小峰燒) 등이 있다.

여기에서 좀 더 시야를 좁혀 세밀하게 본다면 더욱더 많을 것이다. 심지어 그 중에는 지금까지 우리에게 전혀 알려지지 않은 곳도 있을 수 있다. 그러한 의미에서 나의 작업은 갈 길이 멀다 하겠다. 이 책은 기나긴 여행의 종착지가 아니라 시발지이다. 그러므로 이를 바탕으로 놓여진 선로를 따라 계속 매진하는 것이 나의 눈앞에 놓인 과제라고 생각한다.

이 책이 나오기까지 많은 이들로부터 도움을 받았다. 가고시마현에서는 소메우라 쥬로(染浦十郎)씨, 사메시마 사타로(鮫島佐太郎)씨, 15대 심수관(沈寿官)씨, 박가(朴家) 15대 아라키 히데유키(荒木秀樹)씨, 그리고 나가사키현에서는 하사미초(波佐見町) 교육위원회의 나카노 유지(中野雄二)씨, 나카자토 이치로(中里一郎)씨, 사가현에서는 13, 14대 가네가에 산베이(金ヶ江三兵衛)씨, 나카자토 노리모토(中里紀元)씨, 15대 나카

10

자토 시게몬(中里茂右エ門) 츠치다 테루유키(辻田輝幸)씨, 아리타초역사민속자료관(有田町歷史民俗資料館)의 오자키 요코(尾崎葉子), 노가미 타케노리(野上建紀)씨를 비롯한 조사에 물심양면 아낌없는 조력해준 다케오시(武雄市) 거주 야마기타 카즈시게(山北和茂)씨의 가족들에게도 이 자리를 빌어 감사를 드린다. 그리고 어려운 경제적인 여건 속에서도 흔쾌히 출판을 맡아준 박문사의 윤석현 사장과 편집부 여러분들께도 무한한 감사를 드리는 바이다.

2020년 2월 10일 문수산 자락 연구실에서

노성환

13

제1부

가고시마의 조선도공

제1장

가고시마의 조선도공 마을

1. 머리말

　현장을 중시하는 일본 민속학을 하다보면 의외의 수확을 거둘 때
가 있다. 특히 한국과 관련이 깊은 마을의 조사에는 더욱 그러하다.
이 글도 그러하다. 몇 년전 필자는 사가현(佐賀縣)의 아리타(有田)에 있
는 조선도공에 관해 조사한 적이 있다. 그 때 가고시마의 나에시로가
와(苗代川)에 있는 조선도공마을에 대해서 자연스럽게 관심을 가지게
되었다. 아리타와 나에시로가와는 여러 가지 점에서 서로 비슷한 점
을 가지고 있었기 때문이었다. 아리타에는 이참평(李參平)이라는 조
선인이 일본의 신이 되어 도조신사(陶祖神社)에 모셔져 있었고, 나에
시로가와에는 신이 된 조선인은 없었지만 한국을 대표하는 단군을
모신 옥산신사(玉山神社)가 있었다. 특히 옥산신사에는 한글로 된 무가

17

와 제의가 전해지고 있다고 한다.

그러한 이야기를 들은 나로서는 이 마을에 대한 매력을 떨칠 수가 없었다. 한국과 일본 사이에서 살아가는 조선인의 후예들이 지내는 마을의 제의와 민속은 전형적인 경계인의 문화를 상징하는 것으로 비교민속학적인 가치가 높기 때문이다. 그리하여 나는 이 마을을 두 번 방문할 기회를 가졌다. 한번은 99년 7월이었고, 또 한번은 07년 5월 이었다. 7, 8년이라는 터울은 있었지만 외견상으로는 크게 달라진 것은 없는 것 같았다.

조선도공의 마을인 나에시로가와는 인구가 1천여 명이 되는 아주 조그마한 산간 마을이다. 사방을 둘러보아도 산뿐인 이 마을이 일본 뿐만 아니라 한국에서도 너무나도 많이 알려져 있다. 지난 2004년에 는 노무현 대통령도 이곳을 방문하여 당시 많은 세인들의 관심을 끌 기도 했다. 이 마을 어찌하여 이토록 유명한 것일까?

여기에는 이유가 있었다. 즉, 이곳은 임진과 정유의 왜란 때 포로 로 잡혀간 조선 도공들이 마을을 이루며 비교적 한국의 전통을 지키 며 살았던 곳이라는 점이다. 특히 일본인의 스승이라고 불리는 시바 료타로(司馬遼太郞: 1923-1996)라는 저명한 역사소설가가 이곳에 사는 심수관(沈寿官)씨를 주인공으로 한 소설[1]을 발표함으로써 그에 대한 관심은 그야말로 폭발적이었다. 이에 많은 한일 양국사람들은 이곳 을 방문하였으며, 그에 대한 글도 수없이 현재까지 발표되고 있다.[2]

---

1 司馬遼太郞(1976)『故郷忘じがたく候』文藝春秋.
2 그에 관련된 글들을 몇 가지 소개하면 다음과 같다. 신봉승, 「일본도자기의 전통을 세운 한국도공들」『한국인』(1982년 10월호), 송효빈, 「사쓰마야키 14대 심수관」 『이것이 일본이다』(한국일보사, 1985년), 구원회, 「단군을 모신 옥산신사」, 신일 철, 「남원에서 납치된 사쯔마야키의 도조들」『일본문화의 뿌리 한국』(상서각, 1986년), 송형섭, 「도공 심수관(상)(하)」『일본 속의 백제문화』(한겨레, 1988년), 김

　이러한 일련의 글에는 변함없는 한 가지 특징이 있었다. 그것은 다름 아닌 나에시로가와의 조선도공은 임진과 정유의 왜란 때 남원에서 포로가 되어 이곳에 끌려온 사람들이며, 그들은 근대에 이르기까지 이방인으로서 가난과 핍박 속에서도 조선인의 긍지를 가지고 일본사회에 동화되지 않고 그 전통을 유지해 왔다는 것이다. 만일 이 것이 사실이라면 우리들뿐만 아니라 일본인에게도 감동을 주고도 남음이 있는 것임에 틀림없다.

　그런데 이러한 내용에서 놀랄만한 사항은 지금까지 그것에 대하여 아무런 의문과 비판도 없이 그대로 수용되고 있다는 사실이다. 그 뿐만 아니라 이야기는 시간이 흐를수록 다른 요소들이 첨부되어 감동적인 것으로 재생산되고 있다는 것이다. 많은 사람들이 이야기하고 있는 것처럼 과연 그들은 400여년이 지난 오늘에 이르기까지도 한국의 전통을 지키며 살았을까? 만약 그렇다면 그 원인은 일본사회에 동화되지 않으려는 민족적 자긍심에서 생겨난 것일까? 아니면 우리가 모르는 다른 이유가 있는 것일까?

　일본에는 조선인 마을이 나에시로가와만 있는 것이 아니다. 여기저기에서 발견된다. 그렇지만 가고시마의 나에시로가와처럼 조선의 전통을 근대까지 고수할 수 있었던 곳은 한군데도 없다. 그만큼 350여년이란 시간이 흐르는 동안 자신들의 문화만을 고집한다는 것은 여간 어려운 것이 아니다. 타 지역에 비교하여 그들만이 독특하게 민족적 자긍심이 높았다고 말할 수는 없다. 그러한 데에는 내부적인 요인도 있지만 외부적인 요인도 생각하지 않을 수 없다. 그럼에도

충식, 「도공의 후예 도고 시게노리, 천황을 구하다」, 「사백년의 약속, 심수관가 조국의 불을 품다」『슬픈열도』(효형출판, 2006년) 등이 있다.

불구하고 후자인 외부적인 요인을 무시하고 단순히 내부적인 요인인 민족적 자긍심에서 그 해답을 찾는다는 것은 그만큼 설득력이 떨어진다고 하겠다.

그리고 그들을 남원에서 끌려온 도공으로 보는 것에도 문제가 있다. 임진과 정유의 왜란 때 도요토미 히데요시(豊臣秀吉: 1537-1598)의 명에 따라 조선을 침략한 사쓰마(薩摩)의 시마즈 요시히로(島津義弘: 1535-1619) 군대가 조선의 여러 곳을 돌아다녔음에도 불구하고 남원의 도공들만 납치하여 갔다는 것은 선뜻 이해가 가지 않는 것이다. 임진과 정유의 왜란을 도자기 전쟁이라고 불릴 만큼 그들은 조선도공 사냥에 혈안이 되어있었다. 얼마든지 타 지역에서도 조선도공을 잡아갔을 가능성을 배제하고 남원에서만 간 것으로 고집하는 시각은 너무나 단편적이라고 하지 않을 수 없다.

이러한 추론이 맞다면 나에시로가와에는 남원에서 건너간 도공의 그룹이외에도 조선도공들이 있었음에 틀림없다. 유감스럽게도 지금까지 우리의 연구에서 남원 이외 지역 출신 도공들을 찾는 작업은 소홀히 다룬 느낌이 없지 않다.

이에 본 장에서는 그들이 근대에 이르기 까지 조선의 문화적 전통을 지킬 수 있었던 외부요인에 대해 살펴보고, 또 남원은 물론 그 밖의 지역에서도 끌려갔을 조선도공들은 없는 것인지에 대해 알아보고자 한다. 그런 연후에 가고시마에 정착한 조선도공들이 가고시마의 도예의 역사에서 어떠한 족적을 남겼는지에 대해서도 아울러 알아보고자 하는 것이다.

2. 조선인 마을 나에시로가와

1884년 갑신정변 직후 조선정부는 일본으로 봉명사신을 파견하였다. 그 때 종사관이라는 직책으로 일본을 다녀온 박대양(朴戴陽: 1848-1888)은 훗날 『동사만록(東槎漫錄)』이라는 기록을 남긴다. 그 내용 가운데 우리의 눈길을 끄는 것이 가고시마의 조선인 마을에 대한 기록이다. 그 대목을 잠깐 소개하면 다음과 같다.

> 가고시마(鹿兒島)의 속지(屬地)에 조선인 마을이 있다. 옛날 만력(萬曆) 임진년(壬辰年)에 우리나라 사람으로 포로가 된 자가 처음 살았는데, 지금은 수천여 호가 되었다. 서로 자기들 끼리 혼인하고, 일본사람과는 가취(嫁娶)하지 않는데, 지금에 이르기까지 그 풍속이 변하지 않는다. 일본사람이 말하기를 "가고시마 사람은 언어와 의복은 비록 일본사람이나 그 마음은 끝까지 한국 사람이다."고 한다. 그 말을 믿을 수 없다.[3]

박대양은 일본인으로부터 임진왜란 때 포로가 되어 일본으로 건너가 가고시마에 살게 된 조선인들의 이야기를 들었다. 그들이 일본인들과는 혼인을 하지 않고, 조선의 풍속을 지켜 가고 있다는 것에 대해서는 믿을 수 없다고 의문을 품었지만, 그 사실을 대하고 적지 않게 놀라고 있음은 틀림없다. 조선정부는 포로가 된 자신의 백성들이 일본에 정착하여 한 마을을 이루고 살아간다는 사실을 까마득하게 잊어버리고 있었던 것이다.

그가 말하는 가고시마의 조선인 마을은 과연 어디를 가리키는 것

---

3 박대양(1989) 「동사만록」 『해행총재 11권』 민족문화추진회, p.457.

일까?

여기에 주목할 만한 또 하나의 우리 측의 옛 기록이 있다. 그것은 다름 아닌 윤치호(尹致昊: 1865-1945)의 일기이다. 개화파인 그도 이 사실에 대해 듣고 알고 있었다. 더군다나 그의 일기 두 군데에서나 그와 관련된 기록이 나와 관심이 높았다는 것을 알 수 있는데, 그 내용을 소개하면 다음과 같다.

(1) 1886년 5월 1일

이날 밤 예도(莉島) 이집원촌(伊集院村)의 역사를 대강 듣다. 이 마을은 임진란 이후 우리나라 사람 8명이 일본에 도착하여 자리 잡은 곳이다. 그 자손들은 모두 자기(磁器)를 업으로 하며 마을 안에 약 1천여 호가 있는데, 이집원 사족(士族)으로 불리며 자못 존대 받는다고 한다. 촌민의 언어 풍속은 일본 고유의 언어 풍속과 크게 다른 바가 있으며, 여자들은 미색이 많고 사람들이 대개 용맹하다고 한다.[4]

(2) 1888년 9월 6일

가고시마(鹿兒島) 이집원(伊集院)이나 묘대천(苗代川)에 우리 나라 사람 자손이 있어 근일 매우 개화하여 초초하지 않은 인물도 적지 않다고 한다.[5]

윤치호는 가고시마를 예도라 하였고, 그곳의 이집원 또는 묘대천이라 불리는 곳에 임진란 이후 우리나라 사람 8명이 정착하여 도자

---

4 윤치호(2001)『국역 윤치호일기(1)』〈송병기역〉 연세대출판부, p.342.
5 윤치호, 앞의 책, p.519.

▌다치바나 난케이의 목상(桑名市所)

기를 생산하여 살며, 일본인으로부터 사족대우를 받고, 비교적 조선의 풍속을 지키면서 개화되어 있었다고 보았다. 그러한 소식을 믿을 수 없다고 한 박대양 보다 매우 구체적이다. 그가 말하는 이집원이나 묘대천은 서로 인접해 있는 지역이다. 그 중에서 묘대천이 조선도공마을로 널리 알려져 있는 나에시로가와가 바로 그곳이다. 그러므로 박대양이 말하는 조선인 마을과 윤치호가 말하는 조선도공의 마을은 바로 이 묘대천을 가리키는 것으로 보인다.

이러한 나에시로가와에 대해 18세기 일본의 지식인 타치바나 난케이(橘南谿: 1781-1788)가 남긴 기록이 있다. 타치바나는 이세(伊勢)에서 태어나 교토(京都)에서 의사를 하고 있으면서 일본의 여기저기를 여행하면서 보고 느낀 것을 『동유기(東遊記)』와 『서유기(西遊記)』라는 책

으로 엮어 놓았다. 그 중 『서유기』에 위에서 언급한 나에시로가와(苗
代川)에 관해서 비교적 자세히 서술하고 있다. 그는 먼저 다음과 같이
서술하기 시작했다.

> 사쓰마주(薩摩州) 가고시마 성 아래에서부터 70리 서쪽에 나에시로
> 가와라는 곳은 한 마을이 모두 고려인이다. 옛날 히데요시의 조선 침략
> 때 이곳 삿슈(薩州)의 옛 번주가 조선국 한 마을을 남녀노소 가릴 것 없
> 이 모두 잡아 가지고 돌아왔다. 그리고 그들 조선인들에게 이곳 한 마
> 을의 토지를 내려 오래 이 땅에 살게 하였다. 지금 그 자손들이 대를 이
> 어 조선풍속 그대로 계승하여 의복에서 언어까지 모두 조선식이며, 날
> 이 갈수록 번창하여 수백호를 이루고 있다. 처음 잡혀온 성씨는 17성으
> 로 신, 이, 박..... 등이었다.[6]

여기에서 보듯이 조선인 마을 나에시로가와는 수백호를 이루고 있
다고 했을 뿐 그 마을의 인구에 대해서 자세히 언급하고 있지 않다.
그러나 수백 호라는 표현에서 보듯이 그 수는 적지 않음을 알 수 있
다. 타치바나는 이들은 모두 조선의 전통 그대로 지키고 있을 것으로
생각했다. 아마도 이러한 기대가 있었기 때문에 "나는 오래 그곳에
가기를 원했거늘 이국인인데다 아는 것도 별로 없어서."라고 서술할
만큼 그는 마치 그곳을 외국이라도 가는 것 같은 느낌을 가지고 담당
사관의 소개장을 들고 들렀던 것이었다. 다시 말하여 일본 속의 조선
인 마을이라는 것에 대한 호기심에 가득 차 있었던 것이다.

---

6 김태준(1977) 「고려의 자손들과 일본의 도자문화」 『임진란과 조선문화의 동점』
   한국연구원, p.60에서 재인용.

그는 먼저 신모둔(伸倅屯)이라는 마을 장로의 집을 찾았다. 신모둔은 이러한 낯선 손님을 극진한 예의로 맞아들였다. 그 때 타치바나는 그의 성씨가 매우 특이함으로 알고 그것이 본래 한토의 성인지를 물었다. 그러자 신모둔은 본래는 신인데, 일본인들이 그것을 원숭이 뜻을 가진 말로 해석하여 원숭이를 가리키는 사루로 읽는 것을 피하기 위해 사람 인(人)변을 붙여 伸이라고 했다고 대답을 했다.

이러한 말부터 시작하여 그는 신모둔과 여러 가지 대화를 나누었다. 그 중 이곳 사람들의 생활이 궁금해진 타치바나는 신모둔에게 여러 가지 질문을 던지는데 그 중 한 가지를 소개하면 다음과 같다.

"일본으로 건너 온지 몇 대가 됩니까?" 라고 물으니 "벌써 5대나 됩니다. 이 마을에서 장수한 집은 아직 4대이지만 벌써 8대가 되는 집도 있습니다." 라고 대답하였다. "그렇다면 조선은 고향이면서도 수대를 지냈으니, 고향생각은 나지 않겠지요." 하고 물었더니 "고향은 잊을 수 없는 것이라고 누군가 말했지만, 오늘에 있어서는 벌써 2백년이나 지났고, 이 나라에 큰 은혜를 입었을 뿐만 아니라 말마저 이 나라 사람과 다름없이 사용하고 있습니다. 다만 옷과 머리 모양만이 조선 풍속일 뿐, 그 밖에는 고향 풍속이 남아 있지 않습니다. 소식이 끊기어 알 수 없으니 모든 것을 잊어버려야 하겠지만 어쩐지 간혹 고향 생각이 날 때가 있지요. 지금이라도 귀국이 허용된다면 돌아가고 싶은 심정입니다." 라고 말하고 있었다.[7]

---

7 橘南谿(1974)『東西遊記 (2)』平凡社東洋文庫.

▌신모둔가의 호적등본

　여기에서 보듯이 신모둔이라는 자는 자기 조상이 가고시마에 산 지가 5대를 내려갔지만 자신들은 조선의 성씨와 이름을 그대로 사용하고 있었다. 그가 사는 마을 사람들은 비록 조선의 풍속은 잊었지만, 말은 물론 옷과 머리 모양까지도 조선식으로 살고 있는 모습을 바라 본 외부사람들의 눈에는 조선의 풍속이 그대로 유지되는 것으로 보았을 것임에 틀림없다. 신모둔이 염려하고 있는 것처럼 겉만 조선이지 속은 모두 일본으로 되어있는 모습은 보이지 않았다.

　타치바나가 처음에 기대했던 것과는 조금 거리가 있었다. 이미 18 세기가 되면 이 마을에도 처음에 비하여 많은 변화가 일어나고 있었던 것이다. 이러한 것에 대한 안타까움이 신모둔의 말 속에 묻어 있다. 그러한 변화 속에서도 신모둔은 선조들이 떠나온 고향을 잊지 못하고 지금이라도 귀국이 허용된다면 돌아가고 싶은 심정이라고 토로하고 있다. 타치바나는 신모둔의 이 말에 "슬픈 마음이 가득하였다.”고 표현할 만큼 깊은 감동을 받은 것 같다.

이처럼 전쟁으로 인해 포로가 되어 일본에 살았던 선조를 가진 조선인 후손들이 200여년이 지나도 자신들의 고향으로 돌아가려는 마음을 엿볼 수 있다. 그만큼 신모둔에게 있어서 일본은 잠시 머무는 타향에 불과하였던 것이다. 이는 이들의 일본에서의 삶이 그다지 순탄치 않았음을 보여주는 것으로도 해석이 가능하다. 바로 그러한 조선인 마을이 가고시마현 나에시로가와이었다.

타카키 젠스케(高木善助: ?-1854)[8]가 19세기 초반에 쓴 『살양왕환기사(薩陽往還記事)』에는 그들의 생활상을 다음과 같이 잘 그려내고 있다.

> 마을사람들이 밭을 갈고 옷감을 짜면서 살았지만 대부분은 전래의 고려도자기(高麗燒)를 만들었다. 태수가 사용하는 것은 백약(白藥)으로 만든 토병, 사발, 항아리이고 그 외에 여러 가지 것을 만들어서 말에 실어 매일 성 아래에 와서 팔았다. 상품으로는 이 마을에서 생산된 흑약(黑藥)의 살마토병(薩摩土瓶)이 세상에 알려졌다.[9]

여기에서 보듯이 그들은 농사를 짓기도 하였지만 주산업은 도자기였음을 알 수 있다. 도자기에는 흰 것과 검은 것이 있는데, 전자는 영주를 위한 것이고, 후자가 일반 서민용인 것인데, 이들은 후자의 검은

8 에도 후기의 상인. 오사카 사람으로 十人両替 히라노야 고베이(平野屋五兵衛)에서 분가했다. 즈쇼 히로사코(調所広郷: 1776-1849)에 의한 사쓰마(薩摩)의 가고시마번(鹿児島藩)의 정치개혁을 위한 자금조달에 협력했다. 그로 인해 사쓰마를 6차례 왕래하게 되었고, 그 때 상황을 기록한 것이 『薩陽往返記事』이다. 택호는 히라노야(平野屋)이었다.
9 정광(1988) 「일본 살마 묘대천에 정착한 임진왜란 한국피로인의 모국어 교육」, 『이중언어학회지(4)』 한국이중언어학회, p.15에서 재인용.

❙어네스트 메이슨 세토우(1843-1929)

것을 생산하여 가고시마 시내로 들어가 판매하며 살았던 것이다.

　명치기(明治期: 1867-1912)에 일본에서 활약을 했던 영국 외교관 어네
스트 메이슨 세토우(Ernest Mason Satow: 1843-1929)[10]가 1877년 2월 이곳
을 두 번이나 방문했다. 그의 말을 빌리면 당시 나에시로가와의 인구
는 1,500여명이었고, 조선어를 할 수 있는 사람들이 있었으며, 또 마
을의 남자들은 3년 전만 하더라도 조선식의 머리모양을 하고 있었다

10　영국의 학자, 외교관이다. 영국공사관의 통역관, 주일공사, 주 청나라 공사를 역임
　　했고, 영국에서 '일본학'의 토대를 마련했다. 일본 이름은 사토 아이노스케(또는
　　사쓰도 아이노스케)를 사용했다. 일본 체류는 1862년부터 1883년(일시 귀국 포함)
　　까지였고, 주일 공사로 1895년에서 1900년까지를 합치면 총 25년이 된다. 식물학
　　자인 다케다 히사요시는 차남이다. 1843년 독일 동부 비스마르에 뿌리를 둔 소르
　　브계 독일인(당시는 스웨덴 령이었기 때문에 출생 시 국적은 스웨덴) 아버지 데이
　　비드와 영국인 어머니 마가렛(옛 메이슨)의 셋째 아들로 런던에서 태어났다. 사토
　　들은 비 잉글랜드 성공회 계열로 루터교 종파의 독실한 집안이었다. 밀힐 스쿨에
　　서 유니버시티 칼리지 런던에 진학해서, 로렌스 올리펀트의 저서 『엘긴 경의 일본
　　사절록』을 읽고 일본을 동경하였다. 1861년 영국 외무성(영사 부문)에 통역생으
　　로 들어가 주일공사 러더퍼드 올콕의 의견에 따라 청나라 베이징에서 한자를 배운
　　적이 있다.

고 한다.[11] 이처럼 가고시마에서 지역민들이 조선식으로 살아갔던
마을은 나에시로가와 밖에 없다. 그러므로 박대양이 지적한 '가고시
마의 조선인 마을'은 나에시로가와임을 쉽게 짐작할 수 있다. 그들
은 박대양이 일본을 방문하던 바로 그 해부터 일본식 언어와 의복으
로 바뀌었던 것이다.

임란에 의해 끌려간 그들이 어찌하여 근세에 이르기까지 조선의
의복과 말 그리고 풍속 등을 유지할 수 있었을까? 이미 우리들에게
널리 알려져 있는 것처럼 그들은 한시라도 근본을 잊지 않고 그들끼
리 결혼하고 자손을 낳고 살며 일본사회에 동화되지 않고 살아왔기
때문일까?

이들이 근대에 이르기까지 조선의 풍속을 지닐 수 있었던 것은 스
스로 만들어낸 내부적인 요인보다 바깥에서 강제된 외부적인 요소
도 무시할 수 없다. 그 예로 1787년경의 일본 측 기록인『서유잡기(西
遊雜記)』에 매우 중요한 사실이 기록되어있다.

저자인 후루가와 코쇼켄(古河古松軒: 1726-1807)은 이곳 사람들에 대
해 "누구든지 비녀를 꽂고 있었다. 그리고 그 인물을 살펴보면 키도
크고 얼굴도 갸름하고 길어서 천하게 보이지 않는다. 옛날부터 일본
인과 연담이 있으면 법도에 따라 엄격하게 금하였고, 머리도 월대천
창(月代天窓: 일본무사의 머리모양)으로 깎는 것을 금하였다. 5, 6대를 일본
에 살면서도 머리조차 일본식으로 하는 것을 허락받지 못했다."고
언급하고 있는 것이다.[12] 이처럼 사쓰마 번은 그들에게 의관과 혼인
까지도 통제 관리하고 있었음을 알 수 있다.

---

11 李進熙, 앞의 책, pp.77-78.
12 정광, 앞의 논문, pp.15-16에서 재인용.

그러한 흔적은 『묘대천유장(苗代川留帳)』이라는 문헌에서도 확인이 된다. 그것에 의하면 1695년(元祿 8)에 이곳 조선인들은 타로(太郎)이나 지로(次郎)와 같은 일본식 이름은 어울리지 않으니 사용하는 것을 금지시키는 내용이 나온다. 따라서 이 지역 사람들은 봉건막부체제가 붕괴되기 전까지는 조선식 이름을 계속 사용하지 않을 수 없었다. 심지어 가고시마의 시마즈번에서 도공 중 공로가 큰 사람에게 내리는 이름도 조선식이었다. 박평의에게 내려진 흥용(興用)이라는 이름이 바로 그 좋은 예이다.

사쓰마 영주가 참근교대제(參勤交代制)[13]라는 제도에 따라 에도(江戶)로 갈 때는 이곳을 들렀다. 그 때는 마을사람들에게 나와서 인사하도록 하였으며, 그리고 영주 앞에서 머리에는 조선의 갓을 쓰고 몸에는 조선옷을 걸치고, 조선노래를 부르며 조선의 춤을 추게 했다.[14] 이를 감상한 번주는 그들에게 답례로 청동을 하사했다고 한다. 그 예로 박평의가 기록한 유래기에 의하면 여자들에게는 청동 3천필, 남자들에게는 천필을 받았다고 적혀져 있다. 이러한 행위는 마을로서는 영주가 방문하는 마을로 영예로울 수도 있으나, 다른 한편으로는 그들로 하여금 조선 문화가 제대로 지켜지고 있는지를 영주가 직접 점검하는 자리이기도 했다.

이처럼 그들이 조선의 풍속을 지킬 수 있었던 것은 자신들의 의지라기 보다는 강제된 측면이 있었다. 다시 말해 사쓰마번에서는 그들

---

13 에도(江戶)로 가는 것은 참근(參勤), 영지로 가는 것을 교대(交代)라 한다. 이는 에도시대에 각 지역 영주로 하여금 1년을 교대로 에도와 영지로 가게 하는 제도이다. 그에 따라 모든 영주들은 1년마다 에도와 영지를 오고가야 했으며, 에도를 떠날 때는 정실과 후계자는 에도에 상주시켜야 하는 의무가 있었다.

14 李進熙(1987) 『江戸時代の朝鮮通信使』 講談社, p.78.

로 하여금 조선식의 풍속을 유지할 것을 강제하였던 것이다.

그리고 그들이 조선어를 유지할 수 있었던 것은 사쓰마번이 그들에게 도자기 생산하는 일뿐만 아니라 통역을 하는 통사(通詞)의 역할까지도 맡겼다. 그 예로 사토 츄료(佐藤中陵: 1762-1848)[15]가 1780년 경에 쓴『중릉만록(中陵漫錄)』에 다음과 같은 내용을 들 수가 있다.

> 옛날부터 그들의 말을 배운다. 모든 말이 발음을 알아들을 수 없으나 지금 일본의 고어(古語)와 서로 같은 경우와 많은 것 같다. 조선인이 표류하여 살주(薩州)의 산천에 오게 되면 나와서 통변(通辯)했다. 이 때 그 표류인들은 크게 놀라서 '며칠 동안 난풍을 만나 만리의 파도를 헤치고 이곳에 왔더니 우리나라 사람과 똑같고, 우리나라 옷을 입고 우리나라 말을 하는구나. 세계에서 우리나라와 같은 곳이 또 있을 줄 몰랐는데, 여기에서 그런 사람을 만났으니, 일본은 정말 크고 천하의 대국이로구나.'라 하였는데, 이로부터 나랏말(한국어)을 배워서 통역하는 일을 맡게 되었다.[16]

이처럼 그들은 조선어를 배우고 사쓰마번이 필요한 조선어 통역을 맡아서 했던 것이다. 그 뿐만 아니라 사쓰마번이 조선과의 밀무역을 할 때에도 조선어 통사를 나에시로가와 마을사람들 중에서 선발되었다. 그리고 역대통사(歷代通事), 계고통사(稽古通事), 통사계고(通事稽

---

15 미도번(水戸藩)의 본초학자(本草学者) 이름은 成裕, 자는 子縡, 통칭은 헤이사부로(平三郎). 츄료(中陵)는 호. 그 밖에도 温故斎, 青莪堂이라는 호도 사용했다. 부친 佐藤端義. 에도 아오야마(江戸青山) 출신. 薩摩藩·白河藩·米沢藩·会津藩·備中松山藩·水戸藩에서 本草学으로 사무라이가 되었으며, 북해도를 제외한 일본 전국을 유람했다.
16 정광, 앞의 논문, p.17에서 재인용.

古)라는 관직을 두어 조선어 역학서『교린수지(交隣須知)』,『한어훈몽(韓語訓蒙)』,『표민대화(漂民對話)』,『인어대방(隣語大方)』등을 이용하여 조선어를 강습케 하였다 한다.[17]

이러한 교재의 대부분은 대마도를 통해 수입하고 있었다. 더군다나 대마도는 화정연간(化政年間: 1804-1830)에 그들의 영지가 가고시마의 이즈시군(出石郡)에 있었다. 이를 매개로 활발하게 교류하였을 것으로 추정되고도 남음이 있는 것이다.

이러한 분위기이었기 때문에 1877년(明治10)에 영국인 어네스트 세토우(E Satow)가 방문하였을 때도 조선어를 할 수 있는 사람이 있을 수 있었으며, 또 일본의 외무대신을 지냈던 박무덕(朴茂德)의 아버지 박수승(朴壽勝) 또한『숙향전(淑香傳)』을 한글로 읽을 수 있었다. 지금도 나에시로가와에는 조선어 학습과 관련된 서적이 20종 28권 가량의 서적들이 전해진다.[18]

그러나 어네스트 세토우가 방문했던 1877년 2월만 하더라도 나에시로가와는 큰 변화를 겪고 있었다. 그것은 분명히 종전과는 다른 것이었다. 그 변화에 대해 어네스트는 다음과 같이 서술했다.

그들의 이름 특히 남자에게는 그대로 조선식 이름이 사용되었지만, 여자의 경우에는 후데, 유키라는 일본식 이름이 사용되고 있었고, ……〈생략〉…… 또 복장이나 집들은 사쓰마의 사족이나 저택과 다름이 없었고, 길을 가는 여행자의 주의를 끌만한 현저한 점이라고는 아무 것도 없었다. 쓰는 말까지도 이미, 사쓰마 방언을 섞는 정확한 일본어였고 일본

17 정광, 앞의 논문, p.17.
18 鄭光, 앞의 논문, p.10.

인의 옷을 착용하고 있었다. 이곳도 이제 다른 마을과 아무런 차이도 없
어 보인다.[19]

이와 같이 명치 이후 막번체제가 무너지고 번으로 부터 그들에 대
한 감시와 관리가 없어지게 되자 나에시로가와는 신모둔이 지적한
것처럼 그가 살았던 당시는 겉은 조선이지만, 속은 일본인이었던 나
에시로가와가 1870년대에는 겉도 속도 모두 일본으로 바뀌어진 것
이었다. 그래도 남아있다면 남자들의 이름뿐이었다.

이처럼 그들이 조선의 옷과 말 그리고 풍속을 지킬 수 있었던 것
은 민족적 자긍심에 우러나온 내부적인 요인에 있었던 것이 아니라
번의 정책으로 인한 외부로부터 강제된 것에서 비롯된 것이었다. 그
들은 오랫동안 강제되어 조선인으로 살아야 했지만, 실은 일찍부터
다른 사람들과 구분되지 않는 일본인으로서 살고 싶었는지 모른다.

3. 가고시마에 도착한 조선인

나에시로가와에 사는 조선도공들은 조선 어디에서 갔을까? 언론
인 송형섭은 남원에서 갔다고 했다. 정유재란 때 남원성 전투에서
포로가 되어 이곳으로 왔다는 것이다.[20] 그에 비해 김달수(金達壽: 1919-
1997)[21]는 1920년에 발간된 가고시마현 히오키군(日置郡) 이슈인촌(伊集

---

19 김태준, 앞의 책, p.86에서 재인용.
20 송형섭(1988)『일본 속의 백제문화』한겨레, p.310
21 경남 창원 출신. 1세대 재일한국인 소설가. 고대사 연구가. 그는 원래 소박한 형태
   의 민족주의 청년이었으며, 해방 후 북한을 지지하는 입장을 유지하였다. 1958년

院村) 나에시로가와 연혁을 인용하여 나에시로가와 조선인들은 임진
왜란 때 남원성, 가덕도 전투와 웅천, 김해 등의 전투에서 잡았던 각
종 공예에 통달한 자들이라고 소개했다.[22] 즉, 남원뿐만 아니라 가덕
도, 웅천, 김해 등지에서 포로가 되어 온 사람들도 있다는 것을 시사
하는 발언이었다.

과연 그들은 어디에서 간 것일까? 여기에 대해 기록한 일본 측 문
헌은 의외로 많이 있다. 그것들을 종합하여 보면 먼저 상륙시기에 대
해서는 약간씩 차이를 보이고 있었다. 가령 『성산가계보(星山家系譜)』,
『살마명승지(薩藩名勝志)』, 『칭명묘지(称名墓志)』 등에서는 조선도공들이
임진왜란 때 가고시마에 들어갔다고 하였고, 『朝鮮より被召渡留帳』,
『입야병묘대천소물유래기(立野幷苗代川燒物由來記)』, 『朝鮮より召渡由來記』, 『고
려전도기기원제조서(高麗傳陶器紀元製造書)』 등에는 정유재란 때 들어간
것으로 되어있다. 이 중 어느 것이 정확한지 단정 지을 수는 없으나
많은 사람들은 후자의 것을 택하고 있다.

발행된 『朝鮮──民族·歷史·文化』가 조총련(朝総連)에게 비판을 받게 되자, 60년
대 이후에는 조금씩 북한에 대한지지 입장과 거리를 두었다. 일설에 의하면 그는
1972년에 조총련으로부터 제명당했다고 한다. 그러나 남북통일의 꿈을 포기하는
일이 없었고, 1975년에 『季刊三千里』를 이진희(李進熙), 강재언(姜在彦) 등과 창간
했다. 그 후 전두환 정권하인 1981년에 재일조선인 '정치 사상범'의 구명과 감형
을 탄원하는 목적으로 한국을 방문했다. 이로 인해 김석범(金石範)과 김시종(金時
鐘)을 비롯한 많은 일본인과 조총련계 사람으로부터 공격을 받은 적이 있다. 1970
대부터 그는 고대사 영역에 중점을 두고 「일본고대사는 조선과의 관계사이다」이
라는 시점에서 「일본 속의 조선문화」를 탐구했다. 황국사관(皇国史観)의 핵심이
되었던 「귀화인(帰化人)」이라는 용어를 「도래인(渡来人)」이라는 호칭을 사용해야
한다고 주창한 역사학자 우에다 마사아키(上田正昭)에 찬동하여 당시 선진문화를
전한 고대한국인(고구려인, 백제인, 신라인 등)의 존재를 「도래인」으로서 일본인
에게 인식시켰고, 일본인의 한국관에 크게 영향을 끼쳤다. 그에 관련된 저작으로
는 『日本속의朝鮮文化』 시리즈(全12卷), 『日本古代史와朝鮮』(講談社学術文庫) 등이
있다.
22 김달수(1993) 『일본 열도에 흐르는 한국혼』 〈오문영. 김일형 역〉 동아일보사, p.396.

┃조선도공 상륙기념비(기념비에는 "1598년(경장3년) 겨울 머나먼 풍도를 넘어 우리들의 개조가 이 땅에 상륙하다."라는 14대 심수관의 글이 적혀있다)

이러한 문헌들에 의하면 가고시마의 시마즈군대에 의해 포로가된 조선인들은 네 그룹이 있었던 것 같다. 도착한 곳도 시기도 각기 서로 달랐던 것 같다. 그들에 대해 약간 정리하여 보면 다음과 같다.

첫째는 쿠시키노(串木野)의 시마비라(島平)에 도착한 그룹이다. 『朝鮮より被召渡留帳』에 의하면 그들은 모두 남녀 43명이었고, 그들의 성씨는 安, 鄭, 李, 張, 卞, 朴, 黃, 林, 車, 朱, 盧, 羅, 燕, 姜, 河, 陣, 崔, 丁의 18개 성씨가 있었다고 한다. 이들이 여기에 상륙하게 된 이유에 대해 『묘대천유장』에 의하면 원래는 타테노(堅野)에 내릴 예정이었으나 그곳에는 남원이 함락할 때 조국과 민족을 배신한 주가희(朱嘉喜)가 먼저 도착하였다는 말을 듣고 상륙을 거부하여 어쩔 수 없이 쿠시노키에 상륙하게 되었다고 기록하고 있다.[23]

---

23 鄭光(1988) 「薩摩苗代川傳來の朝鮮歌謠について」『國語國文(57-6)』京都大學 文學

송형섭에 의하면 주가희는 주가의(朱嘉儀), 주가전(朱嘉全), 주가선(朱嘉善)이라고도 하는데 그는 조선 청년으로서 왜적에게 길을 가르쳐 주고 젊은 여자들을 끌어다가 적장에 바치고, 또 일본군의 선두에 서서 갖은 행패를 다 부린 왜적의 앞잡이였다고 한다.[24] 그들은 그러한 민족의 반역자와 함께 사는 것을 거부한 것이었다.

그들 성씨 중 황(黃), 나(羅), 연(燕)씨는 대가 단절되었고, 안(安), 장(張)씨는 유구(오키나와)로 도자기 기술을 전수하기 위해 파견되었다. 유구의 『장씨가보(張姓家譜)』에 의하면 유구왕 상풍(尚豊)이 도공의 파견을 사쓰마(薩摩)에 요청한 결과 1616년(萬曆14년/元和2)에 장일육(張一六)과 안일관(安一官)과 안이관(安二官)이 유구의 왕세자와 함께 오키나와로 건너간 것으로 되어있다.

그 후 안씨 형제들은 사쓰마로 돌아왔으나, 장일육만이 그곳에 남아 이름을 나카치 레이신(仲地麗伸: ?-1638)으로 개명하고 살며, 유구(琉球)의 용전요(湧田窯)의 시조가 되었다.[25] 그리고 1725년(雍正8/亨保10) 그는 왕으로부터 녹봉을 받는 존재가 되었다고 한다. 그러나 유감스럽게도 가고시마로 돌아온 안씨 형제들의 이후 행방은 기록이 없어 알 수가 없다. 그들이 첫 상륙한 쿠시키노의 해안에는 현재 상륙기념비가 세워져 있는데, 그 비에는 "경장 3년(1598) 겨울 머나 먼 풍도를 넘어 우리들의 개조 이 땅에 상륙하다."고 14대 심수관이 쓴 글씨가 새

部 國文科硏究室, p.24.

24 송형섭, 앞의 책, p.310. 한편 신봉승은 주가선은 왜란 때 일본 측에 가담한 역관으로 왜병의 철수와 함께 일본으로 건너가 가고시마의 본성 밑에서 일본이름을 사용하며 살았던 인물로서 보았다. 자세한 것은 신봉승의 『신봉승의 조선사 나들이』(도서출판 답게. 1996년) p.191참조.

25 우동규(1987) 「피납도공들의 도자기 발달과 후예들」 『일본학(6)』 동국대 일본학연구소, p.199.

겨져 있다.

둘째는 이치키(市來)의 카미노가와(神之川)에 도착한 그룹이다. 그들은 신(申), 김(金), 노(盧)의 3개의 성씨로 남녀 10여명이 있었다 한다. 이들은 처음에는 카타노(堅野)에 거주하였으며, 이들 가운데는 후세 유력한 도공들을 배출한 김씨의 시조 김해(金海)와 신씨의 시조 신주석(申主碩)과 신무신(申武信)도 여기에 포함되어 있었을 것으로 추정된다. 그들은 나중에 일본으로 귀화하여 김해는 호시야마 쥬지(星山仲次), 신주석은 타바루 유스케(田原友助), 신무신은 타바루 만스케(田原万助)로 이름을 바꾸기도 한다. 타치바나 난케이가 만났던 신모둔은 바로 이들의 후손임은 쉽게 짐작할 수 있다.

셋째는 가고시마(鹿兒島)의 마에노하마(前之濱)에 도착한 그룹이다. 이들에 대해서는 기록이 빈약하다. 그 중에 왕족이라고 자칭하는 이금광(李金光)이라는 자가 있었던 것으로 알려져 있다. 당시 상황을 기록한 시미즈 세이카(清水盛香: ?-1806)가 쓴 『성향집(盛香集)』의 「고려왕자지사(高麗王子之事)」조에 의하면 사쓰마에 조선왕자라고 칭하는 자가 있었고, 또 그 그룹 속에는 승려도 있었는데, 그를 중심으로 30명 정도가 집단으로 탁발한 것에 대해 영주인 시마즈 요시히로(島津義弘: 1535-1619)가 감탄하여 쌀과 소금을 주고, 또 왕자를 포함한 100여명을 귀국시켰다고 한다.[26] 이러한 기록을 통하여 보더라도 이 그룹에 속하는 많은 사람들은 고국으로 돌아가는 사람들도 적지 않았을 것으로 추정된다.

넷째는 카세다우라(加世田浦)에 도착한 조선인 그룹이다. 『입야병묘대천소물유래기』에 의하면 그들에 대해서도 기록이 빈약하여 어

---

26 鄭光, 앞의 논문, p.4에서 재인용.

떤 구성원들이 있었는지 분명치 않다.

그런데 이 문헌은 매우 중요한 사실을 알려주고 있다. 그것은 다름 아닌 이 네 그룹은 처음에는 각기 도착한 지역에서 거주를 하였으나, 훗날 모두 나에시로가와로 강제 이주당하였다는 것이다.[27] 그와 유사한 기록이 『지리찬고(地理纂考)』에도 보인다.

이들 내용을 종합하여 보면 1598년(慶長3)이래 쿠시키노에 거주하고 있던 조선인을 1603년(경장8) 겨울에 나에시로가와로 옮겨 살게 했고, 또 관영년간(寬永年間: 1624-43)에는 카미노가와의 선착에서 살던 조선인 3개 성씨의 10여명도 나에시로가와에 이주시켰으며, 또 그 후에 가고시마성 아래 고려정(高麗町)에 살던 83호의 조선인들도 모두 나에시로가와에 합류시켰다는 것이다.[28] 이렇게 하여 나에시로가와는 조선인들의 최대의 집단거주지이자 사쓰마 도자기의 생산지가 되었음을 알 수 있는 것이다.

이와 같이 나에시로가와에는 정유재란 때 남원에서 끌려간 도공들만 있는 것이 아니었다. 시마비라에 도착한 남원 그룹이외에도, 카미노가와에 도착한 김해그룹이 있었다. 그리고 어디에서 건너갔는지 알 수 없는 마에노하마의 그룹과 카세다우라의 그룹도 있었다. 그들은 어쩌면 김달수가 말한 가덕도, 웅천에서 끌려간 도공들일지도 모른다. 여하간 나에시로가와에는 조선에서 건너간 4개 그룹의 조선도공들이 있었던 것만은 틀림없는 사실이다.

첩첩산중 조그마한 마을에 불과했던 나에시로가와는 강제로 이

---

27 岡田喜一(1972)『陶磁大系(16)』平凡社, p.75.
28 정광(1988)「일본 살마 묘대천에 정착한 임진왜란 한국피로인의 모국어 교육」『이중언어학회지(4)』한국이중언어학회, p.12.

주된 조선인들에 의해 인구가 넘쳐났고, 그들은 도자기 생산에 열중했다. 그리고 생활이 안정되자 일본의 어느 마을과 같이 그들만을 위한 신사를 세웠다. 신사는 동네의 서북쪽 고지에 세웠는데, 제신으로는 단군을 모시고, 신사의 이름을 옥산궁(玉山宮)이라 지었다. 이렇게 변한 나에시로가와를 보고 일본인들은 항아리를 생산하는 곳이라는 뜻으로 노시토코, 또는 쯔보야(壺屋)라고 불리웠고, 또 그곳에 사는 조선인들을 항아리를 만드는 사람이라는 뜻으로 쯔보히토(壺人)라 불렀다.[29] 이처럼 도자기를 제작 판매함으로써 일본사회에 정착하였으며, 또 그곳은 조선 도자기 마을이 되었던 것이다.

이곳에 살고 있는 심수관씨에 의하면 오늘날에도 도자기 생산에 관련된 전문용어 가운데는 한국어가 많이 남아있다고 한다. 그 예로 가마 일을 할 때 걸터앉는 걸상을 '앉을 통'이라 하고, 가마에 불을 지피는 마른 장작토막을 '찍순'이라 하며, 막대기는 찔레, 물통은 '불삭', 흙을 두드릴 때 쓰는 연장은 '슐래', 가마의 입구 공터를 '바닥', 흙덩이는 "동구래'라는 말 등이 옛날부터 그대로 사용하고 있다고 한다.[30]

일본의 에도시대(江戸時代: 1603-1868)에는 도공들에 대한 대우는 좋은 편이었다. 대부분의 지역에서는 칼을 찰 수 있는 사족에 준하는 신분으로 대접했다. 사쓰마번(薩摩藩)도 예외가 아니었다. 부가가치가 높은 도자기를 생산하는 그들은 번에서도 귀중한 존재가 아닐 수가 없었다. 그리하여 그들을 총관리 감독하는 자를 그곳에서 선출하

29 『薩陽往返記事』一卷.
30 김충식(2006)『슬픈열도』효형출판, pp.193-194.

여 임명하고, 그를 사족으로 대우하였을 뿐만 아니라, 그 밖의 도공들에 대해서도 그에 준하는 신분을 주었다. 조선에서 도공들의 지위와 비교하면 상상도 못할 정도의 신분적 출세를 한 셈이었다. 윤치호가 사족으로 불리며 자못 존대 받는다고 한 것은 바로 이러한 것을 나타낸 것이라 하겠다.

그런 만큼 그들은 정치에 민감하게 반응을 보였다. 그 대표적인 예로 이곳에서 시마즈 영주가 죽었을 때 따라 죽는 순사 할복사건이 있었다. 1611년(경장 16) 정월 시마즈 요시히사(島津義久: 1533-1611)가 죽자 박경복(朴景福)이라는 자가 할복 순사했다.[31] 그의 순사가 개인적인 정분과 의리에서 나온 것일 수도 있지만 그러한 문화가 그의 조국인 조선에 없다는 점을 감안한다면 그의 행위는 다분히 정치적인 계산이 깔린 죽음일 가능성이 높다. 어쩌면 그의 희생으로 말미암아 나에시로가와의 조선도공들의 삶에 대한 보장이 확보되었을지도 모른다.

이들은 또 도쿠가와 막부를 타도하는 명치유신 때는 이 마을에 소대 병력을 내어 관군에 편입하여 싸우기도 했다. 차도용, 이원각, 박정원, 박일남, 정삼석, 신태순, 김정용, 이정선 등이 바로 그들이다. 그리고 1877년(明治10)에 사이고 다카모리(西鄉隆盛: 1828-1877)가 가고시마의 무사들에 옹위되어 정부군에 대하여 반란을 일으켰을 때도 박용금이라는 이 마을 출신의 청년이 사이고의 부대원으로서 전쟁에 참가하고 있다. 이처럼 나에시로가와는 어떤 면에서는 보통 일본마을보다 더 일본적이었다고 할 수 있다.[32]

---

31 服部英雄(2008)「前近代日本のチャイナタウン．コリアンタウン」『동북아시아문화학회 국제학술대회 프로시딩』 동북아시아문화학회, p.5.

그러나 이상하게도 명치유신이 끝나고 호적법이 시행되면서 신분제도를 개편할 때 그들은 평민의 신분으로 강등되어 버린다. 지금까지 사족으로서 누리던 그들에게 있어서 일대의 충격이 아닐 수 없었다. 그리하여 몇 번이나 몇 번이나 가고시마현에다 사족편입(土族編入)을 신청해보지만 그 때 마다 각하되었다. 그러다가 일본이 한국을 강제로 합병시켜버리면 주민의 대부분은 일본의 성씨로 바꾸어 버리는 것이다.

4. 사쓰마의 조선 도공

나에시로가와에 합류한 조선 도공들은 시마즈의 정책에 따라 또 다시 여러 갈래로 갈라진다. 그들은 흩어져 살면서 독특한 도자기를 구워내어 가고시마의 도예사에서 뚜렷한 족적을 남겼다. 이들이 일구어낸 조선도예를 살펴보면 대략 다음과 같이 5가지 갈래로 정리할 수 있다.

(1) 타테노계(堅野系)

이 계통의 도자기는 이치키(市來)의 카미노가와에 도착한 조선도공이 주류를 이루었다. 이들이 그릇을 생산한 지역은 한곳이 아니라 현재 가고시마만(鹿児島灣)을 따라 점재되어 나타난다. 그것은 18대 영주 시마즈 요시히로(島津義弘)가 도공 김해에 명하여 아이라군(始良郡) 초사우도(帖佐宇都)에 가마를 두고 생산한 것에서 시작된다.[33] 다시

32 司馬遼太郎, 앞의 책, p.40.

말해 김해는 사쓰마번의 관요를 개설한 최초의 사람이었다. 김해는 조선의 기술뿐만 아니라 일본의 기술도 익혔다. 당시 일본의 독특한 도자기를 생산하고 있는 오하리(尾張)의 세도(瀨戶)에 5년간 체재하며 도자기 기법을 익혔다. 그 때 또 다른 조선도공 타카시로 후미자에몬 (高城文左衛門)도 그와 함께 있었다고 전해진다.[34]

그 후 그는 그곳에서 사쓰마로 돌아와 도자기를 만들기 시작하였 는데, 조선의 기술에다 세도에서 익힌 기법을 접목시켜 독특한 작품 들을 생산해냈다.[35] 여기에서 보듯이 그의 도자기는 조선과 일본의 기술이 합쳐져 만들어낸 것이었다.

『살마소경감(薩摩燒經監)』에 의하면 그의 고향은 경상도 고령군 성 산으로 되어있다. 김해라는 그의 이름은 본명이 아닐 것이다. 어쩌면 그는 성산 출신이며 김해에서 도공으로서 살았던지 아니면 김해 김 씨 사람이었을 가능성이 높다. 그의 후손들은 자신들의 족보를 만들 어 『성산가계보(星山家系譜)』를 남겼다.

1606년(慶長 11) 영주 요시히로가 본거지를 카지키(加治木)로 옮겼기 때문에 이를 따라 그의 가마도 카지키로 옮겨졌다. 그는 이곳에서 오 랫동안 머물면서 도자기 생산에 전념했다. 그러나 1619년 7월 21일 에 요시히로가 사망한다. 그러자 그의 가마도 폐쇄되고 만다. 그리 고 그 다음 영주 시마즈 이에히사(島津家久: 1547-1587)가 본거지를 현재 가고시마로 옮기자 1620년 7월에 김해를 불러 타테노(堅野)의 히야미 즈(冷水)에서 새로이 가마를 열 것을 명령한다. 그러나 김해는 이 가

---

33 岡田喜一(1972)『陶磁大系(16)』平凡社, p.77.
34 김태준, 앞의 책, p.74.
35 岡田喜一, 앞의 책, p.78.

조선도공들의 작업하는 모습(『삼국명승국회(三國名勝圖會)』에서)

마에 조선 창원 출신 신주석(申主碩, 일본명 田原友助)과 그의 아우 신무신(申武信, 일본명 田原万助)을 추천하고 그 이듬해인 1621년(元和7) 12월에 사망했다.

그가 죽고 나서 그의 적자인 김화(金和)가 2대 당주로 호시야마 쥬지(星山仲次)의 이름을 계승했다. 김화는 영주 이에히사의 명을 받아 1635년(寬永12) 겨울 사가(佐賀)의 아리타(有田)에 가서 나베시마의 어용 달물두(御用達物頭)인 소에다 키자에몬(副田喜左衛門)을 통하여 도법전수를 요청하였으나, 그 기술은 극비이었기 때문에 거절당한다. 그리하여 어쩔 수 없이 1636년 사쓰마번에서 사가번으로 요코메(横目) 카와키다 마고자에몬(川北孫左衛門)을 정식으로 파견하여 교섭하였다. 그 결과 사가번에서 이를 수용했다. 그러자 김화는 아우인 김림(金林, 일본명 休右衛門)을 데리고 아리타로 가서 염부백자(染付白磁), 청자(青磁),

43

圖之造製器瓷川代苗

▌도자기를 만드는 조선인(『삼국명승국회(三國名勝圖會)』에서)

유리(琉璃), 금수(錦手)[36] 등을 전수받아 돌아왔다. 이와 같이 타테노 도
자기에는 새로운 지식이 수용되었던 것이다.

　1638년(寬永15)에 이에히사가 사망하고, 미츠히사(光久: 1616-1695)가
그 뒤를 이어 20대 영주가 되었다. 그도 도자기에 관심이 높았다.
1648년 신무신의 아들 아리무라 쿠베이(有村久兵衛)에게 완우에몬(碗右
衛門)이라는 이름을 하사하고, 교토(京都)로 보내어 도예수업을 쌓게
했다. 그리하여 그는 진세이(仁淸)로부터 금수(錦手)의 기법을 터득하
여 가고시마로 돌아와 1653년경에 화려한 이른바 사쓰마의 금수라
는 도자기를 생산해내게 된다.[37] 이들 후손으로는 신대현(伸對玄)이라

36　표면에 赤, 綠, 黃, 靑, 紫색 등을 사용하여 그림을 그려 넣은 도자기. 五彩, 色繪, 赤繪
　　라고도 했다.
37　岡田喜一, 앞의 책, p.79.

는 도공을 비롯하여 타치바나 난케이가 만났던 신모둔, 신수음(伸守吟) 등의 이름들이 보인다.

1682년(天和2) 10월 김화는 82세로 세상을 떠나고, 그의 적자인 김 풍(金豊)이 3대(仲次)가 되어 가마의 책임자가 된다. 또 김화의 동생 김 림의 차남인 김정(金貞, 일본명 與八, 彌左衛門)은 도공으로서 이름을 날렸 으며, 자신의 호를 호시야마 가뉴(星山嘉入: 1649-1721)라 했다. 특히 그 는 송호록(宋胡錄)이라는 동남아시아계 도자기, 미시마테(三島手)라는 조선계의 분청회청사기(粉青砂器) 등의 모방작을 많이 만들었다. 1763 년에는 현재 가고시마시 나가타초(長田町)에 나가타 가마가 개설되었 다. 이 가마는 김풍의 3남 김당(金當)이 책임자이었다. 그는 당시 소물방 역예(燒物方役預)라는 직책을 맡고 있었다.

이같이 타테노의 조선도예는 조선의 기법에 기초를 두고, 세도, 아리타, 교토의 기술이 접목되어 새로운 도자기를 만들어 갔던 것 이다.

(2) 나에시로가와계(苗代川系)

타테노계에서는 김씨가 중심을 이루었다면 나에시로가와는 박씨 였다. 이들은 쿠시노키의 시마비라에 상륙한 조선도공이었다. 그들 의 중심 인물인 박평의와 그의 아들 정용은 1599년 그곳에서 첫 가마 를 열었다. 이것이 사쓰마 도자기의 시작이었다. 이 때 생산된 것은 흰색 백자가 아니라 검은색이었다. 이 검은색 자기를 「고젠구로(御前黑)」라 불렀다. 흰색의 백자를 생산하지 못한 것은 백토가 없었기 때 문이다. 이 무렵 「히바카리(火計)」라는 도자기도 구워냈다. 이는 흙과 유약은 모두 조선에서 가져오고 불(火)만 일본의 것을 사용했다는 의

▌박평의 기념비

미이다. 지금도 그 유품으로 평다완(平茶碗)이 남아있다. 쿠시노키에 자리잡았던 조선도공들은 보다 좋은 가마터를 찾아 집단 이주를 한 곳이 바로 나에시로가와이었다. 이것이 모토야시키가마(元屋敷窯)이 었다.

여기서도 백자는 생산되지 못했다. 그러자 영주 시마즈 요시히로 는 재촉하기 시작했다. 그리하여 그는 1605년 박평의(興用)에게 직록 4石의 쇼야(庄屋)라는 직책과 청아문(淸衛門)이라는 이름을 하사하고 나에시로가와를 총관리 감독을 관장케 했다. 그리고 30여명의 무사 와 10여 마리 말을 주어 백토를 찾아낼 것을 종용했다. 이들의 노력 은 장장 9년 동안이나 계속되어 마침내 1614년에 백토를 발견했다. 새로이 발견된 백토로 도기를 구어 냈더니 순수한 백색이라기 보다 는 엷은 베이지색이 나왔다. 사쓰마 도자기의 특징은 기본적으로베이지색이라 할 수 있는데 그것은 흙의 성분에서 비롯되는 것이다.[38] 초대 박평의는 1624년(寬永1) 5월에 65세의 일기로 세상을 떠난다. 그의 뒤를 정용이 이어받아 2대 박평의가 된다.

한편 사쓰마번은 가고시마에 거주하던 25가족들을 나에시로가와의 고혼마츠(五本松)에 이주시키고, 가마를 열게 했다. 그 일의 중심인물이 앞에서도 언급한 타테노의 도공 김정이었다. 주로 이들은 김정의 지도하에 일용잡기를 만들었다. 타치바나 난케이가 방문하였을 때 이들 김씨 집안의 사람인 듯한 김경산(金慶山)이라는 자가 5명의 마을 지도자 격인 쇼야(庄屋)를 역임하고 있었다.

1730년(亨保15)에는 유구(琉球=오키나와)에서 도공 용계기(用啓基)가 나에시로가와에 와서 박용관(朴龍官)의 지도를 받고 귀국했다. 그리고 1840년 주취(主取) 박정백(朴正伯)이 금수(錦手)의 기술전수를 번에 요청한다. 그리하여 번에서 타테노의 도공 히와다리 덴베이(樋渡傳兵衛: ?-?), 우치다 겐스케(內田源助)를 보내어 정백의 아들 박정관(朴正官) 등에게 기술을 전수한다. 그로부터 4년 뒤인 1844년에는 그들도 금수의 도자기를 생산해낸다. 이 때 초대 금수주취역(錦手主取役)을 박정관이 맡았다.[39]

사쓰마번은 1860년(萬延1) 카지키의 히사야마(日木山)에다 가마를 설치하는데, 그 때 나에시로가와에서 백흔원(白欣圓)을 초빙하여 세공지도를 하게 하였으며, 그 이후에도 50일을 기준으로 교대로 2명씩 도공을 보내어 계속 지도하게 하였는데, 이러한 것이 1861년까지 이어졌다 한다. 그 밖에 백경석(白慶碩), 하일관(何一官), 강경단(姜慶丹), 강조단(姜旱丹)이라는 도공들도 있었다. 그리고 주로 제관을 맡아서

---

38 신봉승(1982) 「일본도자기의 전통을 세운 한국 도공들」『한국인(10)』 pp.38-39.
39 岡田喜一, 앞의 책, pp.85-86.

┃사쓰마도자기 발상지 기념비

했던 차경산(車慶山)의 후손 마쯔다(松田) 집안도 있었다. 이처럼 나에
시로가와에는 많은 조선도공의 후예들이 오늘날까지 선조들이 이룩
한 도자기의 전통을 지키면서 이어져 오고 있는 것이다.

　나에시로가와는 명치유신 이후 번의 보호가 없어지고, 관리권은
현에 속하여 시설들이 모두 도기회사의 소유가 되어 잠시 융성하였
으나, 1877년(明治10) 서남전쟁(西南戰爭)으로 말미암아 대부분의 회사
가 도산하고 말았다. 그러자 도공들도 각자 독립경영에 힘을 쏟았으
나 청일전쟁으로 사업이 침체되었고, 그 이후에는 약간 회복세에 돌
아서기도 하였다. 오늘날에는 대부분이 가내공업적 경영으로 개인
이 하고 있는 실정이다. 금수의 기법은 현재 심수관요(沈壽官窯)에 의
해 전통이 지켜지고 있다.[40]

---

40 岡田喜一, 앞의 책, p.87.

(3) 류몬지계(龍門司系)

현재 카지키시(加治木市) 북방 약 3킬로 정도 떨어진 지점에서 280
여 년 동안 생산한 도자기들을 말한다. 이 도자기는 용자명(龍字銘)이
들어있는 것이 특징이다. 이 계통의 도자기는 변방중(卞芳仲, 일본명 仲
次郞)에 의해 시작되었다. 사쓰마번은 1598년(慶長3) 이곳으로 온 조선
도공들을 초사요카마치(帖佐八日町)에 살게 하고는 변방중의 책임 하
에 가마를 열게 한 것이 그 시작이다. 그에 따라 변방중은 히사야마
에 타츠노구치사카요(龍口坂窯)를 개설했다.[41] 변방중은 김해로부터
도자기를 만드는 기술을 배운 도공이었다. 그리하여 그는 민요의 시
작인 류몬지 가마(龍門司窯)의 도조가 되었다.[42]

사쓰마 영주 이에히사(家久)의 아들 타다요시(忠良: 1492-1568)가 카지
키의 영주가 되자, 그는 변방중을 불러 1634년(寬永11) 요시하라(吉原)
에 새롭게 가마를 열게 하였다. 이 때 얻어진 그의 별명이 "쓰보야키
방중"이었다. 즉, 「항아리 구이 방중」이라는 뜻이다. 이처럼 그는 도
공으로서 명성을 얻고 있었으며, 번으로부터 받는 대우도 무사와 동
등했다. 그의 이름이 1636년 봄에 만들어진 야마다향(山田鄕)의 양춘원
선복사(陽春院禪福寺)의 종명(鐘銘)에 들어가 있는 것을 보면 종을 만드
는 데 있어서도 주역을 맡을 만큼 사회적 지명도 높았던 것 같다.[43]

이러한 방중에게는 아들이 없었다. 그리하여 방진(芳珍)의 손자 쇼
우에몬(小右衛門)을 카지키로 불러들여 후계자로 삼았다. 1654년 쇼우
에몬은 부친 키베이(喜兵衛)와 함께 카지키로 옮겨 변방중과 같이 도자

---

41 岡田喜一, 앞의 책, p.88.
42 김태준, 앞의 책, p.78.
43 김태준, 앞의 책, p.78.

기 생산에 힘을 썼다. 그 후 카지키의 야마모토(山元)에다 가마를 열고
쇼우에몬은 완우에몬(碗右衛門)으로 개명하고 영주로부터 야마모토라
는 성씨를 하사받아 야마모토 완우에몬(山元碗右衛門)이라는 이름을 사
용하기도 했다.[44] 그리고 그 후 1688년에는 새로이 류몬지 가마를 개
설함으로써 오늘날 류몬지 도자기의 창시자가 되었다.

그의 뒤는 가와하라 후지베이(川原藤兵衛)와 그의 차남 방공(芳工=十左
衛門鐘甫)이 계승했다. 방공은 그의 아들 야고로(彌五郎=器遊齊)와 함께
1779년 3월부터 3개월 동안 사가의 아리타에 견학을 간 적이 있을
만큼 도자기에 대한 열정은 대단했다. 그의 뒤는 야고로, 방림(芳林),
방평(芳平), 방수(芳壽), 방석(芳石), 방방(芳方), 방심(芳尋), 방위(芳衛), 용방
(龍芳) 등으로 이어졌으며, 그 전통이 명치 이후까지 계승되었다고 한다.[45]

이같이 조선도공들은 원래 4그룹으로 각기 도착한 곳과 일시가 달
랐지만 사쓰마번의 정책으로 나에시로가와라는 산간벽지에 모여서
살았으며, 또 그곳에서 나와 외부와의 접촉을 통하여 가고시마의 여
기저기에서 가마를 열어 독특한 양식의 도자기 생산에 종사했던 것이
다. 그러면서 오키나와, 미야자키[46] 등지의 도자기 생산에도 영향
을 주었음은 두말할 나위가 없다.

(4) 카사노하라계(笠野原系)

가고시마의 서쪽에 카사노하라라는 지역이 있다. 이곳에도 조선

---

44 岡田喜一, 앞의 책, p.89.
45 김태준, 앞의 책, p.79.
46 그 대표적인 예가 미야자키의 코마츠바라야키(小松原燒)의 도자기일 것이다. 코
마츠바라야키는 나에시로가와의 영향을 받아 1860년에 미야코노죠시(都城市)의
코마츠바라에서 시작한 도자기이다. 그 후 일시적으로 중단되었으나 1969년에 다
시 복원되어 오늘날까지 이르고 있다.

도공들의 후예들이 지금도 많이 살고 있다. 이들은 나에시로가와에 살았던 사람들로 1704년에 이곳으로 강제이주 당함으로써 생겨난 마을이었다. 나에시로가와에 도자기 생산이 활발해지고 인구가 늘자 사쓰마번은 이들 일부를 황무지나 다름없는 카사노하라로 이주시켰다. 기록마다 조금씩 차이가 나는데, 대략 35가구 정도가 이주하였고, 다시 80가구가 이주하려고 하였으나 여러 가지 사정으로 인하여 보류된 것 같다. 이 때 이주한 사람들의 성씨는 김, 박, 정, 주, 하, 심, 차, 이, 백, 임, 변, 강 등 12성씨의 도공들이었다.[47] 이들은 처음에는 도자기를 생산하였지만, 도자기 생산의 조건인 물, 흙(도토), 연료의 부족으로 도공의 길을 접어 버린다. 이처럼 처음에는 도자기를 생산했던 집단이 그들이 처한 자연환경의 혜택을 입지 못하는 바람에 농경으로 바뀐 곳도 있는 것이다.

이곳도 나에시로가와처럼 동족 결혼이 많아서 일본인과 동화되지 않고 단군을 모신 옥산신사를 세우고 조선의 풍속이나 관습이 그대로 지켜왔다고 한다. 그리고 화가 나면 지금도 일본인을 왜놈이라고 부른다고 한다.[48]

(5) 기타

그 밖에도 다카오노 도자기(高尾野燒), 코마츠바라 도자기(小松原燒), 요키노 도자기(能野燒)라 불리는 조선계 도자기가 있다. 그 중 다카오노 도자기는 이즈미군 다카오노(出水郡 高眉野)에서 만들어진 것으로, 현재까지 별로 알려져 있지 않다. 통설에는 경안년간(慶安年間: 1648-1651)에

---

47 우동규, 앞의 논문, p.210.
48 우동규, 앞의 논문, p.210.

나에시로가와의 주남전(朱南傳)이라는 도공이 이곳에서 가마를 연 것으로 알려져 있다.[49] 그러나 이 가마가 오래 지속되지 못한 것 같다. 1820년대에 완전히 폐절되었으며, 그것이 새롭게 시작되는 것은 명치(明治) 초기에 나에시로가와에서 박양택(朴洋宅), 박양관(朴洋官) 등이 이곳에 와서 새롭게 도업을 개시하였으나, 10여년도 못가서 폐절하고 만다.

현재 제작연대가 확실한 유물로는 간장 또는 된장을 담는 것으로 사용한 독항아리가 두 개가 있다. 하나는 1763년에 제작된 것으로서 겉면에 「寶曆拾三年 申三月吉日 高尾野燒」이라 적혀있고, 또 하나는 「明和七年寅十一月吉日 高尾野燒 朱淸山」이라고 새겨져 있다. 명화7년은 1770년이며, 주청산이란 이름이 보인다.[50] 이것으로 보아 18세기 당시만 하더라도 주남전의 후손이 작업을 하고 있었음을 알 수 있다.

한편 코마츠바라는 현재 미야자키현(宮崎縣) 미야코노조시(都城市)에서 시작되었다. 이것 또한 나에시로가와계통이다. 언제 개설되었는지 분명치 않으나, 분명한 것은 박씨 일족들에 의해 시작된 것만은 틀림없다. 그 흔적이 시내의 히라에초(平江町)에 있는 조선도공의 묘비를 통하여 확인할 수 있다. 그곳에 적힌 이름 중 박가사덕(朴袈裟德)과 박휴단(朴休丹, 일본명 田中休丹)이 있는 것이다.[51] 이들은 부자이다. 묘비에 의하면 전자는 1861년(文久1) 9월 12일 사망했다. 그리고 후자는 그해 5월10일 태어나 1932년에 사망했다. 이것으로 보아 이곳은

49　向田民夫(1978)『日本の陶磁9 薩摩』保育社, p.110
50　大武進(1996)『薩摩苗代川新考』村尾印刷(大武進 개인출판), p.125
51　向田民夫(1978), 앞의 책, p.113

박가사덕이 개설되었을 것으로 추정된다. 그러나 2차 세계 대전 때 폐절하였다. 그러다가 1971년에 이들의 후손이 미야자키시(宮崎市)의 츠키미가오카(月見ヵ丘)로 이주하여 도자의 생산을 재개했다. 그들은 스스로 나에시로가와의 박평의(朴平意)가 시조이며, 그로부터 시작하여 13대 박청단(朴淸丹), 14대 다나카 하쿠산(田中博山), 그의 아우 다나카 단잔(田中丹山)씨가 15대에 이르고 있다고 주장하고 있다.

그리고 요키노 도자기는 타네가시마(種子島)에서 만들어진 것이다. 이곳도 그다지 세간에 알려져 있지 않다가 1960년에 접어들어 호사가들에 의해 주목을 받기 시작했다. 17,8세기 조선도공에 의해 개설되었을 것으로 추정되나, 그에 관한 기록이 없어 정확히 알 길이 없다. 그러나 통설로는 나에시로가와의 도공들이 건너가 시작한 것으로 보고 있다.

타네가시마의 흙은 철분이 많아 그것으로 만들어진 그릇은 다갈색(茶褐色)과 암갈색(暗褐色)을 띠고 있으며, 모양도 소박하고 중후한 남성적인 맛이 난다. 그러나 이곳의 흙은 기와의 재료로는 사용할 수 있으나, 그릇을 만드는 데는 적절하지 못했다. 그런 탓인지 명치 중기경에 단절되고 말았다. 1971년 요키노 도자기의 재흥을 위하여 도예연구가 고야마 후지오(小山富士夫: 1900-1975)씨의 소개로 가라츠시의 도공 나카자토 타카시(中里隆)씨가 초대되었다. 나카자토씨는 타네가시마에서 3년간 생활하면서 지역민들에게 기초부터 가르쳐 오늘날 타네가시마 도자기를 지탱하고 있다.[52]

나카자토 타카시씨는 가라츠의 조선도공 또칠(又七) 후손이자 12대 나카자토 타로에몬(中里太郎右衛門, 無庵)의 아들이다. 이같이 가고시

---

52 靑屋昌興(2006)『川邊町風土記』南方新社, p.242

53

마의 조선도공에서 시작한 타네가시마의 우키요 도자기가 가라츠의 조선도공 후손에 의해 다시 이어진 것이다. 이상의 3곳은 모두 생활 잡기를 생산했다. 그러므로 이곳의 그릇들은 소박하고, 때로는 과감하게 화려한 그림이 그려지기도 하였으며, 또 거친 흙에서 품어 나오는 갈색의 남성적인 성격을 띠기도 했다.

5. 마무리

지금까지 조선도공의 마을로 유명한 가고시마현 히오키군(日置郡) 히가시이치키초(東市來町) 나에시로가와 마을의 역사와 가고시마에 있어서 조선도자기의 갈래에 대해서 살펴보았다.

그 결과 가고시마에는 남원에서 간 도공들만 있는 것이 아니었다. 남원 이외에도 3군데서 건너간 도공들이 더 있다는 사실도 확인할 수 있었다. 그들이 무리를 지어 각기 도착한 장소와 시기가 서로 다르게 가고시마로 도착하였지만, 번의 정책으로 나에시로가와에 모두 모여 살게 되었음을 알 수 있었다. 그리고 그들은 다시 흩어져 타테노계(김씨), 나에시로가와계(박씨), 류몬지계(변씨), 카사노하라계, 그 밖의 다카오노, 코마츠바라, 요키노 등 5갈래가 있었다. 그러나 주어진 환경으로 인하여 폐업되거나 변용되어 현재 가고시마에는 타테노계, 나에시로가와계, 류몬지계가 사쓰마 도자기를 대표하는 작품들을 남기고 있다.

그곳에 살았던 조선도공들이 근대에 이르기까지 비교적 조선의 전통문화를 유지할 수 있었던 것은 민족적 자긍심이 아니라 외부에서 강제된 결과이었다는 사실을 알 수 있었다. 이를테면 사쓰마 영주의 정책으로 말미암아 일본인과의 혼인금지, 조선이름과 조선말의 사용 그리고 조선옷의 착용 등이 강제됨에 따라 자신들의 의사와 관계없이 오랫동안 조선의 전통문화를 보존할 수 있었던 것이다. "옷과 머리 모양만이 조선 풍속일 뿐, 그 밖에는 고향 풍속이 남아 있지 않다."는 신모둔의 말처럼 18세기 때 이미 그곳에는 문화적 동화가 심하여 강제된 조선의 전통만 겨우 지켜지고 있다가, 막번체제가 무너지고, 그들에 대한 통제기능이 없어지자 그들은 사정없이 전통을 버리고 일본의 것을 취하여 1870년대에 접어들면 이미 그 마을은 여느 일본인 마을과 차별이 없게 되고 만다.

그렇다고 해서 그들의 가치가 퇴색되는 것은 결코 아니다. 1877년에 나에시로가와의 조선도공 마을을 방문한 영국인 어네스트 세토오는 조선이라는 나라는 막대한 금전이나 아낌없는 노력을 지불하고서라도 모방할 문화를 가지고 있는 나라로 인정하지 않을 수 없다고 한 것은 조선도공의 후예들이 만들어 내는 도자기를 두고 한 말이었다. 이처럼 사쓰마의 조선도공들은 시대의 변화를 겪으면서도 그들이 일본에 심은 조선의 고급문화는 그야말로 금액으로 환산할 수 없는 엄청난 가치를 지닌 것이었다고 말하지 않을 수 없다.

현재 나에시로가와에는 도자기를 생산하며 생활을 영위하고 있는 집이 12여 군데가 된다. 지역민들의 말을 빌리면 이제는 조선도공의 후예들보다 일본인의 도공들의 집이 훨씬 많다고 한다. 조선도공의 후예들은 불과 심수관가를 포함하여 다섯 집밖에 없다고 한다.

태경요(泰京窯)를 경영하는 소메우라 시게루(染浦茂)씨. 그는 나에시로가와에서는 중견도공으로 통한다. 그의 말을 빌리면 그의 증조부

▌소메우라 시계루씨의 부자

가 김태경으로 심수관씨가 경영하는 도원에서 일을 했던 조선도공
의 후예이었다. 그러나 그의 조부는 집안 대대로 이어오던 도공의 길
을 택하지 않고 경찰관이 되어 고향을 떠나 먼 타국인 대만에서 근무
하였으며, 그의 부친도 회사원으로 시코쿠(四国)의 에히메(愛媛)에서
회사원으로 근무하였다고 한다. 그도 고향을 떠나 8년가량 도쿄에서
회사원으로 근무하다가 32년 전에 나에시로가와로 돌아와 도공의
길을 걷기 시작하였으며, 자신의 가마를 짓고는 이를 증조부의 이름
을 따서 태경요라고 했다고 한다. 현재 자신의 성씨는 증조부가 택한
일본 성씨를 그대로 사용하고 있으며, 자신의 아들이 그의 대를 잇
고 있다. 그의 말이 사실이라면 시조 김해로부터 시작하여 金勘兵 -
金金益 - 金龍南 - 金金心 - 金泰京으로 이어지는 김씨가의 후손임에
틀림없다.

▌사메시마 사타로씨

    나에시로가와에는 소메우라 쥬로(染浦十郎)씨도 조선도공의 후예
이다. 그는 심수관씨와 마찬가지로 심씨의 후예이다. 그는 14대 심
수관보다 젊고, 시게루씨보다는 많은 나이의 인물이다. 그는 고등학
교를 마치고 18세부터 심수관 도원에서 일을 하다가 1972년 독립하
여 자신의 가마를 가지고 작품을 생산하고 있다. 가마 이름은 자신
의 이름을 따서 쥬로요(十郎窯)라고 한다. 그도 시게루씨와 마찬가지
로 아들이 아리타요업대학(有田窯業大學)을 졸업하여 대를 잇고 있다.

    한편 이곳 주민 아리마 마쯔히로(有間松廣)씨도 조선도공의 후예이
나, 그 자신은 전문적인 도공이 아니다. 그는 본래 차(車)씨였다고 하
며, 자신의 조부까지는 도공이었으나, 부친과 자신은 도공의 길을
택하지 않았다. 그와 동갑내기로 줄곧 대를 이어 도공의 길을 택한
사람은 사메시마 사타로(鮫島佐太郎)씨다. 그는 본래의 성은 하(何)씨이

다. 한국에는 하(河)씨는 있어도 하(何)씨가 없는 것으로 보아 하(河)를 하(何)로 잘못 표기한 것일 게다. 그는 부친인 사메시마 쯔카사(鮫島司)씨의 밑에서 도공의 일을 하다가, 1948년 그의 부친이 사망한 다음 그것을 계승하여 1949년부터 가마의 이름을 자신의 이름을 따서 사타로가마(佐太郎窯)라고 했다. 그러나 유감스럽게도 그에게는 자식이 없어, 여동생의 아들을 양자로 받아들여 자신의 가업을 계승케 하였으나, 활동이 매우 부진한 형편이다.

또 나에시로가와에는 박씨의 후예라는 사람이 있다. 그는 아라키 칸지로(荒木幹二郎)씨이다. 그는 자신을 박가(朴家) 14대라고 지칭하고 있으며, 그의 아들 히데키(秀樹)씨가 15대라고 했다. 그런데 그의 가계는 다른 집에 비해 조금 복잡하다. 그의 설명에 의하면 11대 박가인 이와사키 케이지(岩崎景示: 1851-1925년)는 박응순(朴応醇: 1822-1882년)의 아들인데, 그에게는 카지(可慈)라는 아들이 있었다. 불행히도 카지는 28세 때 러일전쟁에 참가하여 전사를 하는 바람에 그의 가계는 여동생(쿠와)의 딸인 마츠에가 계승하였으며, 마츠에의 남편인 아라키 세이지(荒木誠二)씨도 러일전쟁 때 시베리아 출전하여 부상을 입었으며, 후손이 없었다. 그리하여 하는 수 없이 카지의 또 다른 여동생인 시즈에의 장남 아라키 마타이치로(荒木又一郎)가 박씨 가문을 계승하기로 되어있었으나, 그가 특공대원으로 선발되는 바람에 그의 남동생인 칸지로씨가 가계를 계승하였다는 것이다. 칸지로는 박무덕의 아버지인 박수승의 조카인 오사코 히데토모(大迫秀朋)으로부터 도공의 기술을 배웠다고 한다. 그러므로 자신들은 나에시로가와의 시조인 박평의(朴平意)의 후손으로서 손색이 없다고 주장하고 있다.

그러나 주위의 사람들은 이러한 그의 가계의 설명에 대해 회의를 품고 있다. 그의 조모가 어느 부잣집으로 가정부로 들어갔는데, 주인이 유혹의 손길을 뻗쳐 낳은 자식이 그의 부친이며, 그 부친이 만주로 살러갔다가 종전 이후에 일본으로 돌아와 마땅한 일자리가 없어 방황하다가 조모의 고향인 나에시로가와로 들어와 처음에는 심수관 도원에 들어가 일을 하다가 14대 심수관의 누나인 수미(壽美)씨와 눈이 맞아 도망쳐 심씨 가문과는 의절당한 사람이라는 것이다.

이처럼 나에시로가와에는 심수관씨 이외에도 여러 형태의 한국계 도공들이 살고 있다. 그리고 아리마씨와 같이 현재에는 도공의 일은 하지 않지만, 조선 도공들의 후예들이 살고 있기도 하다. 그런데도 2004년 노무현 대통령이 이곳을 찾았을 때는 심수관씨 집만을 방문했다. 그것이 개인적인 것이 아니라 공적인 것이었다면 그 지역에 사는 조선도공들의 후예들을 모두 초청하여 격려함이 마땅하다. 그렇지 않고 한 집만 방문하여 그 집 식구만을 만나고 돌아왔다면 대한민국 대통령은 나라가 지키지 못해 포로가 되어 일본에 살 수밖에 없었던 무명의 조선 도공 후예들의 가슴에 못을 박는 일을 한 것이다. 이를 위해서라도 심수관가에 가려진 조선도공들을 찾아 그들의 업적을 밝혀내는 작업이 무엇보다 우선되어야 할 것이다.

일본 규슈의 조선도공

제2장

가고시마의 조선도공의 신화

1. 머리말

사람들은 영웅을 찾고 싶어 한다. 그러한 마음은 시련이 닥쳤을 때 더욱 간절하다. 그래서 영웅은 극적인 인물이어야 한다. 많은 고 난을 헤쳐 온 인물이어야 사람들에게 호소력을 가지는 것이다. 그러한 의미에서 보았을 때 가고시마현(鹿児島県) 나에시로가와(苗代川)의 조선도공마을에는 두 명의 영웅이 있다. 한명은 도고 시게노리(東郷茂德: 1882-1950)이며, 또 다른 한명은 14대 심수관(沈寿官: 1926-2019)이다. 도고는 일본이 전쟁에 패망할 때 외무대신을 지냈던 사람이며, 심수관은 일본에서도 최고의 기술을 자랑하는 저명한 도예인이다.

그들이 태어난 나에시로가와는 인구가 얼마 되지 않은 조용한 시 골마을이다. 도고는 당시 일본의 최고명문대학인 동경제국대학을 졸업하고, 일본의 외교를 책임지는 최고관리인 외무대신을 역임한 자이다. 심수관 또한 일본 최고 사립명문대학인 와세다대학(早稻田大學)을 졸업한 엘리트출신의 일본 최고의 도공이다. 온갖 과외를 시켜 억지로 일류대학을 진학시키는 오늘날 현상을 감안한다면 그들은 학력만으로도 영웅감이었다.

그러나 그것만으로는 우리의 영웅이 될 수 없다. 그들을 극적인 영웅으로 만들어주는 것은 그러한 학력은 차지하고서라도 그들이 임진과 정유의 왜란 때 일본으로 끌려간 조선인들의 후예라는 사실이다. 외무대신을 역임한 도고는 어릴 때까지만 하더라도 박무덕(朴茂德)이라는 조선 이름을 사용한 인물이었다. 그리고 심수관도 400년이 지난 오늘날까지도 조선식 이름을 그대로 사용하고 있는 것이다.

이러한 요소들은 보통사람들과는 다른 의미를 갖게 마련이다. 그들이 온갖 민족적 차별 속에서도 고난을 헤치고 일본의 최고지위까지 올라갔다는 것을 생각할 때 가슴에 전해오는 벅찬 감동이 더욱 극적으로 만드는 것이다. 특히 민족의 자긍심이 강하고, 또 일본으로부터 식민지를 경험한 우리로서는 그 사실만으로도 감동을 주기에는 충분하다.

그리하여 이곳을 많은 한국인들이 방문했고, 또 이들을 소재로 감동적으로 쓴 글들이 많다. 김승한,[1] 신봉승,[2] 신일철,[3] 송효빈,[4] 송형

---

1 김승한(1979)『일본에 심은 한국(1)』중앙일보사.
2 신봉승(1982.10)「일본도자기의 전통을 세운 한국도공들」『한국인』.
3 신일철(1986)「남원에서 납치된 사쯔마야키의 도조들」『일본문화의 뿌리 한국』상서각.
4 송효빈(1985)「사쓰마야키 14대 심수관」『이것이 일본이다』한국일보사.

섭,[5] 김충식[6] 정수웅[7] 등의 글들이 바로 그 좋은 예일 것이다. 이러한 일련의 글들에서 보이는 하나의 공통점은 그들이 우리에게 영웅일 수밖에 없는 이유를 잘 설명하고 있다는 점이다. 어떤 경우에는 그 정도가 지나쳐 신화의 수준까지 영웅적으로 표현되어있는 것은 아닌가 하는 느낌마저 들 정도이다. 특히 그들을 하나의 개인으로 보지 않고 국가와 민족의 관점으로 바라다보았을 때 더더욱 그러한 성격이 강하게 나타난다.

나는 이러한 점을 경계한다. 그들을 하나의 개인으로 보지 않고, 국가와 민족을 내세워 영웅화하는 것은 결코 바람직한 일이 아니다. 그러한 것은 오히려 사상적으로 이용되기도 쉬울 뿐만 아니라, 영웅적인 삶을 살아야 하는 본인들에게도 자유롭지 못하게 하기 때문이다. 이젠 우리도 그들에게서 민족적 영웅이라는 편견에서 벗어나, 격동기를 살아온 하나의 인간으로 볼 필요가 있다고 생각한다. 그러기 위해서는 먼저 그들에게 입혀진 옷에서 거짓으로 꾸며진 영웅적인 요소를 벗겨주어야 한다. 지금까지 우리는 이러한 작업에 게을리한 면이 없지 않다. 그들에게서 영웅의 옷을 벗기기는커녕 오히려 더 두꺼운 옷을 덮어씌우는 작업만 늘어갈 뿐이었다.

이러한 점을 경계하면서 본장의 글은 그들에게 덮어 씌워져 있는 민족과 영웅이라는 편견의 옷을 벗기려고 하는 데에서 출발했다. 영웅을 찾으려는 우리의 욕구에서 그들을 자유롭게 놓아 주고도 싶은 것이다.

---

5 송형섭(1988) 「도공 심수관(상)(하)」 『일본 속의 백제문화』 한겨레.
6 김충식(2006) 「사백년의 약속, 심수관가 조국의 불을 품다」 『슬픈열도』 효형출판.
7 정수웅(1999) 『일본역사를 바꾼 조선인』 동아시아.

2. 학문의 마을 나에시로가와

그렇다면 그들에게 덧 쉬워진 영웅적인 요소에는 어떠한 것이 있을까? 그들의 영웅화는 그들이 태어나고 자라난 마을부터 이루어졌다. 그들의 고향인 나에시로가와는 본래부터 학문적인 자긍심이 높고 향학열로 가득찬 곳이어서 그러한 인물들이 나왔다고 하는 성격의 글들이 그것이다. 가장 대표적인 사례로는 언론인 김충식이 쓴 글을 들 수가 있을 것이다. 그는 이 마을에 살았던 조선인들은 향학열이 대단했다고 극찬하고 있다. 특히 명치유신까지 이 마을은 한어를 쓰면서 살았고, 당시 한글교본으로 대대손손 한글을 익혀왔다는 사실에 놀라며 다음과 같이 서술했다.

"놀라운 것은 1597년 왜병의 손에 끌려 올 때 배 밑창에 책을 가져왔다는 사실이다. 노획당한 짐승처럼 갇혀 몇날 몇 달이 걸릴지 모를 여정을 떠나면서 책을 챙겨오다니, 먹을 것, 입을 것, 밥그릇, 수저같은 물건들과 함께 언문책을 쑤셔넣을 생각을 하다니..."[8]

이처럼 그들에게 한글판 『숙향전(淑香傳)』이 있고, 『한어훈몽(韓語訓蒙)』과 같은 한글교본이 있는 것에 대하여 감동하면서 이곳 나에시로가와 마을은 도자기의 도읍(陶邑)적인 성격뿐만 아니라 학문을 중시하는 문읍(文邑)의 성격도 함께 겸비한 곳이라고 높게 평가했다. 그리고 그러한 데는 고향 남원에서부터 책을 품고 온 정신에다 사쓰마번의 행정차원의 학문장려가 가미되어 면학 전통이 마련되었기 때문이라

8 김충식, 앞의 책, p.194.

苗代川歸化朝鮮人圖

▌나에시로가와의 조선인(『삼국명승국회 (三國名勝圖會)』에서)

고 보았다.[9] 재일사학자 이진희도 그들은 고국의 풍속과 언어를 버리지 않고 선생까지 두어 한글을 자식들에게 가르쳤다고 했다.[10] 그러한 분위기이었기 때문에 옛날 가고시마의 행상들이 이 마을을 지날 때면 항상 글 읽는 소리를 들을 수 있다고까지 김충식은 표현했다.[11]

그들이 무엇 때문에 이토록 한글에 집착하여 대대로 한글을 익혔는지 그 이유를 자손으로 하여금 모국어를 잊지 않게 하기 위한 것이라 할 수 있지만, 그와 다르게 볼 수 있는 여지도 얼마든지 있다. 왜냐하면 사쓰마번은 역대통사(歷代通事), 계고통사(稽古通事), 통사계고(通事稽古)라는 직책을 두어 조선어를 통역하는 통사를 그들로 하여금 하게 하였기 때문이다. 조선으로부터 표류민이 있거나 밀무역을 할 때

---

9 김충식, 앞의 책, p.194.
10 이진희(1982) 『한국과 일본문화』 을유문화사, p.130.
11 김충식, 앞의 책, p.194.

65

는 그들로부터 인재를 발탁했다. 그러므로 역관인 통사직을 수행하기 위해서도 한글을 익혔을 가능성은 매우 높은 것이다.

그리고 김충식의 말대로『숙향전』과『한어훈몽』등의 한글교재들이 그들이 일본에 끌려올 때 왜군 몰래 배 밑창에 숨겨져 가져왔을 리가 없다.『숙향전』[12]은 이미 잘 알려진 바와 같이 조선 후기의 한글소설이다. 그리고 이 마을에 전래된 것은 19세기 때의 일이다.[13] 또 그들이 가지고 있던『인어대방(隣語大方)』은 1790년(正祖14) 왜학당상역관(倭學堂上譯官) 최기령(崔麒齡)이 편찬한 일본어 학습서이다. 그러므로 이러한 책들은 그들이 끌려갔던 임진, 정유의 왜란 때는 있지도 않았다.

한편 그들의 소장한 한글학습서에는 김충식이 소개한『한어훈몽』이외에도『교린수지(交隣須知)』,『표민대화(漂民對話)』와 같은 것도 있었다.『한어훈몽』과『교린수지』도 모두 에도시대(江戸時代) 때 일본에서 만들어진 것이다. 특히 후자의『교린수지』는 에도시대 때 한일외교가로 활약했던 일본인 아메노모리 호슈(雨森芳州: 1668-1755)[14]에 의해 편찬되어 일본에서 가장 널리 사용된 조선어 교습서이기도 하다. 그리고『표민대화』는 일종의 심문조서로, 일본 관헌이 한국인 어부들의

---

12 柳鐸一과 大曲美太郎의 연구에 의하면 1800년대에 부산의 일본인 어학소에서 조선어 학습서로『숙향전』,『최충전』,『임경업전』,『춘향전』,『옥교리(玉嬌梨)』,『임진록』등이 이용되었으며, 그 중『최충전』,『임경업전』등은 그들 스스로 간행한 것으로 밝혀지기도 했다. 그러한 것을 미루어 볼 때 나에시로가와에 전해지는 한글소설도 이 시기에 전해져 필사된 것으로 추정된다. 자세한 것은 柳鐸一의 논문「일본간행 한글 활자본 최충전고」를 참조.

13 이진희, 앞의 책 p.131.

14 에도시대의 유학자. 諱는 俊良, 誠淸라고 했으며, 통칭은 藤五郎, 東五郎. 호는 芳洲, 자는 伯陽, 漢名으로는 雨森東이라 했다. 중국어, 조선어에도 능통하고, 対馬藩에서 조선과의 통교실무에 관여했다. 新井白石, 室鳩巢와 더불어 기노시타 준안(木下順庵: 1621-1699)의 5선생(五先生), 10철(十哲)의 한명으로 손꼽힌다.

출신지와 출선(出船) 경위 그리고 표류과정은 물론, 한국의 풍물과 사회제도 등에 관해서 상세히 문답한 내용이 실려져 있어 한일교류차원에서 사료적인 가치가 높은 것으로 평가되는 것인데, 이것 또한 일본에서 만들어진 것으로 1985년 4월 14대 심수관이 처음으로 공개한 것이다. 이러한 대부분의 조선어 어학서는 대마도에서 수입된 것이며, 나에시로가와에 사는 통사들에 의해 필사된 것들이다.[15] 그러므로 이러한 것들도 그들의 선조가 조선에서 건너갈 때는 없었다.

이러한 역사적 사실을 무시하고 그들이 소장한 문적이 한글로 되어있다고 해서 감격하여 그것이 일본군에 의해 납치되어 끌려가면서도 배 밑창에 숨겨서 가지고 간 것이라고 감동적으로 해석하는 것은 잘못되어도 한참 잘못된 것이라 할 수 있다. 이러한 인식이 그들로 하여금 보통의 인간이 아닌 신화적인 존재로서 만드는 요소이다. 이러한 요소는 박무덕과 심수관에도 충분히 있을 가능성이 있다. 이러한 점에서 박무덕과 심수관에게 덧씌워진 영웅적 요소를 살펴보기로 하자.

3. 박무덕의 신화

(1) 일본과 조선을 구한 영웅

박무덕의 영웅화는 한시도 자신이 조선인의 후예라는 사실을 잊지 않은 것으로부터 시작된다. 주중대사를 역임한 바 있는 외교관의

---

15 조희웅(1997) 마쯔바라 타카토시,「숙향전 형성연대 재고 -일본측 자료를 중심으로」『고전문학연구(12)』한국고전문학회, p.146.

원로인 권병현씨의 회고록에 의하면 그가 일본성씨로 바꾼 것에 대해서도 당시 일본의 새로운 지도자들이 내세운 정한론(征韓論)에 의해 조선인의 후예란 이름으로는 제대로 활동할 수가 없었기 때문이라고 이해했다. 그리고 동경제국대학을 졸업할 때까지 조선인의 후예란 핏줄의 비밀을 안고 괴로워했으며, 또 도고는 한 번도 가보지 못한 고국 조선을 많이 그리워했고, 가문에서 대대로 내려온 조선시대 도자기 사발을 보물로 삼았다고까지 했다. 이처럼 그를 비판하기보다는 마치 해외에서 출세한 동포를 감싸듯이 옹호했다.[16]

그리고 또 그는 도고가 외무성 국장 시절에는 조선에서 최초로 외교관 시험에 합격하여 일본 외무성 과장으로 부임한 경주 출신의 장철수 과장을 몹시 아껴, 어느 날 퇴근 무렵 술을 한잔하자고 허름한 술집으로 장과장을 불러, 자기도 조선의 피를 이어받았다고 실토하면서 앞으로 독립된 조선정부의 외무부 기초를 다지기 위해 열심히 일하라고 격려해주었다고 소개했다.[17] 이처럼 그는 자신의 뿌리를 잊지 않고 조선을 사랑한 인물로서 그려내고 있는 것이다.

이것도 모자라 최근에는 그를 조선의 독립을 있게 한 인물로도 평가하기도 한다. 그러한 것은 심수관의 행동에서 두드러지게 나타나는데, 그가 한국의 어느 학회에 초청되어 연설하는 자리에서 한국의 독립기념일인 8월 15일은 한국인의 피를 이어받은 박무덕의 노력 덕분에 생겨난 것이라고까지 서슴치 않고 발언하였던 것이다.[18]

그러한 느낌의 글은 정수웅의 저서에서도 발견된다. 그는 우리의

---

16 이장근(2002) 「권병현 주중대사 회고록」 월간 신동아, 2002년 3월호.
17 이장근, 앞의 글.
18 심수관(1995) 「日本の中の韓國文化の紹介とこれからの日韓文化交流のありかた」『일본학보(35)』 한국일본학회, p.49.

광복을 이야기하면서 "조선의 많은 사람들은 광복의 기쁨 뒤에 일본에서 외로운 싸움을 벌인 한 조선인이 있다는 것을 알 리가 없었다."고 거침없이 말하고 있는 것이다.[19] 여기에 보듯이 이들은 조선인의 피를 이어받은 박무덕을 조선을 일본으로 독립시킨 독립투사를 다루듯 하고 있는 것이다.

이러한 발언에는 박무덕이 일본이 미국과의 전쟁에 반대하고, 원폭을 맞았을 때 천황을 구하기 위해 국체호지(國體護持)만을 고집하고 무조건 항복하자는 주장을 하였던 것은 그가 평화론자이기 때문이라는 인식이 짙게 깔려져 있음에 틀림없다. 과연 그렇게 해석해도 되는 것일까?

만일 이 말을 평생 조국의 독립에 몸을 바친 애국영혼들이 듣는다면, 그리고 원폭을 떨어뜨린 미국이 듣는다면 분통을 터뜨리거나 실소를 금치 못할 일이다. 그가 내각에서 주장했던 반전과 무조건 항복은 그가 본래 전쟁을 반대하는 평화론자가 아니라 미국과의 전쟁에서 승산이 없고, 또 원폭 이후 어찌할 수 없는 상황에서 나온 궁여지책이었다. 그것도 일본과 일본천황을 위한 것이었지, 조선을 비롯한 식민지인을 염두에 둔 것이 아니다. 그러한 사실을 간과하고 그를 단순히 전쟁을 반대했다고 해서 반전의 평화론자로 해석하는 것은 그를 영웅으로 만들기 위한 작업에 불과하다.

(2) 두개의 조국을 사랑한 박무덕

그가 박씨 성을 버리고 일본성 도고를 선택한 것은 아버지 때문이었다. 쉽게 말하자면 그의 아버지 박수승은 아들의 출세를 위하여 일

---

19 정수웅, 앞의 책, p.287.

▌도고 시게노리(본명: 박무덕)

본 사족의 족보를 돈 주고 샀다. 그리고 이름도 바꾸었을 뿐만 아니라 호적도 바꾸었다. 그들의 호적에서 조선도공마을 나에시로가와를 지우고 싶었던 것이다. 그러한 탓인지 그는 평생 조선인의 후예라는 사실을 숨기고 자신의 고향인 나에시로가와와도 인연을 끊고 살았다. 심지어 그의 가족에게까지 자신을 조선인의 후예라고 밝히지도 않았던 인물이다. 그러한 그가 과연 조선을 어떻게 사랑했을까? 여기에는 너무나 감성적으로 보고 있는 것처럼 느껴진다.

이러한 그였기 때문에 조선인 장철수를 불러 자신이 조선인의 후예라는 사실을 밝히며 술잔을 기울이며 격려했다고 하여 그를 조선을 사랑한 조선인의 후예라고 보는 시각도 이상하다. 이러한 것으로 그를 묘사하는 것은 그를 두 개의 조국을 가지고 살아가는 영웅적인 인물로 그려내는 데 일단 성공했다고 보여 진다.

그러나 사실은 다르다. 그의 편전을 쓴 정수웅에 의하면 도고는 특히 조선인이라는 말에 매우 민감한 반응을 보였다고 한다. 그의 글에 의하면 도고와 장철수와의 만남은 도고가 국장시절이었고, 그 때 조선에서 응시하여 합격한 장철수가 연수생들과 함께 도고국장실에 인사차 방문하였을 때 "여러 가지 어려운 점이 많이 있겠지만 참고 견디면서 열심히 생활하길 바라네. 인내라는 말을 소중하게 생각하게나."라 하며 충고를 했다고 한다. 그러면서 자신이 조선인의 후예라는 사실을 밝히지는 않았으며, 장철수가 도고국장이 조선인의 후예라는 사실을 안 것은 그로부터 몇 년 뒤였다고 하는 것이다.

이처럼 그는 외무성 조선인 후배 장철수를 아꼈으며, 허름한 술집에서 그와 함께 술을 마시면서 조선인의 후예라는 사실을 고백한 적이 없는 것이다. 그는 다만 한국이 일본에 합방이 되어 한 나라가 되었을 때 시대에 맞추어 출세를 위해 대대로 내려오던 조선의 이름을 버리고 일본 이름을 택하여 살다간 충실한 일개의 일본인일 뿐이다.

그럼에도 불구하고 그의 신화 만들기는 줄곧 진행되었다. 일본의 소설가 시바 료타로(司馬遼太郎: 1923-1996)에 의하면 그가 소설을 쓰기 전에 나에시로가와를 방문하였을 때 마을 입구 논 옆에 세워진 팻말이 있었다 한다. 그 팻말에는 "거짓말을 하지 말라. 남에게 지지 말라. 약한 자를 괴롭히지 말라. 도고 선배를 닮아라. 미야마의 아이들아."라는 문구가 적혀져 있었다 한다.[20] 이처럼 그의 고향사람들은 공부를 잘하여 출세한 그를 잊지 못하고 아이들에게 그를 닮아라고 교육을 시키고 있었던 것이다.

그러한 작업은 현재에도 진행 중이다. 90년대에 접어들어 그에 대

---

20 司馬遼太郎(1976)『故郷忘じがたく候』文藝春秋, pp.10-11.

나에시로가와에 세워진 도고 시게노리상

한 재평가 작업이 이루어지고 그의 전기가 간행됨에 따라 지역민들이 그의 기념관을 건립하자는 운동이 벌어졌다. 그 결과 98년에 4억 엔의 건립비가 투자되어 그의 기념관이 나에시로가와에 들어섰다. 이것으로 말미암아 나에시로가와에 세워진 그의 송덕비 비문의 글귀처럼 그는 "종전 공작의 주역을 맡아 대업을 완성하고 일본과 일본인을 구한 영웅적인 인물로 다시 태어나게 된 것이다.[21]

박무덕은 누가 뭐라해도 일본이 패전하자 A급 전범이 되어 극동 군사재판소에서 금고 20년형을 받고 도쿄 스가모(巢鴨) 형무소에서

---

21 그의 기념관 앞에 세워진 그의 송덕비에는 세울 당시 관방장관이었던 사코미즈 히사네쯔(박수구상)이 쓴 "종전 외교의 주역을 맡아 대업을 완수하고 일본과 일본 국민을 구하다."는 글귀가 새겨져 있다.

복역하다가 1950년 7월 23일 68세로 사망한 인물이다.[22] 그러한 그를 일본인이 아닌 우리마저 미화하고 찬양한다는 것은 옳지 않다. 그는 단순히 외상만 한 것이 아니다. 척식상과 대동아상을 겸하고 있었다. 척식과 대동아상이란 식민지 개척에 선봉에 서야하는 자리이다. 그리고 그가 몸을 담았던 내각은 역대 내각 중 가장 심하게 식민지인들에게 고통을 주었던 내각이었다.

그러한 그를 선조의 땅인 조선에 대해 애정 어린 눈으로 바라다보았다고 하는 것은 객관성이 결여된 감상적인 해석이 아닐 수 없다. 만일 그렇게 생각한다면 「침략전쟁과 A급전범의 미화, 현창사업」이라 하여 그의 기념관 건립에 대해 강력하게 반대했던 일본 공산당의 견해보다 못하다고 하지 않을 수 없다. 다시 말하여 그를 단순히 공부 잘하는 조선인의 후예로서 일본사회에서 출세했다고 해서 국위를 선양한 자랑스러운 한국인이라는 인식으로 영웅신화를 만드는 누를 범해서는 안될 것이다.

4. 심수관의 신화

(1) 소설의 주인공 심수관

신화적인 요소는 죽은 박무덕보다 살아있는 심수관이 더 많이 가지고 있었다. 본인이 만든 것인지, 아니면 타인이 만든 것인지는 정확히 알 수 없다. 그를 신화적인 인물을 만든데 큰 역할을 한 것은 역사 소설가 시바 료타로이었다. 70년도 중반 그는 14대 심수관을 주인

---

22 김충식, 앞의 책, p.122.

공으로 소설을 써서 발표함으로써[23] 많은 사람들에게 감동을 주었다. 그것으로 말미암아 심수관은 국내외적으로 일약 스타덤에 오른다. 그 내용 가운데 주요한 부분을 골라 소개하면 다음과 같다.

　　가고시마의 소년들은 싸움이 잦았다. 중학교에 입학하면 우열이 결정될 때까지 연일 서열다툼이 벌어진다. 심수관은 나에시로가와 소학교를 나와 가고시마 시내 중학교에 들어갔다. 입학한지 얼마되지 않았을 때의 일이다. 상급생이 교실에 몰려와 "이 반에 조선인이 있지? 손들엇!"하고 소리쳤다. 심소년이 손을 들지 않은 것은 자기가 일본인이 아니라는 것은 꿈에도 생각해본 일이 없었기 때문이었다. 소년이 졸업한 작은 나에시로가와 소학교는 그 마을의 자녀들이 다녔고, 그 학교에서의 교육은 일본의 다른 소학교와 조금도 다를 바가 없었다. 그 뿐만 아니라 나에시로가와 소학교 학생의 평균학력은 현내에서는 제일 높았기 때문에 학교에선 "우리 학교는 비록 작지만 일본에서 제일가는 소학교"라고 학생들에게 가르쳤다. 더욱이 마을 사람들의 태반이 사족이며 태평양전쟁 전까지만 해도 사족의 권위를 지켜왔던 이 마을 사람들로서는 오히려 선민으로 생각했었다. 심소년이 조선인은 손을 들라는 상급생의 고함에 손을 들지 않은 것은 극히 자연스런 일이었다. 상급생은 심소년이 조선인이라는 것을 스스로 밝히지 않았다는 이유로 흥분했다. 기합을 넣어주겠다면서 심소년을 옥상으로 끌고 가 10여명이 몰매를 두들겼다. 심소년은 몹시 아팠지만 혼신의 힘으로 울지 않으려고 애썼다. 일본사람은 세다고 한다. 울면 일본 사람이 되지 못할 것만 같았다. 그러나 이렇게 지독히 얻어맞는 것을 보면 일본인이 아닐지 모른다

23　司馬遼太郎(1976)『故鄕忘じがたく候』文藝春秋.

는 생각에 미치자 심소년은 뒤로 넘어져 기절했다. 얼마 뒤 소년은 혼자 깨어났다. 오늘 처음 입은 교복이 코피 투성이로 벌겋게 물들어 있었다. 계단을 내려가 교실에서 신발을 꺼내 신고 그대로 집으로 돌아갔다. 기차는 쿠시키노에서 가까운 동이치키역에 선다. 거기서부터 집까지는 2킬로쯤 된다. 이 길은 심소년의 선조가 서해안에서 박해를 받아 정든 집을 버리고 정처없이 동쪽으로 동쪽으로 걷던 그 길이었다. 집 앞에 이르러 놀라운 일을 발견했다. 검푸른 사철나무 울타리가 계속되는 그 너머 소슬대문 옆에 양친이 서 있는 것이 아닌가. 양친은 심소년에 대해서는 하느님같은 예견자였다. 심소년이 몰매를 맞은 사태를 아는 것처럼 신음소리를 냈다. 평소 그렇게 엄격하던 13대 심수관이 심소년의 어깨에 손을 대고 흙을 털어주며 집으로 데리고 들어갔다. 소년은 소리는 내지 않았으나 눈물이 그치질 않고 흘러 내렸다. 어머니가 얼굴의 상처에 약을 발라 주려 했으나 혼자 샘물로 달려가 얼굴을 씻었다. 그만 울음을 그치려 할 즈음 아버지가 등 뒤로 다가와 손수건을 건네주었다. 소년은 얻어맞은 사정얘기를 했다. 얘기를 할수록 또다시 눈물이 솟아 흘러 세수를 다시 해야 했다. 아버지는 "그랬구나 그랬어"하고 몇 번이고 신음소리를 냈다. 아버지는 말수가 적은 사람으로 아들에게 오늘의 사태를 미리 알려주는 것은 피했으나, 자기 자신이 심소년처럼 가고시마시의 중학교에 입학했던 그 날을 회상, 아들이 첫 등교하는 이 날 오후 아내와 함께 아들이 돌아오는 문 밖 행길에서 기다리고 있었던 것이다. 이와 같은 예감은 참담하게 적중했다. 심소년은 결심했다. 이제 저런 학교에는 가지 않겠다. 학교에 안가고 집에서 배우면 안되느냐고 아버지에게 물었다. 아버지는 아마도 그의 아버지 12대 심수관에게 들었을 그 말 그대로 아들에게 말했다. "너의 핏속에는 조선 귀족의 순수한 피가 흐르

고 있다." 13대 심수관은 심씨 가문에 대해 이렇게 얘기를 했다. "전라
도 남원성의 전투에서 패하여 볼모로 끌려와 사쓰마 반도에 상륙, 벽지
에서 고생하고 있을 때 시마즈공은 한국 도공을 불쌍히 여겨 가고시마
에 오면 집도 주겠다고 했으나 이를 거절했다. 남원성 전투에서 길잡이
를 했던 배신자 주가전과는 같이 살 수 없다는 이유에서였다. 그 시대는
시마즈공의 한 마디가 그대로 법으로, 그의 말을 거역한다는 것은 죽음
을 각오한 것이었다. 이와 같은 용기가 너의 핏속에 용솟음치고 있다."
13대 심수관은 말을 잠시 멈췄다. 소년은 조금은 이해된 듯 자리를 뜨려
했다. "기다려라!"아버지는 외쳤다. "1등이 되는 수밖에 없다. 싸움도 1
등을 해라. 공부도 1등을 해라. 그러면 사람들은 다른 눈으로 보게 될 것
이다. 움츠러들면 무리로 달려든다. 물리치는 수밖에 없다."[24]

이 이야기는 너무 감동적이어서 그를 소개하는 한국인들의 글에
서는 거의 빠짐없이 등장하는 에피소드이다. 일찍이 소설가 김승한
이 이를 소개했고,[25] 또 언론인 송효빈도 이 이야기를 자신의 저서에
서 소개하며 심수관에 대해 글을 적고 있다. 그리고 한국의 대표적인
극작가 신봉승은 이 소설을 읽고 상당한 흥분과 부끄러움을 함께 느
꼈다고 하면서, "솔직히 말해 이렇게 엄청난 얘깃거리가 있었던가
하는 것이 흥분의 요인이었고, 이런 얘기를 왜 일본인 작가가 써야
했으며, 대체 우리나라 작가들은 무엇을 하고 있었느냐가 부끄럼을
느끼게 하는 요인이었다. 그래서 읽고 또 읽었다."고 술회했다.[26]

---

24 송효빈(1985)『이것이 일본이다』한국일보사, pp.224-226
25 김승한, 앞의 책, pp.113-116.
26 신봉승(1996)『신봉승의 조선사 나들이』도서출판 답게, p.181.

이상의 내용도 송효빈이 쓴 책에서 가져온 것이다. 왜냐하면 그의 인용이 원 작품의 내용을 그대로 번역한 것은 아니나, 알기 쉽게 내용을 정리되어 있고, 또 원문보다 더 감동적으로 서술되어있기 때문이다.

여기에서 보듯이 작가 시바는 심수관가의 긍지는 그들이 조선으로부터 납치되어 일본에 살면서 에도시대를 거치고 명치 이후 근대를 맞이하면서도 그들의 이름을 일본식으로 고치지 않는 데서도 찾을 수 있다는 것을 보여주려고 하였음에 틀림없다. 그리하여 아무리 혹독한 민족적인 차별이 있었다하더라도 이를 지켜낸 자랑스러운 한국계 일본인을 심수관을 통하여 문학작품으로 그려내고 있는 것이다.

그런데 시바가 이 소설을 쓰기 10여년 전인 66년경에 재일교포 작가인 김달수가 심수관과 직접 인터뷰를 한 것을 소개한 적이 있다. 그 내용을 보면 시바의 소설의 전단계라 할 수 있는 이야기가 아주 진솔하게 다음과 같이 소개하고 있다.

소학교에서는 성적이 1등이었다. 동창들이 모두 같은 입장이었기 때문에 별 탈 없이 지냈지만, 가고시마 1중에 들어간 날이었어요. 입학식이 끝나자, "이 속에 조선인이 있지."하며 다른 학생들로부터 집단을 두들겨 맞아, 온몸이 붓고, 기듯이 집에 오자 아버지가 웃었어요. 그리고 말하기를 아무튼 남에게 지지마라. 공부고 싸움이고 무엇이든 1등을 하라고 했어요. 그 후 나는 열심히 노력했어요. 공부는 마음대로 되지는 않았지만, 싸움만은 그야말로 1등이 되었답니다. 어쨌든 어떤 녀석이든 한번 붙었다면 떨어지지 않고 끝까지 며칠이 걸려도 끈질기게 물고 늘어졌기 때문에 끝내는 상대도 그만 질려 손을 들고 말지요.[27]

27 金達壽(1990) 「苗代川」『古代朝鮮과 日本文化』 講談社, pp.272-273.

▌14대 심수관

　여기에서 보듯이 김달수가 소개한 이상의 인터뷰 내용은 시바의 소설과 비교하면 너무나 다르다. 이름 때문에 학대받는 것과 부친이 "무엇이든 1등을 해라."는 기본적인 내용에서는 같지만, 그 밖의 것에 있어서는 차이가 많이 나는 것이다. 물론 그 차이는 하나는 소설 작품으로 되어있고, 또 다른 하나는 작품으로 되어있지 않은 것에서 오는 것인지도 모른다. 그러나 그것 말고도 차이를 보이는 것이 있다. 그것은 다름 아닌 첫째로 심씨의 시조가 남원에서 끌려간 포로라는 사실, 둘째는 심수관이라는 한국식 이름이 세습되었다는 점, 그리고 셋째는 그의 신분이 일본에 끌려온 불운한 조선 귀족출신이라는 점, 넷째는 오로지 가업에만 전념한 인물이며, 조국의 조선을 잠시도 잊지 못한 임란포로라는 이미지 등이다. 이러한 것들은 김달수의 인터뷰 내용에는 전혀 보이지 않고 있는 것이다.

　이러한 사항들은 심수관의 이야기를 신화화하는데 크게 작용하고 있는 요소들임에 틀림없다. 그러므로 여기에 대해서 시바와 그의 문장을 소개한 송효빈이 얼마나 객관적인 사실에 입각하여 그려내고 있는지에 대해서 살펴볼 필요가 있다.

(2) 남원에서 끌려간 전쟁포로

시바 료타료는 초대 심수관이 정유재란 때 남원에서 포로로 끌려온 것으로 보았다. 이에 한국 측의 많은 사람들도 동조했다.[28] 그들의 지적대로 과연 심씨 일가는 시마즈 군대에 의해 남원에서 끌려간 것일까? 실제로 심수관가가 있는 나에시로가와에는 남원에서 끌려간 조선도공들이 많다는 사실은 본서의 제1장에서도 밝힌 바가 있다. 그런데 한 가지 이상한 것은 그들이 조선을 떠나 가고시마에 도착하는 기록을 살펴보면 이상하게도 심씨라는 성씨가 보이지 않는다. 가령 일본 측 문헌인 『朝鮮より被召渡留帳』에 의하면 남원에서 건너간 모두 43명으로 安, 鄭, 李, 張, 卞, 朴, 黃, 林, 車, 朱, 盧, 羅, 燕, 姜, 河, 陳, 崔, 丁의 18개 성씨이었다고 한다. 여기에 심씨의 시조라 할 수 있는 심당길에 대한 기록이 전혀 보이지 않는 것이다.

심씨가 추가되는 것은 그보다 훨씬 뒤인 1795년 시라오 구니하시라(白尾國柱: 1762-1821)가 쓴 『예번명승고(霓藩名勝考)』이었다. 여기에 백(白)씨와 함께 첨부되는 것이다. 신봉승도 가고시마의 초기 도공 가운데 "김해와 박평의에 관한 기록은 남아있는데 비해 심당길에 대한 기록이 전혀 없다."고 의문을 품으면서 그는 본래 도공이 아니었으

---

28 가령 국문학자 박용식은 심씨의 시조 심당길은 그의 동료와 함께 남원성에 붙들려 갔다고 말하고 있다. 박용식(2002) 「단군신사와 심수관」 『한글한문화(38)』 전국 한자교육추진총연합회, p.52 참조.

며, 후일 박평의의 문하에서 수련하여 도공이 된 인물이었을 것으로 추정하기도 했다.[29]

이를 두고 연구자들은 심씨는 남원 출신이 아니라는 해석을 했다. 가령 일본의 오카다 요시카즈(岡田喜一)는 심씨의 시조는 백씨의 시조와 함께 가고시마의 마에노하마(前之濱)에 도착한 조선인 그룹 속에 있었을 것으로 추정하고 있다.[30]

한편 고고학의 이상균은 오카다와 같이 심씨는 마에노하마에 도착한 조선인이라고 해석하면서, 심당길이 본래 왕가의 외척이며 무사였는데, 피난하는 왕족 이금광을 호위하다가 시마즈 군대에 붙잡혀 가고시마에 왔다가 이금광이 돌아가고 난 뒤 이곳에 남아서 다른 도공들과 함께 나에시로가와에 들어가 도공이 되었다고 보았다.[31] 여기에서 보듯이 이상균의 해석은 오카다와 신봉승의 추측과 가정을 합하여 사실인 것처럼 보고 있다는 데 그 특징이 있다.

그러나 유감스럽게도 심당길이 왕실의 외척이라는 기록도 없을 뿐만 아니라, 왕족의 호위 무사였다는 기록도 없다. 그것은 단지 심수관이 자신의 집안에 대해 쓴 글에 "당길은 남원성에서 이금광(李金光) 왕자를 경호하는 무관(武官)이었다. 이금광 왕자와 함께 남원성에서 붙잡혀 일본에 건너 온 것이다. 1603년에 쿠시키노에서 나에시로가와로 이주하게 되지만 곧 이금광 왕자만 조선으로 돌아가고 남겨진 포로들은 먹고살기 위한 방도를 찾아야 했다. 그 한 가지가 도자기였다."라는 내용이 있을 뿐이다.

---

29 신봉승, 앞의 책(1996년) p.190.
30 岡田喜一(1972)『陶磁大系(16)』平凡社, p.76.
31 이상균(1999)「조선도공들의 일본이주 −일본 살마도자기와 관련하여−」『한중고고학연구(6)』한국선사고고학회, p.161.

┃심수관가의 지붕에 올려진 복신

이글은 1880년 작성된「사적편입지원(土籍編入之願)」에 적힌 내용이
다. 현재 이것은 심수관가 소장문서에 들어있다. 그러므로 내용은
어디까지 심수번의 입장에서 작성된 것이기에, 사실과 부합되지 않
는 것이 많다. 실제 조선 왕족으로 알려진 이금광은 왕족이 아니며,
하동 출신 선비이며, 본명도 김광(金光)이다.

심씨 일가는 이상균의 해석처럼 그가 원래 양반으로 도공이 아닐
가능성이 있다면, 그와 반대로 양반에 속한 천민집단인 도공출신일
가능성도 있다. 그러나 어느 하나 정확하게 밝혀진 것이 없다. 더군
다나 일본 측 기록에 따르면 이금광이 조선으로 돌아갈 때 100여명
이 그와 함께 귀국한 것으로 되어있다. 심당길이 그의 호위무사이었
고, 왕실의 외척이자 양반이었다면 그와 함께 돌아가지 않을 이유가

없다. 그렇다면 그가 돌아가지 않은 이유는 다른 데 있는 것인지도 모른다.

이처럼 심씨의 시조인 심당길에 대해서는 잘 알려져 있지 않다. 그러나 한 가지 분명한 것은 초기 남원그룹에는 그의 이름이 보이지 않는다는 것이다. 만일 심당길이 이금광을 호위하는 자였다면, 그 역시 하동 출신이며, 신분 또한 양반이 아닐 가능성이 높다. 그럼에도 불구하고 시바는 심수관을 남원출신으로 만들었던 것이다.

여기에 대해 정병설교수의 매우 흥미로운 해석이 있다. 즉, 정작 소설의 주인공 14대 부친인 13대 심수관은 자신들의 출신지를 남원이라고 하지 않았다. 그가 언론사와 인터뷰한 글과 그가 직접 쓴 글에 의하면 사쓰마 영주가 남원과 가덕도 등에서 싸울 때 웅천과 김해 등지에서 각종 공예에 능한 자와 남녀 40여명을 끌고 갔는데, 그 후예들이 나에시로가와에 살고 있으며, 자기 집안은 김해출신일 가능성에 무게 두어 말했다는 것이다.[32]

14대 심수관은 그의 부친과 달리 남원을 자기 집안의 뿌리라고 단정 지었다. 이것은 아무래도 시바 료타로의 작품으로부터 받은 영향이 큰 것으로 보인다. 그리하여 그는 지난 1998년에는 조선도공들이 일본으로 끌려간 지 400주년이 되는 해로 대대적인 행사를 개최했다. 이 때 눈길을 끄는 행사 중의 하나가 남원에서 도자기를 굽는 필요한 불을 채화해가는 것이었다. 옛날 선조들이 조선의 불을 가지지 못하고 일본의 불로 구워낸 히바카리[33]를 극복하기 위한 것이었다.

---

32 정병설(1997)「조선도공 후예 심수관의 허상과 실상」『문헌과 해석사』태학사, p.184.
33 여기에서 히바카리란 모든 재료는 조선의 것이되, 불만 일본의 것을 빌려 일본에서 구워낸 도기라는 뜻이다.

그러나 이 일은 그다지 순탄치 않았다. 예산이 만만치 않았다. 남원의 불을 얻으려고 하였으나 유림들이 들고 일어나 사죄 없이는 불씨를 줄 수 없다고 나선 것이었다. 그리하여 일본의 사죄사절로 미야마 의회회장과 여성대표가 나섰고, 그들은 정유재란 때 남원성을 지키다가 목숨을 잃은 사람들의 무덤인 남원 향교동 만인의총에 배례하고 납치를 사죄하고 나서야 겨우 남원에서 채화봉송을 할 수 있었다.[34] 여기에 대해 언론인 김충식은 다음과 같이 자세하게 소개했다.

그 해 10월 19일 남원 교룡산 산신단에서 일곱명의 선녀가 부싯돌로 조국의 불을 채화했다. 도공의 한을 달래는 무용에 이어 제사를 올리고 나서 최진영 남원시장이 조국의 불이 담긴 항아리를 심수관에게 건넸다. 항아리에는 남원도혼신화로(南原陶魂薪火爐)라는 이름이 붙여졌고, 도공들이 끌려갔던 길을 따라 전남 구례와 광양, 경남 마산, 진주를 거쳐 부산으로 봉송되어 한국 해양대 실습선 한나라호에 실려 10월 21일 오후 6시경 가고시마의 쿠시노키항으로 운반되었다. 그러자 심수관 14대, 15대 부자가 한복차림으로 나타나 불씨를 내리고 나룻배에 옮겨 싣고 해변으로 도착하여 나에시로가와에 무사히 가져갔다. 그 때 날씨가 계속 궂어 있었으나 어느덧 점차 개였고 그 덕택으로 순조롭게 불을 옮길 수가 있게 되자 15대 심수관은 단군 할아버지가 도와주셨다라고 되뇌었고, 이를 들은 아버지 14대는 매우 감동을 받았는지 한국 측 대표 이대순에게 "나는 선대의 유언을 지켰습니다. 내 아들 입에서 단군이라는 말이 나왔어요."라고 울먹이며 말을 했다고 한다.[35]

---

34 김충식, 앞의 책, p.219.
35 김충식, 앞의 책, pp.219-220.

┃15대 심수관과 함께한 필자

이와 같이 그의 조상이 한국 어디에서 갔는지도 모름에도 불구하고, 그는 자신들의 뿌리가 남원이라고 생각하고 대대적인 행사를 하였다. 그리고 한국의 많은 사람들도 이에 검증 없이 그의 심증에 동조하고 행사에 적극 참여하였던 것이다. 그야말로 웃어야 할지 울어야 할지 모르는 행사가 벌어졌던 것이다. 어떤 이유이든 간에 남원은 그들에게서 움직일 수 없는 고향이 되어버렸던 것이다.

(3) 조선이름을 지킨 민족적 자긍심

시바는 심수관가의 당주들이 400여 년 동안 줄곧 심수관이라는 이름을 사용했다고 했다. 이것도 사실과는 다르다. 그들의 주장에 따르면 초대 조상은 심당길(沈當吉)이었다. 2대가 심당수(沈當壽), 3대 심도길(沈陶吉), 4대가 심도원(沈陶園), 5대가 다시 심당길(沈當吉), 6대가 심당관(沈當官), 7대가 심당수(沈當壽), 8대가 심당원(沈當園), 9대가 심당영(沈當榮), 10대가 심당근(沈當近), 11대가 심수장(沈壽藏), 12대에 이르러 심수관(沈寿官)이라는 이름을 사용했다. 그러므로 심수관이라는 이름은 13대, 14대를 거쳐 현재 15대에 이르고 있는 것이다. 정확히 말하면 15대라 함은 초대 심당길로부터 계산하여 15대 손이라는 의미이며, 그 이름은 12대 심수관으로부터 물려받았다는 것이 되는 것이다.

이같이 5대가 초대의 심당길의 이름을 사용했고, 심수관이라는 당주의 이름이 세습되는 것은 불과 100여 년 밖에 되지 않는 것이다. 그럼에도 불구하고 시바 료타로가 "가고시마 구 사족 심수관가는 그 한국식의 성명이 세습이며, 호적명이며, 물론 현재 14대 당주인도 그 이름이다."[36]고 하여 마치 그 집안의 당주 이름이 심수관으로 처음부터 오늘날에 이르기까지 세습된 것처럼 서술하는 것은 잘못된 것이다.

더군다나 선조의 이름 석 자를 그대로 후손이 계승하는 풍속은 한국에는 없다. 그것은 일본에만 있는 것이다. 노오(能) 또는 가부키(歌舞伎) 등의 명배우 집안에서는 흔히 볼 수 있는 현상들이다. 그 이름은 일종의 주식회사 간판과도 같은 것이다. 그러므로 이름을 계승하는 습명식은 마치 새로운 주인이 취임하는 취임식과도 같다. 이러한 풍속은 명인(장인)의 집안을 중시하는 일본 독특한 전통문화라 할 수 있다. 조선에서 건너간 도공이 14대, 또는 15대하면서 선조의 이름을 그대로 물려받는다는 그 자체가 어느 가정보다 가장 일본적인 문화 전통에 서있다는 것을 의미한다. 그것은 한국의 문화와 거리가 먼 요

---

36 司馬遼太郎, 앞의 책 p.10.

소이다. 그런데도 조선의 이름을 그대로 세습되어 왔으며, 그것이 한국의 전통을 계승해온 상징인 것처럼 해석하는 것은 이치에도 맞지 않는다. 이것 또한 그로 하여금 조선을 떠나온 지 400년이 지난 오늘까지 고향을 잊지 못하고 살아가는 조선도공이라는 영웅에 어울리는 허상에 불과하다.

조선식 이름 때문에 14대의 심수관이 가고시마 중학교에 입학하였을 때 상급생으로부터 구박을 받았다는 것에 대해서도 의문을 가지지 않을 수 없다. 이것에 대해서도 석연치 않은 점이 있다. 왜냐하면 막번정치가 유지되었던 에도시대에는 번의 정책으로 인하여 나에시로가와의 조선인들은 일본식 이름으로 개명되는 것이 금지되었기 때문이다. 즉, 자의로 사용한 것이 아니라 외부적인 압력에 의하여 조선식 이름이 사용되었던 것이다. 그리고 명치시기에 접어들면 통제되던 막번체제가 무너지고 그들에 대한 관습의 통제도 없어지게 되자 많은 사람들은 일본식 이름으로 바꾸었다. 심수관가도 예외가 아니었다.

14대 심수관은 1926년 12월 3일 태어났다. 그의 친부 13대 심수관의 본명은 심정언(沈正彦)이다. 그런데 매우 특이한 점은 출생 직후 그의 아버지 호적에 들어가지 않고, 일본성씨를 사용하고 있던 고모부인 요시모토 히로야스(吉本祐康)의 4남으로서 입적했다. 고모 테이는 13대 심정언의 여동생이다. 어떤 사정이 있었는지 모르지만 그는 그렇게 되었다. 따라서 14대의 실제의 이름은 요시모토 케이키치(吉本惠吉)이다. 그 후 그는 1956년 2월 22일 또 다시 호적이 바뀐다. 어떻게 된 일인지 이번에는 오사코 에다(大迫エダ, 實母, 하마노의 어머니. 즉 외조모)의 양자가 되어 오사코 케이키치(大迫惠吉)가 되었다. (우연의 일치

일지 모르지만, 박무덕의 부친인 박수승의 조카에 해당되는 인물중 오사코 히데토모(大迫秀朋)라는 자가 있다.) 또 그는 13대 심수관과 함께 촌의회원 활동을 했으며 그도 나에시로가와에서 유력한 도공이었다. 그러므로 그가 구제(舊制) 중학교 입학할 때 그의 이름은 심수관이 아니라 요시모토 케이키치였다. 더구나 14대 심수관은 구제 중학교를 바로 입학한 것도 아니다. 그는 일단 현재 이쥬인중학교(伊集院中學校)에 입학하였다가 나중에 구제 2중(旧制二中)으로 전학을 했다.[37]

이러한 그가 잠시 자신의 아버지 성씨인 심씨가 된 일이 있었다. 그의 친부가 죽기 전에 친부모의 양자가 되어 심씨가 된 것이다. 그러나 반년도 지나기 전에 다시 오사코로 되돌아갔다. 그러므로 그는 실제로는 심씨라는 성씨를 계승하지 않고 있다.

우리가 알고 있는 심수관이라는 이름은 선조 대대로 내려온 「수관도원(壽官陶苑)」의 당주 이름인 심수관만을 이어 받은 것이다. 참고로 그의 아들 15대 심수관도 본명은 오사코 카즈테루(大迫一輝)이다. 그의 아버지 성씨를 계승한 것이다. 따라서 그의 아들도 당연히 오사코 성씨를 이어받는 타이지(泰司)이다. 그도 1999년에 15대 심수관이라는 이름을 정식으로 계승했다. 그들에게 있어서 심수관이란 자신들의 가마를 총관리 감독하는 직책 혹은 간판과 같은 것이었다.

보통 일본에서는 조상의 이름을 계승하고 가업을 이어받는 일은 자신의 아버지가 사망하거나 일선에서 은퇴할 때 이루어지는 것이

---

37 같은 마을에 사는 A씨의 증언에 따르면 14대 심수관인 오사코 케이키치씨는 미야마 소학교를 졸업하고 처음에도 이쥬인 중학교에 입학하였다가 2학년 때 가고시마 중학교로 전학을 하였으며, 그 때도 사용한 이름 모두가 일본명인 오사코 케이키치였다고 했다. 그러므로 이 부분의 에피소드에 대해서는 좀 더 심도있게 조사할 필요가 있을 것 같다. 이 부분에 대해서는 좀 더 심중을 기해 볼 필요가 있다.

일반적이다. 더군다나 이럴 때에는 습명식이라 하여 대대적으로 공개하며 일을 크게 벌인다. 이러한 사정을 감안한다면 14대 심수관은 그의 아버지로부터 이름을 물려받는 것은 그가 어른이 되어 아버지에게 유고가 생겨 부친으로 부터 수관도원의 경영권을 물려받고 난 이후라고 생각하는 것이 일본 상식에 맞는 일이다.

그럼에도 불구하고 그는 태어나서부터 심수관이었고, 그 이름으로 중학교를 입학했으며, 그로 말미암아 불량의 상급생들이 신입생 명부를 보고 조선식 이름을 가진 학생을 찾아내어 폭행을 가했다는 이야기에는 그를 영웅화하기 위해 지나치게 과장되어 있다. 만약 그것이 사실이라면 조선식 이름이 아닌 조선인 마을 출신이라는 것에서 비롯되었을 가능성이 높다.

(4) 불의와 타협하지 않는 조선귀족출신

심씨 가문을 조선의 귀족출신으로 본 것은 작가 시바뿐만 아니라 언론인 송효빈도 같은 시각을 가지고 있었다. 이러한 신분은 주인공을 극적인 인생으로 만드는데 매우 효과적이다. 고귀한 신분출신이면서도 현재의 상황으로 인해 남들에게 학대받는 이야기는 더욱 그를 극적으로 만들어주기 때문이다. 이러한 부분의 이야기는 앞에서 언급한 심수관의 입학식 때 있었다. 그 날 아들 심수관에게 타이르는 아버지 심수관의 말에서 강조되어 나타난다. 그 부분을 다시 인용하면 다음과 같다.

"너의 핏속에는 조선 귀족의 순수한 피가 흐르고 있다." 13대 심수관은 심씨 가문에 대해 이렇게 얘기를 했다. "전라도 남원성의 전투에서 패하여 볼모로 끌려와 사쓰마 반도에 상륙, 벽지에서 고생하고 있을 때 시마즈공은 한국 도공을 불쌍히 여겨 가고시마에 오면 집도 주겠다고 했으나 이를 거절했다. 남원성 전투에서 길잡이를 했던 배신자 주가전과는 같이 살 수 없다는 이유에서였다. 그 시대는 시마즈 공의 한 마디가 그대로 법으로, 그의 말을 거역한다는 것은 죽음을 각오한 것이었다. 이와 같은 용기가 너의 핏속에 용솟음치고 있다." 13대 심수관은 말을 잠시 멈췄다. 소년은 조금은 이해된 듯 자리를 뜨려했다. "기다려라!" 아버지는 외쳤다. "1등이 되는 수밖에 없다. 싸움도 1등을 해라. 공부도 1등을 해라. 그러면 사람들은 다른 눈으로 보게 될 것이다. 움츠러들면 무리로 달려든다. 물리치는 수밖에 없다."[38]

이 문장에서 보듯이 심씨 가문은 원래 조선귀족출신으로 일본에 와서 도공으로 살아가는 인물로서 그려내고 있다. 그로 인해 그를 더욱더 극적인 인물을 만들어내고 있음에 틀림없다. 그리고 시바는 작품 속에 다음과 같은 문장도 적어놓았다.

"사쓰마 반도에 도착하여 변방의 땅에서 비바람을 견뎌내고 있었을 때 유신공(惟新公=島津義弘)이 이를 듣고 크게 불쌍히 여기시어 가고시마로 오라. 살 집도 주겠다고 하였지만, 이것에 대해 선조들은 남원성 전투의 배신자인 주가전(朱嘉全)과 함께 사는 것은 의(義)가 아니며, 군부의 적은 불구대천지라 하여 거절했다. 그 당시 유신공의 말씀은 곧 법이었으며, 그것을 거역한다는 것은 죽음을 각오하지 않으면 안되는

---

38 송효빈(1985)『이것이 일본이다』한국일보사, pp.224-226.

것이었지만, 그들은 이러한 것을 무릅쓴 것이었다. 이만한 용기가 어느누구가 가지고 있겠느냐? 너의 몸 속에는 그 때의 용기 있는 사람들의 피가 흐르고 있다."고 했다.[39]

여기에서 보아 알 수 있듯이 심씨 일가를 조선 귀족의 피가 흐르고 있는 인물들로 묘사하였고, 또 그들의 몸속에는 그것도 순수한 조선의 귀족과 용기 있는 자들의 피가 흐르고 있다는 것을 강조하고 있다. 이처럼 시바와 송효빈은 심씨 일가들이 비록 전쟁포로로 일본으로 끌려와 현재 도자기를 굽는 도공의 신분으로 살고 있지만, 원래는 고귀한 조선귀족의 혈통을 이어받은 자라는 것이다. 이러한 신분의 긍지가 있었기 때문에 사쓰마 영주가 가고시마 시내에서 살아라는 명령이 있었지만, 민족을 배반한 자와 함께 살수 없다고 하여 목숨을 걸고 거절했다는 것이다. 즉, 불의와 타협하지 않는 귀족의 정신이 그대로 계승되고 있다는 것이다.

일본측 기록인『先年朝鮮より被召由來記』에 의하면 남원성 함락 때 일본군과 밀통한 민족반역자가 있었다. 그의 이름은 시바의 작품과는 달리 주가희(朱嘉喜)로 되어있다.[40] 이러한 것으로 미루어 조국을 배반한 조선인이 있었던 것만은 틀림없다. 그리고 주가희가 살고 있는 곳에 같이 살지 않겠다는 의지로 사쓰마 영주의 명령을 거역한 것도 틀리지 않는다. 그러나 그들의 집단에는 심수관의 조상인 심당길의 이름이 없는 것이다. 다시 말해 거주지 이주에 대한 명령을 거부한 것은 남원사람들이지 결코 심씨 가문의 사람이 아니었다. 이러

---

39 司馬遼太郎(1976)『故郷忘じがたく候』文藝春秋, pp.42-43.
40 『先年朝鮮より被召由來記』

▮심수관가의 정원에 세워진 반녀니, 저나니의 비

한 점에 있어서는 시바도 송효빈도 모두 역사적인 검증 없이 상상력
과 추측으로 작품화한 것임을 알 수 있다.

그리고 시바와 송효빈의 말대로 심씨가의 사람들은 조선의 귀족
출신이었을까? 여기에 대해서도 의문이 생기지 않을 수 없다. 그러
한 내용은 인물의 효과를 극대화시키기 위한 노력의 결과로 심정적
으로 이해하고 남음이 있지만 이것 또한 역사적 사실과 거리가 있다
고 하지 않을 수 없다. 왜냐하면 전통한국사회에서는 도공들은 귀족
이 아니라 차별받는 천민집단이었기 때문이다.

심씨의 집안 뒤뜰에는 높이 40센티 정도되는 조그마한 묘비 2개가
서있다. 그 뒷면에 '반녀니' '저나니'라는 이름이 새겨져 있다. 소설
가 김승한은 이를 보고 아마도 심씨가로 시집 온 어느 여인의 이름인

91

지도 모른다고 추정했다.[41] 그리고 극작가 신봉승은 필시 성도 몰랐음직한 천한 조선 여인이 분명하다고 했다.[42]

이들 말을 종합하여 보면 조선계 천한 신분의 여인이 심씨와 혼인을 하여 살다가 죽어 이곳에 묻혔다는 것이다. 더군다나 그 여인들의 무덤이 집밖의 마을의 공동묘지가 아닌 집안에 묻혔다는 것은 그 인물들이 심씨집에서도 매우 중요한 위치를 차지하고 있었던 것으로 보인다.

1977년 당시 14대 심수관씨는 그 묘비는 200년 이상된 것이라고 어른들로부터 들었다고 했다. 나에시로가와에서도 한글로 되어있는 묘비는 이것 이외에는 거의 발견하기 힘든다. 그런 것으로 미루어 그가 생각하는 것보다 훨씬 더 거슬러 올라가 정착 초기단계에 세워진 것이 아닌가 생각된다. 아무튼 '반녀니' '저나니'라는 이름의 여인은 신봉승이 지적한 바와 같이 조선의 귀족이름이 될 수 없다. 전형적인 상민 여성의 이름이다. 그들과 결혼한 가계 또한 상류계층일 수가 없다. 그럼에도 불구하고 송효빈이 원문을 응용하여 그들을 일본에 볼모로 잡힌 불운한 조선의 명문귀족으로 묘사한 것은 우리에게 필요한 극적인 영웅을 만들고 싶었는지 모른다.

(5) 그들은 오로지 도예의 길만 걸었는가

시바는 그의 소설에서 14대 심수관은 부친에게 「어릴 때부터 작

---

41 김승한, 앞의 책, p.108.

42 신봉승, 앞의 책, p.186. 이 무덤을 15대 심수관씨는 하녀들의 무덤이라고 했다. 그러나 하녀의 무덤을 자신들의 정원에다 만든다는 것도 납득이 가지 않는다. 오히려 김승한의 해석처럼 심씨가문에 시집온 여인으로 생각되며, 그들의 생몰연대는 한글로 되어있는 것으로 보아 초기정착기의 것으로 추정된다.

도(作陶)의 기술을 배웠다」고 썼다. 그들은 태어나자마자 가업을 계승하는 것을 천직으로 삼는 것이 당연하게 생각하고 삶을 산 것처럼 되어있다. 과연 그럴까?

그의 할아버지 12대 심수관은 훌륭한 도공이었다. 그러나 그는 아들에게 가업을 계승시키고자 했던 것은 아니었던 것 같다. 1889년생인 13대의 심수관은 학교 공부를 잘하는 수재이었다. 그는 교토제국대학(京都帝大) 법과(法科)를 졸업하고 조선총독부의 관리가 되어 조선에서 활동을 한 적이 있다. 그리고 전후에는 고향에서 촌의의회의원(村会議員)을 역임하는 등 지역 정치가로서 활약했다. 그러므로 부친으로부터 도예의 수업을 쌓을 시간은 지극히 제한될 수밖에 없다. 그러므로 도공이라기 보다는 기술자를 고용하여 제품을 생산 판매하는 도자기 회사의 경영자와 같은 인물이었다.

14대 심수관도 그와 유사한 성격의 인물이다. 그는 1945년 구제중학을 졸업을 하고 도공의 길을 가지 않았다. 그는 의사가 되고자 가고시마의전(鹿児島医専: 현재 가고시마대학 의학부)에 입학하였다. 다시 말해 처음에는 가업을 이을 생각이 없었다. 그러나 정치에 뜻이 있었는지 도중에 의학부를 그만두고 와세다대학 정경학부(早稲田大学政経学部)에 입학 졸업하여 가고시마 지역 선출 자민당(自民党) 국회의원 도코나미 타케지로(床次竹二郎: 1867-1935)의 비서가 되었다. 이처럼 당시 그의 꿈은 정치가가 되는 것이었다. 그러므로 그는 고향에 있을 수 없었다. 그 증거로 1956년 장녀의 출생신고지가 도쿄도 아다치구(東京都 足立区)로 되어있고, 장남의 출생신고는 1959년 요코하마(横浜)에서 했으며, 차녀의 출생신고가 1961년 3월31일에 가고시마에서 한 것으로 되어있다. 그러므로 그의 귀향은 1961년 이후에 이루어진 것

으로 보아야 한다. 즉, 그의 나이 36세가 되던 해에 고향으로 돌아와
가업을 계승한 것이었다.

고향에 돌아와서도 정치가의 꿈을 버리지 못했다. 1971년, 1972년
에는 오사코 케이키치(大迫惠吉)의 이름으로 가고시마현PTA연합회
회장(鹿児島県PTA連合会会長)을 역임하면서 참의원선거 출마 준비를 하
였으나, 사정이 여의치 않아 포기하고 만다. 그러므로 그가 가업인
도예에 전념한 것은 정치의 꿈을 접고 난 이후라고 보는 것이 정확할
듯싶다. 그러므로 그가 다른 분야에 눈을 돌리지 않고 오로지 태생적
으로 가업인 도예에 전념하였다는 이미지는 훗날에 그를 윤색하기
위해 새롭게 만들어진 것이라 할 수 있다.

(6) 그들의 한국관

강위당(姜魏堂)이라는 나에시로가와 출신 극작가이자 언론인이
있었다. 그는 곧잘 김달수와 이진희와 같은 재일교포 작가와 역사
가와 잘 어울렸던 사람이다. 그러한 그가 한일합방 이후 나에시로
가와의 사정에 관해 비교적 자세히 서술한 저서가 있다. 그것에 의
하면 나에시로가와 사람들은 1910년 한국이 일본에 합방되자 이곳
어른들은 이제 같은 나라 사람이 되었다고 하며 기뻐했으며, 학생
들은 일본 옷을 걸치고 일본의 역사소설을 읽고 완전한 일본인이
된 것처럼 생각했다. 그리고 이들은 청일과 러일 전쟁이 끝나고 일
본 상업자본주의가 발흥하자 마을의 청년들은 해외진출이라는 분
위기를 타고 순사, 교원이 되어 만주나 대만으로 나갔고, 군인과 선
원이 되어 고향을 떠났으며, 다시 돌아오지 않았다. 그리고 그들의
뿌리인 조선에 가서도 조선인이 아닌 철저한 일본인으로 행동하였

다고 했다.[43]

이러한 분위기를 생각하면 총독부의 관리로서 조선에 온 13대 심수관도 그들과 별반 다를 바가 없었을 것으로 추정된다. 그는 나에시로가와의 조선인 후예들이 일본 정부나 군대의 요직에 얼마나 활발히 진출하고 있는지 자랑스럽게 소개했다고 전해진다. 그러므로 당연히 그를 바라본 조선인들은 좋게 볼 수가 없었다. 1925년 13대 심수관에 대해 당시 동아일보(1925년 2월21일)는 "300년 전에 가고시마로 이주한 자손의 심수관 등의 발기로 경성에서 제도업을 경영하는데, 목적은 조선인을 각성케 함이라고, 각성이라 함은 무슨 의미인지."라고 혹평하고 있다.[44] 여기서 보듯이 자신은 선진문화의 일본인이며, 그렇지 않은 조선인을 각성시켜야 할 대상으로 보고 있는 것이다. 이러한 그의 아들 14대 심수관은 아버지와는 달리 자신의 뿌리를 남원에서 찾고, 대한민국 명예총영사와 남원의 명예시민이 되어 400년이 지난 오늘날에도 자신의 뿌리를 잊지 못하는 자랑스러운 한국인이 되었던 것이다.

5. 마무리

지금까지 조선도공의 마을로 유명한 가고시마현 히오키군(日置郡) 히가시이치키초(東市來町) 나에시로가와(苗代川)를 대표하는 두 인물 박무덕과 심수관이 어떻게 영웅화되고 있으며, 그것이 얼마나 허상인가

---

43 姜魏堂(1966) 『生きている虜囚 薩摩焼ゆらい記』 新興書房, pp.55-56.
44 정병설, 앞의 논문, p.177

를 확인하여 보았다. 그들을 조선인의 피를 이어받은 평범한 인간으로
보지 않고 국가와 민족이라는 시점으로 영웅화한 것은 연구자가 아
니라 주로 소설가와 언론인들에 의해 이루어지고 있음을 알 수 있다.

그들은 주어진 역사적 조건에서 열심히 적응하며 살아온 한국계
일본인이었다. 그들이 비록 출세하고, 자기 분야에서 최고의 지위에
올랐다고 해서 뿌리를 잊지 못하는 자랑스러운 한국인으로 보는 것
은 옳지 못한 일이다. 그러한 일이 다른 도공들에게도 있었다. 그 대
표적인 사례가 아리타의 이참평이었다.

일본 측의 기록에 따르면 그는 임진과 정유왜란 때 우리나라를 쳐
들어온 일본군 나베시마 군대에게 길을 안내한 사람이었다.[45] 즉, 조
국을 배반한 조선도공이었던 것이다. 그러한 사실을 도외시한 채 그
를 일본 최초로 도자기의 흙을 발견하고 도자기를 생산하여 「아리타
야키(有田燒き)」를 창설하여, 일본인들이 그를 우러러 도자기의 시조
로 모셨다고 해서 그를 영웅화한 일이 있었다. 이처럼 국가와 민족이
개재되면 역사적 검증 없이 객관성을 잃어버리고 사물을 판단하는
경우가 많은 것이다. 그 뿐만 아니다. 정치적으로도 이용되기 쉬운
속성도 지니고 있는 것이다.

그러한 점은 오히려 본인들도 평범한 삶에서 자유롭게 해주지 못
한다. 그들의 어깨에는 국가와 민족이라는 무거운 짐들이 올려져있
기 때문이다. 이러한 점들을 과감하게 객관적인 학문적인 태도로 청
산해줄 필요가 있는 것이다. 본 장도 바로 이러한 부분을 조금이나마
해결하고자 하는 의미에서 작성되어진 것이다.

오늘날에도 나에시로가와는 과거처럼 도공마을로 유명하다. 지금

---

45 노성환(1997) 「아리타의 조선도공」 『일본 속의 한국』 울산대 출판부, p.88.

그들은 모두 일본인 이름으로 일본국적으로 살아가고 있다. 더군다나 심수관가와 같이 선조의 이름을 대를 이어 물려받는다는 것은 매우 일본적이다. 이러한 것은 일본 이외에 어느 나라도 없기 때문이다. 이러한 점에서 그들은 어느 일본인보다도 더 완벽한 일본인이 되어있는지도 모른다. 그렇다고 해서 한국을 등한시하고 있는 것은 아니다. 그들의 훌륭한 점은 어디까지 한국이라는 뿌리를 잊지 않고 있다는 점이다. 심수관가는 수없이 한국을 방문하며 한일친선에 힘쓰고 있다. 그리고 현재 한국명예총영사직도 수행하고 있다. 특히 15대 심수관은 조성도공의 맥을 잇기 위하여 경기도 이천에서 체류하면서 1년 가량 옹기 만드는 일에 전념하기도 했으며, 그가 결혼하여 신혼여행을 그들의 본관경북 청송을 다녀오기도 했다. 현재 남원과 청송에 「심수관도예전시관」이 있으며, 14대는 남원의 명예시민이 되었고, 15대는 청송군의 명예군민이 되었다. 이처럼 현재 그들은 한국과 일본을 동시에 사랑하는 두 개의 조국을 가진 조선계 일본인이었던 것이다.

오늘날 나에시로가와 사람들은 한국에 대해서 매우 우호적이다. 마을에는 일한우호의 석탑이 세워져 있고, 경기도 이천과 도자기 교류도 하고 있으며, 또 이곳의 미야마 소학교는 남원의 교룡초등학교와 자매결연을 맺고 있다. 이처럼 그들은 시바 료타로의 소설제목처럼 뿌리를 잊지 않고 있는 것이다. 그렇지만 그들에게 뛰어난 문화를 가진 고국에 대한 자부심으로 민족적 차별에도 불구하고 결코 일본사회에 동화되지 않았다고 보는 시각은 지나친 국가주의에 물들여진 결과라고 보지 않을 수 없다. 이러한 점들을 경계하는 의미에서 앞에서 말한 바와 같이 그들을 국가주의가 아닌 일개의 개인으로 바라보는 것이 무엇보다 중요하다는 사실을 새삼스럽게 강조하여도 지나치지 않을 것이다.

일본 규슈의 조선도공

제3장

조선도공이 세운 단군신사

1. 머리말

일본 규슈의 남쪽 가고시마현(鹿児島) 히오키시(日置市) 히가시이치키초(東市来町)에 미야마(美山)라는 마을이 있다. 이곳은 과거에는 나에시로가와(苗代川)로 불렸는데, 일본의 보통마을과는 달리 매우 독특한 특징들을 가지고 있어서 국내외의 많은 사람들로부터 주목을 받고 있다. 그 특징들을 간략히 정리하면 다음과 같았다. 첫째는 임란 때 왜군에게 잡혀 일본으로 건너간 조선인들이 정착한 마을이라는 것이고, 둘째는 이들의 주된 경제활동이 도자기 산업이라는 점이며, 셋째는 근래에 까지 조선식 전통이 그대로 유지되었다는 점이다.

우리들에게 잘 알려진 일본 외상을 역임한 바가 있는 도고 시게노리(東郷茂徳: 1882-1950, 본명 朴茂徳)[1] 그리고 일본을 대표하는 도예가 심수관(沈寿官)의 출신지가 바로 이곳이다. 이들 모두 조선도공의 후예들이다. 명치(明治) 이전까지만 하더라도 사쓰마번(薩摩藩)은 이곳 지역민들에게 강제로 조선의 언어, 생활 및 풍습, 이름 등을 그대로 사용케 했고, 심지어 일본인과의 혼인마저 금지시켰다. 그러므로 이 마을의 모든 생활이 조선식 그대로였다고 해도 과언이 아니었다. 이른바 이곳은 「일본 속의 조선인 마을」이었다.

이 마을이 한일양국에 있어서 크게 관심을 모았던 것은 일본의 저명한 역사 소설가인 시바 료타료(司馬遼太郎: 1923-1996)[2]가 이곳에 사는 심수관씨를 주인공으로 하는 작품 「고향을 잊지 못하겠소이다(故郷忘じがたく候)」[3]를 발표하자 독자들로부터 대반향을 불러 일으켰기 때문이었다. 임란 때 끌려간 조선도공의 후예가 두 개의 조국인 일본과 한국이라는 경계 속에서 빚어지는 여러 가지 민족 차별과 문화적 충돌을 잘 묘사한 것으로 높게 평가를 받았던 작품이었다. 특히 아무리 오랜 세월이 흐른다 해도 선조들의 고국(고향)을 잊지 못하겠다는 말

1 일본의 외교관, 정치가. 태평양전쟁 개전과 종전 시 일본의 외무대신. 조선도공의 자손. 본명은 박무덕(朴茂德). 구아국장(欧亜局長)과 주 독일대사 및 소련대사를 역임. 도쿄내각(東條内閣) 때 외무대신겸 탁무대신(拓務大臣)으로 입각하여 미일교섭을 담당하였으나 전쟁을 막지 못했다. 스즈키 칸타로(鈴木貫太郎) 내각에서는 외무대신 겸 대동아대신으로 입각하여 종전의 업무에 진력을 다하였다. 종전 후 개선시의 외상이었기 때문에 전쟁책임을 물어 A급전범으로 분류되어 극동국제군사재판에서 금고 20년의 판결을 받고 스가모(巣鴨) 구치소에서 복역하던 중 병사했다. 여기에 관한 것은 한국에서는 정수웅이 펴낸『일본 역사를 바꾼 조선인』(동아시아, 1999년)이 있다.

2 일본의 소설가, 논픽션 작가, 평론가. 본명 후쿠다 테이이치(福田定一). 오사카출신, 필명의 유래는 「중국 사마천(司馬遷)에 훨씬 미치지 못하는 일본의 남자」라는 뜻에서 사용한 것이라고 전해지고 있다. 산케이신문기자 시절『올빼미의 성(梟の城)』으로 나오키상(直木賞)을 수상, 역사소설에 새로운 바람을 불러일으켰다. 대표작으로는『竜馬がゆく』『燃えよ剣』『国盗り物語』『坂の上の雲』등 다수가 있으며, 주로 전국, 막말, 명치의 시기를 다룬 것이 많다. 그는 또『街道をゆく』를 비롯한 다수의 여행수필을 통하여 활발한 문명비평하을 하기도 했다.

3 司馬遼太郎(1976)『故郷忘じがたく候』文藝春秋, pp.54-55.

은 우리의 심금을 울리고도 남음이 있다.

　그러나 지역민들이 아무리 조선적인 요소를 유지한다고 하더라
도 주변의 일본 사회를 의식하지 않을 수는 없었다. 그 중 가장 대표
적인 예로 신사를 들 수가 있을 것이다. 일본의 전통마을에는 어느
곳이나 신사가 있다. 없는 것이 오히려 이상하다. 신사에는 마을의
수호신이 모셔져 있고, 그곳에서는 정기적으로 제의가 개최되고 지
역민들이 적극적으로 참여하기 때문에 그곳은 일본인들에게 있어
서 정신적 지주이자 고향의 상징이기도 하다.

　이러한 주변의 환경을 의식하여 만일 조선도공의 마을에 신사를
세운다면 어떤 신사를 세우게 되며, 또 그곳에는 어떤 신이 모셔지는
것일까? 이러한 문제들은 지역민들의 정신적 구심점이자 정체성과
도 직접적으로 관계가 되는 일이기 때문에 매우 중요한 문제가 아닐
수 없다. 본장에서는 여기에 주안점을 두고 조선도공 마을인 나에시
로가와의 신사에 대해 검토를 해보고자 한다.

2. 단군이제신이라는 언설

　현재 미야마에는 옥산신사(玉山神社)라는 이름의 신사가 있다. 이
신사는 외양으로 보아 여느 일본신사와 다를 바가 없었다. 입구에는
신사의 상징물인 도리이(鳥居)가 서 있었고, 건물은 신사의 양식에 따
라 배전(拜殿)과 본전(本殿)으로 구분되어 세워져 있었다. 이처럼 아무
리 조선적인 것을 강조하며 살아간다고 하더라도 주변을 둘러싸고
있는 일본사회를 의식하지 않을 수 없었다. 옥산신사는 이러한 문화

적 배경에서 탄생하게 된 것이다.

지금까지 이 신사에 모셔지는 신에 대한 연구는 의외로 많다. 한 국에서는 역사민속학적인 견지에서 접근한 이두현[4], 임동권[5], 필자[6] 등의 연구가 있고, 언어학적인 입장에서는 정광[7], 차덕호[8] 등의 연구 가 있으며, 전통음악적인 견지에서는 이원규[9], 장사훈[10] 등의 연구가 있다. 그리고 일본 측에서는 역사학의 가토 칸가쿠(加藤灌覺)[11], 가토 겐치(加藤玄智)[12], 요시다 나오구라(吉田猶藏)[13], 나이토 슌포(内藤寯輔)[14] 등의 연구가 있고, 언어학으로는 후지이 시게토시(藤井茂利)의 연구[15] 등이 눈에 띈다.

이처럼 많은 사람들에 의해 다양한 관점에 의해서 연구가 이루어 지고 있는 만큼 제신에 관해서도 다양한 해석이 나올 가능성이 많다. 그럼에도 불구하고 신기하게도 제신에 관한한 이들의 의견은 창건 당시부터 국조의 단군이 모셔졌다는 것으로 통일되어 있었다. 이것

---

4 李杜鉉(1973) 「玉山宮廟祭」『南日本文化(6)』鹿児島短期大学, pp.187-201.

5 임동권(1974) 「옥산궁에 대하여」『한국민속학(1)』한국민속학회, pp.25-37.

6 노성환(2007) 「옥산신사의 제의와 조선가요에 대한 일고찰」『일본언어문화(11)』 한국일본언어문화학회, pp.205-224.

7 鄭光(1988) 「薩摩苗代川伝来の朝鮮歌謡について」『国語国文(57-6)』京都大学 文学 部 国文科研究室, pp.1-28.

8 차덕호 「薩摩苗代川伝承 朝鮮歌謠의 음운고찰」『국어문학(36)』pp.219-234.

9 李源圭(1928) 「조선가요의 사적고찰」『조선문 조선(134)』조선총독부, pp.37-54.

10 장사훈(1991) 『한국음악사』세광음악출판사, pp.390-392.

11 加藤灌覺(1921) 「薩摩の苗代川村(上)(中)(下)」『朝鮮』朝鮮總督府, pp.62-70(上), pp.114-125(中), pp.135-145(下).

12 加藤玄智(1928) 「日本で朝鮮の国祖と云はるる檀君を祀った神社」『宗教研究(514)』宗教研究会, p.99.

13 吉田猶藏(1927) 「苗代川を訪ふ」『朝鮮』朝鮮總督府, pp.101-107.

14 内藤寯輔(1976) 『文祿, 慶長役に於ける被虜人の研究』東京大出版会, pp.237-244.

15 藤井茂利(1988) 「薩摩玉山宮に残る『鶴亀ノ舞歌』の表記」『国語国文薩摩路(30)』鹿児島大学文理学部国文研究室, pp.71-82, 藤井茂利(1989) 「薩摩玉山宮に残る〈鶴亀ノ舞歌〉再考」『国語国文薩摩路(32)』鹿児島大学文理学部国文研究室, pp.40-54.

❙옥산신사로 들어가는 입구

이 일반인들에게도 널리 알려졌고, 그로 인해 이곳을 다녀온 사람들이 다양한 잡지에 자신의 글을 소개하는 경우도 많아져 이제는 일반인들에게 있어서도 옥산신사의 제신이 단군이라는 것이 상식처럼 통용되었다.

가령 국문학자 박용식은 "그리운 고국을 잊지 못하여 양지바른 언덕에 민족의 시조인 단군을 섬기기 위하여 옥산신사(檀君宮)라는 제단을 쌓고, 하나같이 결속하여 한민족이라는 민족의식을 굳건히 하였다"고 했고,[16] 또 극작가 신봉승은 "당시 단군의 위패(혹은 영혼)를 모시고 망향제를 지내자는 발의를 할 수 있었다면, 잡혀 온 사람 중

---

16 박용식(2002)「단군신사와 심수관」『한글한자문화(38)』전국한자교육추진총연합회, pp.52-53.

에 상당한 지식인이 있었다는 뜻도 된다"고 하면서 "만리 이역에 잡혀온 조선인 포로들이 자신들의 앞 치례도 하기 어려운 마당일 것인데도 조상을 섬기고 크게는 나라를 사랑했다는 사실이 나에게 크게 감동으로 다가왔다"고 술회하기도 했다.[17]

이처럼 이 신사는 강제 연행된 조선인들이 마을을 이루고 살면서 고국에 대한 그리움, 민족의 정체성 확립을 위해 세워졌기 때문에 단군이 모셔지는 것으로 알려지고 있다.

과연 그러할까? 역사학자 서영대에 의하면 조선에서는 16세기에 존화사대주의사상이 강한 사림세력이 등장하면서 단군의 의미가 크게 약화되었다고 한다.[18] 그것이 사실이라면 임란 때 포로로 잡혀간 조선인 마을에서 단군신앙이 나온다는 것은 기대하기 어렵다. 그럼에도 불구하고 지금까지 여기에 대한 일말의 의구심조차 가지지 않고 미야마의 조선인들은 단군을 모시는 신사를 세웠다고 믿고 있는 것이다.

옥산신사에 단군이 모셔지고 있다는 최초의 견해는 우리가 아니라 1920년대 일본인의 연구자들로부터 나왔다. 그 대표적인 예가 가토 칸가쿠, 가토 겐지, 요시다 나오구라 등의 글들에서 확인할 수 있다. 즉, 칸가쿠는 "조선의 신인 단군을 봉사한다는 이야기를 들었다."[19]고 하며 확실한 단정을 내리지 않고, 다만 들었다고 표현했다. 그에 비해 겐지는 자신의 글 제목을 「일본에서 조선의 국조라 하는 단군을 모신 신사」라고 정하고 "이 부락은 조선의 단군을 우지가미

---

17 신봉승(1966) 『신봉승의 조선사 나들이』 도서출판 답게, pp.185-186.
18 서영대(1999) 「전통시대의 단군인식」 『고조선 단군학(1)』 단군학회, pp.69-70.
19 加藤灌覺(1921), 앞의 글(下), p.139.

┃옥산신사

(氏神)로서 섬기며, 자자손손 전해왔다"[20] 며 자신의 생각을 당연한 것
처럼 서술하고 있는 것이다. 그리고 요시다는 "단군을 모신 신사가
있고, 음력 9월 15일[21] 이 제일(祭日)"이라고 했다.

　이러한 견해는 70년에 접어들어서도 그대로 계승되었다. 그 대표
적인 예가 나이토 슌포(内藤雋輔)의 연구이다. 그는 옥산신사의 제관이
었던 마츠다 미치야스(松田道康)가 작성한 「옥산신사명세장(玉山神社明
細帳)」의 내용을 인용하여 "신체는 큰 바위이나 그것은 조선의 개조
단군의 수적(垂迹)이라고 믿어졌다."고 하였던 것이다.[22] 그리고 재일

20　加藤玄智(1928), 앞의 글.
21　음력 8월 15일 추석이 옥산신사의 제일이다. 아마도 착오가 있는 듯하다.
22　内藤雋輔(1976), 앞의 책, p.238.

작가 김달수도 기본적으로 여기에 동의하여 옥산신사를 조선의 국조를 모신 신사라 했고,[23] 또 최근에는 역사학자 기타지마 만지(北島万次)가 여기서 한걸음 더 나아가 단군을 모신 옥산신사의 건립은 박평의를 비롯한 초창기 조선인들의 민족의식을 반영한 것이라고 간주하기도 했다.[24]

이러한 일본 연구자들 보다 늦게 출발한 한국의 연구자들도 제신이 단군이라는 점에 대해서는 차이를 보이지 않았다. 그 예로 민속학자 임동권은 "이국땅에 살면서도 고향에서 모시던 단군을 그대로 신으로 모시고 제사하기 위해서 옥산궁(신사)을 세웠다."[25]고 하면서, 신봉승과 같은 이는 "그(나에시로의 조선인들) 중에 유식한 유생이 섞여있었던 것으로 믿어진다"[26]고 추정했다. 그리고 역사학의 김의환은 옥산궁의 건립이유를 "내부구성원의 신분, 출신지, 직업관의 차이와 원주민과의 갈등을 극복하기 위해서 민족의 구심체인 단군을 모시지 않으면 안되었다"고 해석했다.[27] 이처럼 오늘날 옥산신사의 제신은 누가 보더라도 단군이라는 것이 정설화 되었다고 해도 과언이 아니다.

그러나 단군이 처음부터 옥산신사에 모셔졌다는 것에 대해서는 의문이다. 앞서 서영대의 지적에서 보듯이 16세기 당시 조선에서는 단군의 의미가 크게 퇴색되어 있었기 때문이다. 그러므로 조선의 기층사회에서 단군신앙이 그대로 유지되었다고 보기는 어렵다. 그럼

---

23 金達壽(1989)『日本のなかの朝鮮文化(11)』講談社, p.264.

24 北島万次(1995)『豊臣秀吉の朝鮮侵略』吉川弘文館, p.269.

25 임동권(1980), 앞의 논문, p.62.

26 임동권(1974), 앞의 논문, p.29.

27 金義煥(1992)「일본 鹿兒島縣 苗代川, 笠野原의 玉山宮(檀君祠堂)과 그곳에 傳해오는 우리말의 舞歌, 祝詞에 대하여」『한국사학논총(상)』水邨 박영석교수화갑기념논총간행위원회, pp.1184-1185.

| 가고시마에서 판매되는 고려떡

에도 불구하고 일본의 조선인 마을에서 단군이 출현한다는 것은 매우 기이한 현상이라 하지 않을 수 없다.

최근 여기에 의문을 품은 한 일본인 연구자가 최초의 제신이 단군이 아니라는 주장을 새롭게 제기하여 주목을 끈 적이 있다. 그 주인공은 하라다 가즈요시(原田一良)로 그는 신사의 이름이 옥산, 그리고 신의 이름이 통칭 고려라는 점에 주목하고, 옥산이라는 지명이 경남 합천에 있고, 또 그곳이 고려 현종의 거주지였다는 역사와 전승이 있다는 점을 고려하여 건립당시 최초로 모셔진 신은 단군이 아니라 고려의 현종이라고 주장하였던 것이다.[28]

---

28 原田一良(2005)「薩摩苗代川玉山宮における檀君祭祀の再檢討」『한국신을 모시는 일본의 신사』한국학중앙연구원, p.204.

그러나 이 주장을 그대로 받아들이기 어렵다. 왜냐하면 첫째로 신의 이름으로 사용한 고려는 조선의 앞 왕조인 고려를 의미하는 것이 아니기 때문이다. 즉, 당시 일본에서는 조선인을 고려인이라고 부르는 경우가 많았다. 그리하여 그들이 집단을 이루며 사는 곳을 가고시마시(鹿兒島市), 미야자키시(宮崎市) 등지에서는 고레마치(高麗町)라 했다. 그리고 구마모토(熊本) 본묘사(本妙寺)의 주지를 역임했던 조선인 여대남을 고려상인(高麗上人)이라 하였으며, 또 조선인들이 만들어 먹었던 떡을 고려떡(高麗餠)이라 하였던 것이다. 다시 말해 여기서 말하는 고려는 당시 조선의 전반을 뜻하는 것이지 결코 고려왕조를 지칭하는 말이 아니었던 것이다. 둘째는 이 지역의 조선인들 중에는 합천 출신이 거의 보이지 않는다는 점이다. 「鹿兒島縣日置郡伊集院苗代川ノ沿革槪要」에 의하면 이곳에 도착한 피로인들은 남원, 가덕도, 웅천, 김해 등지에 잡힌 도공들로 모두 22성 60여명으로 기록하고 있다.[29] 여기서 보듯이 합천은 보이지 않는다. 그럼에도 불구하고 합천이 고려 현종의 거주지라는 이유만으로 현종을 마을의 정신적 지주가 되는 수호신으로 모셨다는 것은 거의 불가능에 가깝다고 할 수 있기 때문이다.

3. 고려신에서 단군으로

그렇다면 이 신사에서 건립 당시 모셔졌던 최초의 신은 어떤 신이

---

29 김정호(2011)「사료를 통해서 본 조선피로인의 일본 나에시로가와 정착과정연구」『한국정치외교사논총(33-1)』한국정치외교사학회, p.13.

었을까? 여기에 대해 심수관은 국내 인사와의 한 인터뷰에서 그것에 대하여 자신의 견해를 다음과 같이 밝힌 적이 있다.

> 우리 선조들이 이곳에 정착한 지도 그럭저럭 80여년이 지났을 때였습니다. 고생은 끝나고 도업(陶業)으로 먹고 살게 되자 마음이 해이 해져서 그 동안 단합되었던 마을에 싸움이 자주 일어났습니다. 이것을 단군께서 보셨는지, 1673년 정월 어느 날 밤이었지요. 갑자기 저 멀리 북녘 고국의 하늘에서 큰 불덩어리가 날아와 옥산의 꼭대기에 떨어졌습니다. 놀란 마을 사람들이 달려가 봤더니 사람 키보다 훨씬 큰 4미터가 넘는 바위가 떨어져 있었습니다. 마을의 점쟁이에게 물어보니 "이 바위는 멀리 고국에서 날아온 단군바위, 즉, 신암(神岩)입니다"라고 설명했고, 마을 사람들은 이 변고의 의미를 '고국을 잊지 말고 화합하라'는 경고로 받아들였습니다. 그래서 이 단군바위에 신전을 짓고 해마다 제사를 지내게 된 것입니다. 제삿날은 신사의 완공일인 8월 15일이었습니다.[30]

이상의 이야기가 사실이라면 옥산신사는 1673년에 건립되었으며, 그 유래는 마을 사람들의 내부간의 갈등이 심화되어갈 때 유성처럼 하늘에서 불덩어리 바위가 떨어졌는데, 그것이 단군바위(神岩)였다는 것이다. 신에 관련된 부분은 신화적으로 윤색되어있지만, 전체의 내용은 어느 정도 설득력을 지닌 것으로 보여 진다. 그 이유는 이곳에 사는 초기의 조선인들은 1597년 정유재란 때 주로 남원지역에서 왜군들에게 포로가 된 사람들이다. 그리고 이들은 처음에는 히오키

군(日置郡)에 머물렀으나, 1603년(慶長8)에는 사쓰마 당국에 의해 이곳
으로 강제로 이주되었다. 또 타 지역에 도착한 조선인들도 이곳에
옮겨 생활했다. 이들의 주된 경제적 생산 활동은 앞에서도 언급하였
듯이 그릇을 만드는 도기업이었다. 그러므로 정착 초기에는 가마를
설치하고 그에 필요한 흙과 땔감도 마련해야 했을 것이다. 이러한 조
건들이 모두 갖추어지고 본격적인 그릇을 생산하면서 생활이 어느
정도 안정된 연후에 신사를 세웠을 것이기 때문이다. 그러므로 이
신사의 건립은 아무리 빨라도 17세기의 중엽 이전까지는 올라갈 수
가 없다.

심수관의 설명 가운데 또 한가지 주목할 만한 사실은 옥산신사의
창건 당시부터 제신으로 단군이 모셔졌다는 것이다. 그것을 모시게
된 것은 단군바위라고 판정한 점쟁이 말이 있었기 때문이라고 해석
했다. 그는 또 다른 사람과의 인터뷰에서는 단군이 이곳으로 불덩이
의 모습으로 날아온 것은 조선인을 보호하기 위해서라고 했다. 그래
서 미야마 사람들은 사쓰마 영주에게 찾아가 최고의 도자기를 구울
테니, 우리의 신을 섬기게 해달라고 간청했고, 이를 승낙 받아냄으로
써 일본 역사상 초유의 외국 신을 섬기는 신사가 탄생하게 된 것이라
고 했다.[31]

이 같은 발언에 문제가 없는 것은 아니다. 즉, 조선도공은 이곳뿐
만 아니라 여러 곳에 있었음에 불구하고 단군이 어찌하여 이곳사람
들만을 지키기 위하여 고국에서 날아온 이유도 이해가지 않을 뿐 아
니라 일본에서 외국신을 모신 신사는 그 이전의 시대부터 얼마든지
있기 때문이다. 그러나 이 문제는 본장의 목적이 아니기 때문에 일단

---

31 정수웅(1999)『일본 역사를 바꾼 조선인』동아시아, p.52.

뒤로 미루기로 하고, 여기서는 심수관이 옥산신사가 단군을 모시기 위해 세워진 것이라고 단언하고 있는 데에 주목을 하기로 하자.

이 같은 지식을 그는 어디에서 얻은 것일까? 여기에 대해 비교적 상세히 기록한 문헌자료가 있는데, 그것은 심수관의 개인소장인 『옥산궁유래기(玉山宮由來記)』이다. 아마도 심수관이 여기에 기록된 내용을 파악하고, 그것을 다시 자기류로 바꾸어 한국인들에게 들려주었을 것으로 생각된다. 그만큼 두 내용은 매우 흡사하다. 이 문헌이 작성된 것은 1867년이므로 창건 당시 상황을 그대로 기록했다고 보기는 힘들지만, 일단 제신과 관련된 부분만을 골라 소개하면 다음과 같다.

옥산궁은 아마도 조선 개조 단군의 묘(廟)일 것이다. 평양의 옥산에 신주를 만들어 묘궁(廟宮)을 설치하고, 큰 집에 아름답고 좋은 것들로 정성을 다하고 황도(皇都)에 근축(謹築)하니 더욱 더 존신(尊信)의 신령(神靈)이다....〈생략〉....연보연간(延保年間: 1673-1680) 초에 매일 밤마다 산 위에서 불기(炎氣)를 뿜어대며 기이한 현상이 많았다. 사람들은 이를 이상히 여기고 점술가에게 묻자, 이에 답하기를 조선의 존숭(尊崇)의 신이 수적(垂迹)한 변(變)이라고 대답했다. 사람들의 마음이 안정되었다. 그리하여 일진을 보고 길일을 택하여 불기가 나오는 곳에 있는 큰 바위에 예배하고 신사를 조영하여 8월 14일에 완성했다. 모두가 사람들의 힘이다(지역민의 힘에 의해 이루어졌다). 그러자 기이한 현상이 멈추었다. 따라서 옛 것에 따라 오늘과 같이 옥산궁이라 했다. 경응 정묘(1867) 가을 7월 새롭게 조영했다. ...〈생략〉...사람들은 기뻐하며 노소를 가리지 않고 모두 모여 배례하려고 머리를 들고 자리를 다투었다. 마치 고국의 옥산에 참배하고 있는 것 같았다."[32]

이상에서 보듯이『옥산궁유래기』는 심수관의 설명과 같이 옥산신
사에 모셔지는 신이 불기운을 뿜어대는 등 신이한 현상을 일으키는
조선의 존숭의 신이며, 그 정체가 단군일 것으로 추정하고 있는 것이
다. 그리고 신사의 이름을 옥산이라 하는 것은 단군을 모신 사당이
평양의 옥산에 있었기 때문이라고도 했다. 다시 말해 이 신사는 평양
의 옥산궁을 그대로 모방하여 옮겨놓았다고 설명하고 있는 것이다.

이러한 설명만을 보면 마치 이 신사의 제신은 창건부터 단군을 모
신 것으로 이해될 수 있다. 그러나 처음부터 단군을 모셨다는 견해
에는 전적으로 동의할 수 없다. 그 이유로는 다음과 같은 몇 가지 의
문점을 제기할 수 있기 때문이다.

그 첫째는『옥산궁유래기』자체가 단군이라고 확정짓고 있지 않
고 있다는 점이다. 많은 사람들이 문헌의 첫머리에「옥산궁은 조선
개조 단군의 묘」라는 부분만을 취하여 이 신사의 제신이 단군이라고
주장하고 있지만, 사실 그렇지 않다. '옥산궁'이라는 말과 '조선개조
단군'이라는 말 사이에 '아마도' '어쩌면'이라는 추측의 의미를 지닌
'蓋し'라는 말이 붙어있다. 그러므로 그 문장을 정확히 해석하자면
제신이 아마도 단군일 것이라고 추정하고 있는 것이지 단정을 짓고
있는 것으로 볼 수 없다.

둘째는 조선시대의 지리서에서 평양에 옥산이라는 지명이 보이
지 않는다는 점이다.『신증동국여지승람(新增東國興地勝覽)』에 의하면
옥산은 지방행정단위의 지명으로는 경상도의 경산, 인동, 안음, 전

32 加藤玄智, 앞의 글에서 재인용.

라도의 옥구에 보이며, 역원명의 옥산원은 경상도의 흥해, 고령, 전라도의 낙안에 보인다. 그리고 산의 이름으로는 경상도의 인동, 선산, 고령, 진주, 합(陜)천, 사천 그리고 전라도의 낙안에서 보인다.[33] 이처럼 옥산이란 지명은 평양을 중심으로 한 북부지역이 아닌 경상도와 전라도에 집중되어 나타나는 지명이었다. 더군다나 나에시로가와의 조선인들은 남원을 위시한 남쪽 지역사람들이 대부분이다. 이러한 사람들이 어찌하여 자신들의 고향도 아닌 평양의 옥산궁을 모방하여 신사를 건립하여야 했는지는 납득하기 어려운 것이다.

셋째는 신화의 내용이 우리가 알고 있는 단군신화의 그것과 판이하게 다르다는 점이다. 심수관은 "북녘의 하늘에서 큰 불덩어리가 날아와 옥산 꼭대기에 떨어졌다"고 했다. 이처럼 신체가 바다 또는 하늘에서 날아온(또는 떨어진) 불덩어리로 되어있으며, 『옥산궁유래기』에 의하면 그 불덩어리는 꺼지지 않고 매일 밤마다 불기를 뿜었고, 그것이 있는 바위는 소리를 내며 움직이는 기이한 현상들이 일어났다는 것이다. 그리고 1902년(明治35)에 성립된 「명세장(明細帳)」에서도 "그 신은 발광을 하였을 뿐만 아니라 진동까지 했다"고 기록되어있다. 이러한 요소는 비, 바람, 구름을 거느리고 신단수 아래로 강림하여 웅녀와 결혼하는 단군신화에서는 보이지 않는 요소들이다. 불덩어리, 발광, 며칠 동안 꺼지지 않았다는 것 등의 표현에서 보듯이 이 신은 불신(火神)이다. 즉, 자신들이 손수 제작한 그릇이 완전한 상품이 되기 위해서는 반드시 거쳐야 하는 마지막 공정인 가마(窯) 안에서 활활 타오르는 불을 연상시키고도 남음이 있다. 가마 안의 불 조절이야말로 상품의 격을 결정하는 중요한 요소이다. 따라서 이들이

---

33 原田一良(2005), 앞의 논문, pp.201-202.

모셨던 신은 단군이라기보다는 그들의 직업과 관련이 있는 불신임을 암시하는 것으로 볼 수 있기 때문이다.

넷째는 일본의 곳곳에 분포되어있는 조선인 도공 마을 가운데 단군을 모시는 곳은 단 한 곳도 없다는 사실이다. 다시 말해 이곳의 단군숭배는 조선인 마을에서도 매우 이례적인 예라 하지 않을 수 없다. 이러한 상황들을 고려한다면 단군은 훗날 윤색되었을 것이며, 원래는 매우 소박한 형태의 민간신앙을 기반으로 하고 있었을 가능성이 아주 높다.

다섯째는 이 신의 성격이 한국의 당신과 같은 성격의 조령일 가능성도 높다는 사실이다. 이러한 사실을 잘 반영하고 있는 것이 이 신사에서 제의를 행할 때 낭독되는 제문이다. 심수관은 그 내용은 대략 다음과 같다고 했다.

조선의 혼이여. 밝혀보소서. 무엇 때문에 우리가 떠돌이 원객이 되었나이까? 일하며 살아가는 우리를 사랑하고 도와주시옵소서. 무궁한 행복을 비나이다. 슬픔을 잊고 다 같이 힘을 모아 땅을 개간하고 농사를 지으며 누에를 치고 고기를 잡게 길이길이 우리 모두를 지켜주시옵소서. 우는 새도 즐겁고 산에는 샘물이 솟고 꽃이 피도록 우리 모두를 보살펴주소서[34]

여기에 보듯이 제문에서도 단군은 일체 등장하지 않는다. 그리고 제사의 대상 또한 단군이 아니라 조선의 혼이다. 여기서 말하는 조선의 혼이란 단군이라기보다는 흔히 한국의 마을에서 보이는 당신

---

34 박성수(2000) 「묘대천의 심수관」, 『단군문화기행』 서원, p.381.

(堂神)과 같은 존재였을 것으로 보인다. 당신은 그 신체나 이름이 일본과 같이 명확하지 않다. 모든 것들을 아우를 수 있는 자연신과도 같은 존재이다. 그러므로 구체적인 이름을 가지지 않는 것이 보통이다. 더군다나 이 신사가 산에 위치해 있고, 그 신체가 바위라는 것에서 보아 처음에는 산신적인 성격을 띠었으나, 이들의 생업이 주로 그릇을 굽는 사기장이라는 특성에 맞추어 도자기 생산에 빼놓을 수 없는 불을 조절하는 신으로 변형시켰으며, 이것이 다시 마을 구성원들의 생업이 도기제작뿐만 아니라 항해, 어업 등 다양해짐에 따라, 그 범위가 확대되어 신앙되었을 것으로 추정되는 것이다.

그렇다면 이 신사에서 모셔졌던 최초의 신이 단군이 아니라면 어떤 신이었을까? 여기에 대한 단서는 타 지역의 조선도공 마을에 있다. 사실 일본 속의 조선인 도공 마을에서 모시는 대부분의 신들은 산신이 주류를 이룬다. 그리고 그 신과 신사를 '고려'라는 이름을 붙여서 부르는 경우가 일반적이다. 단군은 일체 나타나지 않는다. 가령 사가현(佐賀県) 가라츠(唐津)의 대표적인 조선도공마을인 시이노미네(椎嶺)의 신사는 고려사(高麗祠)이며, 또 야마구치(山口県) 나가토(長門)의 조선도공마을에는 고려산(高麗山)의 산신이 모셔지고 있다.

사가의 아리타(有田)도 조선도공마을로 유명하다. 이곳에는 초기의 조선도공들이 모셨던 신이 세이로쿠(淸六)와 이시바신사(石場神社)의 옆 등 두 곳이 있는데, 이곳 모두 고려신이었다. 그러므로 나에시로가와의 옥산신사의 제신도 원래는 구체화되지 않고 조선을 모두 가리키는 의미의 고려신일 가능성이 높다.

이를 뒷받침해 줄 증거가 몇 가지 더 있다. 하나는 미야마 지역민들은 1921년경만 하더라도 이 신사를 옥산신사보다는 '고레간(高麗

115

神' 혹은 '고레간사'라는 명칭이 더 친숙하게 불려졌다.[35] 당시 지역
민들에게는 옥산신사라는 명칭은 이들에게 생소했던 것이다.

여기서 '고레간사'란 고려의 신님이라는 말인 '고레가미사마(高麗
神様)'의 줄임말이다.[36] 1927년에 이곳을 방문한 요시다 나오구라도
이 신사의 명칭을 고려신사(高麗神社)로 표기했다.[37] 이곳의 주민이자
도공인 사메시마 사타로(鮫島佐太郎)씨도 고려신사가 존칭으로도 사
용되며, 또 그것이 더 친숙하다고 말했다.[38] 심지어 신사의 제의를
관장하는 신관을 고라이하후리(高麗祝子), 제물로 사용되는 떡을 고려
떡(高麗餅)이라고 할 만큼 이 신사와 관련된 중요한 용어는 모두 고려
였다. 그 뿐만 아니라 에도시대(江戸時代) 후기에 사쓰마번(薩摩藩)이 편
찬한『삼국명승도회(三国名勝図会)』에서도 옥산신사의 제신을 세상 사
람들은 고려신(高麗神)이라 했다는 기록이 있다. 이처럼 이 지역도 다
른 조선도공마을의 경우와 마찬가지로 고려신이라고 했음은 틀림없
는 사실이다.

둘은 가노야(鹿屋)의 가사노하라(笠野原)에 위치한 옥산신사를 들 수
가 있다. 이곳은 나에시로가와의 조선인 인구가 증가하여 그 일부를
1704년에서 1706년에 걸쳐 34가구, 남녀 160여명을 이주시킴으로서
생겨난 마을이다. 이곳 주민들은 나에시로가와를 떠나면서 지역신
도 분사(分祠)하여 가져갔다. 그러므로 이곳의 신사의 이름은 나에시
로와 같은 것은 당연하며, 모셔지는 신의 이름도 마땅히 미야마의 옥

35 松田道康(1970)「玉山神社 高麗神舞の原流を探して」『民俗研究(5)』鹿兒島民俗学会,
    p.35.
36 加藤灌覺(1921), 앞의 논문, p.139.
37 吉田猶藏(1927), 앞의 논문, p.104.
38 鮫島佐太郎(1987)『苗代川のくらし』南日本新聞開發センター, p.77.

▌류몬지야키의 수호신 고려신

산신사와 같아야 한다. 『삼국명승도회』에 의하면 이곳의 신은 '고려국의 영신(靈神)'으로 되어있으며,[39] 나이토 슌포는 지역민들은 단군이 아닌 고레가미(高麗神)라고 부르고 있었다 한다.[40] 여기서도 제신은 고려신이다.

셋으로는 미야마에서 얼마 떨어져 있지 않은 아이라시(始良市) 가지키조(加治木町) 오야마다(小山田)에는 또 하나의 조선도공 마을이 있다. 이곳에서 생산되는 그릇을 류몬지야키(龍門司焼)라 불리우는데, 이들의 선조는 미야마의 경우와 같이 1598년경 정유재란 때 가고시마의 군대에 붙잡혀 일본으로 간 조선도공들이다. 이곳의 조선인들도 수호신을 모셨는데, 그 이름이 고려신이었다.

넷은 신상(神像)의 정체이다. 이를 직접 본 사람의 증언에 의하면 이 신사의 신상은 보통 사람의 키 높이 정도 되는 우뚝 서있는 자연석

---

39 五代秀堯, 橋口兼柄(1982) 『三国名勝図会(4)』青潮社, p.53.
40 內藤寯輔(1976), 앞의 책, p.297.

이라 한다.[41] 이 점은 아리타와 오야마다의 것과도 같다. 즉, 아리타
의 세이로쿠와 이시바신사(石場神社) 옆에 모셔지는 고려신의 신상 그
리고 오야마다의 고려신도 역시 보통 사람의 키 높이의 자연석이며,
또한 우뚝 서있는 것이 옥산신사의 그것과 다를 바가 없는 것이다.

이와 같이 여러 가지 정황을 종합하여 보았을 때 옥산신사에 모셔
졌던 최초의 신은 단군이 아닌 고려신이었을 가능성이 높다. 다시 말
해 처음에는 조선의 전체를 나타내는 '고려의 신'이라는 의미인 '고
레간샤'로 불리던 것이 훗날 신의 이름을 구체화할 필요성에 의해
단군이라는 이름으로 변화된 것으로 추정되는 것이다.

4. 단군에서 일본의 신으로

옥산신사에 단군이 언제부터 모셔졌는지 명확하지 않다. 그러나
기록상 처음으로 등장시킨 것은 1843년경에 성립된 『삼국명승도회』
이다. 제신에 관한 것은 「옥산묘(玉山廟)」라는 항목에 기술되어있는
데, 관련된 부분을 골라 그 내용을 간략히 소개하면 다음과 같다.

> 玉山廟: 寺脇村, 나에시로가와에 있다. 세상에 고려신(高麗神)이라고
> 도 한다(神體는 天照石). 경장연간(慶長年間: 1596-1615)에 귀화한 조선인
> 들은 처음에 구시노키에 있었다. 경장 8년에 나에시로가와로 이주하였
> 고, 10년경에 조선국 종묘(宗廟)의 신을 권청했다고 전해진다(과거에 雷火
> 에 의해 권청연대가 정확하지 않다). 아마도 단군을 모신 것이라 생각한다.

---

41 加藤灌覺(1921)「薩摩の苗代川村(下)」『朝鮮』朝鮮總督府, p.139.

생각컨데 『동국통감(東國通鑑)』에 "조선국에는 태초에는 군장이 없었다. 신인(神人)이 단목(檀木) 아래에 내려왔기 때문에 사람들은 그를 임금으로 모셨다. 이것이 단군이 되어 국호를 조선으로 했다. 당요(唐堯)의 시대이다. 처음에는 평양을 도읍으로 삼았고, 훗날에는 백악으로 옮겼다. 상(商)의 무정(武丁) 8년이 되자 아사달산에 들어가 신이 되었다. 주(周)나라 무왕이 기자(箕子)를 조선에 봉하여 평양을 도읍으로 삼고, 백성들에게 예의, 농경과 누에치기, 베짜기 기술을 가르쳤다. 마한, 진한, 변한을 삼한이라 하고 하는데, 이것이 곧 백제, 고구려, 신라가 되었고, 고려 왕건이 삼한을 통일하고, 후에 이성계가 다시 조선국으로 개명했다. 그 기자의 영(靈)은 별도로 당소(當所)의 유키노야마(雪山)와 구미산(九尾山)에서 봄과 가을에 제사를 지낸다. 그 때문에 당묘(玉山廟)는 필히 단군을 모시고 있는 것이다.[42]

이상의 기록에서 특히 눈에 띄는 것은 여기서도 옥산신사의 제신을 단군이라고 단정 짓고 있지 않다는 점이다. 이를 '고려신', '조선국 종묘의 신'이라고 하면서 그 신의 정체는 "아마도 단군일 것"이라고 추정하고 있는 것이다. 그 이론적 근거로는 조선인 마을 미야마의 인근에 있는 유키노야마와 구미산에 기자를 모시는 곳이 있으며, 그에 대해 봄 가을 제사를 올리는 것을 들고 있다. 이처럼 단군이라는 확정적인 증거가 없었으며, 앞에서 말한 바와 같이 그 신은 고려신으로 일반적인 통칭으로 불리고 있었던 것이다.

그러나 옥산신사에 모셔진 고려신을 구체적으로 단군이라고 주목한 것은 『삼국명승도회』가 처음이다. 더구나 그것은 단군뿐만 아

---

42 五代秀堯, 橋口兼柄(1982), 앞의 책, pp.507-507.

니라 기자(箕子)까지 거론하고 있다. 그러나 내용을 면밀히 들여다보면 기자와 단군이 모셔지는 장소가 다르다. 기자는 산정에 단군은 신사에 각각 별도의 장소에 모셔져 있는 것으로 보았다.

『삼국명승도회』가 이러한 추정을 가능케 했던 것에는 두 가지 이유가 있다. 하나는 그것보다 5년 정도 빠른 1838년에 편찬된『이집원유서기(伊集院由緖記)』에 기자에 대한 정보가 기술되어있다는 점이다. 이 문헌의「산무악강(山舞樂岡)」조에는 다음과 같은 기록이 있다.

> 나에시로가와의 유키노야마(雪山) 및 구미(九尾)에 산무악강(山舞樂岡)이 2개소 있다. 조선인들은 본국에 있어서 조선국왕 기자를 모시는 묘를 세웠다. 사쓰마(薩摩)에 건너온 조선인들은 높은 산에 올라 기자에 제사를 올리고 또 선조들에게 제사를 올려왔다. 지금은 봄 가을 두 번 이 산에 올라 제사를 지낸다. 그리고 이 산을 산무악이라 한다.[43]

여기에서 보듯이『이집원유서기』에서 조선인들이 산에 기자묘를 세우고 봄 가을에 올라가 제사를 올린다고 기록하고 있는 것이다. 특히 여기서는 기자를 조선국왕이라 했다. 이러한 상황을『삼국명승도회』의 편찬자가 몰랐을 리가 없다. 이 같은 기자의 설을 그대로 수용하여 단군의 제신론을 조심스럽게 추정하였던 것이다.

또 다른 하나는『동국통감』을 통해 단군에 관한 지식을 확보했다는 점이다. 『삼국명승도회』는 단군신화를 정확히 이해하고 있었고, 그것을 근거로 나에시로가와의 조선인들이 모시는 신이 기자와 단군이라고 추측하고 있는 것이다.

---

43 『伊集院由緖記』의「山舞樂岡」條.

이처럼 옥산신사에 모셔진 고려신이 단군이 되는 데는 『이집원유서기』, 『삼국명승도회』 등과 같은 지역의 역사와 문화를 기록하는 향토지의 편찬을 활발히 진행한 시대적 상황이 있었고, 그에 따라 고려신과 같은 정체불명의 신에 대한 정체를 밝히려는 움직임이 있었으며, 또 그것을 이론적으로 뒷받침해주는 조선에 관한 지식이 『동국통감』을 통해서 얻어졌을 뿐만 아니라, 이러한 해석을 나에시로가와의 조선인들이 무비판적으로 적극 수용하였기 때문이다. 다시 말하여 옥산신사의 고려신을 단군으로 만드는데 『동국통감』이 절대적인 영향을 끼쳤던 것이다.

일본에서 『동국통감』이 유통되는 것은 17세기말이다. 즉, 원록연간(元祿年間: 1688-1703)에 도쿠가와 미츠구니(德川光圀: 1628-1701)[44]에 의해 교정과 해제의 명이 내려져 1795년(寬政7) 교토에서 번각본이 출간되어 널리 유포되었던 것이다.[45] 아마도 미야마가 있는 사쓰마 지역

---

44 히타치(常陸) 미토번(水戸藩)의 제2대 번주(藩主). 우리나라 암행어사와 같은 역할을 했던 「미토코몬(水戸黄門)」으로 알려져 있다. 시호는 「의공(義公)」, 자는 「자룡(子龍)」, 호는 「매리(梅里)」, 그리고 신호(神号)는 다카유즈루우마시미치네(高讓味道根之命). 도쿠가와 요리후사(德川賴房)의 3남, 모친은 측실 타니씨(谷氏). 도쿠가와 이에야스(德川家康)의 손자에 해당되는 인물. 번주로 있을 때 사사개혁(寺社改革)과 순사의 금지, 快風丸建造에 의한 蝦夷地(後의 石狩国)의 탐험 등을 행하는 이외에 훗날 『대일본사(大日本史)』라고 불리우는 편찬작업에 착수하여 고전연구와 문화재 보호활동 등 수많은 문화사업을 행하였다.(万葉代匠記, 礼儀類典 등)또 도쿠가와 집안의 장로로서 쇼군 쯔나요시 때에는 정치에도 영향력을 가졌다. 동시대부터 언행록과 전기(伝記)를 통하여 명군전설(名君伝説)이 확립되지만, 에도시대의 후기부터는 근대에는 백발과 두건의 모습으로 여러 지역을 행각하여 지배자의 폭정에서 서민을 구해내는 픽션으로서 코몬만유담(黄門漫遊譚)이 확립한다. 미토코몬은 강담(講談)이나 가부키(歌舞伎)의 제재로서 대중적 인기를 획득하여 소화시대(昭和時代)에는 영화나 텔레비 드라마 등의 인기 있는 제재로서도 활용되었다. 『대일본사』의 편찬에 필요한 자료수집을 위해 가신을 여러 곳에 파견한 것과 은퇴 이후 미도번 영내를 순시한 이야기가 여러 지역의 순회라는 이미지로 된 것으로 추정된다. 실제로 미츠구니는 닛코(日光), 가마쿠라(鎌倉), 가나자와8경(金沢八景), 보소(房総) 지역밖에 방문한 적이 없으며, 관동(関東)에 인접한 나코소(勿来)와 아타미(熱海)를 제외하면 현재의 관동지방에서 벗어나 여행을 하였다는 기록은 없다.

에서도 18세기 후반에서 19세기 초반에는『동국통감』이 수입되었을 것으로 보여진다. 미야마의 조선인들이 모시는 신이 단군과 기자라는 견해를 담은『이집원유서기』,『삼국명승도회』,「옥산궁유래기」가 편찬되는 것도 바로 이 시기이다.

이 지역에 조선의『동국통감』이 수입되어 그에 대한 지식이 보급됨으로써『이집원유서기』에서 나에시로가와의 조선인들이 모시는 신이 기자라는 견해가 나왔고, 그것이 기반이 되어『삼국명승도회』에서는 조선인들에 의해 세워진 옥산신사의 제신이 단군일 것이라고 추정되었으며, 그에 이어『옥산궁유래기』가 평양의 옥산궁과 결부지어 단군으로 거의 구체화시켰던 것이다. 그러므로 이 신사의 제신이 단군으로 완전히 굳혀진 것은『옥산궁유래기』의 이후인 19세기 중엽일 것으로 보인다.

이들이 단군을 제신으로 등장시킨 것은 한반도 역사상 처음으로 세워진 나라가 단군이 세운 조선이며, 그것을 이성계가 다시 계승하여 새로이 나라를 세웠는데, 그 나라가 그들의 고국이었기 때문이었다. 이와 같이 본다면 옥산신사의 단군은 처음부터 있었던 것이 아니라 훗날 고국으로부터 새롭게 전달된 지식에 의해 등장한 신이었다.

단군을 일본에서 모신다는 것은 평화의 시대에는 아무런 문제가 발생하지 않았다. 막부가 멸망하고 새로운 명치정부가 들어서고 전국의 신사를 국가신도의 체제로 정비하게 될 때 이곳의 단군이 문제가 되었다. 즉, 1902, 3년(明治 35, 36)경에 일본정부로부터 일본의 고전에 이름이 나오지 않는 신사는 음사이기 때문에 폐사해야한다는 통보가 이곳에 전해졌다. 1904년(明治37) 러일전쟁을 바로 눈앞에 둔 시

---

45 原田一良, 앞의 논문, p.198.

점이었다. 아마도 일본정부가 신사통폐합을 통하여 사상적 통일을 꾀하였기 때문이다.

여기에 미야마의 조선인 후예들은 지혜를 모았다. 그리하여 그들은 교토제국대학 출신인 에리트 13대 심수관으로 하여금 도쿄로 보내어 정부고관들과의 교섭을 벌이게 했고, 또 옥산신사에다 기존의 일본마을의 신사를 합사시키는 방법을 택하였다. 그리하여 그들은 1902년(明治35)에 무격(無格)이었던 쯔루기신사(劍神社)와 친쥬신사(鎭守神社)를 옥산신사에 편입해달라는 청을 가고시마현 지사의 앞으로 제출하게 된다. 그러나 지사는 그해 7월 12일부로 쯔루기신사만을 편입하는 것을 허용하지만 친쥬신사를 합사하는 것은 허락하지 않았다. 그리고 심수관의 외교덕분인지 신사가 폐지되는 일은 모면했다.

그리고 옥산신사는 쯔루기신사를 흡수의 형태로 합사했다. 쯔루기신사의 신은 신라에서 건너갔다고 전해지는 스사노오(素戔嗚尊)이다. 아마도 이것을 노린 것인지도 모르겠다. 그리하여 이때부터 이 신사는 단군과 함께 스사노오가 합사되어 마을사람들도 단군과 스사노오가 동일한 것으로 착각하는 사람들이 늘었다고 한다. 그리고 언제부터인가 스사노오의 아들 이소타케루(五十猛命)도 모셔졌고, 또 1908년(명치41)에는 친쥬신사마저 합사하여 그 신사의 제신까지 모시게 되었다. 그 결과 오늘날과 같이 외면상으로는 일본의 9명의 신을 모시게 되었던 것이다.

이러한 변화는 제신과 제의에 있어서도 있었다. 즉, 일본적 요소를 대폭 수용했던 것이다. 종전에는 제신을 단군으로 했고, 제의도 조선어로 축문을 읽었으며, 악기도 한국의 것을 사용하였지만, 어느

덧 주신을 천황의 선조신인 니니기(瓊瓊杵)로 바꾸었고, 제의형식도 일본식으로 바꾸었던 것이다.[46] 심수관가에 의하면 이러한 상황에 대해 저항이 있었을 때는 낮에는 형식적으로 니니기에게 제사를 올리고, 밤에는 본격적으로 단군의 제사를 지냈다고 했다.[47]

러일전쟁이 일본 측의 승리로 끝나자 신사의 합병책도 약화되었다. 그러자 지역민들에 의해 1911년경에는 다시 원래의 모습으로 복원되었다.[48] 그리하여 1920년대에 이곳을 방문한 종교학자 가토 겐치(加藤玄智)는 당시의 신관(神主)도 일본인이 아닌 "해군의 주계(主計) 출신인 박방석(朴芳碩)씨이다."고 했다.[49] 즉, 조선인이 맡아서 했던 것이다.

이처럼 단군에서 니니기로 바뀌었던 것이 다시 단군으로 돌아왔다. 그리고 신사의 사제자인 신관도 조선인 후예가 맡고 있었음을 알 수 있다. 1903년경까지는 신관이 한국식의 제복(祭服)을 입고 제사를 지냈다고 한다.[50] 그 뿐만 아니다. 일단 국가 유사시에는 나에시로가와의 지역민들이 단군에 기원하여 일본의 전승을 빌었다고 했다.[51] 이에 대해 가토 겐지는 "단군은 다케미나가타(健御名方神)와 함께 실로 일본국을 수호하는 군신이 되어있다"[52]고 강조했다. 이처럼 한국의 국조인 단군은 미야마의 조선인 후예들에 의해 일본을 지키는 신이 되었다.

---

46 椋鳩十(1979)「12代沈壽官」『日向薩摩路』保育社, p.106.
47 임동권(1974), 앞의 논문, p.28.
48 椋鳩十(1979), 앞의 글, pp.104-106.
49 加藤玄智(1928), 앞의 글.
50 임동권(1974), 앞의 논문, p.30.
51 加藤玄智(1928), 앞의 글.
52 加藤玄智(1928), 앞의 글.

그러나 오늘날 이 신사는 또다시 격변기를 맞고 있다. 조선인의 후예들이 맡아서 하는 신관이 없으며, 또 조선식으로 하던 제의와 가요도 사라졌다. 다만 기록자료로만 존재할 뿐이다. 더군다나 가고시마신사청(鹿児島県神社庁: 이하 줄여서 신사청이라 함)에서 이 신사에 대해 다음과 같이 설명하고 있다.

신사명은 타마야마신사(玉山神社), 통칭은 옥산궁(玉山宮), 사격(社格)은 촌사(村社), 제일(祭日)은 음력 9월 14일과 15일. 제신은 니니기(瓊瓊杵尊), 스사노오(素戔嗚尊), 야사카히메(八坂比売命), 스와대명신(諏訪大明神), 타케노미나카타(建御名方命), 쯔루기대명신(剣大明神), 아오쯔루기대명신(青剣大明神), 우케모치(保食神), 친쥬대명신(鎮守大明神)이다. 유서(由緒)로는 히데요시의 조선출병(임란) 때 이곳으로 연행되어 온 사람들이 매년 봄 가을에 주위에서 가장 높은 산(舞楽岡)에 올라 먼 바다에 떠 있는 코시키지마(甑島)를 바라다보면서 고향을 그리워하며 망향의 설움을 달랬다. 그러던 어느 날 바다 저편에서 커다란 불덩어리가 날아와 하치스가타니(蜂巣ヶ谷)라는 계곡의 큰 바위 위에 떨어졌다. 그러자 큰 바위는 소리를 내며 움직였고, 매일 밤 발광을 하며 하늘을 비추었다. 이를 본 마을 사람들은 두려움에 떨며 점쟁이에게 물었더니 조선종묘(朝鮮宗廟)의 신「단군(檀君)」이 마을 사람들을 보호하기 위하여 이곳으로 왔다는 점괘가 나왔다. 그리하여 이 자연석을 신체(神体)로 삼고, 단군을 모시는 신사를 창건하고, 이름을 옥산궁 또는 고려신이라고 칭하였다. 1766년(明和3) 2월 시마즈가(島津家)에서는 이 옥산궁을 도기신(陶器神)으로서 섬겼으며, 사전(社殿)을 조영(造営)했다. 그 후 수리 일체를 당국에서 행하였다. 그 이전에는 묘양식(廟様式)의 사전이었다고 한

다. 1902-3년(明治35,36)경 니니기를 모시고, 1909년(明治42)에는 스사노
오, 타케미나카타, 우케모치, 야사카히메 4명의 신을 모셨고, 다음해는
쓰루기신사(劍神社), 친쥬신사(鎭守神社)를 합사했다. 현재의 사전은 1917
년(大正6)에 개축한 것이다. 미야마 지구의 신앙 중심이며, 이전에는 항
해, 어업의 수호신이었고, 오늘날에는 도기(陶器)의 수호신으로서 신앙
되고 있다.[53]

이상에서 보듯이 옥산신사는 도자기의 수호신으로서 고려신 단
군을 모시는 것에서 시작되었다고 서술하고 있다. 그러나 제신의 명
단에는 니니기를 포함한 9명의 일본의 신만 보이고 단군이 일체 보
이지 않는다. 다시 단군이 사라지고 있는 것이다.

이러한 상황은 가노야의 옥산신사도 마찬가지이다. 신사청에서
는 이 신사의 제신은 스사노오라고 소개하면서 그 이유에 대해 "시
마즈 이에히사(島津家久)가 히오키군(日置郡) 나에시로가와(苗代川=미야
마)에서 귀화 고려인들이 가노야로 거주지를 옮길 때 이들이 신앙하
는 우지가미(氏神)에 대해서 묻자, 이들은 조선국조 단군을 모시고 있
다고 하며, 아마테라스(天照大神) 및 스사노오를 모시라는 명이 있었
기 때문에 이 두신을 모시는 옥산궁을 창건하였고, 이 신은 식산흥업
(殖産興業)의 조신(祖神) 무신(武神)으로 섬겨졌다"[54]고 설명하고 있다.
물론 이것은 사실이 아니다. 앞에서도 언급하였듯이 초창기에는 고
려신을 모시고 있었던 것이 확실하기 때문에 아마도 이 내용은 훗날
새롭게 만들어진 역사임에 틀림없다. 이처럼 고려신에서 단군으로

---

53 鹿児島県神社庁의 홈페이지(2014년2월13일 열람).
54 鹿児島県神社庁의 홈페이지(2014년2월13일 열람).

바꾸며 신앙하였던 미야마와 가노야의 옥산신사가 오늘날 일본신
으로 탈바꿈하려고 하고 있는 것이다.

5. 마무리

가고시마현 히오키시의 미야마에 있는 옥산신사는 임란 때 끌려
간 조선인들에 의해 세워진 일본식 신사이다. 그곳이 우리들에게 유
명해진 것은 제신이 단군이라는 사실 때문이었다. 많은 사람들이 학
문적 검증 없이 오늘날의 현상만 보고 단군은 신사의 건립 때부터 모
셔졌던 것으로 오해했다. 그러나 그와 관련된 문헌 그리고 타 지역의
조선 도공마을에서 모셔지는 신앙과의 비교를 통해 종합적으로 검
토해본 결과 최초로 모셔진 신은 단군이 아니라 고려라는 이름을 가
진 신이었다. 그 때문에 옥산신사는 고려신사라고 불리기도 했다. 이
점은 타 지역의 조선도공마을과 크게 다를 바가 없었다.

그러나 19세기 중엽이 되면서 많은 변화가 일어났다. 타 지역과는
달리 신사의 제신이 고려신에서 단군으로 바뀌었던 것이다. 이러한
변화의 배경에는 이 지역의 지식인들이 조선에서 수입된『동국통
감』에 기록된 단군신화에 대한 지식을 수용하게 됨에 따라서 미야마
의 조선인들이 모시는 신이 기자라는 견해가 나왔고, 그것이 기반이
되어 옥산신사의 제신은 단군일 것이라는 추정이 나왔다. 옥산신사
의 「유래기」에서 보듯이 그것을 다시 조선인 마을사람들이 적극 수
용함으로써 단군으로 구체화시켰기 때문이었다. 이처럼 단군이 옥
산신사의 제신이 되기까지는 많은 시간과 과정이 있었던 것이다. 그

럼에도 불구하고 오늘날에는 단군을 지우고 일본의 신으로 탈바꿈
하려는 움직임이 일고 있다.

　현재 미야마의 옥산신사가 일본에 있어서 대표적인 단군신앙지
로 손꼽히는 것은 사실이다. 일부 연구자들은 일본에 있어서 단군신
앙은 이곳만 있는 것이 아니라 타 지역에서 엿보인다고 한다. 그들은
일본에 있어서 백산신앙의 뿌리는 한국의 태백산에 있다고도 하고,
또 큐슈 히코잔(英彦山) 수험도(修験道)의 시조인 후지와라 칸유(藤原桓雄)
를 단군의 부친이자 환인의 아들인 환웅이라고 주장하기도 한다. 그
러나 이러한 견해들이 학문적으로 입증된 것은 아니다. 앞으로 여기
에 대해서도 객관성이 보장된 학문적 검토가 지속적으로 진행되어
야 할 것이다.

제4장

옥산신사의 제의와 조선가요

1. 머리말

조선 도공 마을인 가고시마(鹿児島)의 나에시로가와(苗代川)에는 단군을 모신 옥산신사(玉山神社)가 있다. 일본의 전통마을에서는 신사를 중심으로 마을의 중요한 행사를 행한다. 그러므로 나에시로가와에 사는 조선도공의 후예들은 옥산신사를 중심으로 마을의 행사를 치렀음에 틀림없다. 그들이 조선에서 건너간 사람들인 만큼 그 제의 속에는 한국과 관련된 것이 있을 가능성이 충분히 있다.

지역민들의 말에 의하면 현재는 한국적인 요소가 전혀 남아있지 않다고 한다. 옛날에는 신관이 조선도공의 후예들이 맡아왔으나 오늘날에는 그것마저 끊기었고, 더군다나 신관을 계승할 사람도 없어져 버려 현재는 제의 때가 되면 타 지역의 신사에서 신관을 초빙하여 마을의 제사를 치른다고 한다. 다시 말해 한국적 제의가 끊어지고, 일본식으로 바뀌었다는 것을 의미하는 것이었다. 자신의 조상을 김씨라고 밝힌 지역민 소메우라 시게루(染浦茂)씨는 현재 이 모습을 지켜보는 지역민들의 마음은 착잡할 것이라고 토로한 적이 있을 정도이다.

그렇다면 옥산신사에서 행하여졌던 과거의 제의는 어떠한 것이었는지 알 길이 없는 것일까? 그리고 그 때 행하여졌던 제문 또는 피로연 때 불렀던 노래 가운데 한국적인 요소는 없었을까? 만약 그러한 형태가 남아 있다면 어떠한 것들이 있을까?

여기에 대해 일찍이 우리의 민속학자 이두현[1]과 언어학자 정광[2]이 상세히 보고한 바가 있다. 그럼에도 불구하고 지금까지 수많은 사람들이 이곳에 들러 이곳의 역사와 문화를 소개하면서도 이 두 사람의 연구에 대해서는 일체 언급을 하고 있지 않다. 그들에게는 이두현의 연구가 국내잡지가 아니라 일본의 한 지방대학의 연구소에서 펴내는 잡지에 기고되어있으며, 또 정광의 연구가 어학적인 연구이어서 눈에 쉽게 띄지 않았을지도 모른다. 그러나 이들의 연구는 나에시로가와의 옥산신사를 둘러싸고 조선도공들의 신앙과 민속을 이해하는데 매우 중요한 자료적인 가치를 지닌 보고서이다. 그럼에도 불구하고 오늘날 이들의 연구를 소홀히 다루는 것은 매우 안타까운 일이 아닐 수 없다.

이에 본장에서는 이들의 연구를 다시 살려 계승하는 의미에서 두 사람의 연구를 토대로 최근 실시한 마을사람들과의 인터뷰를 통하

---

1 李杜鉉(1973)「玉山宮廟祭」『南日本文化(6)』鹿児島短期大學.
2 鄭光(1988)「薩摩苗代川傳來の朝鮮歌謠について」『國語國文(57-6)』京都大學 文學部 國文科研究室.

여 옥산신사의 제의와 가요에 대해서 살펴보고 선학들의 연구를 보충하려고 한다. 이를 순조롭게 하기 위해서 먼저 옥산신사의 유래와 역사에 대하여 간략히 살펴보고, 그리고 가장 중요한 제의가 언제 어떻게 진행되는지 알아본 다음에, 신사의 제의 또는 노래에 한국적인 요소가 어떻게 나타나고 있는지 구체적으로 살펴보고자 한다.

2. 옥산신사의 유래와 역사

나에시로가와에 정착한 조선인들은 옥산신사를 언제 세웠을까? 그것이 언제 건립되었는지 정확하지 않으나 대략 1605년경에 세워졌을 것으로 추정된다. 이 신사는 명치기(明治期: 1867-1912) 접어들어 촌사(村社)로서 대우를 받으면서, 조금씩 건물이 신사의 형식으로 바뀌어졌으며, 1917년(大正 6) 개축 시에는 남향으로 되어있던 건물이 완전히 일본풍으로 변해버렸다 한다. 원래 신사의 건물 입구 쪽에는 도자기로 만든 용이 감고 있는 둥근 기둥이 서 있었다. 그것은 박운덕(朴雲德), 백선철(白善哲), 하두관(何斗官) 등이 봉납한 것으로 맨 위에는 화변모양의 조각으로 되어있는 것이 오늘날에도 그 유물로서 보존되어있다고 한다.[3]

1867년에 기록된「옥산궁유래기(玉山宮由來記)」에 의하면 평양 옥산묘의 신인 단군이 수적(手迹)의 변을 이루어 바다를 건너와서 그들을 보호하는 신이 되었다고 되어있다. 즉, 고조선의 시조인 단군이 이곳의 신으로 모셔져 있는 것이다. 그런데 특이한 것은 단군의 성격이

---

3 이두현, 앞의 논문, p.190.

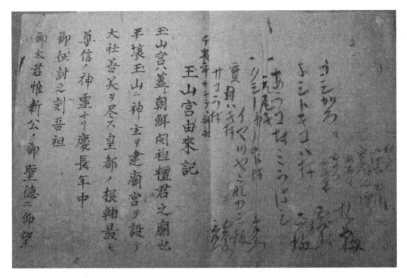

옥산궁유래기

다. 가령 "그 신은 밤마다 산 위에서 불기(炎氣)를 뿜어대며 기이한 현상을 많이 나타냈다고 하는 부분의 기록이다.[4] 다시 말하여 그들은 단군을 국조로서가 아니라 그들의 직업과 관련이 있는 불의 신으로서 모셨던 것이다. 신체(神體)는 보통 사람의 키 높이 정도 되는 자연석이다. 그 신체석 주변에는 마을 사람들이 조그마한 돌을 주워 쌓아 놓고 있어 마치 우리나라의 당산을 보는 것 같다.

근대에 접어들면 이 신사는 변화를 심하게 겪게 된다. 1902,3년(명치 35, 36)경에 일본정부로부터 일본의 고전에 이름이 나오지 않는 신사는 음사이기 때문에 폐사해야한다는 통보가 이곳에 전해졌다. 1904년(명치 37) 러일전쟁을 바로 눈 앞에 둔 시점이었다. 아마도 일본정부는

---

4 또 하나의 유래기 중의 하나인 명치 35년 3월 8일 부의 명세장에는 그 신은 발광을 하였을 뿐만 아니라 진동까지 했다고 기록되어있다.

신사통폐합을 통하여 사상적 통일을 꾀하였는지도 모른다.

여기에 나에시로가와의 사람들은 지혜를 모았다. 그리하여 그들은 교토제국대학 출신인 에리트 13대 심수관으로 하여금 도쿄로 보내어 정부고관들과의 교섭을 벌이게 했고, 또 옥산신사에다 기존의 일본마을의 신사와 합사시키는 방법을 택하였다. 그리하여 그들은 1902년(명치35)에 격이 없는 쯔루기신사(劍神社)와 친쥬신사(鎮守神社)를 옥산신사에 편입해달라는 청을 가고시마 현지사의 앞으로 제출하게 된다. 그러나 지사는 그해 7월 12일부로 쯔루기신사만을 편입하는 것을 허용하지만 친쥬신사를 합사하는 것은 허락하지 않았다. 그리고 심수관의 외교덕분인지 신사가 폐지되는 일은 모면했다는 일은 앞 장에서도 서술한 바가 있다.

그러나 제신과 제의는 변화하지 않을 수 없었다. 지금까지 제신을 단군으로 하고, 제의도 조선어로 축문을 읽고, 악기도 한국의 것을 사용하였지만, 제신은 천황의 선조신인 니니기로 바뀌고, 제의형식도 일본식으로 바뀌게 된 것이다.[5]

그러는 가운데 옥산신사는 쯔루기 신사와 합사되었다. 쯔루기 신사의 신은 신라에서 건너갔다고 전해지는 스사노오(素戔嗚尊)이다. 아마도 이것을 노린 것인지도 모르겠다. 그리하여 이 때부터 이 신사는 단군과 함께 스사노오가 합사되어 마을사람들도 단군과 스사노오가 동일한 것으로 착각하는 사람들이 늘었다. 그리고 언제부터인가 스사노오의 아들 이소타케루(五十猛命)도 모셔졌고, 또 1908년(명치41)에는 친쥬 신사마저 합사하여 그 신사의 제신인 타케미카츠치(武甕搥命)과 후츠누시(經津主神)까지 모시게 되었다. 이와 같이 변신을 하면서

5　椋鳩十(1979)「12代沈壽官」『日向薩摩路』保育社, p.106.

옥산신사는 유지되었다. 그러나 러일전쟁이 일본측의 승리로 끝나자 신사의 합병책도 약화되자 그들은 1911년경에 다시 원래의 모습으로 복원하여 오늘에 이르고 있다고 전해진다.[6]

단군을 모신 옥산신사는 나에시로가와에만 있는 것이 아니었다. 카사노하라(笠野原)라는 지역에도 있었다. 문서에 의하면 1704년(寶永원) 나에시로가와가 번성하여 인구가 넘쳐 모두 수용할 수 가 없었다. 그리하여 34가구, 남녀 160여명을 가고시마현 키모츠키군(肝屬郡) 카노야초(鹿屋町)의 카사노하라(笠野原)로 이주시켰다 한다. 처음 이곳에는 아무것도 없는 황무지이었음은 두말할 나위가 없다. 이러한 곳에 그들은 농사를 지을 땅을 개간하면서 도자기를 굽는 가마를 열고 도자기를 생산하기 시작했다. 그리고 어느 정도 생활이 안정되었을 때 그들이 떠나온 마을에서 모셨던 단군을 모셨다. 이것이 카사노하라의 옥산궁이다. 나에시로가와와 비교하여 외부와의 접촉도 적고, 고립되어있었기 때문에 비교적 옛날 제사형식이 남아있는 것으로 추정되고 있다.

3. 옥산신사의 제의

옥산신사의 가장 중요한 행사는 우리의 추석에 해당하는 날에 지내는 제사이다. 과거에는 신관의 역할을 줄곧 조선도공의 후예들이 맡아서 하였지만, 오늘날에는 신관마저 일본인으로 바뀌어졌으며, 또 그에 따라 제의형식도 일본식으로 완전히 변하여 과거의 모습을

---

6 椋鳩十, 앞의 논문, pp.104-106.

찾아보기 어렵다. 그러나 다행히도 1970년도 초반 우리의 민속학자 이두현(李杜鉉)의 조사[7]에 의해 약간의 그 흔적을 엿볼 수 있다. 그 내용을 소개하면 다음과 같다.

(1) 고손타이(쯔카사비토)의 선발

나에시로가와에서는 8월 1일경에 신궁에 모여 제사의 절차를 정하고, 고손타이를 선발한다. 고손타이란 신이 내리는 대를 잡는 사람이다. 이 사람을 나에시로가와에서는 17성씨 중의 한사람을 추첨으로 뽑지만, 카사노하라에서는 1주일 전에 희망자로부터 신청을 받아보고, 제일 먼저 신청한 사람이 한다. 그러나 그 사람에게 신이 내리지 않으면 두 번째 신청자가 한다. 카사노하라에서는 고손타이를 쯔카사비토라고 하는 점이 차이를 보이고 있다. 그러나 제의방법은 거의 흡사하다.[8]

(2) 제사 준비

고손타이가 되면 그 날로부터 제일까지 결재(潔齋)에 들어간다. 모든 일에 조심하고 제삿날의 아침에는 개울에 나가 목욕재계를 한다. 그리고 신관(神官)은 1주일 전부터 신궁에서 제사의 제반 사항을 준비를 한다.[9] 신관이 신전의 문을 열 때 「교구산구, 손반지, 산지멘타(ギョクサング, ソンパンジ, サンジメンタ)」라고 주문을 외운다.

---

7 李杜鉉, 앞의 논문, pp.194-201.
8 이두현, 앞의 논문, p.195·145
9 이두현, 앞의 논문, p.195.

(3) 코레모치 카에시(떡시루 돌려주기)

제삿날 오전에 17戶의 여성들이 각 집마다의 공물인 떡 상자(餅箱) 와 고려떡(高麗餅)이라는 시루떡을 만들어 신궁으로 가져간다. 그러면 신관인 하후리가 이를 맞이하며 「코레모치 카에시」 행사를 한다. 이는 가지고 온 시루떡을 다시 돌려주는 행사이다. 이 때 하후리는 떡시루 전체를 돌리면서 큰소리를 내고, 징을 친다. 그 때 부르는 노래가 있다. 그것을 잠시 소개하면 「아보란 난나시 이쿠마도, 코쿠사오, 사무바치, 헤이가라, 헤이와라, 타이세이, 오호미사, 토라세센(ア ボラン ナンナシ, イクマド, コクサヲ, サムバチ, ヘイガラ, ヘイワラ, タイセイ, オホミサ, トラセセン)」라고 한다. 이 노래의 의미에 대해 알고 있는 사람은 현재 없다. 그리하여 마치 주문과 같이 이용되었다고 보는 것이 일반적이다.

떡 시루가 한번에 건네지지 않을 때 좋지 않은 징조로 본다. 그러면 다시 하게 되는데, 그 때도 돌려지지 않을 때는 "뭔가 좋지 않은 일이 있었군요."하고 신관이 말하면 대개 그 집에는 부정 또는 그 밖의 이유가 있는 경우가 많다고 한다. 이 때는 신관이 고레모치의 중앙을 신칼(神刀)로 사각으로 자르고, 「고헤이」라는 폐백(幣帛)[10]을 세우고, 술잔도 함께 바친다. 병상에는 고레모치 이외에 햅쌀과 술 그리고 회를 넣어 바친다. 오늘날에는 바치는 술은 막걸리 대신 소주이며, 시루떡은 각 집마다 바치는 것이 아니라 마을 전체가 하나의 시루떡을 바치며, 떡도 없이 쌀과 술만을 바치기도 한다.[11]

---

10 신전에 올리거나 신관이 불제에 쓰는 막대기 끝에 가늘고 길게 자른 흰 종이나 천을 끼운 것.
11 이두현, 앞의 논문, p.195.

(4) 시케카케

낮의 공물행사가 끝나면 신을 즐겁게 하는 카구라(神樂)라는 춤이 있다. 그 때 방울을 흔들면서 사방립(四方立)의 춤을 추며, 「어신행축사(御神幸祝詞)」를 읽는다. 그리고 저녁 때 신전의 문을 열고 고손타이를 신전 앞에 앉게 하고는 하후리와 술잔을 주고받는다. 그리고 나서 하후리가 본전의 안에서 고헤이를 가지고 와서 고손타이에게 쥐게 한 다음, 바라의 쌀을 뿌리고, 주문을 외우면서 방울과 신칼로 고손타이 몸의 앞 뒤 전체를 자르는 시늉을 한다. 이를 시케카케라 한다.[12]

(5) 마을 돌기(사토 쿠다리)

신이 내리는 신간은 두 개를 만들어두는데, 하나는 신궁에 세워두고, 또 하나는 고손타이가 가지고 마을로 내려간다. 보통 「하타」라는 신간(神竿)은 두 칸 반 정도의 대나무를 자르고, 그 위에다 모밀잣밤나무(椎)의 가지로 고헤이를 싸고, 방울을 달고, 그 밑에다 일월과 승룡(昇龍)과 호랑이가 그려진 깃발을 단다. 이러한 신간을 고손타이가 드는 것이다. 그리하여 그에게 신이 내리면 자신도 모르게 마을로 내려가는 것이다. 고손타이는 보조역이 1명 또는 2명이 붙어있으며, 그 뒤를 하후리와 곤하후리 그리고 영인(伶人) 4명이 징을 두드리면서 따라가며, 또 「바라모치」등이 그 뒤를 따라간다.

마을에서는 고손타이가 몬쯔루라는 제복(祭服)을 입고, 손카무타이라는 관을 쓴다. 그리고 그가 마을로 내려 갈 때는 일체 말을 걸어서는 안된다. 하후리가 중간에 서서 고손타이에게 여러 질문을 던지지만, 어느 집에 들어갈지 아무도 모르며, 또 몇 집이나 찾아갈지도

---

12 이두현, 앞의 논문, p.196.

▌옥산신사에서 제의를 올리는 조선인
(『삼국명승국회(三國名勝圖會)』에서)

정해져 있지 않다. 고손타이가 이끄는 대로 집집을 방문하여 신간은 쌀을 넣은 바라에 세우고, 처마 끝에 걸어둔다. 그리고 고손타이는 바깥에 깐 멍석에 앉아서 하후리만을 집안으로 들어가 그 집의 가신을 모신다. 이 때 「어신행축사」를 읽는다. 신단의 근처에 여자 그림 등이 있으면 싫어한다하여 그러한 것이 있으면 그 때는 떼어둔다고 한다.[13]

카사노하라에서도 사토쿠다리의 행사는 매우 중요하다. 바라 대신에 쌀통을 앞 사람이 지고, 쯔카사비토가 신간을 들고 따라간다. 그리고 강신 할 때는 축문(祝詞)을 세 번 정도 외우는데, 신이 내리면 하후리는 곧 신에게 신사에 머물라고 애원하지만 듣지도 않고 사토쿠다리를 한다. 그리고 타비쇼(旅所)를 향해 가는 것이다. 이 때도 하후리는 신사에 돌아가자고 애원하지만 쯔카사비토는 신간을 놓지

---

13 이두현, 앞의 논문, p.196.

않고 마을의 집 7, 8군데를 찾아다니는 것도 나에시로가와 거의 같다. 그러다가 신관의 요청에 의해 집집을 찾아다니는 행위를 멈추고 신사로 돌아온다. 이 때가 거의 아침이라 한다. 쯔카사비토가 찾아간 집에서는 옛날에는 가신을 모셨으나, 지금은 하지 않는다. 쯔카사비토가 가가호호를 찾아가면 음복이 시작되고, 또 강신이 있으면 타비쇼를 들린다. 음복에는 대개 술과 소면을 대접한다. 이 때 형제친척이나 이웃사람들이 돕는다. 쯔카사비토는 마루에 앉히고 우지코(氏子) 대표, 행사의 주요요원 가운데 한 사람이 신에게 한잔을 하며 건배 제의를 한다고 한다. 즉, 쯔카사비토는 곧 신인 것이다.[14]

(6) 시케토키와 음복

이같이 고손타이가 집집을 돌고 아침이 되어 신궁으로 돌아온다. 하후리는 신전에 고손타이를 앉히고 시케카케의 반대의 순서로 방울과 신칼을 들고 자르는 시늉을 하며 시케토키의 주문을 외우고는 맨 마지막으로 등을 힘껏 치고는 시케를 푼다. 신에서 사람으로 돌아오는 것이다. 그러면 신간의 폐백을 내리고, 방울과 깃발도 정리를 한다. 제사가 끝나고 마을사람들과 우지코 소다이(氏子總代)들은 신관과 함께 사무소에서 음복을 즐긴다. 종전 후 두 번 정도 옛날 방법으로 행하였으나, 1950년경부터는 미코시(御輿)로 대체되었다.[15]

---

14 이두현, 앞의 논문, p.197.
15 이두현, 앞의 논문, pp.196-197.

4. 옥산신사의 조선무가와 제문

특히 옥산신사에는 한국어와 관련된 제문 및 노래들이 많이 남아 있다. 「어신행축사(御神幸祝詞)」, 「축사(祝詞)」, 「신무가(神舞歌)」, 「학구무가(鶴龜舞歌)」라고 불리는 것들이 바로 그 예들이다. 그런데 이러한 노래가 대부분이 한글과 한자로 적혀있고, 그 옆에다 일본어 문자인 카타카나로 토씨가 달려있다. 그 중에는 어떤 내용인지 의미를 파악하기가 힘든 것이 있는가 하면, 정확하지 않지만 비교적 그 의미가 파악되는 것도 있다.

400여년 전에 전쟁포로로 잡혀간 조선도공의 마을에 한글로 된 노래와 제문이 있었다는 것은 그 자체만으로도 학술적으로 커다란 가치가 있는 것임에 틀림없다. 이러한 것이 있다는 것을 우리에게 알리는 데는 한국의 연구자인 이두현과 정광의 노력이 컸다. 그럼에도 불구하고 이들의 연구가 오늘날 잘 계승되지 않고 있다. 이두현은 기본적인 자료를 모두 소개하였지만, 그 노래에 우리의 글로 해석을 가하지 않고 있는 아쉬움이 있다. 그러한 반면 정광은 그 중에서 학구무가를 교토대학 도서관에서 또 다른 자료를 발굴하여 국내자료들과 대비하면서 언어학적으로 치밀하게 분석하고 있다. 그 결과 학구무가의 정체에 대해서는 어느 정도 이해할 수 있게 되었지만, 그 나머지 것들은 아직도 미해결인 채로 남아 있었다. 특히 일본을 연구하는 우리로서는 이들의 연구를 소홀히 할 수 없다. 이들의 연구를 기반으로 우리나라 말로 해석을 해볼 필요가 있음은 두말할 나위가 없다. 그러한 의미에서 옥산신사의 노래와 제문의 내용에 대해서 살펴보기로 하자.

(1) 御神幸祝詞

「어신행축사」는 신에게 공물을 바치고 신을 위해 춤을 추는 카구라(神樂) 행위를 할 때 읽는 제문이다. 앞의 주문에 비하면 어느 정도 의미파악이 가능하다. 본문과 의역된 부분을 소개하면 다음과 같다.

당 이 韓魂昭視
昭代八路핑 돌 아
긔 멀 허 러 손 흐 로
다 님 흐 로 즛 슬 허 로 지 내
해 먹 구 귀 이 굴 혼 게
고 이 소 사, 아 리 키 소 사
소 구 난 긔 世尊 께 뵙 쟌 지
머 단 허 이 도 히 고 히 되 리
집 이 도 산 에 도
속 던 지 요 붑 던 지
요 담 두 구 부 리 한 가 슴 이 장 하 오
이 곳 숩 풀
나 무 도 뵈 거 들, 독 덜 도 뵈 고 나
오, 우 리 돕 버
도 리 술 盞對 하 고
할 난 나 모 쥬 나
모 다 모 여 이 시 나
모 다 모 쥬 집 네

이 란 대, 긔 란 대

오, 우 난 새 도 깁 부 고

사 네ㅅ 샘 도 라 스 고

번역

신이시여 두루 비추소서

당대의 조선팔도를 돌고 돌아서

무엇을 위해 객이 되어

걷는 것만을 업으로 하나이까.

일하고 먹고 잘 살 수 있도록

어여삐 여기소서, 가르쳐 주소서

여러분 세존님께 빕시다.

무엇이든 이유 없이 잘되는 것은 없습니다.

집에 있어도 산에 있어도

숨음질 할 때도 씨를 뿌릴 때도

내일의 행복을 위해 다 같이 기도합시다.

이곳은 수풀이요.

나무도 보이며, 돌계단도 보입니다.

아, 우리들을 도와주소서

돌고 도는 술잔으로

막걸리를 마십시다.

모두 함께 모여

모두 받아드는 막걸리

이러쿵 저러쿵 말하며

아, 나는 새도 기쁘고

산의 샘물도 쏟아 넘쳐 흐릅니다.

(2) 玉山宮의 祝詞

이 신사의 노리토(祝詞)도 한글로 되어있으며, 그 의미도 어느 정도 파악이 가능하다. 본문과 의역된 부분을 소개하면 다음과 같다.

一

이 만 돌 것 다

야 보 말 세 그 리 세

山 에 간 들 질 간 들

오, 이 고 던 어 노 벌 수 포 러 냐

자 구 새 면 허 쉬 머 시 단

田地 난 불 구, 누 에 고 기

샛 기 자 구 자 구

스 퍼 이 로 이 먼

가 는 봄 곳 나 무 지

난 나 시 도 노 세

노 고 노 노 와

번역

그만 돌겠다.

여보 그만두세, 그렇게 하세

산에 간들 길을 간들

아 이곳은 어느 들과 숲이런가

저녁때나 아침때나 하자꾸나, 무슨 일이라도

논에는 심고 누에치기와 고기잡이 등은.

자손은 끊어지지 않습니다, 끊어지지 않습니다.

슬픈 일이기는 하지만

슬퍼진다 그만두자

덧없이 흘러가는 봄철 꽃과 나무가

한 포기 한그루씩 다져 버립니다.

열심히 노세

노세 놀아보세

二

시 다 하 고 할 난 다 오 주 나

모 다 모 여 이 시 네

모 다 모 주 집 네

이 란 대 지 란 대

우 난 새 도 깁 부 고

시 넷 샘 도 라 스 고

이 만 돌 겟 다

여 보 말 네 긔 리 허 세

사 네 간 들 진 간 들

어 느 벌 숩 히 러 냐

어 느 거 슨 곤 곳 나 무 리

낫 나 치 도 노 세 노 고 노 노 와

오 구 살 구 根本 지 어

손 인 번 듸 십 흔

山坂 서 로 이 로 니

아 이 스 소 서 後 가 멀 다 케

다 불 휘 소 사 소 사

번역

마음껏 마셔보자 막걸리

모두 모이세

모두 받는 막걸리

이러쿵 저러쿵한들

우는 새도 기쁘고

산에 샘도 넘쳐 흐르고

그만 돌겠다

여보 그만두세, 그렇게 하세

산에 간들 길을 간들

어느 들과 숲인가

어느 것은 아름다운 꽃나무인가

제각기 놀고 노세 놀아

와서 사는 근본을 지어

객이 주인이 된 기분으로

산과 밭을 서로 갈아보세

아아, 계속하게 해 주소서, 훗날을 영원히

모든 이를 지켜 주소서...

145

여기에서 보듯이 나에시로가와의 조선인들은 자기의지와는 관계 없이 이국만리 남의 땅에서 정착을 하게 되었지만 주인이 된 심정으로 자손을 잇고, 열심히 살아가자는 내용이다. 다시 말해 이 가사는 제사 때 신들에게 드리는 축문(제문)이었다.

(3) 鶴龜舞歌

이 노래는 제사를 끝내고 음식을 나누어 먹고 음악에 맞추어 흥에 겨워 춤을 출 때 불렀던 노래이다. 마을 사람들에 의하면 대개 마을 처녀 4,5명이 원을 그리며 춤을 추었는데, 때로는 같은 수의 남자도 같이 추었다고 한다.

이 노래의 내용은 「오나리, 오나리소서」라는 제목으로 비교적 우리나라에서도 잘 알려져 있다. 왜냐하면 일본의 소설가 시바 료타로[16]를 비롯한 한국의 김승한, 그리고 신봉승, 김충식 등이 나에시로가와를 소개하면서 이 노래까지 의역하여 소개하였기 때문이다. 원래 이 노래는 4절까지 있다. 그들은 원문을 보지 않았는지 1절만 소개할 뿐 나머지 부분은 일체 언급을 하지 않고 있다. 그리고 내용도 각기 틀린다.

가령 김승한은 "오는 날이 오늘이라 / 매일 또한 오늘이라 / 날이 저물면 해는 또 뜬다/ 오늘은 오늘/ 언제나 세상은 마찬가지"라고 했으나,[17] 신봉승은 "오날이 오날이소서/ 매일에 오날이소서 / 멸그디도 새디도 마르시고/ 새라난 매양쟝식에 오날이소서"라 하였으며,[18]

---

16 司馬遼太郎(1976)『故鄕忘じがたく候』文藝春秋, pp.54-55.
17 김승한(1979)『일본에 심은 한국(1)』중앙일보사, pp.123-124, p.145.
18 신봉승(1996)『신봉승의 조선사 나들이』도서출판 답게, pp.185-186.

김충식은 "오늘이 오늘(제삿날)이라. /제물도 차려놓았다/ 오늘이 오
늘이구나 모두 함께 노세/ 오는 날 오는 날의 하루하루가 /오늘 이날
과 무엇이 다르리/ 해가지고 해가 뜬다 오늘은 오늘/ 한세상 어느 때
나 꼭같은 그날/ 고수레 고수레 자나깨나 잊지 않으리"라 했다.[19] 이
처럼 소개하는 내용도 저마다 각기 달랐던 것이다.

그러나 여기에서는 4절 모두를 소개한다. 그리고 이 노래는 가사
가 한자로 적혀있고, 왼쪽 옆에는 한글이, 오른쪽 옆에는 일본어로
적혀 있다. 일본어로 된 것은 생략하고 한문과 한글로 된 것을 바탕
으로 뜻을 풀이하면 다음과 같다.

　一,
　來日今日
　每日如今日
　日者暮亦
　曙益如今日
　今日如今日
　何世如也

　오는 날이 오늘이라
　매일같이 오늘이라
　날은 저물어도
　새도록 오늘이라
　오늘이 오늘 같으면

19　김충식(2006)『슬픈열도』효형출판, pp.212-213.

무슨(어느) 세(세상)도 같노라[20]

一,

是遊哉遊哉

彼彼遊哉遊哉

我房家外

遊木盛

如壹出

暮曙遊哉

이리 노세, 새노세

저리저리 노세노세

우리집 방 바깥에

노세 나무가 삭튼다.

한결같이 나오면

저무나 새나 노세

一,

南山松閑

每松鶴居與

西山日閑

每日爲此也

20 이 부분은 이진희의 해석에 힘입은 바가 크다. 자세한 것은 이진희(1982) 『한국과
일본문화』을유문화사, p.132 참조.

況

能生日故

暮曙遊哉

남산의 솔이 閑도

솔의 마다 鶴 앉을까

서산의 날이 閑도

날마다 이러하거늘

하물면이야

새로 생긴 날이로세

저무나 새나 노세

一,

山好水好處

盞執直坐

彼處視

彼山好處有

彼山好處

不遊何爲

산좋고 물좋은 곳에

잔들고 곧게 앉아

저쪽을 보니

저 산에 좋은 곳이 있구나

149

　　　저산 좋은 곳에서

　　　아니놀고 무엇하리

　이 노래는 그 원류에 대해 짐작이 충분히 간다. 왜냐하면 이 노래와 비슷한 내용의 것이 우리나라에도 전해져 오기 때문이다. 조선초기의『금합자보(琴合字譜)』그리고 중기의『양금신보(梁琴新譜)』, 후기의『청구영언(靑丘永言)』에 그와 유사한 노래가 실려져 있는 것이다. 다시 말하여「오나리, 오나리소서」는 그들이 만든 독창적인 노래가 아니었던 것이다.

　『금합자보』는 1561년 장락원(掌樂院) 첨정(僉正)이었던 악사 안상(安瑺)이 그 때까지 이용되던『합자보(合字譜)』를 개수한 것으로 그것의 모두「평조만대엽(平調漫大葉)」에 "오나리 오나리나 매일에 오나리나/ 졈므디도 새디도 오나리 새리라/ 매일 댱샹의 오나리오쇼셔"라는 노래가 있다. 그리고『양금신보(梁琴新譜)』는 1610년 장락원의 악사였던 양덕수(梁德壽)가 임란을 피해 남원에 있을 때 그의 친구이자 임실현감이었던 김두남(金斗南)의 권유로 그 때까지 내려오던 악보를 정리한 것으로 왜란이 끝난 직후인 1610년(광해군2)에 김두남이 후서를 붙여 간행한 것이다. 여기의「중대엽(中大葉: 속칭 心方曲)」에 "오나리 오나리쇼셔 매일에 오나리쇼셔/ 졈그디도 새디도 마라시고 새라난(나난/ 매양 댱식에 오나리쇼셔"라는 노래가 실려져 있으며, 또 1728년(영조4)에 편찬된『청구영언』에도 "오늘이 오늘이쇼셔 매일에 오늘이쇼셔/ 덤그디도 새디도 마르시고/ 새라난 매양 쟝식에 오늘이쇼셔"라는 노래가 실려져 있다.[21]

21　정광(1996)「오나리攷-임진왜란 때에 납치된 苗代川 한인들의 망향가」,『문학과 언

이러한 것으로 미루어 이 노래는 한국에서는 임진왜란 당시로부터 조선후기에 이르기까지 유행했던 인기가요이었을 것으로 추정된다. 이러한 노래가 나에시로가와의 조선도공마을에서 전해지고 있는 것이다. 이두현에 의하면 나에시로가와에서는 이 노래를 부를수 있는 사람이 2차 세계대전 직후까지 있었다 한다. 그는 변주석(卞周石)이라는 신관(伶人)으로 유일하게 그 노래를 전승해온 사람이었는데, 전쟁 직후 82세의 일기로 세상을 떠남으로써 오랫동안 내려오던 나에시로가와의 조선노래 계승자는 끝을 맺고 말았던 것이다.[22]

5. 마무리

가고시마의 나에시로가와에 있는 옥산신사는 임진과 정유의 왜란으로 인해 일본으로 끌려간 조선인들이 일본인을 의식하여 세운 신사이다. 일본의 정치사정에 따라 우여곡절 끝에 오늘날까지 남아 전해온다. 일본의 땅에 조선을 세운 것이기 때문에 그들이 만든 제의에는 애초부터 한국과 일본적인 요소가 모두 갖추고 있는 그야말로 매우 독특한 형태를 취하고 있었다. 날짜는 우리의 추석에 맞추고 신에게 고려떡이라 불리는 시루떡을 바치고 제사를 지냈으며, 또 신이 마을로 내려와 집집마다 찾아다니며 복을 빌어주는 행위는 한국의 제의와 아주 흡사하지만, 마을에 머무는 타비쇼(旅所)라든가 신이 타고 다니는 「오미코시」라는 가마 등은 일본요소 그대로 반영되어

어의 만남』《김완진외》 신구문화사, pp.270-271.
22 이두현, 앞의 논문, p.193.

있기도 한다. 그리고 제의가 모두 끝나고 음복잔치를 벌이는 것은 한 국과 닮아있다.

그런데 다행히도 이 때 읽고 불렀던 축문과 노래들이 문헌에 남아 있었다. 시대의 흐름에 따라 그 의미도 상실되고 있지만 오늘날에 이르기까지 몇 편이 전해오는 것이다. 그 중에서 어떤 것은 그 의미가 전혀 파악되지 않는 것이 있는가 하면, 어떤 것은 어느 정도 파악이 되는 것도 있다.

재일교포작가인 김달수는 이 노래와 제문은 원래 조선도공들이 봄과 가을에 언덕에 올라 연회를 베풀며 불렀던 망향가이었다고 했다.[23] 그러나 이상의 내용에서 보았듯이 그렇게 간단하지 않다. 의미가 파악된 것으로 미루어 볼 때 학구무가(鶴龜舞歌)와 같이 당시 우리 나라에서 유행했던 노래를 가져간 것도 있는가 하면, 다른 한편으로는 옥산궁의 노리토(祝詞)와 같이 그들이 자체적으로 만들어낸 것도 있기 때문이다.

본장은 미흡하지만 옥산신사의 자료에 대한 최대의 공헌자인 이두현과 정광의 연구를 잇는다는 마음으로 과감하게 우리나라 말로 해석을 가해본 것이다. 이 부분에 대해서는 앞으로 많은 사람들의 관심과 연구를 기대해 본다. 조선도공마을인 나에시로가와에는 아직도 발굴되지 않은 노래와 제문들이 더 많이 있을 가능성도 없지 않다. 이러한 노래들이 발굴되고, 그 의미가 완벽하게 파악이 되면 그들의 망향가는 더욱더 우리의 가슴에 다가올 것임에 틀림없다.

---

23 金達壽(1990)「苗代川 -薩摩燒の創始者たち-」『古代朝鮮と日本文化』講談社, p.267.

제5장

류큐(琉球)의 조선도공 장헌공 전승

1. 머리말

일본의 오키나와현(沖縄県)에도 임란 때 포로로 잡혀간 조선도공들
이 있었다. 여기에 대해 호카마 슈젠(外間守善)은 자신의 저서에서 오
키나와의 도자기 제조에 있어서 주류를 이루고 있는 기술은 조선식
도법(陶法)인데, 이것은 1617년 당시 유구국 세자였던 상풍(尚豊)의 초
청으로 오키나와로 건너갔던 3명의 조선도공에 의해 전해진 것이었
다고 서술한 바 있다.[1]

한국에서도 홍종필[2], 이형구[3], 이기동(李沂東)[4], 박규태[5] 등이 여기

---

1 外間守善(1986) 『沖縄の歴史と文化』 中央公論社, p.191.

2 홍종필(1996) 「유구왕국의 도조가 된 조선인 장헌공에 대하여」 『인문과학논총
(14)』 명지대 인문과학연구소, pp.129-161.

3 이형구(2000) 「오키나와의 조선계 분청사기」 『역사와 실학(14)』 역사실학회, pp.1021-

에 관심을 가지고 제각기 연구를 행하고 있지만 대체로 의견이 일치
된다. 그 내용을 간략히 정리하면 다음과 같다. 즉, 3명의 조선도공
의 이름은 장헌공(張獻功: 일명 張一六), 안일관(安一官), 안삼관(安三官)이
며, 이들은 임란 때 사쓰마의 영주 시마즈 요시히로(島津義弘)가 이끄는
왜군에게 납치되어 일본으로 간 조선도공들이라 했다. 그러므로 직
접 조선에서 건너간 것이 아니라 조선에서 포로가 되어 지금의 가고
시마(鹿兒島)인 사쓰마(薩摩)에 살다가 오키나와로 갔다는 것이다. 오키
나와 민요 가라야부시가 조선도공과 관련된 것이라면 아마도 이들일
것이다.

이에 본장에서는 기존연구를 바탕으로 먼저 오키나와 도자기 제
조법의 주류를 이루게 하였던 3명의 조선도공이 왜 오키나와에까지
가야 했는가에 대해 알아보고, 이들과 관련된 전승이 어떠한 형태로
어떤 내용으로 전해지고 있으며, 그것이 얼마나 역사성을 반영하고
있는지, 그리고 그 이면에는 오키나와인들의 심리가 어떻게 반영되
어있는지를 살펴보고자 한다.

2. 사쓰마에서 류큐로 간 조선도공

우리는 오키나와의 조선도공에 관한 구비전승을 폭넓게 이해하기
위해 먼저 이들 3명이 어떠한 역사적 배경에 의해 오키나와에 갔고,

1036.

4 이기동(2004)「류큐에 있어서의 韓來文化」『高天原은 조선인가?』거창군, pp.256-257.

5 박규태(2005)「멀지만 가까운 또 하나의 일본 오키나와 탐방기」『종교문화비평(8)』
  한국종교문화연구소, p.294.

또 현지에서 그들은 어떠한 발자취를 남겼는지에 대해 살펴볼 필요가 있다. 조선도공이 오키나와로 가게 된 역사적 배경에는 다음과 같은 사항들을 고려해볼 수 있다.

첫째는 당시 오키나와의 도자기 산업이 매우 취약해 있었다는 사실이다. 그러한 사정이 우리 측의 기록인『조선왕조실록』에도 잘 나타나 있다. 성종10년(1479) 제주도민이 조정에 진상하기 위한 밀감을 싣고 가다가 풍랑을 만나 오키나와에 표류했다가 귀국하여 그곳에 대한 사정을 보고하는 기사가 바로 그것이다. 이들은 김비의(金非衣), 강무(姜茂), 이정(李正) 일행이었는데, 이들에 의하면 윤이시도(閏伊是島=与那国島)에는 밥그릇, 자기(磁器), 와기(瓦器)가 없고, 밥을 짓는 솥도 흙으로 만든 것인데, 5-6일 사용하면 깨져버린다고 했다. 여기서 보듯이 비록 이 섬이 오키나와 본도가 아니라고 하지만 당시 오키나와의 서민들은 식기로 사기그릇을 거의 사용하지 않고 있었다. 심지어 와기(瓦器)도 없다고 했다.

이러한 관점에서 본다면 오키나와의 우라소에(浦添) 옛 성터에서 발굴된 「계유년고려와장조(癸酉年高麗瓦匠造)」라는 기와[6]는 오키나와에 간 고려와장이 만든 것이 아니라, 고려에서 수출용으로 생산된 기와일 가능성이 높다. 당시 오키나와에서는 기와도 생산되지 않고 있었던 것이다. 이처럼 그릇과 기와의 생산체제가 제대로 갖추어져 있지 않았다.

---

6 이 기와에 대해 논란이 지금까지 주로 다음과 같은 두 가지 관점에서 행하여 졌다. 첫째는 계유년이란 언제를 나타내느냐 하는 문제이다. 여기에는 1153년설, 1273년설, 1393년설이 있다. 그리고 둘째는 그 기와를 어디에서 생산했느냐 하는 문제이다. 여기에는 고려설, 오키나와 현지설이 있는데, 본고의 입장에서 본다면 전자가 더 가능성이 있는 것으로 보여지는 것이다.

그러한 사정은 그들의 수도인 나하(那覇)에서는 조금 나았던 것 같다. 김비의 일행이 "기와지붕은 모두 중국인의 집이었다."고 하는 것에서 알 수 있듯이 대부분의 현지 가옥들은 기와지붕으로 되어있지 않았다. 이들은 식기에 대해서도 관심을 가지고 지켜보았는데, "밥은 옻칠한 목기에 담고, 국은 작은 자기(磁器)에 담으며, 또 자접(磁楪: 사기로 된 대접)이 있다"고 하였으며, 또 "시장에는 자기 등의 물건이 있다."고 했다.[7] 그렇다면 여기서 말하는 사기그릇은 오키나와에서 생산된 것일까?

이형구의 연구에 따르면 오키나와에서 최초로 도자기를 사용한 시기가 대략 12-13세기이며, 그것들은 오키나와에서 생산된 것이 아니라 중국에서 수입된 무역자기라 한다.[8] 이를 바탕으로 보면 김비의 일행이 나하에서 본 자기는 모두 비싼 값을 치르고 중국에서 수입한 그릇들이라 할 수 있다. 생활문화가 향상되면 자기그릇을 선호하게 되고, 그에 따라 수입국에 치르는 대가는 올라갈 수밖에 없었을 것이다. 그러므로 유구국으로서는 이를 극복할 필요가 있었고, 이를 위해 일본에 와있던 조선도공을 주목하게 됨으로써 3명의 조선도공들이 오키나와로 가게 된 것이다.

둘째는 유구국과 사쓰마의 관계이다. 도요토미 히데요시(豊臣秀吉)의 조선침략 시 일본이 유구국에 군사를 낼 것을 요구하였다가 거절당한 것을 빌미로, 전쟁이 끝나자 1609년 사쓰마번이 막부의 허락을 받고 오키나와를 침략하여 왕을 비롯한 주요핵심인사 100여명을 압송하여 사쓰마에 억류시켰다가 돌려보내는 사건이 있었다. 우리나

---

7 성종 105권, 10년(1479 기해 / 명 성화(成化) 15년) 6월 10일(을미) 1번째 기사.
8 이형구, 앞의 논문, pp.1034-1035.

라의 전승 가운데 일본에 억류되어있는 부왕을 구출하기 위해 보물을 싣고 일본으로 가다가 풍랑을 만나 제주도에 표착하여 배의 보물에 눈이 먼 지역 수장들에게 살해당하였다는 「유구국 세자 이야기」는 바로 이러한 사정을 말해주는 것으로 이해된다.[9]

유구국은 이를 계기로 일본(사쓰마)에 복속되는 관계로 전락한다. 이 때 유구의 상녕왕(尚寧王: 1564-1620)이 사쓰마에 억류되어 있으면서 조선에서 연행되어온 조선도공들을 만났거나 아니면 이들이 생산된 제품들을 보고 기술수준을 이해했고, 귀국하면서 이들을 통한 기술전수를 생각하였을 것으로 추정된다. 그리하여 귀국 후 그는 세자 상풍(尚豊)을 통하여 사쓰마의 영주에게 조선도공의 파견을 요청하였고, 이에 사쓰마 당국은 3명의 조선도공들을 보냈던 것이다.

셋째는 당시 사쓰마에는 도자기생산에 있어서 풍부한 인적자원이 확보되어 있었다는 점이다. 당시 일본에 있어서 도공들은 부가가치가 높은 제품을 생산하는 최첨단 기술을 가진 자들이었다. 그러므로 지역의 영주들에게도 소중한 상품적 가치를 지닌 존재들이기 때문에 타 지역에 기술전수를 목적으로 방출하기란 그다지 쉽지 않았다. 그러나 당시 사쓰마에는 이미 많은 도공들이 확보되어 있었다는 점을 간과할 수는 없을 것 같다.

사쓰마에 있어서 대표적인 조선도공 마을로는 나에시로가와(苗代川)와 카사노하라(笠之原)를 꼽을 수 있다. 카사노하라는 나에시로가와가 인구의 증가로 토지가 부족해지자, 그곳의 일부 사람들을 이주시켜 생겨난 마을이다. 지금도 이곳에 중심을 이루는 주민은 조선도

---

9 여기에 대한 자세한 사정은 김동욱(2004)의 「〈유구국세자〉이야기의 유변양상」 『한민족어문학(44)』 한민족어문학회. pp.153-178 참조.

공들의 후예들이다. 그런데 사쓰마의 조선도공에는 크게 두 개의 계보가 있다. 하나는 남원계이고, 또 하나는 김해계이다. 전자는 쿠시키노(串木野)의 시마비라(島平)에 도착한 남녀 43명의 가족으로 안(安), 정(鄭), 이(李), 장(張), 변(卞), 박(朴), 황(黃), 임(林), 차(車), 주(朱), 노(盧), 나(羅), 연(燕), 강(姜), 하(河), 진(陣), 최(崔), 정(丁)이라는 18개 성씨들이다. 그리고 후자는 이치키(市來)의 가미노가와(神之川)에 도착한 신(申), 김(金), 노(盧) 3개의 성씨로 구성된 남녀 10여명이다. 그러므로 오키나와에 파견된 조선도공의 이름이 장헌공, 안일관, 안삼관이라는 것은 이들이 김해계가 아닌 남원계에 속하는 도공들이었다.

조선에서 연행되어 사쓰마로 간 도공들은 번(藩)의 명에 따라 모두 나에시로가와에 모여서 그릇을 구우며 생활하였다. 이곳은 우리들에게 너무나 잘 알려진 도공 심수관(沈壽官)이 거주하는 곳이며, 또 일본이 패전 당시 외무대신이었던 도고 시게노리(東鄕茂德: 본명 朴茂德)가 태어난 곳이기도 하다. 이같이 사쓰마에는 소수의 기술자를 오키나와에 파견하더라도 여유가 있을 만큼 다수의 조선도공들이 확보되어 있었다. 이러한 상황이 아니었더라면 3명의 조선도공들이 오키나와로 파견되는 일이 없었을 것이다.

이러한 여건들이 갖추어져 있었기 때문에 번의 명에 따라 장헌공과 안일관 그리고 안삼관이 바다를 건너 오키나와로 향할 수 있었던 것이다. 오키나와에 도착한 이들은 왕도인 슈리성(首里城)의 남쪽 와쿠다(湧田: 현 那覇市泉崎부근)에서 작업을 했다. 이들은 유약을 입혀 그릇을 구웠다. 이들이 생산한 그릇들은 지금까지 오키나와에는 없었기 때문에 당연히 기존의 것과 차이가 날 수밖에 없었다. 그리하여 오키나와에서는 유약을 입히지 않은 기존의 것을 아라야키(荒燒)라

하고, 유약을 입힌 새로운 조선계 그릇을 조우야키(上燒)라 했다. 이 처럼 조선도공들이 만들어낸 그릇은 단번에 상류품이 되었던 것이 다. 이들의 기술이 어느 정도 오키나와에서 자리를 잡아가자 두 명의 안씨들은 다시 사쓰마로 돌아갔다. 일설에 의하면 돌아가면서 타네 가시마(種子島)를 경유하였는데, 그곳의 요키노 도자기(能野燒) 형성에 크게 영향을 끼쳤다고도 한다. 그러나 확인된 바는 아니다.

한편 유독 장헌공만이 오키나와에 남게 된 이유는 알 수가 없다. 그러나 그의 14대손인 사키마 레이신(崎間麗進)씨는 "장헌공도 안씨들 과 함께 사쓰마로 돌아가려고 했다. 그러나 상풍왕자로 부터 '유구 인들의 기술이 아직 미숙하니 남아서 지도해 달라'는 간절한 부탁이 있어 이를 거절하지 못했기 때문"이라고 설명한 바가 있다.[10]

오키나와에 거주하게 된 장헌공은 나카치 레이신(仲地麗伸)이라는 오키나와식의 이름을 사용했으며, 현지 여성 마우시(眞牛)와 결혼하 여 두 명의 아들을 두었다. 그들이 바로 레이조쿠(麗族)와 레이타츠(麗達)이다. 그는 유약을 사용한 조우야키의 기법전수에 몰두하여 명실 공히 오키나와 도자기 산업의 비조(鼻祖)가 되었다. 그가 전한 도자의 기술을 바탕으로 오키나와의 제도기술은 한층 더 발전했다. 17세기 후반이 되면 히라다 텐츠(平田典通=宿藍田: 1641-1722)가 왕명을 받아 중 국에 가서 기술을 배워 돌아와 조우야키와 접목시켜 기술을 발전을 시켰고, 18세기 후반에는 나칸다가리 이치겐(仲村渠致元=用啓基: 1696-1754)이 일본 사쓰마에 가서 도자 기술을 배우고 돌아와 또 다시 조우 야키와 접목시킴으로써 오늘날과 같이 오키나와의 독특한 도자제조 기술이 구축되었던 것이다.

10 홍종필, 앞의 논문, p.148에서 재인용.

▌장헌공의 무덤

    이처럼 오키나와 도자제조기술의 기반을 이룬 장헌공은 1638년에 사망한 것으로 알려져 있다. 현재 그의 묘는 나하시 마키시(牧志)에 위치해 있다. 묘는 오키나와식으로 방공호처럼 되어있는 평범한 양식을 취하고 있는데 비해, 그 묘를 외부와 구분 지어주는 담장이 없다는 점이 다른 것들과 차이가 난다.

    그의 묘가 왜 그곳에 있으며, 또 담장이 없는 것에 대해서는 다음과 같은 전승이 있다. 즉, 그가 임종하기 전 평소 그를 신뢰하던 상풍왕이 "무슨 부탁이든 들어 줄 터이니 말하라"라고 하자 그는 "왕이 슈리성에서 나하로 행차할 때 지나가는 모습을 보기 위해 반드시 큰 길가인 마키시에 묻고, 묘의 담장을 만들지 말라"는 유언을 남겼다. 그의 묘지가 현재의 위치에 있고, 담장이 없는 것은 바로 이러한 그의 유지를 따른 결과라는 것이다.

그 후 왕이 신하를 이끌고 궁에서 나와 나하로 행차하여 장헌공의 묘 앞을 지날 때에는 행렬을 멈추고 경의를 표하고는 풍악을 울려 장헌공의 넋을 위로하였다고 전해진다. 이러한 전승들은 모두 장헌공이 얼마나 유구의 국왕과의 친밀한 관계에 있었는가를 보여주는 것들이다.

현재 그의 묘 입구는 시멘트로 막혀 있고, 그의 묘비가 정면을 향해 우측에 서있다. 묘비의 문자가 마모가 심하여 읽기가 어려우나, 앞면에는 「장씨 원조 이치로쿠 나카치 레이신(張氏元祖一六仲地麗進)」, 뒷면에는 「광서12년 병술 중추입(光緒十二年丙戌仲秋立)」이라는 명문이 각각 새겨져 있다. 즉, 그것은 1886년 중추절에 후손들이 장헌공이라는 이름 대신에 이치로쿠(一六) 그리고 오키나와식의 나카치 레이신이라는 이름을 새겨 묘지를 표시한 것이었다.

오키나와 역사가인 나카무라 아키라(仲村顯)에 의하면 장헌공에 대한 제사가 매년 두 번 묘 앞에서 치러진다고 한다. 한번은 4월 청명일(淸明日)에 맞추어 후손과 도자기 관계자들이 모여 제를 올리는데, 이를 청명제(淸明祭)라고 하며, 또 한번은 12월의 길일에 후손들만 모여서 제를 올리는데, 이를 이치로쿠사이(一六祭)라고 한다. 이는 장헌공의 본명이 장일육이기 때문이다.

재일교포 연구자인 윤달세(尹達世)에 의하면 제사의 첫머리에 "조선을 향해 일동 경례"라는 구령이 떨어지면 참석자 전원이 한국이 있는 북쪽을 향해 머리를 숙여 절을 한다고 한다.[11] 그리고 홍종필은 그 절이 한국식이며 3번 올리면서 "우리들은 당신의 자손들입니다.

---

11 尹達世(2003)『四百年の長い道 - 朝鮮出兵の痕跡を訪ねて- 』リーブル出版, p.103.

당신이 있어서 오늘날 우리가 있습니다. 아울러 모든 물건을 바치니
받아주시기를 바랍니다"라고 말한다고 했다.[12]

그의 후손들은 사키마(崎間)라는 성씨로 현재 고쿠바(国場)에서 가미
카카즈 문중(上嘉数門中)을 형성하여 거주하고 있다. 이들은 이름을 지
을 때 조선인 장헌공의 후손이라는 것을 잊지 않기 위해 반드시 고려
의 "려(麗)"자를 돌림자로 쓰고 있다고 한다. 따라서 장헌공 후손들은
려달(麗達) - 려강(麗康) - 려직(麗直) - 려보(麗保) - 려허(麗許)라는 식으로
이름이 지었던 것이다. 지금도 오키나와에는 그러한 이름들이 남아
있다.

3. 민요 가라야부시와 조선도공 장헌공

이같이 오키나와 도자산업에 혁혁한 공헌을 한 장헌공이 오키나
와의 구비전승에 등장한다. 그 이야기는 오키나와 현지에서는 너무
나 유명함에도 불구하고, 국내에서는 제대로 알려지거나 연구된 바
가 없었다. 그러한 가운데 역사가 홍종필이 1996년에 발표한 「유구
왕국의 도조가 된 조선인 장헌공에 대하여」라는 글에서 다음과 같이
간략히 소개했다.

유구왕국이 돌아가고 싶어 하는 장헌공의 마음을 달래기 위해 평소
장헌공이 연모하던 유부녀인 오로쿠마기리(小祿間切)의 아시미네(安次
嶺) 웃치(掟) 페에친(親雲上)의 딸인 마우시(眞牛)를 남편과 강제로 이혼

12　홍종필, 앞의 논문, p.157.

시키고 장헌공과 살게 했다. 그러나 전 남편을 잊지 못하는 마우시는 남몰래 뒷동산 가마터에 올라가 남편이 있는 오로쿠를 바라보고 눈시울을 적시며 부른 노래가 가라야부시(瓦屋節)이다.[13]

이상의 내용에서 보듯이 장헌공은 남편이 있는 여인을 사모하여 왕의 힘을 빌려 그녀를 강제로 이혼시키고 자신과 결혼하게 한 나쁜 외국인으로 묘사되어있다.

이 같은 내용은 권위 있는 『유구예능사전(琉球藝能事典)』에도 "조선 도공이 오키나와에 귀화하여 나하의 이즈미사키(泉崎)의 동쪽 와쿠다(湧田)라는 곳에서 기와를 구웠기 때문에 그곳을 가라야(瓦屋)라고 했고, 인근에 있는 높은 언덕을 가라야즈치(瓦屋土)라 했다.

이 도공의 아내는 오로쿠마기리의 토우마무라(當間村) 출신으로 전설에 의하면 이 여인에게는 원래 남편이 있었는데, 유구 당국이 강제로 남편과 헤어지게 한 후 도공의 아내가 되게 하였다. 그 후 그녀는 가끔 가마가 있는 언덕에 올라 고향에 있는 남편을 그리워하며 이 노래를 불렀다 한다. 이것이 연극과 영화로 제작되어 공연과 상연됨으로써 슬픈 사랑의 이야기로서 전국적으로 알려지게 되었다"고 설명하고 있다.[14]

이러한 영향이 있음인지 오늘날 오키나와의 인터넷상은 물론이고 일반인들도 가라야부시의 유래를 장헌공의 아내에서 찾는 경우가 마치 상식처럼 되어있다. 그에 따라 조선도공 장헌공은 나쁜 이미지의 사나이로 그려져 있는 것이다.

---

13 多和田眞助(1987) 『間中風土記』 p.336, 홍종필, 앞의 논문, p.148에서 재인용.
14 當間一郞監修(1992) 『琉球藝能事典』 那覇出版社, pp.115-116.

163

　이를 두고 홍종필은 "진위야 어떻든 장헌공의 기술이 매우 진중하였음을 말해주는 에피소드"[15]라고 하면서 그에 대해 면밀한 검토를 시도하지 않은 아쉬움이 있다. 그러나 그러한 전승이 있다는 것 자체가 우리들에게는 복잡한 기분을 들게 하면서도 다른 한편으로는 유교적 윤리가 엄격했던 조선출신 장헌공이 과연 유부녀를 짝사랑하였고, 또 지역민심도 감안하지 않고, 이방인인 그가 국왕의 힘을 빌려 강제이혼까지 시켜가면서 자신의 아내로 삼는다는 것이 가능했을까 등의 의문이 든다.

　이러한 내용의 진의를 살펴보기 위해서는 문제의 발원지인 가라야부시라는 민요와 그 유래를 설명하는 전설을 면밀히 검토해 볼 필요가 있다. 가라야부시는 오키나와 사람이면 누구나 다 알고 있을 정도로 유명한 노래이다. 그에 대한 노래비와 이를 해설한 내용을 적은 비석이 나하시 어느 공원에 서있다는 소문을 듣고 2014년 1월 4일 필자는 그곳을 찾은 적이 있다. 그것들은 나하시 국제 거리(國際通り) 뒤편 오키에이 거리(沖映通り)에서 파라다이스 거리로 들어가면 좌측에 위치한 미도리가오카 공원(緑ヶ丘公園)에 있었다. 지금은 거의 폐허가 되어 나무가 무성히 우거져 있어 숲을 헤쳐 올라가지 않으면 찾기 어렵다. 비석들은 공원의 언덕 정상에 있었다. 공사를 위해 쳐놓은 울타리 뒤에 옛날에는 이곳을 「마키시무라 테루가와바루(牧志村照川原)」라고 했다고 새겨진 비석 옆에 가라야부시의 노래비가 있었다.

　그 노래비에 새겨진 내용은 "가라야 언덕에 올라 정남쪽으로 바라보니 섬은 보이는데 고향이 보이지 않네(瓦屋つちのぼて 真南向かて見りば島ぬらる見ゆる 里やみらん)"이었다. 이를 좀 더 알기 쉽게 설명하면 "기

────────────

15　홍종필(1996), 앞의 논문, pp.148-149.

▌미도리가오카 공원에 있는 가라야부시 노래비와 해설비

와를 굽는 가마와 가까운 높은 언덕에 올라 고향 집이 있는 남쪽을 바라다보니 섬(고향)은 보이는데, 사랑하는 님의 모습은 보이지 않으니 어찌된 영문일까"하며 안타까운 심정을 담은 내용이다. 그리고 그 노래비 옆에는 가라야부시의 유래를 적은 석비도 함께 세워져 있는데, 다음과 같은 내용이 그곳에 적혀 있었다.

유구(琉球)의 도업발전(陶業発展)의 이면에 전해지는 이야기로 가라야부시의 슬픈 노래와 전설이 있다. 그 유래는 기와를 구워내는 이방인인 와도장(瓦陶匠)의 아내가 되지 않을 수 없었던 여인이 있었는데, 그녀는 이미 남편이 있는 여인이었다. 왕명에 따라 외국인의 아내가 된 여인은 기와 굽는 언덕(瓦焼ク丘)에 올라 남편이 사는 마을을 바라다보며 슬퍼했고, 그 여인이 옛정이 그리워 부른 것이 가라야부시의 슬픈 노래가 되었다고 전해진다. 노래비는 사실(史實)과 전설을 간직한 채 묵묵히 진실을 말하지 않은 와도장을 묻었다고 하는 인연이 깊은 이 곳 테루가와바루(照川原)의 언덕 위에 세워져 있다

여기에 보듯이 이 석비의 내용은 앞에서 홍종필이 소개한 것과 크게 다르지 않으나 여인의 이름과 남편의 이름을 명시해놓고 있지 않다는 점에서 차이가 난다. 또 한 가지는 여인의 남편 직업이 기와를 굽는 와공인지, 그릇을 생산하는 도공인지 구분이 애매하게 와공과 도공을 모두 아우르는 「와도장(瓦陶匠)」으로 처리되어있다는 점이다.

이처럼 가라야부시를 부른 여인의 남편이 장헌공인가 아닌가 하는 결정적인 단어는 노래 속에 등장하는 「가라야(瓦屋)」라는 낱말에 대한 해석이다. 가라야가 그릇을 굽는 가마냐, 아니면 기와를 굽는 가마냐 하는 것이다. 가라야부시를 부른 여인을 장헌공의 아내로 보는 해석은 전자의 것으로 간주하고, 그 주인을 도공인 장헌공이라고 본 결과에 다름이 아니다. 이같이 문제해결의 핵심은 가라야에 대한 해석에 있다.

가라야의 '가라'는 분명히 기와를 의미하는 '와(瓦)'이다. 그러므로 그곳의 주인은 도공이 아니라 와공으로 보는 것이 마땅하다. 앞에서 본 『유구예능사전』에서는 조선도공이 기와를 구웠다고 설명하고 있으나, 실제로는 장헌공이 기와를 구웠다는 기록은 일체 나타나지 않는다. 즉, 그것은 역사적 사실을 기반으로 한 것이 아니다. 장헌공은 도공이지 와공이 아니다. 위의 비석에서 노래를 지어 부른 여인과 가라야의 주인 이름을 구체적으로 명시해놓지 않고 다만 「와도공」이라고 애매하게 처리해놓은 것도 바로 이러한 고민이 있었기 때문인

것으로 보인다.

이러한 사정에도 불구하고 가라야부시의 주인공이 장헌공의 아내 마우시라는 해석은 일찍부터 있었던 것 같다. 그 예가 1931년 일본민예미술관(日本民芸美術館)이 펴낸 『민예총서(民芸叢書)』 4편에 수록된 오키나와 출신 야마자토 에이키치(山里永吉: 1902-1989)가 쓴 「유구의 도업사(琉球の陶業史)」라는 글이다. 여기서 야마자토는 앞에서 언급한 유래에 관한 전설을 소개하는 것과 함께 노래에 대해서 해설한 연후에 "그녀의 고향 오로쿠마기리는 와쿠다(湧田)에서 고쿠바가와(國場川)를 사이에 둔 맞은편에 있으며, 노래에 있는 것처럼 정남향에 위치해 있어 전설과 기록이 일치해 있는 것은 흥미롭다."[16]고 언급했다. 이처럼 그가 어떠한 근거에서 가라야의 주인이 장헌공이라고 하였는지 알 수 없지만, 그것이 그의 창작이 아니라면 1930년대 당시 오키나와에서는 가라야부시의 유래를 사랑도 없이 장헌공과 강제 결혼한 슬픈 여인이 부른 노래라는 언설이 있었음을 보여주는 것이라 할 수 있다.

그러나 야마자토의 설을 전적으로 그대로 받아들이기 어려운 부분들이 있다. 왜냐하면 그가 말하고 있는 가마(작업장)가 있었던 고쿠바의 언덕에서 노래의 내용과 같이 정남향을 바라보면 마우시의 고향인 오로쿠마기리가 보이지 않는다. 즉, 그 마을은 고쿠바에서 정남향이 아닌 서남서 방향에 위치해있기 때문이다. 다시 말해 방향이 맞지 않는다. 그리고 지역의 전설을 모은 민화 및 전설집에서도 가라야부시의 유래에 관한 이야기는 좀처럼 발견되지 않으며, 또 발견된다 하더라도 가라야의 주인이 장헌공으로 되어있는 경우

---

16 山里永吉(1931) 「琉球の陶業史」 『民芸叢書(4)』 日本民芸美術館.

는 거의 없다. 그러므로 가라야부시에 대해 심도 있는 검증 없이 그
것을 장헌공과 결부지어 해석하는 것은 마땅히 경계되어야 할 것
이다.

4. 역사와 전설이 혼재된 가라야부시

가라야부시의 유래를 장헌공과 결부시켜 설명하는 언설에는 앞
에서도 언급했듯이 그가 와공이 아니라 도공이고, 또 그의 아내 고향
이 고쿠바에서 정남향이 아닌 서남서에 위치해 있으며, 현지에서 채
집된 구비전승에서는 장헌공의 이름이 등장하지 않는다는 점만을
고려해도 가라야의 주인은 장헌공이 아닐 가능성이 높다. 더구나 다
음과 같은 몇 가지 구체적인 사례들을 보더라도 장헌공이 아닐 가능
성이 더욱더 크다.

첫째, 원래 가라야부시는 작자미상의 노래였다. 가라야부시가 처
음으로 기록에 등장하는 것은 1795년에 편찬된 『유가백공건유절류
(琉歌百控乾柔節流: 이하 줄여서 『유가백공』이라 함)』(편자미상)이다. 이것에 의
하면 가라야부시는 분명히 작자미상으로 되어있다.[17] 그러므로 작자
를 장헌공의 아내인 마우시로 보는 해석은 훗날 생성된 민간전승과
같은 것으로 보아야 할 것이다.

둘째는 장헌공이 작업한 도장(陶場) 가라야(瓦屋)의 위치가 확실하
지 않다는 점이다. 18세기 말 야카비 쵸키(屋嘉比朝寄: 1716-1775)가 편찬
한 『공공사(工工四)』와 『유가백공』에는 가라야를 고쿠바가 아닌 미사

---

17 島袋盛敏, 翁長俊郎(1968) 『琉歌全集』 武藏野書院, p.92.

토마기리(美里間切)의 치바나무라(知花村), 슈리(首里)의 튠쥬무이(鳥小堀村)로 표시하고 있기 때문이다. 그럼에도 불구하고 많은 사람들이 그곳을 고쿠바라고 단정하고 장헌공과 관련짓는 것은 무리가 아닐 수 없다.

셋째는 「정남쪽으로 바라보니 섬은 보이는데 고향이 보이지 않네」라는 가사가 가라야부시에서만 보이는 것이 아니라 다른 곡에서도 사용되는 일종의 관용적인 가사일 가능성도 없지 않다는 점이다. 그 단적인 예로 「구모부시(蜘蛛節)」라는 다른 민요의 가사에서도 그와 똑같은 내용이 발견되기 때문이다.[18] 따라서 가라야부시는 당시 유행하던 노랫말을 사용하여 만들어졌을 가능성이 높기 때문에 그것을 실재의 지명과 인물을 관련지어 설명하는 것은 무리가 따르는 것이다.[19]

넷째는 가라야부시의 남자 주인공이 장헌공이라는 언설은 그다지 오래되지 않았다는 사실이다. 앞에서도 언급하였듯이 1931년 야마자토 에이키치에 의해 장헌공이라는 해석이 있은 이래 한동안 없다가 1950년대 말에 접어들어 집중적으로 나타났기 때문이다. 그 대표적인 예가 나카하라 유키요시(中原幸吉)의 『유가물어(琉歌物語)』(1957년), 신야시키 코한(新屋敷幸繁: 1899-1985)의 「민화시(民話詩)」(1958년), 히노 아시헤이(火野葦平: 1907-1960)의 대본(1958년)이다. 이것들은 학문적인 검증보다는 가라야부시를 작품화하여 그것을 오키나와의 슬픈 사랑의 이야기로서 만들려는 노력의 결과물들이었다.

이러한 유행에 제동을 거는 세력들이 있었다. 그것은 다름 아닌 장

---

18 그 가사는 「綛よかけなづけ真南向かて見れば、島の浦ど見ゆる里や見らぬ」로 되어 있다.
19 島袋盛敏(1964) 『琉歌大観』沖縄タイムス社.

헌공의 후손인 나카치(仲地) 집안사람들이었다. 그들은 신문지상을 통하여 법정투쟁이라도 불사하겠다고 하며 울분을 토로했다. 그러한 심정이 1958년 10월 오키나와 타임즈에 기고한 나카치 레이메이 (仲地麗明)의 기고문에서 잘 나타나 있다. 그런데 그는 그 문장에서 매우 중요한 사실을 언급하고 있다. 그것은 다름 아닌 "최근 가라야부시를 도공 장헌공과 관계가 있는 것처럼 제 마음대로 해석하거나 창작하는 사람이 있다"고 하며, 이러한 얘기는 "지금까지 집안사람들에게서 들어본 적도 없다"고 지적하는 내용이다.[20]

그의 말을 그대로 믿는다면 장헌공을 거론하며 가라야부시의 유래를 설명하는 일반적인 언설은 1950년대에 접어들어 본격적으로 생겨난 것이며, 그러한 구비는 장헌공의 후손 집안에서는 전승되지 않았다는 것이 된다. 다시 말해 가라야부시의 해석에 장헌공이 본격적으로 등장한 것은 현대 이후이다.

이처럼 가라야부시의 장헌공은 비련의 노래로서 자연스럽게 발생하여 내려오던 것이 가사 중 가라야(瓦屋)라는 지명으로 인해 어느덧 와공이 도공으로 변질되어 해석되어져 외국인이면서 도공이었던 그를 가라야의 주인으로 지목함으로서 생겨난 결과이었다. 그러나 앞에서 언급한 바와 같이 장헌공은 도공이지 와공이 아니다. 와공은 따로 있었다. 그가 바로 도카시키 산라(渡嘉敷三良: 이하 줄여서 도카시키로 함)였다.

다섯째, 오키나와의 가라야부시에 관련된 대부분의 구비전승에서는 남자 주인공이 장헌공이 아닌 도카시키 혹은 당인(唐人)으로 되어있다. 좀 더 구체적으로 살펴보면 1976년에 펴낸 이사가와 분이치

---

20 1958년 10월 30일부 오키나와 타임즈.

┃도카시키 산라의 무덤

(石川文一)의 『유구의 전설집(琉球の伝説集)』에서는 도카시키[21]로 되어있고, 92년도 이게이 히로코(伊芸弘子)가 펴낸 『오키나와 슈리의 옛날이야기(沖縄 首里の昔話)』에서는 누구라는 구체적인 이름을 명시하지 않고 단순히 당인(唐人)으로만 되어있다[22]. 특히 이시가와는 가라야부시의 유래 이야기 말미에다 "가라야부시의 주인공이 한국에서 건너온 도공 이치로쿠(一六: 장헌공)라는 설이 있는데, 기샤바 쵸켄(喜舎場朝賢: 1840-1916)이 쓴 『동정수필(東汀隨筆)』에 의하면 '이치로쿠가 만든 것은 옹기류 뿐이다.'고 적고 있다. 따라서 기와를 처음으로 만든 것은 명나라에서 건너와 귀화한 도카시키이므로 가라야부시의 주인공

---

21 石川文一(1976) 『琉球の伝説集』 琉球文庫, pp.174-180.
22 伊藝弘子編(1992) 『沖縄 首里の昔話 -小橋川共寬翁の昔話-』 三彌井書店, pp.201-206.

171

역시 명나라에서 온 사람으로 보아야 한다."[23]고 언급하고 있다. 이 처럼 가라야부시의 남자 주인공은 장헌공이 아니라는 주장이 오키 나와의 현지 지식인들에게서도 제기되었다.

여섯째는 일반인들에게 있어서 조선도공 장헌공과 중국 와공 도 카시키는 서로 혼동되어 있었다는 점이다. 특히 이들 두 명은 많은 부분에서 공통점을 지니고 있었다. 오키나와의 옛 기록에 장헌공이 등장하는 일은 거의 없지만, 그에 비해 도카시키에 대한 기사는 1731 년경의 문헌 『유구국구기(琉球国旧記)』와 1745년경의 문헌인 『유로설 전(遺老說傳)』 등에서 찾을 수 있다.

이 두 문헌이 크게 차이가 나지 않아 편의상 전자의 것을 인용하면 "옛 노인들이 전하기를 옛날 중국인이 본국에 와서 깊이 유구의 풍 속을 그리워하여 고향에 돌아가지 않고 고쿠바촌(国場村)에 살면서 아내를 얻어 한명의 아이를 얻었다. 그 후 마타하시(眞玉橋)의 동쪽에 작업장(陶舍)을 짓고 와기(瓦器)를 구우며 살았다"[24]라고 되어있다. 더 군다나 그의 자손들의 족보인 『완성가보(阮姓家譜)』에는 도카시키가 오키나와에 왔을 때 당시 "오키나와의 가옥은 모두 띠(茅)로 이은 집 밖에 없어서 종종 화재가 발생했다. 이를 본 도카시키가 마타하시에 가마(陶舍)를 짓고 기와를 구웠다."[25]고 기록되어 있다. 그리고 『유로

---

23 石川文一, 앞의 책, p.180.

24 이 부분의 원문을 소개하면 다음과 같다. 「往昔之時中國人飄到本國深慕國俗不欲還 國改變衣服容貌效力本國住居於國場村遂娶一婦以生孩兒後於眞玉橋之東造陶舍燒瓦 器」. 『유로설전』의 것은 김용의역(2010) 『유로설전』 전남대출판부, pp.75-76 참조.

25 이 부분의 원문은 다음과 같이 기술되어있다. 같다. 「今按吾宗祖名日渡嘉敷三良原 是中華之人飄至本國深慕風俗不欲回鄉在住國場村娶得一妻竟生一男名日渡嘉敷時見 本國房屋階以茅蓋葺厦不免有火災三良要救其難卽營陶舍於眞玉橋村而始燒瓦」. 沖繩 縣立芸術大学付属研究所編(2003) 『鎌倉芳太郎資料集(ノート編)〈第1卷〉-美術, 工藝 編-』 p.102 참조

설전』에는 아예 그를 오키나와에서 처음으로 기와를 구운 사람이라
고 명시하면서, 매년 12월 24일이면 후손들이 그의 묘 앞에서 제사
를 지낸다고 기록하고 있다.[26] 이것이 사실이라면 도카시키는 명나
라 사람으로 오키나와로 건너가 처음으로 기와를 생산한 사람임에
는 틀림없다. 그러나 그가 오키나와로 건너간 시기가 분명치 않다.
이상의 기록으로 보아 1500년대 말이라 추정된다. 다시 말해 장헌공
과 크게 차이가 나지 않는다.

이러한 사실들을 근거로 유추한다면 오키나와 최초의 와공인 중
국인 도카시키와 조선도공 장헌공은 오키나와에 이주한 시기가 거
의 비슷하고, 외국인 기능자라는 것도 같으며, 현지 여성과 결혼한
것도 같다. 그리고 산 곳도 장헌공과 같은 고쿠바이며, 또 사후에 묻
힌 그들의 묘지는 서로 멀지 않는 같은 구역 내에 있다. 그 뿐만 아니
다. 도카시키의 증손 아시미네 페에친(安次嶺親雲上)은 슈리성 정전(正
殿)의 지붕에 사용한 기와를 생산한 자로도 알려져 있는데, 그의 이
름이 바로 장헌공 아내인 마우시의 부친이 사용한 이름과 동일하다.
그리고 후손들이 12월이면 그들의 무덤 앞에 각기 모여서 제사를 지
내는 것도 같다.

이러한 상호의 공통점들이 장헌공과 도카시키가 일반인들에게
혼동되어 구비전승에 등장하였을 것으로 추정되는 것이다. 실제로
이러한 사례들은 오키나와 지식인들에게서도 얼마든지 찾아볼 수
있다. 1958년 4월 신야시키 코한은 가라야부시를 바탕으로 자신의
민화시(民話詩)를 일간지에 발표하였을 때는 장헌공이라 하였다가,
같은 해 12월 23일부터 시작하여 12회를 연재한 민화무용시극(民話舞

---

26 김용의역(2010)『유로설전』전남대출판부, pp.75-76.

踊詩劇)의 「가라야부시고(瓦屋節考)」에서는 당인 도공 당대주(唐大主)라
고 바꾸었다. 여기서 당대주는 도카시키를 지칭하는 말이다.

이러한 변화에 대해 신야시키는 자신이 앞서 발표한 민화시 가라
야부시는 사실전설(史實傳說)에 너무 지나쳤고, 또 나카치 레이메이(仲
地麗明)씨로부터 지적을 받아 기각한다고 고백했다.[27] 심지어 1982년
구메지마 시마우다 문화연구회(久米島しまうた文化研究会)에서 펴낸 자
료집인『속 유구의 옛이야기(續 琉球の昔物語)』에서는 남자 주인공이 중
국에서 온 와직인(瓦職人) 장헌공으로 되어있기도 하다.[28]

이처럼 오키나와의 지식인들에게도 장헌공과 도카시키는 서로 혼
란을 일으키며 전승되어지고 있는 것이다. 그러므로 가라야부시의
남자 주인공을 장헌공이라고 단정 지을 수 있는 근거는 어디에도 없
다고 할 수 있다. 오히려 지금까지 논의에서 보듯이 굳이 가라야부시
의 가라야 주인으로 특정인물을 찾는다면 그것은 장헌공보다 도카
시키일 가능성이 더 높다. 왜냐하면 그는 분명히 도공이 아니라 와공
이기 때문이다.

그렇다고 도카시키라고도 단정 지을 수 없다. 왜냐하면 조선인 장
헌공과 중국인 도카시키가 혼합되어 자신들의 선조 신으로 모시는
곳이 실제로 있기 때문이다. 나하에서 북쪽에 위치한 나카도마리(仲
泊)에는 고려신사(高麗神社) 또는 고려궁(高麗宮)으로 불리는 사당이 있
다. 그 사당 안에는 우라소에 성터에서 발굴된 고려기와를 탁본한
것을 올려놓고 매년 마을사람들이 제사를 올리고 있다. 그리고 그곳
에는 고려인의 묘라는 묘지도 있다. 이곳을 관장하는 사람들은 시마

---

27 1958년 12월 23일부 오키나와 타임즈.
28 久米島, しまうた文化研究会(1982)『続 琉球の昔物語』海邦出版社, pp.35-36.

부쿠로씨(島袋氏)들인데, 이들은 고려인의 후손이라는 전승을 지니고 있는 사람들이다.

전승에 의하면 이들의 선조 고려인은 "아주 옛날 오키나와에 고려기와의 기술을 전한 와장(瓦匠) 중의 한 사람으로 나하의 츠보야(壺屋)에서 살고 있었다. 그리고 그는 오키나와 각지로 순회하면서 기술지도를 하고 있는 중에 나카도마리에 들렸을 때 시챠구이(下倉理)가문의 딸을 첩으로 삼고 이곳에서 정착하여 살았다. 그러므로 이곳을 나카도마리라고 한다"[29]는 것이다. 지역민 시마부쿠로 리토쿠(島袋利德)씨에 의하면 이 고려인은 다름 아닌 조선인 장헌공이라 한다.[30] 그리고 시마부쿠로씨들은 대대로 기와 및 항아리 등을 제작하며 살았는데, 오키나와인들은 이들을 가라야(唐屋)이라고 했다고 한다.[31]

이러한 사실들을 그대로 수용한다면 가라야부시는 가라야라 불리는 조선인 장헌공으로도 이해될 수 있다. 그러나 내면을 들여다보면 그것에는 중국인 도카시키적인 요소도 첨가되어있음을 알 수 있다. 그 예로 신체로서 모시고 있는 고려기와 이외에 중국풍의 부채가 하나 더 놓여져 있고, 그리고 시마부쿠로씨 시조의 성씨가 중국풍 성씨인 용씨(龍氏)이며, 또 그를 도카시키와 같은 당대주(唐大主)라고 불리웠다는 점이다. 그들의 1대는 眞佐具, 2대는 支利築登之親雲上, 3대를 龜奄眞加戸라 하였으나, 4대부터 시마부쿠로라는 성씨를 사용했다.[32] 이와 같이 오키나와에서는 장헌공과 도카시키를 혼돈되는 일들이 흔하게 있었던 것이다.

---

29 尹達世 앞의 책, pp.111-112.
30 尹達世 앞의 책, p.112.
31 李沂東 앞의 책, p.256.
32 李沂東, 앞의 책, p.256.

이상에서 살펴보았듯이 가라야부시의 유래와 관련된 사건 및 인물은 역사적 사실이라기보다는 오랫동안 전승되어오면서 역사성과 결부되어 가라야의 주인이 경우에 따라 장헌공 혹은 도카시키로 해석되어지면서 오늘에 이르고 있다. 즉, 전설이 역사와 결합하고 있는 것이다.

5. 현대 가라야부시의 변용

가라야부시와 그에 얽힌 일화는 오키나와인들이면 누구나 다 좋아하는 노래이자 이야기이다. 1945년 이전만 하더라도 오키나와에서는 연극 전용의 소극장이 있었다. 나하시 서부에 위치한 진락좌(真樂座)라는 극장이 바로 그것이었다. 그곳에서는 자주 가라야부시가 연극으로 꾸며져 무대에 올려 지곤 했었다.

현대에 접어들어 그러한 극장들이 사라지고 약자의 애환을 그린 가라야부시의 이야기도 서민들의 뇌리 속에서 사라질 뻔하다가 1950년대에 다시 극화가 되어 되살아났다. 이번에는 유명작가와 음악가들에 의해 연극대본으로 쓰여졌고, 그것이 드라마와 극으로 만들어져 전국적으로 소개되었다. 드라마는 1958년 소설가 히노 아시헤이가 「비련의 가라야부시(悲戀瓦屋節)」이라는 제목으로 대본을 썼다. 그때 남자 주인공은 당인이라고 되어있을 뿐 실명이 거론되지 않은 반면 여인을 쓰루(鶴)라 했고, 그녀의 전남편을 가메마츠(龜松), 그 사이에서 태어난 딸을 쓰루치요(鶴千代)라 했다. 당인과 결혼한 오키나와 여인 쓰루는 유부녀일 뿐만 아니라 딸자식을 가진 엄마라는 점을 강조하여 여인의 처지를 더욱 더 가혹하게 만듦으로써 비극적 상황을 배가시키는 효과를 노렸던 것이다.

그로부터 2년 뒤인 1960년 오키나와 출신인 음악가 가나이 기쿠코(金井喜久子: 1906-1986)가 가라야부시를 기반으로 오키나와 창작 무용극「비련의 당선(悲戀唐船)」을 작곡하여 무대에 올렸고, 1968년에는 이를「오키나와 이야기(沖繩物語)」라는 제목으로 바꾸고 오페라로 꾸며 무대에 올렸다. 그리고 도쿄를 비롯한 여러 대도시를 돌면서 공연도 했다. 그에 따라 이야기의 전개도 조금씩 바뀌었다. 그 내용을 간략히 소개하면 다음과 같다.

> 수백 년 전 유구왕국은 당인 도업기술자를 초청하여 도업을 일으키려고 하지만, 이 당인 오키치(お吉)는 자신이 오키나와에 건너가 기술을 전하는 대신 자신이 마음에 드는 미녀와 결혼시켜 달라는 조건을 단다. 그는 마음에 드는 미녀를 궁중에서는 찾을 수 없었다. 그러나 어느 날 자식도 남편도 있는 우미쓰루(思鶴)를 강제로 아내로 삼아 버린다. 호사스러운 생활에도 불구하고 우미쓰루에게는 슬픔뿐이었다. 한편 당인과 정부의 폭정에 시달린 민중은 드디어 궐기한다. 그녀의 전남편은 당인의 숙소를 덮쳐 아내를 찾으려고 하나, 당인은 그녀와 함께 바다로 도망쳤고, 때마침 불어 닥친 폭풍으로 인해 배가 침몰하여 버린다.[33]

여기에서 보듯이 가나이 기쿠코의 가라야부시는 장헌공이 아닌 당인 오키치로 되어있고, 또 그의 아내는 마우시가 아닌 우미쯔루로 되어있다. 당국과 당인들의 폭정에 분노를 느낀 민중이 반란을 일으키고, 이에 따라 빼앗긴 아내를 찾으려고 당인의 숙소를 덮치나 이미 그곳을 빠져 나간 당인과 그의 아내는 배를 타고 도주하였고, 그들은 결국 갑자기 불어 닥친 폭풍으로 인해 모두 목숨을 잃어버린다는 것으로 슬프게 결말을 맺고 있다.

한편 1970년에는 전통민요인 가라야부시를 타키하라 야스모리(滝原康盛)가 『와옥정화(瓦屋情話)』라는 타이틀로 현대 민요풍으로 고쳐 작곡하였고, 이를 가수 우에하라 세이키치(上原正吉: 1941-현재)가 불러 히트한 적이 있다. 그 가사의 내용이 "누구보다도 아름답게 태어났기 때문에 좋아하지도 않는 남자가 반하여, 왕명을 따라 마음을 그대로 둔 채 이별하여 세상을 원망하며 살아가는 젊음이여, 원망스러운 세상에서 무정한 수꽃은 아침저녁 둘러싸인 채 가슴만 태울 뿐, 나의 몸은 가라야 마을(瓦屋村)에 있지만 마음은 당신 곁에 있어요, 잊을래야 잊을 수 없는 당신의 애정, 가라야 언덕에 올라 남쪽을 바라보니 고향마을은 보이는데, 당신의 모습은 보이지 않네"라고 하는 것이었다. 현재 이 노래는 오키나와 전통음악을 연주하는 레스토랑(선술집)에서는 흔히 들을 수 있다. 이처럼 가라야부시는 시대의 흐름에 따라 계속 확대 재생산되면서 오늘날에 이르고 있는 것이다.

6. 마무리

이상에서 살펴보았듯이 오키나와의 가라야부시는 한 유부녀가 왕명에 의해 사랑하는 남편과 강제로 이혼하고 사랑하지도 않는 외국인 와공과 결혼했으나, 여인이 전남편을 잊지 못하고 자신이 사는 마을 언덕 위에 올라 고향 쪽을 바라다보고 눈물짓는 슬픈 사랑의 내용을 부른 민요이다. 이러한 내용의 이면에는 문화와 경제가 열세에 있었던 약소국의 사정이 깔려져 있다.

특히 식기와 기와의 제조는 음식과 주거문화의 기본을 이루고 있는 것이다. 오키나와는 임란 이전까지만 하더라도 이것에 대해 매우 열악한 상황에 놓여져 있었다. 이를 해결해야 했던 유구국의 당국자로서는 자신들에게 필요한 기술을 전수해주는 외국인을 초빙하고, 이들을 우대하는 정책을 실시한 시대가 있었다.

그에 따라 외국인 기술자들이 오키나와로 향하였고, 좋은 조건에서 작업을 하였으며, 그에 따라 잘못된 우월의식을 가지고 현지인들을 대하는 사람도 있었을 것이며, 또 이들에 의해 불이익을 당하는 오키나와인들도 없지는 않았을 것이다. 이에 대한 오키나와인들의 시기와 질투 그리고 불만과 원망이 노래로 대변된 것이 바로 가라야부시였던 것이다.

가라야부시가 오키나와의 민요를 대표하는 곡이 되었지만, 정작 그것이 언제 누구로부터 불려 졌는지 알 수가 없다. 그것이 최초로 기록에 남겨진 것은 18세기 후반이었다. 그때도 그 곡은 작자미상이었다. 그러던 것이 계속되어오다가 노래의 유래에 관한 담론이 형성되면서 가라야(瓦屋)의 주인이 와공 또는 도공으로도 이해되어, 전자인 경우에는 중국인 도카시키가, 후자인 경우에는 조선인 장헌공이라는 해석이 생겨났던 것이다.

이것은 두 사람이 같은 시기에 오키나와로 이주하여 현지여성과 결혼하였고, 죽어서 묻힌 곳도 같은 지역이며, 또 장헌공의 장인이 도카시키의 4대손의 이름과 동일한 점 등 너무나도 많은 유사한 점을 지니고 있는 것이기에 자연스럽게 생겨난 오해에서 비롯된 것이었다. 지금도 그 논란이 계속되고 있지만, 민요의 특성상 가라야의 주인이 누구인지 명확한 결론을 내리기가 쉬운 일이 아니다. 그러나 굳이 실제의 가능성을 놓고 두 사람 중 한사람을 택한다면 가라야의 와(瓦)가 기와를 의미한다는 점을 고려할 때 가라야의 주인은 도공인 장헌공보다 와공인 도카시키일 확률이 높다. 그럼에도 불구하고 장헌공으로 인식하는 정보가 오늘에도 오키나와에 많이 있다는 사실은 대단히 유감스러운 일이 아닐 수 없다. 우리는 여기에 대한 재고를 촉구하는 소리와 함께 수정을 위한 지속적인 노력을 기울일 필요가 있다. 그렇게 해야만 비로소 장헌공은 억울한 누명을 벗게 될 것이기 때문이다.

제2부

나가사키현의 조선도공

제6장

나가사키현의 조선 도공과 도요지

1. 머리말

일본 규슈의 조선도공이라고 하면 보통 후쿠오카의 다카토리, 아리타의 이참평, 가고시마의 심수관 등을 떠올릴지 모른다. 그러나 북단 서쪽에 위치한 나가사키현(長崎県)에도 조선도공들에 관한 이야기가 많다. 이들의 대부분은 임란 때 잡혀간 사람들이지만, 그 이전부터 건너간 사람들도 없지 않다. 나가사키현의 여기저기서 이들이 살며 그릇을 구어 냈던 도요지의 흔적이 지금도 많이 남아있다.

이들 도요지 가운데는 지금도 활발하게 도자기를 생산하는 곳도 있다. 그 대표적인 곳이 사세보시(佐世保市)의 미가와치(三川內)와 히가시소노기군(東彼杵郡)의 하사미(波佐見) 지역일 것이다. 지금까지 조선 도공에 대한 높은 관심을 가진 연구자들은 주로 이 지역에 대해 조사

소개한 경우가 많았다. 그 대표적인 예로 김달수와 김문길 그리고 황
정덕과 이미숙 등의 연구를 들 수가 있을 것이다. 재일작가인 김달수
는 이 지역을 여행하면서 『나가사키현의 역사산보』라는 책의 내용을
인용하여 미가와치와 하사미 도자기의 시조격인 거관과 이우경에 대
해 간략히 소개하고 있고,[1] 역사가 김문길도 그의 저서를 통하여 미가
와치의 고려할머니와 기하라의 김영구라는 조선도공에 대해 소개했
다.[2] 또 진해의 향토사가인 황정덕은 미가와치에 대해 소개하면서 특
히 미가와치 활약한 고려할머니는 삼포출신으로 그의 남편 나카자토
도 한국계라고 설명했다.[3] 그리고 이미숙도 미가와치의 거관과 김구
영과 하사미의 박정의와 이우경 등에 간략히 소개하고 있다.[4]

　이들의 연구를 통해 나가사키현에도 많은 조선도공들이 있었으
며, 그들의 활약상이 얼마나 컸었는지를 엿볼 수 있다. 그러나 이들
의 일련 연구가 가지는 한 가지 공통점은 그들이 다루고 있는 대상이
지역적으로 매우 한정되어있다는 점이다. 즉, 그들은 미가와치와 하
사미 지역을 중심으로 국한되어있으며, 다루는 인물도 그 지역과 관
련이 있는 도공들만을 다루고 있다는 것이다. 그러나 실제로 나가사
키현에는 이들이 다루고 있는 미가와치와 하사미 지역 이외에도 조
선도공들의 이야기가 끊이지 않고 내려오고 있다. 특히 현재 그 지역
에서 도자기 생산을 하지 않는 지역에서는 전설화되어 전해오기도
하고, 또 그들의 흔적만이 여기저기 흩어져 자취를 남기고 있다. 여

1　金達壽(1993)「日本の中の朝鮮文化(8)」『月刊 韓國文化』3, 韓國文化院, p.9.
2　김문길(1995)『임진왜란은 문화전쟁이다』혜안, pp.212-223. 그는 김영구라고 표
　　기하고 있으나, 이는 아마도 김구영을 잘못 표기한 듯하다.
3　황정덕(1996)「일본땅에 도예기술을 떨치다」『내 고장 자랑 -진해, 웅천, 웅동- 내
　　고장총서』1, 진해웅천향토문화연구회, pp.46-61.
4　이미숙(2008)『일본 구주지역의 조선 피로사기장 연구』강원대 박사학위논문, p.61.

기에 착안한 본장에서는 이러한 곳을 중심으로 조선도공들의 자취를 찾고자 하는 데 무게를 두었다.

대마도를 제외하고 나가사키현의 전체를 조감하여 보면 조선계 도요지의 분포는 대략 7개 지역에 집중되어 나타난다. 즉, 하나는 오지카시마(小値賀島) 지역의 고라이지마(高麗島)이며, 둘은 히라도의 나카노(中野) 지역, 셋은 사세보시의 미가와치 지역, 넷은 히가시소노기군의 하사미 지역, 다섯은 이사하야(諫早) 지역, 여섯은 나가사키시(長崎市)의 우쯔쯔가와(現川) 지역, 일곱째는 니시소노기군(西彼杵郡)의 나가요(長興)지역 등이다.

이곳들을 다시 지역별로 정리하면 대략 다음과 같이 3지역으로 나눌 수 있다. 즉, 북부지역으로는 오지카시마와 히라도를, 중부지역으로는 미가와치와 하사미를, 그리고 남부지역으로는 이사하야, 우쯔쯔가와 그리고 나가요로 묶을 수 있을 것이다. 그러므로 논지를 먼저 북부와 남부지역을 중심으로 조선계 도요지의 현황을 파악한 연후에 미가와치에서 활약한 조선도공에 대해 살펴보기로 하자 그렇게 함으로써 지금까지 알려지지 않았던 일본에 정착한 조선도요지를 찾고, 또 실제로 어떠한 조선 도공들이 활약하였으며, 그들이 이룩한 기술을 어떻게 이어갔는지에 대해서도 함께 알아보고자 하는 것이다.

2. 북부지역의 조선계 도요지와 조선도공

북부지역에 속하는 오지카시마와 히라도는 역사적으로 마츠우라(松浦) 가문이 지배하는 히라도번(平戶藩)에 속해 있었다. 임란 당시 이곳을 지배했던 마츠우라 시게노부(松浦鎭信: 1549-1614)는 도요토미 히데요시의 명을 받아 조선으로 출병했고, 그에 따라 많은 도공들을 납치하여 돌아간 것은 이미 잘 알려진 사실이다. 그는 그 이전에도 히데요시의 명에 따라 웅천에서 종차관(從次貫)이라는 도공을 납치하여 일본으로 보낸 적이 있는 인물이었다.[5] 그의 도공납치는 어느 정도 예견된 것이기도 했다. 그러므로 이곳에 조선계 도요지가 있는 것은 전혀 이상할 것이 없다. 그럼 이 지역의 도요지부터 살펴보면 다음과 같다.

(1) 오지카시마의 고라이지마(高麗島)

오지카시마는 나가사키현 서북쪽 바다에 위치한 고도열도(五島列島)의 북쪽에 위치해 있다. 조선 도공과 관련이 있는 고라이지마는 그곳에서 다시 서쪽으로 떨어진 곳에 있었던 전설의 섬이다. 일본 민속학의 아버지로 불리는 야나기다 구니오(柳田国男: 1875-1962)는 그의 저서 『섬의 인생(島の人生)』에서 이 섬에 관한 전설을 서술하고 있는데, 그 내용을 정리하여 소개하면 다음과 같다.

고라이지마(高麗島)는 오지카시마(小値賀島)의 서쪽에 위치해 있는 비료지마(美良島)라는 무인도의 앞바다 부근에 있었다. 옛날 번영을 이루다가 바다 밑으로 가라앉아버렸다고 하는 섬이다. 이 섬사람들은 뛰어난 도기를 만들며 풍요롭게 살고 있었다. 이 섬에는 돌로 만든 지장보살이 있는데, 사람들은 그 얼굴이 빨갛게 되면 큰 재난의 징조라고 믿고 있었다. 어느 장난기 있는 사람이 섬사람들을 놀라게 해주려고 물감

---

5 大畑三千夫 『平戸藩窯(三川内燒)と鶴峰園 三猿』 個人出版, p.113.

▌하사카지마의 고려지장

을 가지고 지장의 얼굴을 모두 빨갛게 칠하였다. 그러자 그 섬은 갑자기 가라앉고 말아 도망치지 못한 사람은 모두 죽고 말았다. 이렇게 사라진 고라이지마가 있었던 자리에는 (파도가 치면) 지금도 옛날 도기의 파편들이 파도에 흔들려 찰거락 찰거락 소리가 들린다고 한다. 히사카지마(久賀島)의 와라비(蕨)라는 촌락에는 고라이지마에서 탈출할 때 관여했다는 목이 길고 눈을 치켜뜨고 있는 특이하게 생긴 지장보살(일명: 고려지장)이 모셔지고 있으며, 선조가 고라이지마에서 피난했다고 하는 구가(旧家)에서는 고라이지마에서 구운 도기가 비장되어있다. 고라이지마가 있었던 곳은 와라비 마을에서 배로 3시간가량 가면 도달하는 곳에 있으며, 썰물 때에는 물밑이 잘 보이는데, 묘석(墓石)이나 돌담의 흔적이 보인다고도 한다. 그리고 시모고토의 모토야마무라에는 고

라이지마에서 도망쳐 왔다는 고라이(高來)라는 성씨를 가진 집이 3채나
있다고 한다.[6]

여기에서 보듯이 이 섬은 실재하는 것이 아니라 전설상으로 존재
하는 섬이다. 그러나 우리의 관심을 끄는 것은 그 섬이 고려라는 이
름을 가진 섬이라는 점이며, 또 그 섬 사람들이 도기를 굽고 풍요롭
게 살았다는 내용이다. 그 흔적으로 고라이지마에서 탈출하여 가까
스로 목숨을 건진 사람들의 집에 도기들이 간직되어있고, 또 고라이
지마가 있었던 자리에는 도기의 파편들이 있으며, 그들의 후손이 아
직도 고라이(高來)라는 성씨로 살고 있다는 것이다.

그러나 이러한 내용들이 모두 전설상에 나오는 것이어서 그것을
역사적인 사실로 보기는 힘들다. 그러나 나가사키 사람들은 도자기
라면 고려인(조선인)을 떠올릴 만큼 그들에게 있어서 도자기는 고려
인(조선인)들이 가져다주었다는 이미지가 이 전설에 강하게 반영되어
있음은 부인할 수 없다. 더구나 도자기는 황금의 알을 낳는 상품적
가치를 지닌 소중한 것이었다. 그러므로 사라진 고라이지마는 그들
에게 있어서 보물섬과도 같은 존재이었다. 다시 말해 고라이지마는
잃어버린 황금에 대한 기억을 되살리는 환상의 섬이었던 것이다.

만일 그 환상의 섬에서 색깔이 하얀 도자기가 생산되었다면 백자
이었을 것이며, 그것을 구운 사람들은 조선에서 건너간 도공들임에
틀림없다. 그렇지 않고 그들이 중국 경덕진(景德鎭)에서 간 중국인들
이라면 그 섬은 고라이지마가 아니라 중국을 나타내는 토오진시마
(唐人島)가 되어야 한다. 그러나 그들이 후자를 택하지 않고 전자를 선

6　柳田国男(1989)「島の人生」『柳田国男全集』1, 筑摩書房, pp.534-536.

택한 것은 도공들의 고향이 한반도에 있음을 나타내는 것으로 볼 수 있다.

그런데 이들 도공들은 자발적으로 그 섬에 갈 이유가 없다. 그릇을 굽기 위해서는 먼저 도토가 있어야 하고, 둘은 물이 있어야 하며, 셋은 그릇을 구울 때 필요한 땔감이 필요로 하며. 마지막 넷은 그것을 필요로 하는 사람(소비자)들이 필요로 하기 때문이다. 그러므로 이러한 조건을 채워줄 수 있는 곳으로 섬이라는 지형은 잘 어울리지 않는다. 섬의 지형적 특성상 그것을 모두 갖추기란 여간 어렵지 않다. 그럼에도 불구하고 이 섬에 조선도공들이 가 있었다면 그것은 자발성이 아닌 강제성을 띠는 연행이라는 것이 전제되지 않을 수 없다. 즉, 일본인(해적)에 의해 납치된 사람이어야 한다.

이와 같이 보았을 때 고라이지마에 살았던 조선도공들은 강제로 납치된 포로라는 결론에 도달할 수 있다. 비록 사라진 섬에 관한 전설이지만 이를 통하여 우리는 일본인에 의해 납치된 조선도공들이 섬뿐만 아니라 나가사키현 본토에도 얼마든지 많이 있을 가능성은 충분히 있다는 것을 확인할 수 있다.

(2) 히라도 나카노(中野)의 조선계 도요지

사라진 조선도공의 도요지 가운데 히라도의 나카노를 빼놓을 수 없다. 여기에 대해 한국에서는 거의 관심이 전무하며, 일본에서도 매우 미진한 상태이다. 그러한 가운데 거의 정설화되어 있는 것은 1930년대 연구자 시부에 지로(渋江次郎)의 해석이다.

히라도의 영주 마츠우라 시게노부가 부산에서 서남쪽으로 떨어진 웅천(熊川)이라는 곳의 도공 거관(巨關)과 돈육(頓六 혹은 屯祿) 등 100여 명을 데리고 와서 그들을 히라도 성 아래 한 지역에 두고 도기를 전문적으로 굽게 했다. 그리하여 생겨난 지역이 고라이마치(高麗町)이며, 그곳은 도기의 마을이 되었다. 거관은 귀화하여 이마무라(今村)라는 성씨를 사용했다. 그 후 거관으로 하여금 나카노의 가미스키(紙漉)라는 곳에 가마를 설치하고 그릇을 굽게 하였으니, 이것이 히라도 도자기의 시초이며, 일명 나카노 도자기라 하는 것이다.[7]

이 같은 해석은 지금도 유효하다. 왜냐하면 지금도 나카노 도자기에 대한 해석의 대부분은 이상의 것과 크게 다를 바가 없기 때문이다. 그러한 의미에서 이 설을 다시 한번 음미하여 보면 임란 때 이곳 영주 마츠우라 시게노부가 히데요시의 명을 받아 조선을 출병하여 전쟁을 치르다가 귀국길에 웅천지역의 도공 100여명을 납치하여 가서 자신의 영지인 히라도에서 그릇을 굽게 하였다가 다시 그들을 나카노 야마나카초(山中町)의 가미스키 지역으로 옮겨서 작업을 계속하게 하였다는 것이다. 이처럼 히라도의 사기그릇은 조선도공으로부터 시작된 것으로 해석하고 있는 것이다.

그런데 최근 여기에 대해 의문을 제기하는 의견이 생기고 있다. 그 대표적인 예가 다테히라 스스무(立平進)의 연구이다. 그에 의하면 나카노에는 가마터가 두 군데가 있는데, 그곳에 출토된 도편 등을 보면 명나라 청화자기를 의식한 문양이 들어있는 것이 발견되고, 또 염료도 발색이 좋은 중국산으로 추정되는 것을 사용하고 있는 것으로 보아 나카노 사기그릇은 자기에서 도기로 이행되는 과정에 있었

---

7 渋江次郎(1935)『陶器講座(2) -平戸燒-』雄山閣.

으며, 그것을 생산한 사람들은 조선도공이 아니라고 해석하였던 것이다.[8]

다테히라가 주요한 근거로 삼고 있는 두 군데의 도요지란 가미스키가와(紙漉川)를 중심으로 산재해 있는데, 상류 쪽의 가마를 챠완가마(茶碗窯)라 하고, 하류 쪽의 가마를 사라야키가마(皿燒窯)라 하는 것을 일컫는 것 같다.[9] 이 가마는 명칭에서 보듯이 전자는 주로 다도에 필요한 다완을 만들었고, 후자는 일반생활에 필요한 그릇을 만들었다.

그런데 확실하지 않는 것은 거관을 비롯한 조선도공들이 전자의 다완을 만들었는지, 후자의 그릇을 만들었는지 분명치 않다는 것이다. 그러나 그것이 조성이 된 시기가 두 개가 모두 동시에 만들어진 것이 아니다. 전자는 에도(江戸) 중기의 것이며, 후자는 에도 초기의 것이다.[10] 또 출토된 도편 가운데 중국풍의 것이 나오는 것도 사실이나, 그것과 더불어 조선풍의 그릇도 함께 출토되고 있다.

대개 도편은 자기와 도기로 구분되는데, 자기는 철분이 많은 흙을 사용하여 조금 회색빛을 띠며 미세한 점들이 박혀있다. 그 반면 도기는 황백색의 초벌에다 색깔을 입히고 산수화를 그려 넣은 것이다. 유약도 자기의 것과 동일하다. 이 중 도기의 것은 조선의 것과 매우 흡사하다. 그러므로 중국풍의 도편이 발굴된다고 해서 조선풍의 것을 무시하고 이곳을 조선도공이 아닌 중국도공이 이룩한 도요지라고 판단하는 것은 잘못된 것이다.

8　立平進(2008) 「松浦鎭信〈天祥公〉と三川內燒」『長崎國際大學論叢(8)』長崎國際大學, p.15.

9　白石純英(1975) 「肥前平戸中野燒について」『陶說』日本陶磁器協會, pp.60-61.

10　白石純英, 앞의 논문, p.59.

191

　더군다나 『본조도기고증(本朝陶器攷証)』에도 마츠우라가 조선도공들을 나카노에서 그릇을 굽게 하였는데, 그것이 고려풍(高麗風)이었다는 기록이 있고,[11] 또 히라도번(平戶藩)의 공식적인 기록이라 할 수 있는 『평호소연혁일람(平戶燒沿革一覽)』에서도 1650년(慶安3)에 나카노 도공들을 미가와치(三川內)로 옮긴다[12]는 기록에서 보듯이 나카노의 도요지를 건설하고 그릇생산에 주된 활동을 벌인 사람들은 조선도공들이었음은 확실하다. 왜냐하면 훗날 히라도 도자기의 대명사가 되는 그릇 생산지 미가와치는 거관, 고려할머니, 김구영 등 화려한 명성을 얻은 조선의 명 도공들이 활약한 곳이며, 중국인 도공의 흔적은 찾을 수 없기 때문이다. 따라서 중국도편이 발견된다고 해서 곧 그것을 가지고 중국도공들의 흔적이라고 보는 것은 성급한 판단이라 하지 않을 수 없다. 어쩌면 이것은 무역 또는 중국풍으로 만들려는 조선도공들의 노력의 흔적일 가능성도 없지 않다. 이같이 나카노 도자기를 이룩한 거관을 비롯한 도공들은 조선의 웅천(코모카이) 출신으로 보는 것이 맞을 것이다.

　나카노에서 생산된 도자기를 지역 명을 따서 일본인들은 일반적으로 나카노 도자기(中野燒)라 한다. 거관은 히라도와 나카노에서 명성을 얻고 이마무라 야지에몬(今村彌次右衛門)라는 일본이름을 사용했다. 그리고 일본인을 아내로 맞이하여 1610년에 아들 이마무라 산노죠(今村三之丞)를 낳았다. 그가 생산하는 도자기는 물레를 사용하지 않고 대나무 주걱으로 두드려서 형태를 만들어 내는 데 그 특징이 있다. 일설에 의하면 그는 히라도(나카노)의 도토에 만족할 수 없었는지

11　白石純英, 앞의 논문, p.62에서 재인용.
12　立平進, 앞의 논문, pp.14-15에서 재인용.

조선에서 직접 구해 만들기도 하였다고도 한다.

이곳의 도요지가 폐쇄하게 된 가장 큰 원인은 사기그릇 생산에 없어서는 안될 도토때문이었다. 그러한 이유가 앞에서 본 『본조도기고증』에 "거관의 아들 산노죠라는 자는 지금 이마무라가(今村家)의 시조인데, 그는 나카노 마을의 흙이 좋지 않아 영내의 여기저기 옮겨 다녔다."고 하고 있기 때문이다. 다시 말해 이들은 그릇을 구울 수 있는 양질의 흙을 찾아 미가와치로 옮겼던 것이다.

이들은 미가와치로 이주하기 전에 도토의 문제를 해결하기 위해 거관은 아들 산노죠 그리고 부하인 구베이(久兵衛) 등과 함께 여기저기 탐방한 끝에 드디어 1622년 우연히 오늘날 사세보시 콘죠지(權常寺), 히가시하마초(東浜町)의 히가시노우라(東の浦), 미가와치(三川内)의 요시노타(吉の田), 야코바(相木場)에서 도토를 발견했다. 그리하여 그들은 미가와치로 이주했다.

그 이후 거관의 행방은 묘연하다. 왜냐하면 이마무라 가문에서 전해져 오는 『금촌씨문서(今村氏文書)』에 의하면 "일본에 6년간 체류하면서 제자 1명을 두었고, 그 후 고려(조선)로 돌아갔다."[13]고 되어있기 때문이다. 이 기록만을 의지하다면 그는 처자식을 모두 두고 귀국했다는 것이 되는 것이다.

그러나 『평호소연혁일람』에서는 1632년 당시 거관은 77세이었고, 그 때는 일선에서 은퇴하여 대지원(大智院)의 자각법인(慈覺法印)에게 출가 귀의해 있으면서도 도기 제작에 미련을 버리지 못하고 기술개발에 고심했다고 되어있다. 이처럼 기록마다 조금씩 다르기도 한다. 그러나 『평호소연혁일람』이 히라도번의 공식기록이라는 점을 감안

---

13 白石純英, 앞의 논문, p.62에서 재인용.

한다면 그는 귀국하지 않고 일본 미가와치에서 생애를 마감하였을 것으로 추정된다. 다만 『금촌씨문서』의 것은 미가와치의 이마무라 계의 실질적인 시조를 거관이 아닌 그의 아들 산노죠로 만들기 위한 시도로 보이기도 한다. 만일 그렇다면 거관과 산노죠는 기록에서 보이지 않는 갈등과 대립이 있었는지도 모른다. 여기에 대해서는 시간을 두고 검토할 필요가 있다.

한편 그들 중 돈육은 현재 사가현으로 옮겨 다케오의 구로무다(黑牟田)에서 가마를 창시한 것으로 알려져 있다.[14] 그러나 많은 도공들은 미가와치로 이주했다. 이처럼 도공들의 이주가 시작되자 나카노 지역의 도자기 생산은 자연스럽게 쇠퇴해졌다. 그 결과 나카노에 설치되었던 가마는 점차 폐쇄되기 시작했다. 그리하여 나카노에는 도자기를 생산하는 사람도 사라졌고, 조선도공들이 구웠던 가마터만 남게 되었던 것이다.

3. 남부지역의 조선계 도요지와 조선도공

남부지역인 나가사키, 나가요, 이사하야는 이사하야번(諫早藩)의 관할에 속해 있었다. 임란 당시 이곳의 영주는 이사하야(諫早) 지역의 영주인 가즈사노스케 미치야스(上總介道安)이었다. 그도 마츠우라 시게노부와 같이 임란 때 도요토미 히데요시의 명에 따라 조선으로 출병했다. 이 지역에 흩어져 있는 조선계 도요지에 활약한 도공들의 대

---

14 김태준(1977) 「고려 자손들과 일본의 도자문화」『임진란과 조선문화의 동점』 한국연구원, pp.53-54.

부분은 가즈사노스케의 군대에 납치되어 일본으로 건너간 사람이었다. 이들은 이사하야 영지 내에 여기저기 흩어져 작업을 하였는데, 그 대표적인 곳이 이사하야, 우쯔쯔가와, 나가요 등이다. 이곳을 중심으로 조선계 도요지를 살펴보기로 하자.

(1) 이사하야의 조선 도요지

이사하야의 조선도공에 관한 문헌과 유적은 거의 남아있지 않다. 그러한 가운데 구전으로 전해져 오는 것으로 이곳에 도진(道珍)이라는 조선도공이 있었다고 전해진다. 그는 이 지역의 영주인 가즈사노스케에게 포로가 되어 이사하야에 왔으며, 그가 이사하야의 교외인 하지오노에서 처음으로 도자기를 구웠다고 하나 오래가지 못했던 것 같다. 그 이후 그가 어떠한 삶을 살았는지, 또 그들의 후예들이 어떻게 되었는지에 대해서는 기록이 없어 현재로서는 그 흔적들을 찾아보기 힘들며, 유일하게 남아있는 것이 그가 도자기를 생산했다는 하지노오에 가마터가 파편적으로 남아있을 뿐이다. 어쩌면 이들은 자신의 전문적인 기술을 버리고 이사하야의 일본인 사회에 적응하였던지 아니면 자신의 기술을 살려 다른 도요지로 옮겨갔는지도 모른다.

(2) 우쯔쯔가와의 조선 도요지

이에 비하면 나가사키의 유적은 단편적이나마 약간 남아있다. 더군다나 최근에는 이를 부활시켜 오늘에 이르고 있어 이사하야보다는 나은 편이다. 여기에서 구워낸 도자기는 나가사키 도자기라 하지 않고 우쯔쯔가와 도자기(現川燒)라 했다. 그 이유는 나가사키시에서

195

서북부 쪽으로 약 10km 정도 떨어진 우쯔쯔가와에서 생산되었기 때문이다. 일반적으로 이곳의 도자기는 1692년(元禄5) 다나카 소에쯔(田中宗悦)와 시게토미 모헤이(重富茂兵衛)에 의해 시작되었다고 하며, 도토에 철분이 많아 다갈색을 띠는 것이 특징이다. 에도시대에는 이사하야번(諫早藩)의 비호를 받아 발전하여 크게 번성하여 「서쪽의 닌세이(仁清)」[15]이라고까지 구가될 정도로 높게 평가되었으나 불행히도 그 역사가 50여년 밖에 지속되지 못하고, 돌연히 사라지고 만다.[16]

이를 연 다나카와 시게토미가 조선도공인지 아닌지 분명하지 않지만, 이곳에서 생산된 그릇 가운데는 조선식 분청을 모방한 귀얄문의 제품이 보인다고 한다.[17] 그리고 이곳의 그릇이 조선도공들에 의해 시작되었을 것으로 추정되는 또 하나의 증거는 조선도공과 관련된 전설이 지금까지 전해온다는 사실이다. 그 중의 하나가 우쯔쯔가와 도자기가 단절된 유래에 관한 이야기이다. 이것은 도자기의 수호신인 요관음(窯觀音)의 기원설화이기도 한데, 그 내용을 소개하면 다음과 같다.

---

15 노노무라 닌세이(野々村仁清). 17세기 일본의 도공. 색깔을 넣은 화려한 그림을 도자기에 넣은 교토 도자기의 완성자. 통칭 세이에몬(清右衛門). 현재 교토부(京都府) 난탄시(南丹市) 미야마초(美山町) 출신. 정보연간(正保年間: 1644-1648)에 인화사(仁和寺) 앞에서 가마를 열었다. 중세 이전의 도공들은 무명의 장인이었으나, 닌세이는 자신의 작품에 「仁清」이라고 새겨진 도장을 찍어 자신의 작품이라는 점을 선언했다. 그러한 의미에서 닌세이는 근대적인 의미에서 「작가」 「예술가」로서 의식을 가진 최초의 도공이라는 평가를 받고 있다. 仁清의 호는 인화사의 「仁」과 세이에에몬(清右衛門)의 「清」자를 한자 씩 따서 만들었다.

16 秦恒平(1976) 『日本やきもの旅行- 唐津、有田、小鹿田、高取、薩摩、壺屋-』平凡社, p.170.

17 김명란(1981) 『일본 구주지방에 이식된 조선조 분청기법』 이화여대 석사학위논문, p.57.

이곳에 처음으로 가마가 설치되고 본격적으로 도자기를 생산할 때의 일이다. 산왕이라는 젊은 조선도공이 같은 마을에 사는 아름다운 처녀와 서로 사랑을 하게 되었다. 그러나 그 처녀에게는 이미 부모가 정해준 상대가 있었다. 그래서 그들의 괴로움은 날로 더해갔다. 나중에 이 사실을 알게 된 처녀의 상대자 부모가 산왕을 때려죽이고, 그가 일하는 가마도 모두 부수고 말았기 때문에 이 지역에서 전해지는 독특한 기법의 기술이 끊어지고 말았으며, 그 후 사람들은 그 가마터에 젊은 조선도공의 영혼을 달래기 위해 세운 것이 바로 요관음이라는 것이다.[18]

이 이야기가 어느 정도 신빙성을 지니고 있는지 알 수 없지만 이 곳에 살았던 조선도공들의 삶이 그저 평탄한 것이 아니었던 것만은 확실하다. 그 이야기 속에는 조선인이 아닌 일본인 처녀를 사랑하여도, 그로 인해 죽음을 당하여도, 그리고 그들의 중요한 일터인 가마가 파괴당해도 어찌할 수 없었던 조선도공의 현실을 반영한 것으로도 보이기 때문이다. 여하튼 우쯔쯔가와에서 도자기를 생산했던 사람은 어떤 사건으로 말미암아 그곳에서 도자기를 생산할 수 없게 되었다는 것이다. 여하튼 우쯔쯔가와 도자기는 단절되고 만 것이었다.

이러한 우쯔쯔가와를 근대에 접어들어 복원시키려는 움직임이 있었다. 도예가 바바 후지타유(馬場藤太夫)가 1895년부터 1905년에 걸쳐 시도를 했고, 그 뒤를 이어 소화기(昭和期: 1929-1988)에 접어들어 기하라에 거주하는 요코이시 가규(横石臥牛)씨에 의해 완전히 복원되었다. 요코이시씨는 나가사키시가 아닌 사세보시(佐世保市)의 기하라에

---

18 尹達世(2003)『四百年の長い道』リーブル出版, pp.158-159.

서 와우요(臥牛窯)를 경영하고 있다.

그의 말에 의하면 자신은 조선도공 김구영의 자손이며, 자신의 가마도 1603년경 김구영이 설치한 것이며, 초기에는 조선풍의 도자기를 생산하였지만, 정덕연간(正德年間: 1711-1716)에는 그의 선조인 요코이시 후지시치베이(橫石藤七兵衛: 1713-1800)[19]가 도석을 발견하여 백자와 청자를 생산하였다 한다.[20] 그러한 전통을 이어오다가 현대에 접어들어 자신의 고장의 도자기와는 전혀 다른 우쯔쯔가와 도자기를 복원하여 오늘에 이르게 된 것이다.

이처럼 그의 소신을 바꾼 이유에 대해서는 그의 2대 선조인 요코이시 사에몬(橫石左衛門)의 차남 자산에몬(左三右衛門)이 교토에서 도자기 기술을 연마하여 우쯔쯔가와의 도공이 되었다고 믿기 때문이었다.[21] 즉, 직계에서 본다면 비록 방계이긴 하지만 그의 선조 가운데 우쯔쯔가와 도자기를 구웠던 도공이 있었다는 것이다.

그러한 것이 사실인지 아닌지는 알 수 없지만, 그러한 태도에서 우리는 자신의 선조가 이어온 도자기 기법을 살려야 한다는 그의 의지를 읽을 수 있다. 13대 째 가업을 계승하고 있는 요코이시씨가 우쯔쯔가와 도자기 기법을 유일하게 오늘날까지 전승하고 있는 이유는 그것이 바로 잃어버렸던 선조의 기술이었기 때문이었던 것이다. 이처럼 나가사키현에는 사라진 조선도공의 도요지도 적지 않으며,

---

19 에도시대의 중기, 후기의 도공. 橫石左衛門(金久永의 제자)의 3대 久七兵衛의 차남. 肥前平戸領(長崎県)内의 가마인 木原山에서 작업을 했다. 원문연간(元文年間: 1736-1741)에 肥後(熊本県) 아마쿠사군(天草郡) 후카에무라(深江村)에서 天草石(石英粗面岩)을 발견, 이를 원료로 자기를 만들었다. 그 이후 기하라 도자기(木原燒)의 이름이 널리 알려져 있다.

20 秦恒平, 앞의 책, pp.170-171.

21 尹達世, 앞의 책, p.158.

우쯔쯔가와 도자기처럼 다시 복원된다 하더라도 발생지가 아닌 다른 곳에서 태어나는 경우도 있다.

(3) 나가요의 조선도요지

나가요 도자기는 나가사키시와 인접한 현재 니시소노기군의 나가요라는 곳에서 제작된 것을 말한다. 김명란에 의하면 이곳에서 활약했던 도공들은 조선도공이 아닐까 하고 추정했다.[22] 다행히 여기에 대한 기록이 1862년(文久2)에 오무라번(大村藩)이 편찬한 『향촌기(郷村記)』에 보인다. 이것에 의하면 1667년(寛文7)에 아사이 카쿠자에몬(浅井角左衛門), 오노미치 키치우에몬(尾道吉右衛門), 야마다 겐우에몬(山田源右衛門), 오노미치 초자에몬(尾道長左衛門)의 청원에 의해 시작된 것으로 기술되어있다.

이들이 조선도공이었는지는 확실하지 않다. 특히 이들 중 아사이 카쿠자에몬은 고래잡이로 경제적인 부를 축적한 후카사와 기타유카츠유키(深沢儀太夫勝幸)를 가리킨다.[23] 이러한 상황으로 미루어 보다 이들은 도공이 아니라 도자기 생산에 자본을 제공하는 투자가일 가능성이 매우 높다. 그렇다면 이들에게 고용되어 도자기를 생산했던 사람들은 김명란이 추정했던 것처럼 조선계 도공일 가능성도 없지 않다.

그러나 유감스럽게도 초기에 생산한 그릇은 도기인지 자기인지도 확실하지 않으며, 또 초기에 활약한 도공들이 조선인인지 일본인인지도 확실하지 않다. 다만 분명한 것은 이렇게 조성된 가마가 1696

---

22 김명란(1981), 앞의 책, p.57.
23 下川達彌, 「長与焼について」, 長與町 홈 페이지 참조.

년과 1698년의 2회에 걸쳐 도토를 우쯔쯔가와의 도공들에게 양도하고 있다는 점이다. 즉, 처음 개설한 지 30여년 만에 우쯔쯔가와의 도공들에게 모든 것이 넘어간 것이었다.

우쯔쯔가와는 앞에서도 언급하였듯이 조선도공들이 활약하는 도요지이었다. 다시 말하여 조선도공들에 의해 접수된 것이었다. 그러나 이들의 생산 활동은 그다지 활발하지 못했던 것 같다. 그 후 1721년(正德2)에는 하사미(波佐見)에서 타로베이(太郎兵衛)가 와서 가마를 다시 짓고 그릇 생산을 부활시켰다. 하사미도 이우경을 비롯한 많은 조선도공들이 이룩한 도요지이다. 따라서 나가요의 도요지는 조선도공들과 전혀 무관하다고 볼 수는 없을 것이다.

타로베이의 노력 결과 나가요의 사기그릇도 18세기 중엽에는 정상 궤도로 올랐고, 가마의 경영도 순조로워져 외부로부터 수출하게 되었다. 이 시기에 「세홍(笹紅)」이라는 글자를 새긴 용기를 생산하여 오사카에서 인기를 모았다. 그리하여 1748년(寬延元)에 도공 리헤이지(利平次)가 두 칸의 요를 한 칸 더 확장하고자 하는 청원서를 내었던 것으로 보아 어느 정도 자리를 잡는 듯했다. 그리고 1775년(安永4)에는 이요(伊予) 오즈번(大洲藩)의 도베(砥部)에 백자생산의 기술 지도를 위해 도공들을 파견하기도 한다. 그러나 19세기에 접어들자 사기그릇의 가격하락으로 경영악화가 초래되어 1820년(文政3)에 그만 생산을 중지했다. 그리고 이러한 난국을 타개하고자 당삼채(唐三彩)를 이용해서 이른바 「나가요 삼채(長与三彩)」라는 독특한 문양의 도자기를 생산하기도 했다. 이것마저 결실을 맺지 못하고 쇠락해 버리는 것이다.

1845년(弘化2)에 이르러 타로베이의 자손인 와타나베 사쿠베이(渡

辺作兵衛)가 나가요 가마를 재부활시켰다. 그러나 그 조업은 연 3회 정도밖에 가마에 불을 지피지 못하는 작은 규모이었고, 또 제품도 독자적인 것을 만들지 못하고 가메야마 도자기(亀山焼), 보오가사키 도자기(鵬ヶ崎焼), 우쯔쯔가와 도자기(現川焼) 등의 도자기를 모방하여 생산했다. 이처럼 독자적인 활로를 개척하지 못한 채 어려움을 겪다가 1859년에는 다시 폐쇄하고 만다. 지역의 전승에 의하면 명치기에 접어들어서 토관 혹은 옹기류를 생산하면서 서서히 사라졌다고도 한다.[24]

현대에 접어들어 다시 나가요는 당삼채를 응용한 「나가요 삼채」라는 이름으로 나가요가 아닌 나가사키시에서 부활하고 있다. 정확히 말하면 1950년대에 당시 30대였던 에구치 히로시(江口洋)가 장본인이다. 그는 카미카제 특공대로 제2차 세계 대전에 참여하였지만 출격하기도 전에 전쟁이 끝나는 바람에 살아남은 특이한 전력을 가진 사람이다.

이러한 그가 전후 혼란기 속에서 부친의 가업인 차도구(茶道具) 가게의 일을 도우면서 도자기에 대한 지식을 넓혔고, 특히 해외에서 본 페르시아의 삼채 도자기에 대해 강한 인상을 받았다. 그리고 훗날 이러한 성향의 도자기가 다른 곳이 아닌 자신이 사는 나가사키와 불과 얼마 떨어지지 않은 나가요에서 생산한 전력이 있다는 사실을 알게 되었다. 그리하여 이를 재생시키는 데 주력을 다한 끝에 드디어 성공하기에 이른다. 그는 다시 태어난 나가요 삼채를 나가사키 삼채(長崎三彩)라는 새로운 이름을 붙이고 「삼채의 마을(三彩の里)」라는 이름의 가마를 설치하고 본격적인 생산 작업에 들어갔다. 오늘날에는 그의 장남 에구치 쯔카사(江口司)씨가 뒤를 이어 작업을 계속하고 있다.

---

24 太田新三郎(1962)『波佐見地方 陶祖の探究』藤木博英社, pp.39-40.

4. 미가와치의 조선도공

미가와치는 히라도(平戸)의 남단에 위치해 있으며, 특히 도자기 산지로 유명한 사가현의 아리타(有田)와 오무라번의 하사미(波佐見)와 접경해 있다. 그러므로 지형상으로는 도자기 생산에 적합한 풍토를 가지고 있었다. 이곳에서 생산되는 도자기를 일반적으로 히라도 도자기라 부르고 있다. 그런데 이들 지역에는 미가와치만 도요지가 있는 것이 아니다. 그곳과 인접한 기하라(木原), 에나가(江永)에서도 도요지들이 군집되어 있다.

이곳들은 근세부터 도자기 생산지로 유명한데, 이 3곳에서 생산되는 도자기를 총칭하여 히라도 도자기 또는 미가와치 도자기라고 한다. 더군다나 이들 3곳은 히라도번의 어용가마로서 발전하여 번으로부터 지속적인 관리를 받아왔었다. 그러므로 이들은 지형적으로는 별개의 것이지만, 이들을 하나로 묶어서 보아도 크게 지장이 없을 것이다.

이곳에 조선도공들이 모여들 수밖에 없었던 것은 도토가 생산되는 곳이었기 때문이다. 즉, 양질의 도토가 풍부한 곳이었다. 그러한 관계로 임란 이전부터 일본인에 의해 납치되어 간 조선도공들이 이곳으로 들어가 있었다. 이들 대부분은 사가의 키시타케(岸岳)에서 생산 활동하던 사람으로서 자신들을 납치하고 비호했던 하타 미가와노가미치카시(波多三河守親: ?-1594)가 히데요시로 부터 미움을 받아 모든 직책이 박탈당하고 유배당하자, 더 이상 키시타케에서 살 수가 없어서 각지로 뿔뿔이 흩어졌는데, 이들의 일부가 이곳 미가와치로 이주하여 자리 잡고 살고 있었던 것이다.[25]

그 이후 임란이 발발하고 정유왜란을 거치면서 조선도공들이 대거 포로가 되어 일본으로 가게 되었고, 나가사키지역에도 많은 조선도공들이 정착하게 되었다. 특히 이들 가운데 마츠우라 시게노부에 의해 납치당한 도공들은 처음에는 히라도의 나카노(中野)에서 그릇을 구웠으나 그곳의 도토가 좋지 않아 미가와치로 이동하였던 것이다. 그러므로 미가와치 도자기에는 먼저 들어간 사가 키시타케의 조선도공들과 나중에 들어간 히라도 나카노의 조선도공들이 융합되어 기술의 토대가 되었다.

그런데 이들 그룹가운데 중심세력이 되었던 것은 히라도계이었다. 왜냐하면 그 이후 미가와치 지역은 히라도계인 거관(巨關) 집안의 이마무라(今村)계와 고려할머니 후손의 나카자토(中里) 집안사람들이 중심을 이루며 발전하였기 때문이다. 그 밖에 이 지역의 조선도공으로는 김구영과 오야마다 사베이, 그리고 요코이시 후지시치베이라는 이름도 보인다. 그들은 어느 계통의 도공인지 알 수 없지만 거관과 고려할머니와 같이 미가와치 도자기를 만들어간 초창기의 조선도공임에 틀림없다. 이러한 인물들을 중심으로 그들의 역사적 자취를 살펴보기로 하자.

(1) 기하라와 에나가의 조선도공

기하라(木原)에는 김구영(金久永)과 오야마다 사베이(小山田佐兵衛) 그리고 요코이시 후지시치베이(橫石藤七兵衛)라는 조선도공들의 이름들이 보인다. 먼저 김구영의 경우, 그는 조선의 어디 출신인지 그리고 어떻게 누구에 의해 납치당하여 일본으로 갔는지 명확하지 않다. 그

---

25 寺崎宗俊(1993)『肥前名護屋城の人々』佐賀新聞社, pp.167-168.

는 사가현의 키시타케에서 도기를 구웠던 조선도공일 가능성이 높다. 왜냐하면 그가 개설하였다는 아시노모토(葭の元) 도요지는 키시타케 도요지가 붕괴된 직후 이곳으로 옮겨온 조선도공들에 의해 설치된 가마라고 알려져 있기 때문이다.

김문길에 의하면 김구영이 기하라에 갔을 때 이미 그곳에는 마루타 데에몬(丸田貞右衛門)이라는 일본도공이 조선풍의 백자를 굽고 있었는데, 영주인 마츠우라 시게노부는 그와 함께 도자기를 굽도록 했다고 한다.[26] 1982년에 그곳에 발굴조사가 이루어지면서 가마터가 3기나 있었으며, 접시와 밥그릇, 그리고 항아리와 옹기 등이 나왔다. 그리고 그것들이 대부분이 자기가 아니라 도기이었으며, 그 모양과 성격이 사가의 가라츠 도자기와 매우 흡사했다고 한다.[27]

그리고 아시노모토(葭の元) 도요지에서 얼마 떨어지지 않은 곳에 야나기노모토(柳の元)라는 도요지가 있다. 그 지역에는 지조히라요(地藏平窯)라는 가마가 있는데, 이 가마에서는 출토되는 파편들이 도기와 자기이며, 또 물레를 사용한 흔적이 발견되었다. 그리하여 김구영을 비롯한 도공들이 도기에서 자기로 넘어가는 기술까지 개발되었을 것으로 추측된다.

김구영에게는 아들이 없었다. 그와 같이 작업을 하는 마루타 데이몬의 차남인 사에몬(左衛門)을 양자로 얻어 대를 잇게 했다. 그 이후 그의 후손들은 기하라에서 에나가(江永)로 옮겨 도업을 계속했다고 전해진다.[28] 김구영도 101세(또는 110살)까지 장수하였으며, 1654년에

---

26 김문길, 앞의 책, p.220.
27 이는 발굴조사에 참가한 사세보시 교육위원회의 히사무라 사다오(久村貞男)씨의 증언에 의한 것임
28 김문길, 앞의 책, p.222.

┃김구영의 묘비

일기를 마쳤다. 김구영의 묘지를 지역민들은 비익총(比翼塚)이라고
한다.[29] 그리고 그의 묘비에는 "종금(宗金). 모영(妙永)"이라는 글씨가
새겨져 있다. 종금은 그의 법명이고, 묘영은 그의 부인 이름이다. 즉,
그 묘는 단독의 묘가 아니라 부부의 공동묘이었던 것이다. 이러한 사
실은 여러 가지 가능성을 보여준다. 즉, 그가 일본군에 납치될 때 혼
자가 아닌 아내와 함께 납치되었을 가능성도 있고, 또 그와 반대로
혼자서 납치되어 기하라에서 살다가 그곳에 사는 동포의 여성 김묘
영을 만나서 결혼하였을 가능성도 있다. 한 가지 분명한 것은 그의
부인은 일본인이 아니라 조선인이었다는 사실이다.

---

29 황정덕(1996) 「일본 땅에 도예기술을 펼치다」 『내 고장 자랑 - 진해, 웅천, 웅동- 내
    고장총서(1)』 진해웅천향토문화연구회, p.61.

그는 평생 자신의 조선이름을 버리지 않았으며, 일본이름은 사용하지도 않았던 것으로 전해진다.[30] 그러나 그의 이름은 오래가지 못했다. 그의 후손들이 조선의 이름 대신 일본의 이름인 요코이시(橫石)라는 성씨를 사용하였기 때문이다.

최근까지 김구영의 자손 및 그의 제자들의 후손들이 미가와치에서 가마를 경영하고 있었다. 가규요(臥牛窯), 에나가산요(江永山窯), 우시이시요(牛石窯) 라는 가마가 바로 그것들이다. 가규요는 김구영의 자손으로는 요코이시 가규(橫石臥牛) 씨이며, 에나가산요는 1695년경 기하라의 김구영(橫石)에게서 분리되어 나온 것이라 하며, 우시이시요는 판정수(坂井手)라고도 하는데, 김구영의 제자가 연 것이라고 하나 지금은 끊어지고 없고, 현재는 그 터만 남아있다.

한편 오야마다 사베이는 원래 시이노미네의 도공이었다. 그가 조선인이라는 확실한 증거는 없다. 그러나 시이노미네에서 도자기를 구웠던 도공들의 대부분이 조선인이었다는 점을 고려한다면 그 또한 조선인일 가능성은 매우 높다. 이러한 그가 미가와치의 요시노모토(吉の元)에서 도자기를 굽고 있었다. 이러한 그를 미가와치 지역에 대해 책임을 맡았던 이마무라 산노죠가 초빙하여 번에 추천하여 히라도번으로부터 약간의 부지(扶持)를 받는 하급무사대우를 받았고 또 그와 동시에 기하라의 책임자로 임명되기도 했다. 그 때 타쯔지로(辰次郞)라는 자는 에나가의 책임자로 임명되었다. 다시 말해 그는 산노죠의 총괄하에 타쯔지로와 함께 기하라의 지역을 책임지는 관리자 도공이 된 것이었다. 오야마다가 단순히 관리자가 아니라 도공으로서가 아니라 제자를 길러내는 훌륭한 도공이었음이 오늘날 전해

---

30 尹達世, 앞의 책, p.159.

지는 가마들의 유래에서 나타난다. 즉, 가미하사미(上波佐見)의 무라키(村木)에 있는 무라키요(村木窯)는 경안연간(慶安年間: 1648-1651)에 오야마다 사베이가 창업한 것으로 알려져 있으며, 햣쿠칸도(百貫堂)는 승응연간(承應年間: 1652-54)에 오야마다의 제자가 창업한 것이며, 나카오산요(中尾山窯)와 산노마타요는 경안연간(慶安年間: 1648-1652)에 오야마다의 지도하에 창업되었다. 이처럼 그가 뿌린 씨앗이 오늘에까지 이르고 있는 것이다.

그리고 요코이시 후지시치베이는 고려할머니의 3째 손자이다. 즉, 나카자토 무에몬의 3남이었다. 그는 미가와치에서 기하라로 옮겨 살았던 것이다. 그는 아마쿠사석(天草石)을 발견하여 미가와치 도자기 발전에 있어서 크나큰 공헌을 남긴다. 그는 1712년 (正德 2)에 아마쿠사의 시모즈후카에(下津深江)에서 하이키(早岐)의 도매상에 숫돌로서 공급하고 있는 돌을 구입하여 도기의 화장원료로 사용하고 있었으나, 하루는 이것을 자기의 원료로 사용을 해보았더니 예상 밖으로 깨끗한 자기를 구워낼 수 있었다. 즉, 도기에서 자기를 구워내는 기술을 개발한 것이었다. 이것을 토대로 미가와치 도자기는 오늘날과 같이 깨끗하고 맑은 청화백자를 구워내는 기술개발에 박차를 가하게 된다. 그리고 기하라에는 미가와치와 같이 그들을 수호해주는 신을 모신 도산신사(陶山神社)가 있다.

한편 기하라와 함께 미가와치 도자기를 구성했던 에나가 지역의 도공들 가운데 조선의 이름을 가지고 있었던 도공들이 좀처럼 보이지 않는다. 그런데 조선의 흔적이 강하게 남아있는 가마터가 한군데가 있는데, 그것이 바로 네코야마(猫山)라는 지역이다. 구전에 의하면 이곳에는 히라도에서 온 거관이 도토를 발견하고 실험을 하였으며, 그가 떠난 다음 다른 조선인들이 히라도에서 이곳으로 이주해와 옹기나 그릇 등을 만들었을 것으로 추정되는 가마터가 남아있다. 그리고 조선인의 것으로 보이는 작은 돌을 쌓아올려 만든 무연고 무덤이 5, 6기가 발견된다고 한다.[31]

(2) 미가와치 도자기의 특징과 역사

이들이 이룩한 히라도(미가와치) 도자기에는 매우 독특한 그림이 있다. 이 그림은 일설 이마무라 죠엔(혹은 고려할머니, 片山尚俊)이 개발하였다고 하며, 그 그림이 있는 그릇을 가라코 도자기(唐子焼)라 한다. 그림은 중국풍의 복장을 한 소년들이 소나무 아래에서 목단에 날아와 있는 나비와 놀고 있는 그림이다. 이는 17세기 후반 경에 막번시대 때 히라도번의 마츠우라씨가 막부나 여러 영주들에게 헌상하거나 선물용으로 개발한 것으로 아이의 수가 7명이면 최고상품이고, 그 다음이 5명이고, 그 다음이 3명의 순으로 되어있다.[32] 히라도 번에서도 이 그림을 소중히 여겨 오도메야키령(お止め焼き令)이라는 훈령을 내려 다른 도자기 업자들이 모방을 하지 못하도록 했다고 한다.[33]

한편 조선도공들에 의해 기초가 다져진 히라도 도자기는 기술을 전수하는데 엄격한 법칙이 있었다. 그것은 다름 아닌 일자상전(一子相伝)이라 하여 장남에게만 기술을 전수하는 것이었다. 이는 외부로 기술이 유출되는 것을 막기 위해 취해진 조치였다. 당시 이들의 기술을 훔치기 위해 승려나 상인 등으로 가장하여 잠입하는 경우가 종종

---

31 中島浩氣, 앞의 책, p.257.
32 秦恒平, 앞의 책, p.168.
33 김문길, 앞의 책, p.216.

발생하였다고 한다.[34] 그러나 향화연간(享和年間: 1801-1803)이 되면 이러한 조치는 해제되고 뛰어난 기술을 계승시키기 위해 장남을 포함한 차, 3남에게도 가르쳐서 새로운 가마를 개설하는 것을 장려하기도 했다.[35]

천보연간(天保年間: 1830-1844)에 접어들면 막부를 위한 대규모 토목 공사에 대한 부담과 대기근으로 말미암아 번의 재정이 악화되어 1839년(天保10)에 이르러 이들 3개의 관요는 하이키우라(早岐浦)의 상인에게 매도되어버린다. 그 증거로 1842년(天保13)에 히라도의 도공들이 히라도의 어용 상인인 마에가와 요자부로(前川与三郎)에게서 가마야키 세와닌(窯燒世話人)이라는 이름으로 연명하여 쌀 500가마를 빌린 증서가 오늘날까지 남아있는 것을 들 수가 있다. 이처럼 히라도의 도공들의 사정은 나빠졌고, 또 이들이 필요한 원료의 공급은 물론 제품 판매까지 하야키우라의 상인이 관여했음을 알 수 있다.

문정(文政: 1818-1830)과 천보(天保)경이 되면 이들 가운데 나가사키 네델란드인과 무역을 하는 사람도 나왔다. 히라도 도자기는 순백색과 남색빛깔을 띠는 특색을 가지고 있다. 사가의 아리타(有田) 상인들 가운데는 이러한 특징을 살린 커피 잔 등을 주문 생산하여, 이를 아리타로 가지고 가서 그 위에다 아리타풍의 아카에(赤絵)를 그려 수출하는 경우도 나왔다. 그리고 국내에서도 이렇게 생산한 히라도 도자기를 이마리 도자기(伊万里燒 =有田燒)라는 이름으로 팔려나가는 것도 많았다.

가영연간(嘉永年間: 1848-1854)이 되자 히라도번(平戸藩)도 본격적으로

---

34 中島浩氣 앞의 책, p.232.
35 三川內燒傳統文化會館編(출판연도 미상: 7).

무역에 힘을 쏟기 시작했다. 그러나 나가사키의 상인으로부터 대금 지불이 좋지 않아 미가와치 지역의 도공들은 생활에 어려운 자들도 생겨났다. 심지어 운반비도 체불되었다. 그러자 이를 방지하기 위하여 히라도번이 개입하기 시작했다.

1857년(安政4)의 가로(家老)의 일기에 의하면 히라도번은 네델란드를 상대로 한 도자기의 생산과 판매에 관해서 관리들이 엄격히 조사할 것을 통지하고 있고, 또 사라야마 대관 시라가와 쯔네지로(白川常次郎)로 하여금 주문 생산하되, 일이 있을 때마다 도공과 도예화가들을 적절히 배치하여 납품날짜에 맞추도록 했으며, 또 히라도번의 나가사키 야시키(長崎屋敷)는 나가사키 키야쿠(長崎聞役)인[36] 야마가타 사부로(山県三郎太夫)와 그 부하들이 상인의 주문을 사라야마 대관(皿山代官)으로 직접 연락하는 일을 맡기도 하며, 판매대금의 지불이 체납되지 않도록 했다.

그러나 이 방법도 오래 지속되지 못했다. 1865년(慶応1)에 히라도 도자기 무역은 후쿠모토 에이타로(福本栄太郎)에게 전적으로 맡겨졌다. 그리고 1868년(慶応4) 도쿠가와 막부(德川幕府)가 무너지자 관요(어용가마)도 폐지되고, 이들은 민요로 바뀌었고, 직인들도 번으로부터 받았던 혜택을 상실하게 되어 그야말로 존망의 위기를 맞이하게 되었다.

한편 히라도번은 히라도 도요지 일체를 후루가와 스지미(古川澄二)에게 양도하고 말았다. 후루가와는 후쿠모토 에이타로를 비롯한 관련자들과 함께 경영을 꾀했다. 그들은 히라도의 가마를 만보산상포(万宝山商舗)로 바꾸고, 제품은 「만보산지영제(万宝山枝栄製)」 또는 「평호

---

36 에도시대 서일본 14개영지(영주)가 나가사키에 파견한 관리. 그는 주로 정보 수집과 막부의 관리(奉行)와의 의전조정 등을 담당했다.

산지영제(平戸産枝栄製)」라는 이름을 넣어 판매했다. 그러나 200여 년 동안 관요로서 지내왔던 이들 가마가 일찍부터 민요로서 경영과 실적을 가진 아리타와 이마리와 경쟁하기란 쉬운 일이 아니었다. 후루가와에 이어 경영을 맡은 토요지마 세이지(豊島政治)가 재건의 노력을 기울여 만보산고포(万宝山庫舗)를 사라야마 대관이 있었던 곳으로 옮기고 판로를 확장했다.[37] 그리고 그는 1899년(明治32)에 히라도 도자기 기술을 전승보존하기 위해 나카자토 미마타(中里巳午太), 사토미 세이시치(里見政七), 이마토 토라노스케(今町虎之助) 등과 협력하여 의장전습소(意匠伝習所)를 개설했다.[38] 이로 인해 히라도의 도예기술은 전습소를 통하여 계승되고, 또 새로운 의장도안도 이루어지면서 오늘에 이르고 있다.

5. 마무리

이상에서 살펴보았듯이 나가사키현에는 임란을 계기로 일본으로 건너간 조선도공들이 많았음이 다시 한 번 확인이 되었다. 이들이 활약한 도요지가 나가사키현의 전반에 걸쳐 분포되어 있었는데, 중부지역에 위치한 사세보와 하시미 등지에서는 아직도 그 전통을 계승하여 도자기생산을 계속하고 있지만, 북부의 오지카시마와 히라도의 나카노, 남부의 우쯔쯔가와, 이사하야, 나가야 등지에서는 그들의 흔적만 있을 뿐 가마는 폐쇄된 지 오래되었다.

---

37 大畑三千夫, 앞의 책, pp.104-105.
38 大畑三千夫, 앞의 책, p.105.

이러한 지역에 있었던 도요지들이 폐쇄되었던 제일 큰 원인은 도
자기에 제일 중요한 흙에 관한 문제이었다. 양질의 흙이 구해지지 않
으면 그 흙이 있는 곳으로 이동하여 갔기 때문에 도요지들이 폐쇄되
는 것은 자연스러운 일이었다. 그러나 이들이 이룩한 도요지가 그냥
끊어진 것은 아니었다. 지역을 탈피할 수 없는 가마는 이어지지 않았
지만, 그들이 개발한 기술은 이후에도 이어졌던 것이다.

그 중 히라도의 나카노의 조선도공들은 양질의 흙을 찾아 중부지
역인 미가와치로 옮겨서 자신들의 기술을 개발하고 계승하여 도자
기문화의 꽃을 피웠고, 또 남부지역의 도자기인 나가요와 우쯔쯔가
와에서 생산된 기술은 근년에 접어들어 새롭게 복원되었다. 전자의
경우 나가사키시의 일본인 도공이 기술복원에 성공하였고, 후자의
경우는 기하라에 거주하는 조선계 도공에 의해서 복원이 완성되어
제품으로 우리에게 선을 보이고 있는 것이다. 비록 그곳이 원래 태어
난 곳이 아니지만 기술이 다른 곳으로 전래되어 새롭게 태어나 계승
하게 된 것이었다.

한편 미가와치 지역에는 조선도공들을 크게 세 갈래로 나누어 정
리할 수 있는데, 다음과 같다. 첫째 진해의 웅천에서 건너간 거관과
그의 후손 이마무라 산노죠, 죠엔으로 이어지는 이마무라계가 있고,
둘째 부산에서 건너간 고려할머니와 나카자토 산엔으로 이어지는
나카자토계가 있으며, 셋째 조선 도공 김구영과 오야마다 사베이, 그
리고 요코이시 후지시치베이라고 불리는 기하라와 에나가계의 조
선도공들이 있었다.

이들은 히라도 나카노의 도공과 사가의 키시타케 도공들의 계통
을 이어받아 여러 번 시행착오와 피나는 노력 끝에 카라코야키라는

독특한 문양이 들어있는 청화백자를 생산해내는데 성공했다. 그들은 비록 전쟁포로들이었지만, 그들이 가지고 있는 기술을 발휘하여 히라도 도자기를 만들어냈던 것이다.

이러한 지역에는 그들의 자취가 강하게 남아있다. 가령 그들의 수호신을 모신 도산신사가 있고, 또 그들의 시조격인 이마무라 죠엔과 고려할머니를 신으로 모신 도조신사, 부산신사가 있다. 그 뿐만 아니다 김구영 부부와 박정의의 묘도 있으며, 또 그들이 남긴 가마터와 무덤도 군데 군데 남아있다. 이러한 유적들은 일본인뿐만 아니라 우리들에게도 소중한 문화재이다. 이것을 포함한 그들에 대한 지속적인 관심을 가지고 연구를 매진할 때 우리는 과거에 잃어버렸던 우리의 도공들을 되찾을 수 있을 것이다.

일본 규슈의 조선도공

제7장

하사미 도자기와 조선도공

1. 머리말

　나가사키현 하사미초(波佐見町)는 인구가 약 1만5천여 명이 되는 한
적하고 조그마한 마을이다. 그곳은 나가사키 현에서도 거의 중앙부
에 위치해 있으며, 히가시소노기군(東彼杵郡)에 속해 있다. 그런데 이
곳의 주요산업은 농업이 아니라 도자기이다. 어느 통계에 따르면 지
역의 취업인구 약 8천5백 명 중 약 4할이 도자기 관계의 일을 하고 있
으며, 그 출하액도 일본 국내의 15%를 차지할 뿐만 아니라, 도자기
를 생산하는 가마 수만 하더라도 1백여 개나 된다고 한다. 이러한 곳
이기 때문에 나가사키 현에서는 가장 크고, 일본 전국에서는 3번째
로 큰 규모를 가진 도자기 생산지라고 한다. 이처럼 다수의 가마에서
각기 개성 있는 도자기를 생산하고 있기 때문에 그야말로 하사미는

온통 도자기로 가득 찬 사기장 마을인 셈이다.

그럼에도 불구하고 이곳의 도자기는 일본학계뿐만 아니라 우리의 학계에서도 그다지 주목을 받지 못했다. 그 뿐만 아니라 생산량과 규모면에 비해 일반인들에게도 그 이름도 그다지 알려져 있지 않다. 그 이유는 에도시대에 이곳에서 생산한 도자기가 이마리항을 통해 「이마리 도자기」라는 이름으로 외부로 나갔고, 명치(明治) 이후는 아리타역을 통해 「아리타 도자기」라는 이름으로 외부로 팔려나갔기 때문이다. 이로 말미암아 하사미는 항상 출항지 이름에 가려져 있었다. 이러한 관계로 학계에서도 하사미는 항상 아리타와 이마리 도자기에 가려져 관심을 받지 못했던 것이다.

이러한 곳에 국내 소수의 연구자들이 관심을 가지기 시작했다. 그이유는 하사미 도자기의 역사가 임란과 정유의 왜란 때 조선으로 출병한 이곳 영주 오무라 요시아키(大村喜前: 1569-1616)가 조선에서 도공들을 납치해와 이곳에서 정착시켜 그릇을 만들게 함으로써 시작되었다는 것이 거의 정설화되어 있었기 때문이었다. 그리하여 이들은 그 도공들이 누구인가를 밝히려고 노력했다. 가령 국문학자 김태준은 하사미 도자기는 박정의와 우경의 형제에 의해 시작되었다고 했다.[1] 그러나 이미숙은 그와 약간의 견해를 달리하여 박정의와 우경은 형제가 아니며, 전자는 일본 이름이 오야마다 사베이(小山田佐兵衛)로 무라키(村木)에서 가마(百貫窯)를 개설하였고, 후자는 이우경이며, 훗날 나카노 시치로에몬(中野七郎右衛門)으로 바꾸고, 나가다(永田) 사라야마의 나카오산(中尾山)에서 가마를 개설한 자로 보았다.[2] 이에 비해

---

1 김태준(1977)『임진란과 조선문화의 동점』한국연구원, p.54.
2 이미숙(2008)『일본 구주지역의 조선 피로사기장 연구』강원대학교 박사학위논

우동규는 이우경의 형제 말고도 이름이 밝혀져 있지 않은 2명의 조선인 도공이 더 있었다고 했다.[3]

여기에서 보듯이 이들은 하사미에서 활약한 조선도공들 가운데 박정의와 이우경 그리고 이름이 알려져 있지 않은 몇 명의 조선도공이 있었다는 것을 밝혀내었다. 그러나 이상의 내용을 꼼꼼히 되새겨보면 이상한 점 하나를 발견할 수 있다. 그것은 다름 아닌 조선도공으로 거론된 박정의와 이우경이 하사미의 역사에서 언제 어디에서 활약했는지, 그리고 어떠한 인물인지에 대해 구체적인 언급이 전혀 이루어지지 않고 있다는 사실이다. 즉, 그들의 존재를 입증해줄만한 구체적인 근거를 제시하지 못한 채 막연히 이름만을 거론하고 있을 뿐이었다.

필자는 이들의 실체를 밝히기 위해 수차례 하사미에서 현장조사를 벌인 적 있다. 그 결과 조선인 도공들의 흔적들과 약간의 기록도 찾아낼 수가 있었다. 그러나 앞에서 거론된 박정의와 이우경의 실체는 그야말로 애매모호하고, 명확하지 않은 것들이 너무 많았다. 이에 본장에서는 현장에 남아있는 유적과 기록을 통해 이들이 어떻게 해서 하사미의 역사에서 등장하게 되었는지, 그 과정에 대해 살펴보고, 또 이들이 이룩해놓은 하사미 도자기가 훗날 일본과 한국에 어떤 영향을 끼쳤는지에 대해서 살펴보고자 하는 것이다.

문, p.61.
3 우동규(1987)「피랍도공들의 도자기발달과 후예들」『일본학』(6) 동국대 일본학연구소, p.199

2. 하사미의 조선도공

앞에서도 보았듯이 한국에서는 하사미의 도자기의 원조는 박정의와 이우경이라 한다. 그러나 이들은 누구인지, 그리고 실제로 있었는지 분명치 않다. 다만 분명한 것은 그들이 가마를 만들고 그릇을 생산했다는 도요지의 흔적이 오늘날까지 보존되어있다. 이러한 유적지와 그들을 둘러싼 제 이론들에 대해 검토하여 보기로 하자.

(1) 백관요와 박정의

도예가 이미숙은 하사미의 백관요의 개조는 박정의라 했다.[4] 그러나 실제로 하사미에서 전해지는 박정의의 행적에 대해 알려진 바가 거의 없다. 만약 있다면 그것은 거의 전설과 같은 구비전승이다. 백관요는 백관송(百貫松)이라고도 불렀다. 이 가마가 있는 일대를 시모히에코바(下稗木場)라고 하는데, 그곳이 연구자들에게 알려지게 된 것은 1937년부터이다. 그 때까지 이곳이 도요지였는지는 아무도 몰랐다. 그 해 3월 25일 당시 나가사키현 경찰부장인 야마모토 요시아키(山本義章: 1896-1961)[5]가 순찰도중 폐허 속에 도편조각들을 발견함으로써 이곳이 에도초기의 조선도공들에 의해 사용된 도요지라는 사실이 밝혀졌다.[6] 발견 당시 이미 도편이 버려지는 폐기장의 대부분은 도로에 파묻혔고, 그 부근에서 약간의 도편이 발굴되었는데, 그 속에

---

4 이미숙(2008), 앞의 논문, p.61.
5 톳토리시(鳥取市) 출신. 도쿄제국대학(東京帝国大学) 법과 졸업. 일본 내무(경찰) 관료. 변호사. 제32대 교토부지사(代京都府知事: 최후의 관선지사). 1953년 제3회 참의원(參議院) 의원 선거에 입후보하였으나, 낙선하였다.
6 太田新三郎(1962)『波佐見地方陶祖の探究』波佐見町教育委員會, p.38.

는 소량의 청자가 들어 있었으며, 그것을 구웠던 가마는 그다지 크지 않았다.[7]

이러한 상태에서 계속 방치상태에 있었다가 1993년에 발굴조사를 본격적으로 실시한 결과 시기적으로는 1590년 전후부터 1610년경까지 조업한 것으로 추정되는 가마터임이 밝혀졌다. 그 가마는 3실분의 요실이 있었고, 요실은 폭 2,3미터, 안 쪽 길이가 1,9미터 정도 되었으며, 가마의 소성실은 최대로 잡아서 12개, 그 모양은 조선에서 흔히 볼 수 있는 등요이었으며, 전체 길이는 22미터 정도 되는 비교적 작은 규모의 가마임이 밝혀졌다.

그리고 도편을 버리는 장소에서는 다량의 도기제품이 출토되었고 자기는 한 점도 출토되지 않아 이곳의 기술이 하사미의 자기생산에 직접 영향을 끼쳤는지에 대해서 분명치 않다는 사실도 알게 되었다. 그리고 제품을 만드는 데도 물레를 사용하는 기법과 물레를 사용하지 않고 두드려서 형태를 만드는 서로 전혀 다른 두 가지 방법이 동시에 사용되었다는 것도 알게 되었다. 이는 아마도 이질적인 두 개의 기술 집단이 동시에 존재하였음을 보여주는 것으로 해석이 가능하다.[8]

출토된 유물 가운데는 비록 그 수는 적지만 짙은 녹색을 띠는 재유약(灰釉)과 어두운 다갈색(茶褐色)의 철이유(鐵泥釉), 그리고 탁한 흰색의 볏짚 재를 이용한 유약 등으로 만든 접시와 병들도 출토되었다. 이러한 그릇은 규슈 북부지역에서는 가라츠의 키시타케(岸岳)지역에서만 보이는 특징이다.[9] 키시타케는 임란 이전부터 이곳의 영주인

---

7 太田新三郎(1962), 앞의 책, p.38.
8 中野雄二(2008)「近世波佐見焼きの歴史」『海路』(6) 海鳥社, p.49.
9 中野雄二(2008), 앞의 논문, pp.49-50.

하타씨(波多氏)에 의해 납치당한 조선도공들에 의해 그릇이 생산된 곳으로 유명하다. 그런데 1594년 하타씨가 임란 때 조선출병에서 소극적인 자세를 취한 것이 화근이 되어 이에 화가 난 도요토미 히데요시(豊臣秀吉)가 그의 토지를 몰수하고, 유배를 보내 버리고 말았다. 그러자 지금까지 도공들을 비호하던 세력이 갑자기 없어지게 되어 어쩔 수 없이 도공들은 자신들이 필요로 하는 지역으로 흩어졌던 일이 있었다. 키시타게에서만 보이는 제품들이 보인다는 것은 이곳에 임란포로의 도공들과 함께 키시타케의 조선도공들도 함께 있었다는 것을 의미하는 것이다.

그러나 유감스럽게도 이곳에서 활약했던 조선도공들의 이름은 거의 알려져 있지 않다. 앞에서 언급한 박정의도 유일한 단서가 백관요 부근의 공동묘지에 있는 묘비이다. 그 묘비에는 "1685년(元祿2) 정월 9일 나무아미타불(南無阿彌陀佛) 석정의영위(釋正意靈位) 속명(俗名) 이베이(伊兵衛)"라고 적혀있다.[10] 여기에서 보듯이 이 묘비의 주인공은 1689년(원록2) 정월에 사망하였으며, 법명이 정의(正意)이며, 일본이름은 이베이(伊兵衛)이다. 사람들은 여기에 적힌 법명이 박정의와 같은 것으로 보아 이 묘비의 주인은 다름 아닌 조선도공 박정의의 것이라고 추정하기 시작했다. 만일 이것이 사실이라면 박정의는 일본명이 오야마다 사베이(小山田佐兵衛)가 아니라 이베이이며, 이곳에서 작업하다가, 1685년에 생애를 마친 것으로 된다. 그렇다면 그는 임란포로의 조선도공이 아니라 그들의 2세일 가능성이 높다. 왜냐하면 임란의 발발은 그가 사망한 해인 1685년으로부터 무릇 93년이나 이전의 일이므로 어쩌면 그 때 그는 태어나지도 않았을지도 모른다. 태어났

10　太田新三郎(1962), 앞의 책, p.38.

▌전 박정의의 묘비(波佐見町村木鄕)

다 하더라도 갓난 애기이었을 것이기 때문이다.

　그런데 이러한 해석에는 납득되지 않는 다소 의문이 남는데, 그것은 다름 아닌 이 비석의 주인공이 과연 박정의인가 하는 것이다. 이 비석의 주인공이 박정의라는 유일한 단서는 법명이 정의(正意)라는 것이다. 박정의는 미가와치의 기하라에서 활약했던 조선도공으로 전해지는 인물이다.

　역사학자 김문길은 박정의는 미가와치(三川內)의 기하라(木原)의 도조 김구영의 조카이며, 1626년경에 미가와치 지역의 야나기노모토(柳の元)에서 가마를 열었으며, 그의 일본명을 오야마다 사베이라 했는데, 그 이유는 그가 가고시마(鹿兒島)의 오야마다(小山田)에서 태어났기 때문이라고 해석했다.[11]

　이 같은 그의 설명은 우리에게 시사하는 바가 많음에도 불구하고

11　김문길(1995)『임진왜란은 문화전쟁이다』혜안, pp.221-222.

몇 가지 납득이 가지 않는 점들이 있다. 그것은 첫째 야나기모토의 가마를 개설한 자의 이름이 분명치 않아, 이를 개설한 사람이 박정의라는 것을 증명할 수 없다는 점이다.

둘째 그가 과연 김구영의 조카이라는 사실도 입증이 되지 않는다는 점이다. 이러한 관계는 미가와치에서 지금까지 내려오는 구전자료에 불과하며, 그것이 얼마나 신빙성을 지니는지는 현재로서는 평가할 수 없다. 더군다나 김구영과 박정의는 성씨가 다르며, 또 김구영의 아내 이름도 박씨가 아닌 김씨이며, 이름은 묘영이다. 그러므로 김구영과 박정의를 삼촌과 조카 사이로 본다는 것은 선뜻 납득이 가지 않는 것이다. 이들이 함께 작업을 하였다면 어쩌면 이들의 관계가 마치 삼촌과 조카와도 같이 친숙하였을 가능성은 있다고 보인다.

셋째 오야마다 사베이와 박정의가 동일인물인지도 의문이다. 왜냐하면 오야마다 사베이는 기록상으로도 등장하는 실존인물인데, 그는 기하라 지역의 도공들을 관리하는 책임자로 임명된 사람이었다. 그런데 그는 가고시마 출신이 아니라 가라츠의 시이노미네 출신이다. 그리고 그가 기하라로 옮기는 것은 삼촌인 김구영을 찾아가는 것이 아니라 미가와치 도자기를 총괄책임자인 이마무라 산노죠(今村三之丞: 1610-1696)의 초빙으로 미가와치로 거처를 옮겼다. 그리고 훗날 히라도번으로부터 미가와치 지역의 기하라 도공들의 관리자로 임명받았다. 그러므로 박정의가 오야마 사베이라고 단정 짓기가 어렵다.

이같이 그의 해석에 여러 가지 문제점을 가지고 있음에도 불구하고 우리의 주목을 끄는 것은 박정의의 행적이다. 즉, 그의 말대로라면 박정의는 가고시마의 오야마다에서 조선인 후예로 태어나 기하

라의 조선도공 김구영이 있는 곳으로 와서 도업을 하다가 야나기모
토로 옮겨 서 작업을 하였으며, 그후 다시 무라키 시모히에코바(백관
요)로 이동하여 가마를 연 것이 된다.

그러나 앞에서도 보았듯이 시모히에코바의 가마는 1590-1610년
경까지 활용되지 않았다. 가마의 문을 닫는 시기가 1610년이라 함은
그 묘비의 주인공 정의가 그 시기에 도공으로서 활동했다고 보기 어
려운 어린 나이이다. 그러므로 이 비석의 주인공인 정의와 미가와치
에서 활동한 박정의가 동일인물이라고 보기 어렵다. 이같이 하사미
에서 전해지는 박정의의 이야기는 증명되지 않은 추측에서 생겨난
전설에 가깝다.

(2) 하사미의 이우경

입증할만한 자료가 없다는 점에 있어서는 이우경도 마찬가지이
다. 이우경을 포함한 조선도공들에 관한 기록이 없는 것은 이들이 그
릇을 생산한 가마가 관요가 아니라 민요이었기 때문이다. 관요의 도
공이었던 아리타의 이참평과는 확연하게 차이가 나는 것이다.

한때 이우경을 조선인 수산(秀山)이라고 보는 설이 있었다. 수산
의 무덤은 현재 오무라시(大村市) 이누이바바(乾馬場)의 일련종 본경
사(本經寺)에 있다. 그곳은 오무라씨의 원찰(菩提寺)로 오무라 요시아
키의 무덤이 있는 곳이기도 한데, 그 무덤의 앞 좌우에 조선인 수산
과 일본인 니시타로 쇼에몬(西太郎庄衛門)의 무덤이 마주보고 있는 것
이다. 「조선인 수산(秀山)」이라는 묘비의 앞쪽 우측에 정감령(靜敢靈)
이라고 적혀있고, 그 좌측에 1616(元和2) 8월 8일이라는 사망일이 새
겨져 있으며, 묘비 뒤쪽에 조선인 수산이라고 적혀있다. 그리고 누

223

군가가 조선인이라는 글자를 무리하게 지운 흔적이 있어서 그 글귀를 알아 볼 수 없을 정도로 되어있다.[12]

수산과 니시타로 쇼에몬에 관한 기록은 『대촌순충전(大村純忠傳)』의 부록인 「대촌번연보(大村藩年譜)」에 나온다. 이것에 의하면 그들은 번주인 오무라 요시아키가 1616년 48세의 나이로 세상을 떠나자 그들도 따라 할복 자결하여 순사한 인물로 묘사되어있다. 즉, 이들은 오무라 요시아키에 있어서 일본인 측근의 대표이며, 그에게 포로가 된 조선인 대표의 가신이었던 것이다. 이러한 수산에 대해 지난 1976년 사다케 시게루(佐竹茂)는 어느 일간지를 통하여 다음과 같이 자신의 의견을 피력한 바가 있다.

> 요시아키는 히데요시의 지령으로 군사 1천을 거느리고 임진과 정유의 왜란 때 출진하여 다대한 전적을 올렸다. 그 중 정유재란 때 조선에서 귀국할 때 각 번주와 마찬가지로 요시아키도 도공을 데리고 돌아왔다. 그들로 하여금 하사미에 가마를 개설하게 하였으니, 그 도공의 이름은 수산이라고 한다. 아리타의 도조로 불리는 이참평과 같은 계통의 사람이다. 요시아키는 수산을 빈객으로 취급하며 많은 일본인들로 하여금 그의 기술을 배우게 하였다. 요시아키는 1616년 8월 48세의 나이로 죽었다. 천주교를 버리고 일련종으로 귀의했기 때문에 측근의 천주교도들에 의해 독살당했다고도 한다. 그의 죽음을 애통해 하던 수산은 스스로 요시아키의 무덤 앞에서 목숨을 끊은 것이다.[13]

12　白石純英(1978)「波佐見焼きの開窯者をめぐって ―李祐慶と秀山のこと―」『陶説(1)』, p.13.

13　佐竹茂, 長崎新聞, 1976年 1月 27日字.

여기에서 보듯이 그는 요시아키의 죽음에 순사할복한 조선인 수산이 하사미의 조선도공들의 대표이며, 많은 일본인들에게 자신의 기술을 가르쳤다고 해석했다.

이러한 해석은 바바 준(馬場淳)에 의해서도 행해졌다. 그는 구전에 의거하여 나카노씨 가계와 그 집안의 묘지 등을 조사한 결과 아예 이우경과 수산은 동일인물이라고 주장하였던 것이다.[14] 이처럼 수산과 이우경을 같은 인물로 보는 해석들이 일본인 연구자들 사이에 있었다. 이들의 해석이 옳다면 이우경은 오무라의 본경사에서 요시아키의 순사 할복하였으며, 그의 법명은 '정감'일 가능성이 높다.

그러나 앞에서 언급한 「대촌번연보」에는 수산이라는 이름은 나오지만 그의 본명이 이우경이라는 기사는 나오지 않는다. 그리고 지금까지 어떤 기록에서도 이우경에 관한 기사가 발견되지 않고 있다. 특히 이우경이 나카노라는 성씨를 사용하였다면 그 신분은 사족이기 때문에 오무라번의 가신의 계도를 집대성한 『신찬사계록(新撰士系錄)』에 기재되어있어야 하는데, 여기에도 이우경은 일체 등장하지 않는다.[15] 그 뿐만 아니라 본경사 및 하사미 등지의 절에서 보관하는 「과거장」에도 그 이름이 보이지 않으며, 또 그의 묘비도 지금까지 발견되지 않고 있다. 그리고 그의 일본성씨인 나카노가(中野家)의 가계도도 남아있지 않은 것이다. 그러므로 본경사의 수산과 이우경이 같은 인물이라고 쉽게 단정 짓기가 쉽지 않다. 그들은 동일인이 아니라 별개의 인물일 가능성도 배제하기 힘든다.

이우경이 기록에서 처음으로 등장한 것은 1930년대이다. 보다 정

---

14 波佐見史編纂委員會(1976)『波佐見史』波佐見史編纂委員會, p.212.
15 波佐見史編纂委員會(1976), 앞의 책, pp.212-213.

확히 말하여 1933년 히가시소노기군(東彼杵郡) 중부지방직원회(中部地方職員會)가 사세보요새사령부(佐世保要塞司令部)의 허가를 받아 간행한 『향토독본(鄕土讀本)』이다. 이것은 당시 이 고장의 어린이들로 하여금 지역사정을 알리기 위해 만들어진 것인데, 그것에 의하면 "나카오사라야마(中尾皿山)의 기원은 이이시고(井石鄕)에 원화연간(元和年間) 고려인 우경을 선생으로 맞이하여 가마를 열었습니다. ....(중략)...고려와 관계가 얕지 않은 것은 지금도 지명으로 남아있습니다. 예를 들면 우치노미(內海), 카와라(川原), 카와치(川內)는 원래 고라이카와치(高麗川內)라 하여 나코야마(中尾山)의 원료를 여기에서 취하고 있었습니다."[16] 고 설명되어있다. 즉, 이 지역의 자기그릇 생산은 우경을 비롯한 조선도공들에 의해 시작되었고, 그 기술을 일본인들이 배웠다는 것이다. 그런데 여기에서 특기할 만한 사항은 우경의 성씨에 대해 기록되어있지 않다는 것이다. 아마도 그 때까지 이우경의 성이 분명치 않았다고 할 수 있다.

이 내용은 1936년대의 학술서적에도 드디어 등장하는데, 바로 그 예가 나카시마 히로키(中島浩氣)의 『비전도자사고(肥前陶磁史考)』이다. 그것에 의하면 이우경은 나카노 우케이로 되어있으며, 그에 대해 다음과 같이 서술되어있다.

나카노 우케이(中野祐慶), 이 지역은 경장연간(慶長年間: 1596-1614) 번주 오무라 스미요리(大村純賴)의 때에 한인 도공 우경의 형제에 의해 개요되었다고 전해진다. 우경은 귀화하여 나카노 시치로에몬(中野七郎右衛門)이라 개칭하였고, 이 나카노 일족이 나카오산(中尾山)과 나가오산

---

16 東彼杵郡 中部地方職員會(1933)『東彼杵郡 中部地方 鄕土讀本』, pp.231-232

(永尾山)으로 분포하였다고 하며, 그리고 川原川內의 청자 원료도 또한
한인들이 발견하였다고 전해진다.[17]

여기에서도 우경은 성씨가 기록되어있지 않으며, 또 그에게는 형
제가 있었으며, 그에 관한 사항은 어느 일정한 문헌이 아니라 지역에
서 전해지는 구비전승임을 드러내고 있다. 이처럼 기록상 분명치 않
은 이우경이 역사적 인물로서 등장한 것은 1955년의 일이다. 그 해
오무라 스미타다공 전기간행회(大村純忠公傳記刊行會)가 오무라 스미타
다(大村純忠: 1533-1587)의 전기를 간행할 때 부록으로서 덧붙인 「대촌
번연보(大村藩年譜)」에 "경장 3년 11월 19일 각 장수가 탄 배가 순천을
출발하여 26일에는 부산포를 출발하여 귀국했다.....〈중략〉....이 때 데
리고 온 조선인에 의해 미가와치(三河內), 하사미의 제도업은 시작되
었다. 우경은 나카노 시치로베이(中野七郎兵衛)라 개명하고 나카오야
마(中尾山)으로 옮겼다.[18]"고 기록한 것이었다. 한국의 연구자 우동규
가 그를 "오무라번주(大村藩主)인 오무라 요시아키에게 순천에서 연
행"된 인물이라고 했던 것[19]도 바로 이 기록에서 영향을 받은 것이었
다. 이것이 사실이라면 그는 순천출신이며, 형제와 더불어 포로가
되어 건너간 인물이다. 그러나 유감스럽게도 그것을 증명할 수 있는
기록은 어디에도 없는 것이다.

여기에서도 우경은 성을 가지지 않았다. 그가 성씨를 가지게 된 것
은 1968년부터이다. 그 해 이곳 사람들은 하사미 도자기 창업 370주

17　中島浩氣(1936) 『肥前陶磁史考』〈復刻本〉靑潮社, pp.293-294.
18　松田毅一(1955) 「大村藩年譜」『大村純忠公傳記』大村純忠公傳記刊行會, p.7.
19　우동규(1987), 앞의 논문, p.199.

도조 이우경 기념비

년을 맞이하여 기념사업의 일환으로 그들이 살고 있는 마을이 내려
다보이는 코신엔(甲辰園)이라는 산 정상에다 전설로 내려오는 우경을
하사미 도자기의 개조로 인정하고 그의 기념비를 커다랗게 세웠는
데, 그 때 그의 성을 이씨로 한 것이다. 그리고 그 후부터 오늘날까지
매년 5월 1일이 되면 도조제(陶祖祭)를 지내고 있다. 이로 말미암아 우
경은 이우경이 되었으며, 또 전설상의 인물이 아닌 명실공히 공적으로
인정하는 역사적 인물로 하사미 도자기의 개조가 되었던 것이다. 그
뿐만 아니었다. 1976년에 하사미정사편찬위원회(波佐見町史編纂委員會)에
의해 편찬된 『하사미사(波佐見史)』에 이우경은 "요시아키가 귀국할 때
조선인 도공 이우경을 비롯한 5, 6명 혹은 5, 6세대를 데리고 왔다."[20]

---

20 波佐見史編纂委員會(1976), 앞의 책, p.207.

는 기록에서 보듯이 임란에 의해 일본군에 포로가 된 조선도공으로서 인정받기에 이른 것이다.

그가 처음으로 가마를 개설하였다는 곳은 무라키(村木)의 하타노하라(畑の原)이었다. 박정의의 백관요와도 그다지 멀지 않은 거리이다. 이들이 초기에 개설하였다는 무라키의 하타노하라에 있었던 옛 가마의 형태가 조선식 등요(登窯)로 되어있고, 또 그곳에서 출토되는 도편들이 히라도계(平戸系) 가라츠(唐津)의 것과 흡사할 뿐 아니라, 기록에서도 요시아키가 조선인 5, 6명(혹은 세대)을 연행하여 갔다는 사실들을 고려할 때, 이 지역 초기 그릇의 제작자들은 조선에서 건너간 도공들임에 틀림없다. 이들은 한명이 아니라 여러 명의 집단을 이루고 공동 작업을 하였을 것이며, 이들 가운데 구전으로 전해지는 이름이 이우경뿐인 것으로 보아 그 이름은 일개의 도공이 아니라 아리타의 이참평, 하기의 이작광과 같이 도공집단을 관리 감독하는 우두머리의 도공이었을 가능성이 높다.

이우경이 처음으로 가마를 열었다는 하타노하라에 대한 발굴조사는 1981년에 시작되었다. 그 결과 가마의 모양이 조선과 같은 등요로 되어있고, 무릇 그 방의 수가 24개 이상이나 되고, 그 방 하나의 크기는 폭과 길이가 모두 2미터 정도가 되었다. 그러므로 가마의 전체 길이는 55,4미터나 되는 초대형의 것임이 밝혀졌다. 그리고 이 가마는 1620년에서 1630년경까지 사용한 것으로 추정되었다. 즉, 시모히에코바의 것보다 후대의 것에 속하는 것이었다. 여기서도 출토된 것이 대부분이 도기이었고, 자기도 약간 섞여 있었다. 자기는 청화 23점, 백자 45점, 청자 6점 등이 나왔다.[21] 그리고 자기제품은 일본에

---

21 野上建紀(1999)「波佐見燒の成立について」『波佐見燒400年の歩み』長崎縣波佐見町

있어서 초기단계의 특징을 가지고 있었다. 이러한 점으로 미루어 조
선의 도공들이 자기생산에 개입하였을 것이라는 쉽게 짐작되고도
남음이 있다. 이러한 출토물에서 알 수 있듯이 박정의는 도기의 단
계에 머물러 있었으며, 이우경은 도기를 중심을 이루되, 자기의 생
산은 실험적인 단계에 머물러 있었음을 확인할 수 있다.

현재 하사미 도자기라 하면 무라키 지역에서 생산되는 것이 아니
다. 이 지역에서 동남쪽으로 떨어진 행정상으로는 이세키(井石) 지역
에 속하는 나가오(永尾), 나카오(中尾), 미츠마타(三股)에서 생산하고 있
는 것을 말한다. 이는 무라키의 조선도공들이 이세키 지역으로 옮겨
갔음을 의미한다. 그 중 가장 오래된 곳이 미츠마타이다. 그곳에는
지금도 도공들이 산신을 모신 산신사(山神社)가 있고, 그 옆에는 「고라
이 가마(高麗窯)」라 불리우는 옛 가마터가 남아있다.[22]

재일 연구자인 윤달세에 의하면 이 지역에서는 지게를 일본어 '쇼
이코'라 하지 않고, 한국어 '지게'라고 한다고 한다.[23] 바로 이러한 흔
적은 이곳 초기에 그릇을 구웠던 사람들이 조선인이었음을 나타내
는 상징적인 말이라 할 수 있을 것이다. 이처럼 나가사키의 하사미
도자기는 그 시조에 대해 명확히 밝혀진 것은 없다 하더라도, 그들이
조선도공이라는 사실은 틀림없다.

---

p.43.

22 현재 신사의 석책으로 사용한 돌에 "富山元建慶長四亥年, 玉垣再建明治二十六巳年"
　　이라는 문구가 새겨져 있는 것이 있는데, 그것으로 인해 비록 그 석책은 명치 26년
　　(1893)에 만들어진 것이지만, 그 신사가 건립된 것은 경장 4년, 즉, 1599이므로, 이
　　곳 고라이가마도 그 때 만들어졌을 것으로 추정하는 견해가 있었다. 그러나 발굴
　　조사 결과 그 가마는 그 때의 것이 아니라 그 이후의 것이고, 또 그 일대에서도 1599
　　년 당시의 것으로 추정되는 가마터는 발견되지 않았다. 이로 말미암아 그 명문의
　　내용이 사실이 아닌 것으로 밝혀졌다.

23 尹達世(2003)『四百年の長い道』リーブル出版, p.70.

3. 하사미 도자기의 발달

조선도공들이 무라키에서 이세키로 옮긴 것은 대략 1630년경으로 추정된다. 이때부터 하사미는 종전과 달리 본격적인 자기생산이 이루어진다. 주로 청자가 중심으로 생산했다. 그 예로 미츠노마타 고요적(三股古窯跡)와 나가타야마 요적(長田山窯跡) 등에서 출토된 유물을 들 수가 있을 것이다. 미츠노마타는 1997년에, 그리고 나가타는 1996년에 각각 발굴조사가 이루어졌는데, 이 두 지역에 대거 청자가 출토된 것이다. 전자의 미츠노마타 가마는 하타노하라의 다음 단계인 1630-1650년에 걸쳐 사용된 가마로 추정되고, 또 나가타 가마는 1690-1740년경까지 사용한 것으로 추정되었다.

특히 미츠노마타의 청자는 그릇과 접시, 향로, 항아리 등 다양한 제품이 많았으며, 그 중에서는 접시가 가장 많았다. 문양은 초화(草花) 형태가 기본이었으며, 음각, 양각, 선각(線刻), 첩화 등 고도의 기술이 사용하여 만들어졌다. 이러한 청자가 미야기현(宮城県)의 센다이(仙台), 도쿄의 와키자카(脇坂) 가옥터, 시가현(滋賀県) 히코네성(彦根城) 가로(家老)의 집에서도 발견되는 것으로 보아 당시 상당한 고가로 팔리는 고급의 제품이었음을 알 수 있다.[24]

그리고 후자의 나가타야마에서 생산된 제품도 청자가 주를 이룬다. 커다란 접시와 향로도 있었다. 간혹 청자 위에 희고 푸른 꽃그림을 그려 넣은 것도 발견된다. 특히 이곳에서 발굴되는 도편은 18세기 전반 하사미에서 생산된 청자를 이해하는데 매우 중요한 역할을 한다고 할 수 있다. 하사미 도자기가 급속적인 성장을 할 수 있었던 것

---

24 中野雄二(2008), 앞의 논문, p.52.

은 해외수출과 밀접한 관련이 있다. 즉, 17세기 중엽 중국에서 청조의 지배에 반대하는 세력이 각지에서 내란이 발생하고, 그로 말미암아 많은 도요지가 파괴되고, 또 무역금지령이 내려져 중국의 도자기를 수입하고 있던 네덜란드 동인도회사가 이를 타결하기 위해 일본에 눈길을 돌려 수입해가기 시작하는 것이었다. 이로 말미암아 하사미는 아리타와 함께 유럽으로부터 밀려오는 주문이 쇄도하여 생산이 따라가지 못할 지경이었다고 한다. [25]

이에 따라 관문연간(寬文年間: 1661-1673년)에는 새로운 가마들이 집중적으로 생겨났다. 오무라번(大村藩)은 하사미에 사라야마 역소(皿山役所)를 설치하고 미츠마타(三股山), 나카오(中尾山), 나가오(永尾山)를 관리하며, 도자기를 오무라번의 특산품으로 삼았다. 주로 해외수출품은 큰 접시와 밥그릇, 대접 등의 청자이었다. 이러한 그릇은 나가사키를 통하여 인도네시아 등 동남아시아로 대량으로 팔려나갔다. 이처럼 하사미의 도자기는 17세기 중엽부터 말경까지 약 40여년이나 호경기가 지속되었다.

그러나 중국의 내란이 수습되고, 중국이 다시 유럽으로 도자기 수출을 재개하자 그 타격이 이만저만 아니었다. 그리하여 이들은 수출상품의 생산을 그만두고 값싼 일용잡기를 개발하여 국내로 판매의 길을 개척하게 된다. 이때는 청자가 아닌 흰색의 자기로 바꾸었고, 제품에다 푸른색으로 여러 가지 문양들을 그려 넣었다.

주로 이 일용잡기는 오사카의 요도가와(淀川)라는 강에서 팔렸다. 요도가와는 오사카와 교토를 잇는 주요한 통로이었다. 이 수로에는 30척의 배가 아침, 저녁 하루 2회, 후시미(伏見)와 오사카 간을 왕복하

25　中野雄二編輯(1999)『波佐見燒400年の步み』波佐見燒400年祭實行委員會, p.12.

는 화물선들이 있었다. 이러한 배들이 히라카다(枚方) 부근에 다다르면 조그마한 배에 술이나 음식을 담아서 파는 장사꾼들이 있었다. 그들은 작은 배를 몰고 큰 배에 다가가 승객들에게 "안모치(餅) 구라완카, 사케(酒) 구라완카."하며 팔았다 한다. 즉, 술 또는 음식을 먹지 않겠느냐 하는 식으로 말을 걸며 팔았던 것이다. 이 술과 음식을 담는 그릇으로 사용한 것이 하사미 도자기이었던 것이다. 이것은 여러 번 사용하는 것이 아니라 한번 먹고 버리는 일회용 그릇이었다. 그 배를 '구라완카 배'라 하였고, 그 때 사용한 그릇은 '구라완카 다완(茶碗)' 이라 했다. 이처럼 하사미의 구라완카의 값싼 일용잡기는 오사카 서민들에게 보급하여 인기를 끌었다.

이 시기에 만들어진 밥그릇과 접시 등을 비롯해 각종 다양한 것들이 만들어졌다. 그러나 이것들은 값싸고 실용성에 무게를 두고 대량으로 생산한 것이기 때문에 예술적인 가치를 지닌 고가의 자기는 아니지만, 서민들의 식기로서는 인기를 끌었다. 즉, 서민들이 자기그릇을 사용하는데 결정적인 역할을 한 것이었다.

그 반면 하사미 도공들은 「곤부라 병」이라 불리는 술병과 간장병을 만들어 해외에도 수출했다. 곤부라라는 말도 원래는 콤푸라돌(Comprador)이라는 포르투갈어로 중매를 의미하는 것이었다. 이것은 흰 자기의 병인데, 별명 '난병(蘭瓶)'이라고도 했는데, 주로 네덜란드, 포르투갈 사람들을 상대로 한 중간상인 「곤부라 상사(金富良商社)」를 통하여 수출되었기 때문에 그와 같은 이름이 붙여졌다 한다. 그 병에는 네덜란드어로 일본의 술이라는 의미로 JAPANSCH ZAKY, 또 일본의 장유(醬油)라는 의미로 JAPANSCH ZOYA라고 적혀있다. 이처럼 여기에는 두 종류의 제품이 있었으며, 그것들은 네덜란드인의 주

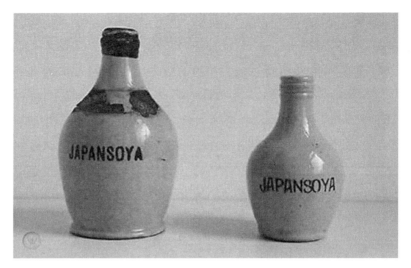

유럽으로 수출된 곤부라병

문에 따른 생산이었음을 알 수 잇다. 이러한 것들은 일본과 네덜란드 간의 무역이 성행했던 1650년경부터 명치 말기경까지 간장과 술 등을 넣어서 나가사키의 데지마(出島)에 있는 네덜란드의 동인도회사를 통하여 동남아시아, 유럽 등지로 수출되었다.[26]

이렇게 곤부라 병은 해외로 수출됨에 따라 많은 에피소드를 낳았다. 예를 들면 쟈가타라 오하루[27]의 생활식기에도 들어있었다고 하

---

26 中野雄二編輯(1999), 앞의 책, p.18.

27 쟈가타라 오하루(1625?-1697)는 포르투갈 상선의 항해사인 이탈리아인 니코라스. 마린과 나가사키 무역상의 딸인 마리와의 사이에 태어난 혼혈여성으로 에도 초기에 나가사키에 살다가 1639년 제5차 쇄국령에 의해 어린 나이로 가족들과 함께 바타뷔아로 추방되었으며, 그 후 그녀는 21세 때 네덜란드인와 일본인 사이에 태어난 혼혈남성 시몬. 시몬센과 결혼하여 다시 일본으로 들어와 천주교와 관련의 일을 하다가 당국에 의해 쟈카르타로 추방되었다. 그녀가 추방된 후 일본의 우인에게 보낸 서한인 「쟈가타라 문서」가 지금도 남아있어 그 당시 일본(나가사키) 상황을 아는데 중요한 자료가 되고 있다.

고, 또 프랑스 황제 루이 14세도 애용했다고 하며, 또 러시아의 문호
인 톨스토이도 곤부라병을 애용했으며, 이를 취급한 곤부라 상사도
급속하게 성장하여 해외로 진출을 할 수 있었다고 하는 등의 이야기
들이 바로 그것이다.[28]

17세기 말에 접어들면 하사미는 주로 값싼 용기인 구라완카는 막
부 말기까지 대량생산했다. 그 생산량은 일본 전국 1위였다. 이를 입
증할 만한 유적이 나카오(中尾) 지구의 나카오우와노보리가마(中尾上
登窯)이다. 여기에 대해 1992년 발굴조사가 이루어졌는데, 그 결과 소
성실(燒成室)만 하더라도 그 수가 33개나 되었고, 전체 길이가 160m에
이르는 세계최대 규모임이 밝혀졌다. 19세기의 천보연간(天保年間:
1830-1843)에 편찬된 『향촌기(鄕村記)』에 의하면 전체 길이가 100미터
넘는 대규모의 가마만 하더라도 8기나 있었고, 또 연간 48,446가마
를 생산했다고 되어있다. 1가마 당 몇 개가 들어가 있는지 정확히
알 수는 없지만 그 수가 엄청난 것임은 틀림없다.

그러나 명치유신 이후 명치 신정부가 들어서고, 번이 폐지가 되자,
하사미도 오무라번의 지원이 끊어졌다. 그러자 지금까지 활발하게
움직이던 가마가 생산을 중지하거나 분할되어 소규모의 가마들이
변화되는 등 일대의 위기를 맞게 되었다. 그러나 하사미에서도 이를
극복하기 위해 1902년 도자기의장전습소(陶磁器意匠傳習所)를 설립하
여 기술자들을 양성하고, 1905년에는 도자기신용조합을 결성하여
업계의 진흥에 노력을 기울였다. 그리고 생산제품도 일용잡기를 중
심으로 생산하되 「동판전사(銅版轉寫)」의 기술을 도입하고 치밀한 문

---

28 소설가 井伏鱒二씨가 1952년에 발표한 「長崎の醬油瓶」이라는 수필에 그와 같은 시
　대적 상황이 수필에 잘 묘사되어 있다.

양이 들어있는 찻잔과 접시를 만드는 한편, 대중적인 술병(도쿠리=德利)도 대량으로 제작하여 전국으로 판매했다. 기록에 의하면 1884년 하사미에서 생산한 술병은 10만 1376개나 되었다고 한다.

4. 한국으로 수출한 하사미 도자기

이들은 해외 수출지의 하나로 한국을 지목했다. 그리고 1887년경부터는 본격적으로 사기그릇들을 대량생산하여 한국으로 수출하기 시작했다. 이는 개항 이후 일본 규슈의 그릇업체가 조선으로 본격적으로 수출한 것에 힘을 입은 것이었다. 일본이 일반적인 사기그릇(식기)을 조선으로 수출한 것은 그 이전부터 있었다. 1878년 이마리, 아리타의 상인 야나가세 로쿠지(柳瀬六次)[29]가 조선에 직접 와서 보고 값싼 식기의 수요가 크다는 것을 파악하고 자기를 대량으로 제작하여 수출한 바가 있는 것이다. 그리고 1885년 서울에서는 일본인 후치가미 큐베이가 이마리로부터 그릇을 수입하여 팔았다. 이들이 보급한 그릇이 상당히 널리 펴져 있었음을 1884-1885년에 조선주재 영국영사를 역임한 W. R 칼스가 평양여행에서 그 곳의 상점과 노점에 일제식기가 팔리고 있다는 사실을 알고 조선에서 일본 식기의 침투는 매우 빠르게 확산되어간다고 지적한 것에서도 알 수 있다.[30]

---

29 일본 명치시대의 도업가(陶業家). 사가현(佐賀県) 이마리(伊万里) 출신. 有田吉田山의 大串音松에서 조선수출을 위한 자기를 제작하여 이마리항(伊万里港)에서 출하. 훗날 伊万里金谷, 기후(岐阜), 아이치(愛知), 에히메(愛媛) 등지에도 가마를 지어 그릇을 생산하는 등 사업을 확장했다. 그의 초기 제품에는「대음제(大音製)」라는 글자가 들어있다.

30 최경화(2009)「18, 19세기 일본 자기의 유입과 전개양상」『미술사논단(29)』한국

그러나 이들의 제품의 질은 좋지 않았다. 그것들이 얼마나 조잡하였는지, 1888년 당시 인천주재 일본영사가 외무성에 보낸 글에 "그릇의 경우 곧 깨어지는 것이 많으며, ...〈중략〉....악평으로 인해 일본잡화 전체를 신용하지 않게 된다."고 우려하고 있는 것에서도 알 수 있다.

그럼에도 불구하고 일본의 그릇 수입은 늘어나기만 했다. 여기에는 일본 상인뿐만 아니라 조선 상인들도 가세했다. 1889년 조선의 상인 항춘호(恒春號)[31]와 정치국(丁致國)[32]이 직접 일본으로 건너가 우레시노(嬉野) 요시다(吉田)의 오카 산베이(岡三平), 오와다리 켄조(大渡權藏), 야마구치 마타시치(山口又七)와 계약을 맺고 거래를 개시하였던 것이다. 그 후 일본 측이 이들과 거래가 끊어지자 야마구치는 직접 인천에 지점을 개설하여 사업을 벌였다.[33] 이처럼 조선후기 개항시기에 하사미를 비롯한 규슈 북부에서 생산된 일본의 사기그릇은 물밀듯이 조선으로 들어와 보급되었던 것이다.

1895년에 발행한 『조선휘보(朝鮮彙報)』라는 문헌에 의하면 1892년 당시 한국의 일본도기의 수입금액은 총 4만2천원에 달하였고, 그것의 대부분은 일용잡기이었으며, 개항장 부근의 조선인들은 모두 일본도기를 사용하며, 자국의 것을 사용하는 사람은 거의 없을 정도라고 했다.[34] 이처럼 19세기 조선의 서민그릇까지 일본이 담당했었다. 심지어

미술연구소, pp, 211-212.

31 그의 성씨가 매우 진귀하여 어쩌면 순수 조선인이 아니라 중국화교 출신일 가능성이 높다. 서울에서 출토되어 고궁박물관에서 보관하고 있는 일본도자기의 도편 가운데 '항춘호제'라는 글씨가 새겨진 것이 있다는 것이 최근에 확인되었다. 이것으로 말미암아 그의 존재는 확실하게 밝혀진 셈이다.

32 부산출신 인천의 거부로 1912년에는 인천부 참사를 역임했다.

33 中島浩氣(1936), 앞의 책, pp.194-195.

34 방병선(2008) 「한일시대 한일도자교류」『한일문화교류 -그 새로운 역사의 장을 열며-』부산박물관, p.281.

요강도 일본제품이었다. 그 상황에 대해 1891년경의 기록인『하제일기(荷齊日記)』에 일본 도자기 수입에 대해 다음과 같이 서술하고 있다.

> "김정호가 요강, 제사 접시 등 일본 그릇 수천금 어치를 사들였다. 기전의 도중에서 시비가 없지 않을 것이고, 나 또한 곰곰이 생각하니 말을 하지 않을 수 없었다. 그러므로 기전에서는 이전부터 일본 그릇을 사고 판적이 없었는데, 지금 갑자기 보이니, 만약 이것이 중지하지 않으면 분원의 그릇은 피차간 서로 상관이 없을 것이니, 전후 회계를 깨끗이 청산한 뒤에 다시 거래하지 않을 것이다." 라고 하니 김정호가 몹시 두려워하고 겁을 내면서 나에게 무사하게 해달라고 애걸복걸하였다.[35]

여기에 보듯이 19세기 말 서울 사기그릇 가게에서 일본 도자기를 대량으로 수입하여 판매하려다 저지당하는 사건이 있었다. 다시 말하여 이 기록은 당시 일본 도자기가 물밀듯이 조선으로 들어왔으며, 이를 수입하는 업자가 있었다는 것을 의미한다. 이곳에서 판매하려는 그릇이 일본 어느 지역에서 생산된 것인지 자세한 기록이 없어 알 길이 없으나, 값이 매우 저렴하고 그다지 품질이 좋지 못하였다면 그것에는 분명히 하사미 제품이 대량으로 섞여있었을 가능성이 높다. 값싼 구란완카 상품으로 위기를 극복한 곳이 바로 하사미이기 때문이다. 특히 조선 수출용 요강을 제조한 곳은 일본에서는 하사미와 인근지역인 시오다(鹽田)뿐이다. 그러므로 위의 그릇 장수 김정호가 판매하려는 일본 요강은 어쩌면 하사미에서 생산된 것일지도 모른다. 그리고 수출뿐만 아니라 직접 조선으로 건너가 가마를 개설하고

---

35 貢人池氏(2005)『國譯 荷齊日記』(이종덕역) 서울시사 편찬위원회, pp.203-204.

그릇을 생산하는 사람도 나타났다. 1910년 한국이 일본에 병합되던 시기에 하사미의 바바 마타이치(馬場亦市)가 대구에서 도업을 한 것이 바로 그것이다.[36]

이들 생산된 그릇이 한국에서 얼마나 영향을 끼쳤는지 1924년 경성일보가 "조선인의 식기와 변기에 금속기를 사용하는 습관이 근래에 들어서 점차 도자기를 사용하는 경향으로 되었다."고 보도하고 있다. 이처럼 하사미의 조선도공의 후예는 당시 한국 서민들이 사용했던 철제의 식기와 요강이 사기그릇으로 바뀌게 한 결정적인 역할을 하는 데 크게 한몫을 하였던 것이다.

5. 마무리

이상에서 살펴보았듯이 나가사키현의 하사미는 박정의와 이우경을 대표로 하는 조선도공들의 노력에 의해 이룩한 일본 대표적인 도요지 중의 하나이었다. 유감스럽게도 박정의와 이우경을 비롯한 초기 조선도공들에 관한 기록들이 없어 그들이 어디에서 어떻게 일본으로 건너가 어떠한 생활을 하였는지 자세하게 알 수가 없었다. 특히 하사미 도자기의 개조라 불리는 이우경은 원래는 성씨도 알 수 없는 전설에 가까운 인물이었으나, 20세기에 접어들어 성을 가지게 되었고, 기념비가 세워지고, 공식적인 역사서에 기록된 인물이었다.

이러한 이우경이 한 때는 오무라의 본경사 경내에 묻혀있는 조선인 수산과 동일인이라는 견해가 있었다. 아직 확실하지 않지만 우경

---

36 馬場淳(1969)『波佐見陶史』波佐見敎育委員會, pp.210-211.

은 그를 납치한 오무라 요시아키가 죽었을 때 순사할 정도로 무사계급으로 대우를 받은 사람이었다. 그런 만큼 수산의 죽음에서 보듯이 일본사회에서 살아가기 위해서는 남다른 노력이 필요했다. 즉, 조선의 이름을 버리고 일본 이름을 택하고, 또 순사까지 하여 그들보다 더욱더 일본적인 행동을 하여야 하기 때문이다. 이러한 사정을 수산의 죽음을 통하여 엿볼 수 있는 것이다.

그리고 이들의 후손들은 일찍이 국내외에 눈을 돌려 국내외로 그들의 제품을 많이 수출을 했고, 중국의 정세에 따라 해외수출에 큰 타격을 입게 되자 값싼 일용잡기를 대량으로 생산하여 난국을 타개하려고 했다. 그 때 등장한 것이 구라완카와 곤부라 그릇이다. 전자는 국내를, 후자는 해외를 겨냥하여 제품을 만든 것이었다. 당시 하사미가 생산하는 그릇이 일본에서도 가장 많았다.

이렇게 이름을 날린 하사미 도자기가 일반대중들에게 널리 알려지지 않은 이유는 근대에 접어들어 이마리 항구와 철도의 발달로 인해 각지에서 생산된 도자기들이 아리타에 집결되어 판매되었기 때문에 하사미 도자기도 이마리 도자기나 아리타 도자기라는 이름으로 취급되어졌기 때문이다. 비록 그 이름이 아리타에 가려져 세상에 알려져 있지 않았다고 하나, 일본 서민들이 자기를 즐겨하게 되는 데는 그들이 만들어낸 저렴한 일용잡기의 보급이 크게 작용했다. 그 뿐만 아니다. 구라완카의 일용잡기는 19세기에는 조선으로도 대량 수출하여 조선의 대중들에게도 널리 일본 그릇을 퍼뜨렸으며, 특히 지금까지 요강이 철제이었던 것이 사기로 바뀌는 데 결정적인 역할을 하였다. 이처럼 조선에서 간 도공들의 후예들은 상품을 통하여 다시 조선으로 돌아왔던 것이다.

제8장

미가와치 도조신사의 신이 된 조선 도공

1. 머리말

일본의 규슈 나가사키현(長崎県) 사세보시(佐世保市)의 동부지역에 미가와치(三川内)라는 도자기 마을이 있다. 인구가 4천여 명 남짓 웃도는 작은 마을로 옛날에는 히가시소노기군(東彼杵郡) 오리오세무라(折尾瀬村)라고 불리웠으며, 한때는 그곳의 에나가(江永町), 기하라(木原町), 미가와치(三川内町)에 히라도번(平戸藩)의 어용가마(平戸藩御用窯)가 설치되어있는 곳이었다. 그러한 역사적 배경이 있는 곳이기 때문에 지금도 전문적인 도업을 하고 있는 가마들이 심심찮게 발견되는 곳이다. 오늘날 이들이 구워내는 그릇을 총칭하여 미가와치야키(三川内燒), 즉, 「미가와치산 도자기」라 한다.

그런데 이곳에 조선인의 후예가 신으로 모셔져 있는 신사가 있다. 도조신사(陶祖神社)가 바로 그것이다. 조선인이 일본 도자기의 시조가 되었다고 하면 일반적으로 사가현(佐賀県) 아리타(有田) 도자기의 시조라 불리는 이참평(李參平)을 떠올리기 쉽다. 도조는 아리타에만 있는 것이 아니었다. 일본 여러 곳에 존재한다. 그 중 미가와치 도자기의 도조는 조선인 후예 죠엔(如猿)이었다.

이곳의 조선인의 도공에 대해서 알려진 것은 불과 얼마 되지 않는다. 1970년대에 국문학자 김태준이 이곳의 도공 이마무라씨의 시조가 현재 경남 창원의 웅천출신의 거관이라는 도공이라 한 이후,[1] 90년 중반에 접어들어서 본격적인 연구가 진행된다. 가령 김문길이 자신의 저서를 통하여 이곳의 조선도공 고려할머니와 기하라의 김영구라는 조선도공에 대해 소개했고,[2] 그에 이어 진해의 향토사가인 황정덕이 나카노 도자기와 미가와치에 대해 소개하면서 특히 미가와치에서 활약한 고려할머니는 삼포출신으로 그의 남편 나카자토도 한국계라고 설명했다.[3] 그리고 역사학자 이미숙이 그가 일본으로 건너가 처음으로 가마를 열었던 곳은 히라도 나카노의 가미스키라는 곳이었으며, 그곳에서 조선 도자기와 같은 짙은 회색을 띤 도기를 생산했다고 소개했다.[4]

그러나 이들의 연구는 여기에 대한 본격적인 연구라기 보다는 지

---

1 김태준(1977)「고려 자손들과 일본의 도자문화」『임진란과 조선문화의 동점』한국연구원, p.54.
2 김문길(1995)『임진왜란은 문화전쟁이다』혜안, pp.212-223.
3 황정덕(1996)「일본 땅에 도예기술을 떨치다」『내 고장 자랑 -진해, 웅천, 웅동- 내고장총서(1)』진해웅천향토문화연구회, pp.46-61.
4 이미숙(2008)『일본 구주지역의 조선 피로사기장 연구』강원대 박사학위논문, p.61.

금까지 알려져 있지 않았던 새로운 조선도공들을 발굴하려는 노력
의 결과에 가까웠다. 그리고 자료조사의 부족으로 인하여 그 내용
또한 매우 단편적으로 소개하는 데 그치고 있었다.

이를 극복하려는 듯이 최근 황정덕, 도진순, 이윤상이 동북아역사
재단의 지원으로 팀을 구성하여 미가와치에 대한 현지조사를 통해
자료를 수집하고 정리하여 미가와치 도자기를 대표하는 조선도공
과 그의 후예들에 대한 소개는 물론 미가와치 도자기가 출발하여 근
대에 이르기까지의 과정을 비교적 상세히 소개했다.[5] 이것을 통하여
한국에서도 미가와치 도자기에 대한 역사적 배경을 개관할 수 있게
되었다. 이러한 점은 종전의 연구와 궤를 달리하는 매우 의미 있는
연구이었다고 생각한다.

그러나 이들의 연구에는 원전해독에 대한 오류도 많아 오해하는
일이 적지 않았을 뿐만 아니라, 또 하나의 중요한 사료인『미가와
치 도자기 약기(三川內燒物略記: 이하〈약기〉라 약칭함)』의 기록은 무시한 채
『히라도 도자기연혁일람(平戸燒沿革一覽: 이하〈연혁일람〉이라 약칭함)』만을
의거하여 기술하고 있다. 이 두 자료는 현재 마츠우라 사료박물관(松
浦史料博物館)에 보관되어있는 것으로 전자는 미가와치 도자기의 종가
인 이마무라가(今村家)의 기록이라면, 후자는 미가와치 도자기의 전
반에 대한 연혁을 기록한 것이다. 특히 그 중에서『연혁일람』은 최근
까지 별로 알려지지 않은 것으로 1918년(大正7)에 등사판으로 간행된
사료이다. 서문에 "大正7年星宿戊午孟春吉日, 松浦伯爵家文庫樂藏堂
에서 佐藤獨嘯謹識"이라고 적혀있다. 즉, "1918년 무오 맹춘 길일 마

---

5 황정덕, 도진순, 이윤상(2010)『임진왜란과 히라도 미카와치 사기장』동북아역사
   재단, pp.17-113.

▌미가와치의 정경

츠우라 백작가의 문고인 낙세당(樂歲堂)에서 사토 도쿠쇼(佐藤獨嘯)라는 자가 삼가 썼다"는 의미이다. 그러므로 당시에 작성된 1차적인 자료가 아니다. 그러나 지역사에 있어서는 에도시대를 잇는 히라도번(平戶藩)의 정식 기록 중의 하나로 신뢰할 수 있는 문헌이라는 평가를 받고 있다. 더군다나 그 속에는 많은 조선도공과 그의 후예들의 활약상뿐만 아니라 민속생활에 대한 부분도 담겨져 있어 미가와치 도자기의 발전상황은 물론 당시 생활상까지 알 수 있는 매우 중요한 문헌이다.

　필자도 일본에 남은 임란포로를 연구하는 과정에서 일본관련 학회를 통하여 미가와치의 조선도공에 대해 소개한 적이 있다.[6] 당시

6　노성환(2009)「나가사키현 미가와치의 조선도공에 관한 일고찰」『일본어교육

그 글을 쓰기 위해 필자는 그곳에 두 번 현장조사를 병행하면서 수집한 자료를 토대로 작성한 보고서이었다. 그러나 지금 돌이켜 보면 너무 빈약한 자료를 토대로 작성되었다는 느낌을 지울 수가 없다. 부끄러운 일이지만 『약기』와 『연혁일람』을 검토하지 못한 채 간접적인 자료만을 통해서 서둘러 작성한 탓에 잘못 판단하여 오류를 범한 부분도 있었다.

이제 필자는 이 부분을 수정하고 보완하는 의미에서 『약기』와 『연혁일람』의 내용을 면밀히 검토하여 미가와치의 조선도공을 파악하고자 한다. 본장에서는 그 중에서도 도조(陶祖)라 일컫는 쵸엔(如猿)의 집안인 이마무라가(今村家)를 중심으로 살펴봄으로써 임란 때 일본으로 건너간 조선도공이 어떻게 일본사회에 정착하는지를 면밀히 검토하고자 하는 것이다.

2. 그의 조부 거관은 임란포로이다.

쵸엔은 죽어서 미가와치의 신이 된 자이다. 그를 제신으로 모시고 있는 신사는 도조신사(陶祖神社)이다. 즉, 그는 미가와치 도자기의 도조로 숭상되는 인물이었던 것이다. 그의 아버지는 이마무라 산노죠(今村三之丞)이고, 산노죠의 부친은 조선인 거관(巨關)이었다. 그러므로 그는 재일 조선인 3세였다. 그의 조부는 어찌하여 조국을 버리고 일본에 가서 정착한 것일까?

여기에는 뼈아픈 역사가 있었다. 그들이 일본으로 가지 않을 수

---

(49)』 한국일본어교육학회, pp.201-214.

없었던 역사적 배경을 『연혁일람』에 비교적 자세히 기록되어있다. 그 내용을 소개하면 다음과 같다.

> 1598년 마츠우라(松浦) 법인(法印) 시게노부공(鎭信公: 松浦家 26世)은 아들 히사노부(久信: 松浦家 27世)와 함께 정한(征韓)의 전쟁에 선봉에 섰다. 이후 24회의 전투에서 한 번도 패한 적이 없었다. 한국에서 7년간 전쟁을 끝내고, 귀국할 즈음 웅천(熊川)의 도사(陶師) 거관(巨關) 등 100여명의 한인을 데리고 돌아와 이들을 히라도 성(平戶城) 아래에 구역을 정해 고라이마치(高麗町)라 하고 이들을 그곳에 살게 했다.[7]

이상에서 보듯이 죠엔의 조부인 거관은 히데요시가 일으킨 임란과 정유의 왜란 때 이곳의 영주이었던 마츠우라 군대에게 포로가 된 사람이었다. 『약기』에 의하면 "조선으로 출정 가 있었을 때 (그를) 몇 차례나 만난 적이 있으며 귀환할 때 불러서 데리고 온 자이다."[8]라고 했다. 즉, 마츠우라는 조선에서 주둔하는 동안 도공들을 찾아 두었으며, 귀국할 때 종용하여 데리고 갔던 것이다. 『약기』는 또한 당시 거관의 나이가 43세이었으며, 일본으로 간 해가 1598년(慶長3)이라 했다.[9] 다시 말해 그는 정유재란 때 납치당한 조선도공이었다.

그는 현재 경남 웅천 출신으로 직업은 도사 즉, 도공이었다.[10] 그리고 혼자서 포로가 된 것이 아니라, 그를 비롯한 100여명이 붙잡혀 히

---

7 『平戶燒沿革一覽』, 慶長 3 戊戌(1598) 조.
8 『三河內燒物略記』의 「初代朝鮮國熊川の出身 巨關」 조.
9 『三河內燒物略記』의 「初代朝鮮國熊川の出身 巨關」 조.
10 1857년(安政4)에 金森得水가 편찬된 『本朝陶器考證 卷1』에도 그의 직업이 도기사 (陶器師)로 표기되어있다.

라도성 아래 한 마을을 이루고 살았는데, 그곳이 고라이마치라는 것이다. 고라이마치라고 이름이 붙여진 곳은 주로 규슈를 비롯해 시코쿠에 이르기까지 비교적 널리 퍼져 있는데, 이런 경우 고려시대의 한국 사람이 아닌 조선시대의 한국 사람들이 집단을 이루며 살았던 곳을 말하는 것이 대부분이다. 이것으로 보아도 외국인들이 우리들에게 고려인이라는 호칭사용은 참으로 오랫동안 사용되었음을 알 수 있다. 여기서도 조선인들을 고려인이라고도 불렀다.

여기서 보듯이 그의 조부는 거관이었다. 일본으로 가기 전의 그에 대한 기록은 더 이상 찾을 수 없어 거관이라는 이름이 본명인지도 불분명하며, 또 성씨도 알 길이 없다. 이마무라가(今村家)의 고문서인 「금촌씨대대신전기지(今村氏代代申傳記之)」에는 그의 이름이 코세키 쿠베(コセキ九兵衛)로 되어있다.[11] 아마도 이것은 거관이라는 이름에다 일본식 이름인 쿠베이를 붙였을 뿐이다. 또 1773년에 사가(佐賀)의 나베시마번(鍋島藩)에 제출된 「작공어택신상구상각(作恐御詫申上口上覺)」에는 고세키 츄베(小關忠兵衛)로 되어있다.[12] 이처럼 거관이라는 이름 자체도 본명인지 일본식 이름인지 분명치 않다.

그러나 한 가지 분명한 것은 거관이 도공이라는 사실이다. 그러한 만큼 히라도의 영주인 마츠우라는 그로 하여금 그릇을 생산토록 하였던 것 같다. 『연혁일람』은 그에 대해 다음과 같이 기술하고 있다.

이 해에 마츠우라공은 거관으로 하여금 나카노 마을(中野村) 가미스키(紙漉)에서 요업을 개시하게 하였다. 이후 25년 동안에 걸쳐 고려풍

---

11 下川達彌(1995)「中野燒」『平戸市史 - 自然,考古編-』平戸市, p.607.
12 下川達彌(1995), 앞의 논문, p.607.

(高麗風)을 주로 한 흰자기(白手燒)와 금수(錦手)도 빚게 되어 이를 히라도 나카노 도자기(平戸中野燒)라고 일컬어 높은 평을 얻었다. 생각건대 이 것들의 중요한 재료는 시게노부공이 조선에서 귀국할 때 수입하였거 나 혹은 뒤에 가져왔을 것이다.[13]

이처럼 마츠우라에 끌려간 거관은 나카노 마을에서 그릇을 생산했다. 그가 주로 생산한 것은 백자와 금수(錦手)였다. 금수란 일본의 전문 도자기 용어로 사전적인 해석은 흰 유약을 입힌 도자기에 적(赤), 녹(緑), 황(黄), 자(紫), 청(青), 흑(黒) 등의 투명 유약으로 덧그림을 그려 넣는 기법을 말한다. 일본에서는 이를 단순히 아카에(赤絵) 또는 이로에(色絵)라고도 하며, 중국에서는 오채(五彩)라고 한다. 이것은 일반적으로 에도시대(江戸時代)의 초기에 중국에서 수입된 것으로 알려져 있다. 다시 말하자면 그가 "고려풍의 백자와 금수를 빚었다"는 위의 표현은 그가 조선의 백자뿐만 아니라 화려한 색깔이 들어가 있는 중국풍의 도자기도 함께 만들 수 있는 기술을 가지고 있었다는 것을 의미한다.

이것이 사실이라면 그는 어떻게 중국풍의 도자기를 만들 수 있는 기술을 익힐 수 있었을까? 다름 아닌 나카노에서 중국계 기술을 접할 수 있는 기회를 가질 수 있었다. 1993년 히라도 교육위원회가 본격적으로 발굴 조사한 결과 "명나라의 청화자기를 의식한 문양이 그려진 것도 적지 않고, 또 그림 색칠로 사용된 고스(呉須)도 비교적 발색이 좋은 중국산이라고 여겨지는 것을 사용한 것으로 미루어 보아 이곳은 조선도공들이 들어가기 전부터 자기를 생산한 곳이라는 사

---

13 『平戸燒沿革一覧』, 慶長 3 戊戌(1598) 조.

실이 밝혀졌다.[14] 이처럼 그곳에서 중국풍의 도자기를 굽는 도공들과 기술적 접촉이 있었음은 충분히 짐작하고도 남음이 있다.

위의 문맥대로 그가 조선풍과 중국풍의 그릇을 빚어 호평을 얻었다는 것은 히라도 나카노 도자기의 출발이 조선과 중국이 혼합된 기술과 상품으로 출발하였다는 것을 의미한다. 『약기』에 의하면 그가 만들어낸 그릇이 "우아한 담색(雅曇色)이었으나 완전히 백색이 되지 못했다...〈생략〉.... 채색(彩色) 그림을 그려 넣은 도자기(赤繪燒付) 제작 등에 실험을 했다."[15]라고 하였듯이 비록 호평을 얻었다고 하나 만족하지 않았다. 그 뿐만 아니라 그림을 그려 넣은 그릇 제조의 실험을 계속하였다.

그는 일본에서 일본인 여성과 결혼했다. 그의 결혼에 대해서는 『연혁일람』에서는 일체 언급이 없지만, 『약기』에서는 영주가 "거관이 일본에 온 후 아내가 없어 불편할 것이라고 생각하여 가신들 가운데 중매를 하게 하여 같은 번에 사는 구죠씨(久城氏)의 딸과 혼인시켰다."[16]고 기술하고 있는 것이다. 이처럼 그는 영주의 명에 의해 가신들이 중매를 하여 구죠씨의 딸 일본인 여성과 결혼했다. 그 결과 1610년에 아들을 얻었고, 그 아들을 산노죠 마사이치(三之丞正一)라는 일본식을 이름을 지었다. 그러나 이들의 결혼생활은 오래가지 못했다. 그에 대해 『약기』는 다음과 같이 서술하고 있다.

1610년(慶長15) 산노죠 마사이치(三之丞 正一)가 출생 후 어미가 죽음에

---

14 立平進(2008)「松浦鎭信(天祥公)と三川內燒」『長崎國際大學論叢(8)』長崎國際大, p.15.

15 『三河內燒物略記』의「初代朝鮮國熊川の出身巨關」조.

16 『三河內燒物略記』의「5代目 正幸 取調書留置」조.

따라 고려 할머니를 (거관의) 부인과 같이 또 (산노죠의) 어미와 같이 서로 사랑하고 아꼈다. 그 후 요시노모토(救(莨)本)에 가서 함께 다정하게 지내다가 …〈생략〉… 그 후 산노죠와 여러 곳을 배회하던 중 오야마다 자에(小山田佐衛)와 함께 가라츠(唐津)의 시이노미네(椎之嶺)에 가서 머물렀다.[17]

　여기에서 보듯이 그의 아내는 산노죠를 낳고 얼마 되지 않아 죽어 버렸던 것이다. 그리하여 갓난아이 산노죠를 그와 함께 포로로 잡혀간 조선여성 '고려할머니'가 키웠다. 그녀는 거관과 한 가족처럼 의지하며 살며 산노죠를 돌보았고, 또 거관에게 도예기술을 배워 여성도공으로서 자립한 여성이었다. 즉, 거관은 부인과 사별한 후 재혼을 하지 않았던 것이다.

　그런데 위의 『연혁일람』은 또 하나의 중요한 사실을 알려준다. 즉, 그가 25년간 그릇을 생산하였지만 그 재료는 일본의 것이 아닌 조선의 것이었다. 그것이 어떻게 수입되었는지는 분명하지 않다. 기록에서 보는 바와 같이 그것은 임란과 정유의 왜란 때 마츠우라가 조선에 출병하여 주둔하다가 철수할 때 가지고 갔거나, 아니면 귀국한 뒤에도 조선과의 거래를 통하여 계속 수입하였을 가능성도 얼마든지 있다. 만일 전자라면 그가 전쟁을 수행하는 가운데에도 도자기에 대한 집착이 얼마나 강하였는가를 알 수 있는 것이며, 또 후자라면 임란 이후에도 한일 도공들 간의 사적 루트가 작동하고 있었음을 알려주는 중요한 자료가 된다. 이처럼 이들의 그릇생산은 철저히 조선의 흙에 의존하고 있었다. 즉, 당시 히라도 도자기의 가장 큰 과제는 외국에 의존해야 하는 재료수급이었던 것이다. 이를 해결하기 위한 노

---

17 『三川內燒物略記』의 「高麗姥履歷申傳의 事」條.

력이 나오는 것은 어쩌면 당연한 것이었는지 모른다. 여기에 대해『연혁일람』은 다음과 같이 기록하고 있다.

> 시게노부공의 손자 다카노부공(隆信公: 松浦家 28世)의 명령에 따라 거관과 그 아들 산노죠(三之丞), 가신 구베이(久兵衛) 등이 영내를 답사하다가, 우연히 히가시소노기군(東彼杵郡) 하이키마을(早岐村) 콘죠지(權常寺), 히우마을(日宇村)의 히가시우라(東の浦), 미가와치(三川內) 요시노타(吉の田) 및 아이코바(相木場) 등 네 곳에서 도토를 발견하여, 이 해에 나카노 마을에서 마기와치로 이주하여 요시노모토(葭の元) 마을에서 시험적인 가마를 설치했다.[18]

여기에서 보는 것처럼 이들은 조선에서 재료를 수입하면서도 다른 한편으로는 도토를 찾으려고 노력하고 있었다. 다카노부는 28대 히라도의 영주이다. 그가 직접 명령을 내렸을 만큼 영내에서 도토를 찾는 일은 매우 중요한 일이었다. 그러므로 다카노부는 그의 가신과 함께 이를 찾도록 명령을 내렸던 것이다.

그가 도토를 찾고 있었을 때 산노죠의 나이는 불과 12세의 어린 소년이었다. 그 일에 아들을 참여시켰다는 것은 가업을 잇게 하려는 의도가 분명히 있었던 것으로 보인다. 이러한 노력의 결과로 하이키마을, 히우마을, 미가와치, 아이코바 등의 네 곳에서 도토를 발견할 수 있었다. 그리고 도토가 생산되는 곳 중의 하나인 미가와치로 이주하였던 것이다.

일본 연구자 나카시마 히로키(中島浩氣)는 이곳에서 출토되는 도편

---

18 『平戶燒沿革一覽』, 元和 8(1622) 壬戌 條.

들이 천목다완(天目茶碗), 단순한 그림을 넣은 접시, 그리고 한쪽에만 귀때가 달린 술병 등인 것으로 보아 이들은 이곳에서 여러 가지 형태의 실험이 행하였을 것으로 추정했다.[19] 미가와치는 이러한 역사적 배경 하에 시작되었던 것이다.

미가와치로 이주한 거관은 그곳에서 10여 년 동안 그릇생산에 전념하다가 1632년에 일단 일선에서 은퇴를 한 것 같다. 그 이후 생활에 대해서도『연혁일람』은 다음과 같이 서술하고 있다.

> 거관 77세, 요시모토에서 류조지(龍造寺)의 영지인 흑발산(黑髮山) 대지원(大智院)의 존각법인(尊覺法印)에게 귀의하여, 같은 산(절)에 은거하여 오로지 도기의 제작에 고심하여, 글자가「쯔지에」라는 곳에서 일종의 도토를 발견했다. 그리고 제조하는 도기의 기술이 정교하기 이를 데 없었다.[20]

이상에서 보는 것처럼 그는 77세의 나이에 일선에서 물러나 존각이라는 승려에게 귀의를 했다. 여기서 귀의라는 말은 승려로서 출가하였다는 의미인지, 단순히 절에서 은거를 하였다는 것인지 분명치 않다. 그가 은퇴하였다는 것은 자신의 가업을 아들인 산노죠에게 물려주었다는 것을 의미한다. 이와 같이 생업에서 물러나 절에 머물면서도 그는 세속에 미련을 버리지 못했다. 그곳에서도 불교수행보다도 자신이 지금까지 해왔던 그릇 만드는 일에 몰두했던 것이다. 그러한 가운데 새로운 도토지를 발견하였고, 기술의 정교함도 향상되었

---

19 中島浩氣(1985)『肥前陶磁史考』靑潮社, p.216.
20 『平戶燒沿革一覽』, 寬永9(1632) 壬申 條.

다.『연혁일람』은 거관에 대해 다음과 같은 기사도 덧붙였다.

거관 또한 아들인 산노죠를 독려하여 연구를 하는 한편, 오로지 도
토의 발견에 노력하였다. 이 해 히가시소노기군 에가미 마을(江上村) 미
츠다케(三ツ岳)에서 백자광(현재 사용하는 原料)을 발견하여, 백수소(白手
燒)를 시험적으로 만들어 보았으나 좋은 결과를 얻지 못했다. 다시 가
라츠(唐津)의 시이노미네(椎イ嶺)와 기타 지역의 원료를 섞어서 드디어
양호한 백자기를 만들어 낼 수 있었다. 또 청자기를 발명함으로써 히라
도 청자도자기(平戶燒靑磁)라 일컬어질 정도로 크게 높은 평을 받았으
니, 이에 영주 다카노부공은 그 공에 상을 주고 장려했다.[21]

여기에서 보듯이 거관은 은퇴한 이후에도 계속 도토를 찾으려는
노력과 기술개발에 고심했다. 이것은 만족할만한 도토가 확보되지
못하였다는 것, 그리고 만족할만한 기술을 갖추지 못하고 있었다는
점을 의미하는 것이기도 하다. 그만큼 그에게는 도토의 발견과 기술
의 개발이 절박하였던 것이다. 1634년 미츠타케에서 백자광을 발견
하여 백자를 굽는데 성공하지만, 생각했던 것처럼 만족할 만한 도자
기가 나오지 않았다. 그러나 이에 굴하지 않고 타 지역의 재료들을
배합하여 다시 실험한 결과 성공적인 백자를 만들어 낼 수 있었을 뿐
만 아니라 청자까지도 만들어 냈다 한다.

이처럼 그는 조선에서 가져간 기술을 일본에서 시행착오를 겪으
면서 여러 차례 실험을 거쳐 기술을 향상시키는데 노력을 기울였던
것이다. 그 후 그는 88세 때 자신이 출가했던 대지인이라는 사찰에

---

21 『平戶燒沿革一覽』, 寬永 11(1634) 甲戌 條.

서 숨을 거두었고, 장사는 흑발산의 못에서 지낸 것으로 되어있다.[22]
『약기』에 의하면 그에게 법명(계명)을 짓지 않았던 것 같다. 그리하여
그의 묘비는 이름이 새겨지지 않은 오륜탑(五輪塔)의 형식으로 만들
었다.[23] 그 후 그의 무덤과 유골은 1910년에 후손들에 의해 모토야마
(本山)으로 이장을 했다. 아마도 이때 그들은 자신들의 윗대 선조 3대
(거관, 산노죠, 죠엔)를 한 곳으로 모았던 것 같다.

3. 미가와치 도자기의 기초를 만든 산노죠

이상에서 보듯이 거관은 단순히 그릇을 굽는 평범한 도공이 아니
었다. 끊임없는 도토의 발견과 기술개발에 노력하는 연구자이었다.
이러한 부친에 이어 도공의 길을 간 산노죠도 아버지의 기대를 저버
리지 않았다. 그도 선진기술을 배우기 위해 길을 떠나 일본 각지로
순회했다. 시이노미네(椎の峯), 아리타(有田), 미츠노마타(三ツの又) 등지
로 순회하면서 기술을 수련한 것으로 알려져 있다. 특히 그의 아리
타에서 수련한 이야기는 너무나 유명하다. 그에 대해『연혁일람』은
다음과 같이 소개하고 있다.

　　전해 말하기를(今村氏가 제출한 서류) 처음에 산노죠가 히라도에서
　　나와 제자 오야마다 사베이(小山田佐兵衛)와 오키다 큐베이(沖田久兵衛)
　　를 데리고 연구시찰을 하였을 때, 류조지(龍造寺)의 영지인 아리타(有

---

22 『平戸燒沿革一覽』, 寛永 20(1643) 癸未 條.
23 『三河內燒物略記』의「2代目 慶長 15 庚戌年 출생 . 今村山之丞正一」 조.

田) 난가와라(南川原)에 거관과 동향인 웅천사람으로 다케하라 도안(竹原道庵)의 아들 고로시치(五郎七)가 치쿠젠(筑前)에서 이주하여 도업을 영위하고 있었다. 산노죠는 백수소(白手燒)의 세공기법을 습득하기 위해 날품팔이가 되었고, 그 후에는 제자가 되었으나 고로시치는 유약을 조합하는 방법을 비밀로 하고 가르쳐 주지 않았다. 유약을 조합할 때는 2층에 올라가서 하기 때문에 어떻게 할 도리도 없이 시간을 보내고 있었다. 그러는 동안 잿물을 거르는 마지막 공정은 항상 여자 날품팔이를 사용하고 있다는 사실을 알고, 산노죠는 자신의 아내(前田德左衛門의 딸)에게 비법을 알아내기 위해서 유약과 토회(土灰)를 2층으로 가져가기 전에 물을 헤아려 두고, 배합소에 가지고 가서 유약을 사용한 후 토회의 나머지를 몰래 가져오게 하여 간신히 조합의 가감을 터득한 후 산노죠는 아내를 데리고 탈주했다. 고로시치는 그들을 추격하는 사람을 내었으나, 부부는 2-3일간 산속에 숨어 있었기 때문에 잡히지 않았다. 그 후 고로시치가 병으로 죽자 산노죠는 오무라(大村) 영지 나가오가와(中尾川) 내 사라야마(皿山: 지금의 中尾山)에서 도토를 발견하고 이곳에서 가마를 열었으나 소질(素質)이 흐리고 새하얗지 않았다. 그가 이곳에 머물고 있는 동안 고야나기 키치우에몬(小柳吉右衛門)이 제자가 되었다.[24]

이상의 이야기는 많은 부분이 생략되어있다. 그리하여 이해를 돕기 위해서는 나카시마 히로키의 『비전도자사고(肥前陶磁史考)』의 내용을 보충자료로서 이용하여 설명하면 다음과 같다. 미가와치 도자기에 관한 기록 중 가장 오래된 『금촌정방구기(今村正芳旧記)』에 의하면

---

24 『平戸燒沿革一覧』, 寬永 14(1637) 丁丑 條.

여기에 등장하는 다카하라 고로시치(高原五郎七)[25]라는 자가 거관과 같은 조선의 웅천(熊川) 출신 도공으로 당시 전국적으로 이름을 떨치고 있었던 명도공이었다. 그가 시이노미네에 있었던 것이다. 이 기회를 놓칠 수 없다고 생각한 그는 시이노미네를 찾아갔으나 고로시치는 아리타(有田) 난가와라(南川原)의 가키우에몬(柿右衛門)의 초청을 받아 이미 그곳으로 가버리고 없었다. 그리하여 하는 수 없이 시이노미네에 머물며 기술견학과 함께 그곳에서 도공 후쿠모토 야지우에몬(福本彌次右衛門), 교토의 낭인 출신 화공 야마우치 초베이(山内長兵衛)와 단바(丹波)의 낭인 마에다 도쿠자에몬(前田德左衛門) 등과 친분을 쌓았다.[26] 그 때 이들의 주선으로 마에다 도쿠자에몬의 딸을 아내로 맞아들였다.

그 후 그는 아내를 데리고 우다 콘베이(宇田權兵衛)와 함께 고로시치가 있는 난가와라로 찾아갔다. 그곳에서 겨우 고로시치의 제자가 되었던 것이다. 특히 산노죠가 습득하고 싶었던 기술은 고스(呉須)였다. 이는 백자에다 코발트 색깔의 안료를 칠하는 기법이다. 이 기술은 유약의 배합을 어떻게 하느냐가 관건이었다. 그런데 이 기법을 고로시치는 좀처럼 그에게 가르쳐 주지 않았다. 이에 산노죠는 자신의 아내를 여공으로 고로시치의 밑에서 일하게 하여, 아내를 통하여 그 비법을 알아낼 수가 있었다. 고로시치가 유약의 배합을 하기 전에 그가 준비해둔 원료를 미리 무게를 달아두었다가, 그 작업이 끝나면 남은 양을 측정하는 식으로 배합의 비율을 알아내는 데 성공했다. 이렇게 어렵게 고로시치의 비전을 터득한 산노죠는 난가와라를 도망

---

25 『약기』에 의하면 그는 조선인 다케하라 미치마(竹原道磨)의 아들로서 처음에는 치쿠젠(筑前)에서 살았으며, 그의 제자로는 우다 곤에(宇田權衛), 히라에(平衛), 사나이(左内)이다. 이 중 사나이는 조선인이었다고 한다.

26 中島浩氣, 앞의 책, p.218.

치듯이 빠져나갔다. 그 해가 1629년(寬永6)이었다.

그 후 그는 이름도 가명을 쓰면서 나베시마(鍋島)의 영지 내에 있는 각 지역의 산으로 돌아다녔다. 아리타에서 구로무다(黑牟田)를 거쳐 스고(須古)에 오는 도중 그곳의 모미오카야마(籾岡山)에서 아들 죠엔을 얻었으니 그 해가 1635년이었다. 이처럼 죠엔은 아버지가 각지로 돌아다니며 기술연마를 하는 도중에 태어난 것이었다. 그리고 그는 하사미(波佐見)의 미츠노마타(三の股)에서 잠시 거주하였다가 오무라(大村)의 영지인 나카오야마(中尾山)으로 거처를 옮겨 가마를 열었다.[27] 그 때는 이미 고로시치도 사망하였기 때문에 마음 놓고 지금까지 익혔던 기술로 자기를 생산할 수 있었다. 그러나 위의 기록에서 보는 바와 같이 그때 생산한 자기는 바탕이 흐리고 새하얗지 않았다. 아직도 불충분한 부분이 남아있었던 것이다. 이러한 사정을 위의 이야기가 잘 전달하고 있는 것이다.

그가 나카오산에서 자기를 생산하고 있다는 것을 안 마츠우라 영주 마츠우라 다카노부(松浦隆信=宗陽)는 가신 시가타 헤이노죠(志方平之丞)를 보내어 그에게 돌아올 것을 명하였다. 그리하여 그는 고야나기 키치우에몬에게 자신의 가마를 물려주고 히라도로 돌아와 미가와치 마루야마에 거처를 정하고 나가하야마(長葉山)에서 히라도번의 관요인 어용가마(御用窯)를 열고 본격적으로 자기를 생산하게 되었다. 그러한 사정을 『연혁일람』은 다음과 같이 기술하고 있다.

영주 다카노부공이 명을 내려 오리오세무라(折尾瀬村) 미가와치(三川內) 마루야마(丸山: 本山)에 거처를 정하고, 나가하야마(長葉山)에 도요(陶

27　中島浩氣, 앞의 책, pp.218-219.

窯)를 짓고 도자기 제작장을 설치하게 했다. 그 임원은 명산(皿山) 창설
자 산노죠 마사이치(三之丞正一), 화사(畵師): 야마노우치 쵸베이(山內長兵
衛) , 마에다 도쿠자에몬(前田德左衛門), 요소(窯燒): 나가자토 무에몬(中里
茂右衛門), 수전(手傳): 후지모토 나오자에몬(藤本治左衛門), 가래(家來=부
하): 오키다 큐베이(沖田久兵衛)이다.

마에다는 단바(丹波) 사사야마(笹山)의 낭사(浪士)이며, 야마노우치는
야마시로(京都)의 낭사이었는데, 둘 다 회화가 좋았다. 산노죠는 가라츠
의 시이노미네에서 이들과 장래를 약속하고 헤어졌는데, 이해에 부하
인 오키다 큐베이(沖田久兵衛)를 시켜서 두 사람을 맞아 들였다. 마에다
는 나가하야마 부근에 거처를 정하고 그곳을 마에다라 칭했다. 야마노
우치는 마루야마(丸山)의 동남쪽 고타니(小谷)에 살았다. 이 두 사람은
모두 화공의 기술이 뛰어나 어용화(御用畵)의 원조가 되었다. 또 영주의
화사 호교 나오카게(法橋尙景)의 아우, 다나카 요베이 나오토시(田中與兵
衛尙俊)라는 자가 야마노우치 초베이의 양자가 되어 화사들의 감독으로
이 해에 와서 살았다. 또한 이 해에 산노죠는 시이노미네에서 오야마다
사베이(小山田佐兵衛)를 불러들였고, 영주에 간청하여 돈, 쌀의 수당을
받았다.[28]

이러한 기록에서 보듯이 1637년 히라도번은 본격적인 자기생산
을 위해 산노죠를 중심으로 가마운영체제에 돌입하였음을 알 수 있
다. 먼저 그는 자신이 과거에 기술 연마할 때 사귀었던 사람들을 대
거 불러 들였다. 야마노우치와 마에다, 나가자토, 후지모토 등은 모
두 시이네에서 초청한 사람들이었다. 더구나 마에다는 자신의 장인

---

28 『平戶燒沿革一覽』, 寬永 14(1637) 丁丑 條.

이었다. 그리고 『비전도자사고』에는 이들 이외에도 후쿠모토 야지
우에몬(福本彌次右衛門), 요코이시 나가우에몬(橫石長右衛門), 가나우지 타
자에몬(金氏太左衛門) 등의 이름도 보인다.[29]

그 중 후쿠모토는 1643년 산노죠가 시가타 한노죠와 상의하여 시
이노미네에서 초빙한 사람이었다. 『연혁일람』에 의하면 그는 조선
도공 종차관(從次貫)의 아들이었다. 종차관은 도요토미 히데요시가
나고야 대본영에서 마츠우라 시게노부에게 조선도공을 데리고 오라
고 명령하였을 때 웅천에서 나고야(名護屋)로 보내진 사람이었다. 히
데요시는 그에게 그곳에서 가마를 짓고 다기를 만들게 하였고, 그것
이 생산되자 마츠우라는 만족해하며 그의 이름을 야지우에몬(彌治右
衛門)이라 고치고, 성은 후쿠모토(福本)로 하게 했다.[30] 종차관은 히데
요시 사후 1613년에 시이노미네로 거처를 옮겨서 활발하게 도예업
을 하다가 1623년에 사망했다. 그 때 그의 아들이 17세이었는데, 그
가 아버지 이름을 이어받아서 사용하고, 오로지 도예에만 힘써 기술
이 크게 발전하여 특히 농차 다완(濃茶茶碗)을 만드는 솜씨가 뛰어났
다.[31] 산노죠는 이러한 사람을 발탁하여 초빙하였던 것이다.

이와 같이 인적자원이 확보된 상태에서 1637년(寬永14) 당시 번주
마츠우라 시게노부(松浦鎭信=天祥)는 미가와치에 있는 도공들을 격려
하고 산노죠를 사라야마 도량(皿山棟梁) 겸 대관(代官)으로 임명했다.[32]
그리고 1641년에는 영주가 순시하다가 도업의 진보와 기술의 정교
함을 칭찬하며 산노죠를 직접 가까이에 불러서 이마무라(今村)라는

---

29 中島浩氣, 앞의 책, p.220.
30 『平戶燒沿革一覽』, 序文.
31 『平戶燒沿革一覽』, 寬文 7(1667) 丁未 條.
32 『平戶燒沿革一覽』, 寬永 14(1637) 丁丑 條.

새로운 성씨를 하사했다.[33] 이처럼 히라도번에서도 도자기 산업에
적극 지원을 했던 것이다.

그리고 1643년(寬永20)에는 사라야마 역소(皿山役所)의 분공장(分工場)
을 기하라(木原)와 에나가(江永)에 설치했다. 그리고 오야마다를 기하
라를, 타츠지로(辰次郎)를 에나가의 담당자로 하고, 산노죠가 총괄했
다. 이에 영주(훗날 鎭信公)는 산노죠에게 또 금품과 논밭 전지를 하사
하고 장려했다.[34] 이처럼 거관의 아들 산노죠는 히라도번의 어용가
마로서 미가와치 도자기가 형성하는데 중심적 역할을 하였던 도공
이었던 것이다.

그 후 1668년(寬文8)에는 히라도번의 성주가 미가와치에 세공소(細
工所) 및 대관역소(代官役所)를 설치하고 나카다 덴베이(仲田傳兵衛)를 직
접 파견하여 도업의 일체를 관리 감독케 했다. 이처럼 미가와치는
히라도번의 관요로서 내용을 충실히 다져 나갔다. 1696년 7월 9일
산노죠는 마루야마의 자택에서 향년 87세로 타계를 했다.[35]

4. 도조신사의 신이 된 이마무라 죠엔

이마무라 죠엔(今村如猿)의 본명은 이마무라 야지베(今村彌次兵衛)이
었다. 그는 앞에서 언급한 바와 같이 1635년에 태어났다. 그의 부친
조선인 2세이었으나, 그의 모친은 마에다 도쿠자에몬의 딸이다. 마

---

33 『平戸燒沿革一覽』, 寬永 18(1641) 辛巳 條.
34 『平戸燒沿革一覽』, 寬永 20(1643) 癸未 條.
35 『平戸燒沿革一覽』, 元祿 9(1696) 癸未 條.

▌죠엔을 신으로 모신 도조신사

에다는 단바의 낭인출신이며, 도자기의 그림을 잘 그리는 화공이었다. 따라서 그의 모친은 순수한 일본인이라 할 수 있다. 이처럼 그는 조선인과 일본인의 사이에서 태어난 혼혈아였다. 그에 대해『연혁일람』은 다음과 같이 기술하고 있다.

야지베가 7세 때 흑발산에서 거관에게서 일을 배웠다.....〈중략〉....
이마무라 야지베는 부친 산노죠를 이어 도공이 되어 스스로 고심한 결과 종래의 자질(磁質)이 아직도 최상이 아니라는 것을 알고, 아마쿠사(天草)에서 원료를 발견하고, 시요(試窯)연구를 거듭하여 마침내 순백의 일품(逸品)을 만들어 내어 크게 명성을 얻었다. 전하기를 야지베가 지로베(次郞兵衛)로 이름을 바꾸어 아마쿠사 섬(天草嶋)에 건너가서 석장(石

場)의 지주 우에다 모씨(上田某氏)를 만나서 거래 약속을 하였다 한다.[36]

여기에서 보듯이 산노죠의 아들 야지베도 어릴 때부터 도공의 길을 갔다. 그의 조부가 일선에서 은퇴하여 대지원에 출가해 있을 때 7살이라는 어린 나이에도 불구하고 조부로부터 기술을 전수받았고, 그에 이어 아버지 산노죠로부터 도예에 관한 기술전수가 이루어졌다. 따라서 그는 3대 째 명문 도예의 명가를 이어가는 사람이었다.

그는 이에 만족하지 않았다. 자기 생산을 위한 연구와 노력이 조부 거관으로부터 시작한 이래 부친 산노죠에 이어 자신에게 전해오면서 기술의 축적은 이루어졌지만, 도토에 대한 불만은 항상 가지고 있었다. 양질의 도토가 없이는 완벽한 자기제조의 구현은 불가능하다는 사실을 잘 알고 있었다.

이러한 문제점을 구마모토의 아마쿠사에서 양질의 도토를 발견하고, 그것으로 몇 번이나 실험을 거쳐 마침내 만족할만한 성과를 거두었다. 그리고 그 땅의 주인인 우에다와 계약을 맺음으로써 지속적인 재료수급의 길을 확보했던 것이다.

그는 아마쿠사의 도토만을 사용하지 않았다. 수입된 아마쿠사의 도석(陶石)과 미츠노마타의 도석(陶石)을 잘 배합해서 만든 재료로 순백색의 자기를 만들어냈다. 그 때 그는 청화백자(靑藍染付), 세공물(細工物), 조각물(彫刻物), 자기공예품(捻物) 등 뛰어난 작품을 생산했다. 그러자 그의 명성도 세상에 널리 알려지게 되었다. 이 부분에 대해서도 『연혁일람』은 다음과 같이 서술하고 있다.

---

36 『平戶燒沿革一覽』, 寬文 2(1663) 壬寅 條.

영주(훗날 鎭信公)가 도쿠가와가(德川家)에 올릴 진상품과 각 영주로
부터 계속된 어용품의 주문으로 명을 받아 공전(空前)의 성황을 이루
게 되었다. 영주가 이마무라 야지베(당시 30세)를 불러들여 그 공을 칭
찬하고, 100석의 신분인 오우마마와리 격(御馬廻格)으로 올리고, 꾸지
나무 잎(梶葉紋)의 문양이 있는 삼베 옷 상하 한 벌, 시복(時服) 한 벌,
상신(常信)이 그린 산수화 한 폭, 그 밖에 각종 화수본(畵手本)을 하사
했다.[37]

여기에 보듯이 그는 막부 쇼군가(将軍家)의 헌상품과 각 영주들로
부터 주문받은 물품을 납품할 수 있는 기회를 얻어 그의 작품제조는
대성황을 이루었다. 이에 번주인 마츠우라 시게노부(松浦鎭信: 1622-1703)
는 만족해하며 그를 「오우마마와리」라는 직책과 봉록 100석을 주는
가신으로 삼았던 것이다. 그 때 그는 시게노부로부터 이마무라(今村)
라는 성씨를 하사받았다. 그에 대한 사정을 『약기』에서는 다음과 같
이 기술하고 있다.

그림을 그려 넣은 청화백자(染付藍繪)의 아름다움에 대해 크게 기뻐
하며 "다년간 힘들게 연마한 공이 여기에 이르렀다."고 하며 이 일에
종사한 모든 사람을 칭찬했다. 그리고 막부에도 이 일을 알리겠다고 했
다. 그리고 산노죠에게 "성은 무엇인가?"하고 물었다. 이에 "아비 거관
은 조선사람이므로 아직 성이 없이 그대로 산노죠 마사이치라 한다."
고 대답하자, 번주는 이를 듣더니 그 사람의 공적은 하나의 마을을 새
롭게 연 것과 같으므로 지금부터 이마무라(今村)라고 하라 했다. 그리고

37 『平戸燒沿革一覽』, 寛文4(1664) 甲辰 條.

그를 3곳의 사라야마(三皿山)의 우두머리(棟梁) 겸 대관으로 임명했다.
또 아이코바(相木場) 일원의 토지, 히로마사(廣正)가 만든 칼 한자루, 삼
성(三星)의 무늬를 흐트러서 새롭게 만든 가문(家紋)을 정하라고 하여,
이를 배령했다.[38]

여기에서 보듯이 거관의 후손들이 사용하고 있는 이마무라라는
성씨는 산노죠부터 시작되었던 것이다. 그 이전까지는 성씨도 없이
살았던 것이다. 쇼군에 진상될 정도로 도자기의 완성에 따른 일종의
포상으로 주어진 것이었다. 사라야마의 도량과 대관을 겸하였고, 또
집안의 문양도 영주로부터 하사받았다.

당시 히라도 영주이었던 시게노부는 다도에 정통해 있었다. 그는
젊었을 때부터 다도를 시작한 이래 여러 유파의 다인들과 교류하면
서도 특히 카다기리 세키슈(片桐石州: 1605-1673)에게 사사를 받아 자신
의 이름을 딴 시게노부류(鎭信流)의 다도 일파를 세운 사람이었다. 그
러므로 그는 죠엔의 작품 가치를 잘 알고 있었다.

그러한 것에 힘입어 1699년에는 천황가에게 진상될 어용품을 만
들 것을 명을 받게 된다. 이에 대해『연혁일람』는 "당시 청화백자(青
藍染附), 니시키 츠케(錦附), 성상화(盛上畵), 조각, 자기공예, 투조(透彫) 등
이 정교하기 이를 데 없었다고 한다. 이것은 영주가 몇 대에 걸쳐 보
호 장려한"결과로 기술하고 있다.[39] 이처럼 미가와치 도자기가 전국
적으로 유명해지는 데는 조선도공들이 축적한 기술과 영주의 시게
노부의 장려정책과 홍보가 주효했던 것이다.

---

38 『三河內燒物略記』의「5代 彌次衛正幸書留置」條.
39 『平戸燒沿革一覽』, 元祿 12(1699) 乙卯 條.

미가와치 도자기가 전국적으로 명성을 얻는데 크게 기여한 죠엔은 1702년 일선에서 물러나 조부 거관과 같이 출가하여 승려가 되었다. 그 때 영주인 마츠우라 시게노부를 만났다. 이 때 시게노부는 그에게 죠엔(如猿)이라는 호를 내렸다.[40] 그리하여 그 때부터 그는 이마무라 죠엔(今村如猿)이라고 불리웠던 것이다. 죠엔이라는 말은 말 그대로 받아들이면 "원숭이와 같다"는 의미이다. 무엇 때문에 시게노부는 그에게 이러한 호를 내린 것일까? 여기에 대해 『연혁일람』은 "아마도 이마무라의 모습이 얼핏 보아 원숭이를 닮았기 때문일 것인데, 당시 사람들은 태합(太閤=풍신수길)이 다시 태어났다고 하였다."[41]고 설명하고 있다. 이러한 이마무라 야지베 죠엔은 1717년 향년 83세로 사망하였으며, 세 곳의 도요지 사람들이 모두 모여 정중히 장사를 치렀다고 한다.[42]

이마무라 죠엔이 미가와치의 신이 된 것은 1842년의 일이다. 그의 사후 125년이 지나서 영주인 마츠우라 히로무(源熙)가 미가와치 관계자들에게 각서와 와카의 2수를 내리면서 명을 내린 것이었다. 그에 관한 사정을 『연혁일람』은 다음과 같이 서술하고 있다. 그 때 내린 각서의 내용은 다음과 같다.

각(覺)

그 조상 죠엔에게 옛날 한없이 입은 은덕을 세 명산(皿山)의 거주민 자자손손에 이르기까지 감히 잊지 않기 위해 지금부터 도기만족기원

---

40 『平戶燒沿革一覽』, 元祿 15(1702) 壬午 條.
41 『平戶燒沿革一覽』, 元祿 15(1702) 壬午 條.
42 『平戶燒沿革一覽』, 享保 2(1717) 丁酉 條.

소(陶器滿足祈願所)로서 죠엔대명신(如猿大明神)으로 우러러 받들고 제사를 지낼지어다.

1842년(天保13) 임인(壬寅) 3월 9일, 源熙[43]

이 명을 받들어 사람들은 미가와치의 본산 동쪽의 땅에다 신사를 세우고, 이마무라 죠엔을 '죠엔대명신'이라 모셨다. 이 부분에 대해서도『연혁일람』은 "히라오섬(針尾島) 오자키(大崎)의 돌로서 죠엔대명신의 신사(神祠)를 짓고, 해마다 죠엔의 기일인 3월 9일에 제사를 지내는 것으로 정했다."고 한다.[44] 하라오 섬은 사세보시(佐世保市)의 남서쪽에 위치해 있으며, 사세보만과 오무라만(大村灣)의 사이에 떠있는 섬으로 유문암질(流紋岩質)의 용암대지(溶岩台地)로 되어있는 섬이다. 지금은 밀감 재배지로 유명하지만, 에도시대의 초기에는 미가와치의 조선도공들이 백자를 만들기 위해 이곳의 유문암(流紋岩: rhyolite)에 주목을 하고 한 때 자기의 원료로서 활용을 시도하였으나, 만족할만한 성과를 거두지 못하여 포기한 적이 있는 섬이기도 했다. 그러므로 이곳의 돌의 성분에 대해서 잘 알고 있었다. 어쩌면 이곳에서 나는 돌은 도토보다는 묘지석으로 사용하기에 가장 적합하였는지 모른다.

히라오섬 오사키의 돌로 신사를 지었다는 것은 신사의 규모가 크다는 것을 의미하지 않는다. 신사는 본전(本殿)과 배전(拜殿)으로 이루어져 있다. 흔히 사람들이 신에게 인사를 드리는 건물은 배전이다.

---

43 『平戸燒沿革一覽』, 天保 13(1842) 壬寅 條.
44 『平戸燒沿革一覽』, 天保 14(1843) 癸卯 條.

물론 이 건물은 목조로 되어있다. 여기서 돌로 지었다는 것은 배전이 아니라 본전을 말한다. 실제로 그 모양은 집의 형태를 취하고 있지만, 규모는 작아서 마치 묘지석을 방불케 했다. 여하튼 지금은 입구에 도리이(鳥居)가 있고, 배전도 갖추고 있는 훌륭한 신사로 되어있다.

한편 영주가 내린 와카의 내용은 "오로지 산이여 번창하라. 와카(和歌)의 일(業)을 다하여 기도하라. 흙을 지키는 신이시여" "누구라도 헤치고 들어가 보러 와도 좋다. 귀신도 훌륭하다고 생각하는 것이 말의 길(言葉之道)이다."[45]이라고 되어있다 한다. 이것은 와카의 형식을 취하고는 있다하나 내용은 제문과 같은 성격을 띠고 있었다. 따라서 1843년 신사가 완성되고, 죠엔의 기일(3월 9일)에 맞추어 제사를 지낼 때 "영주에게 받은 각서와 와카를 읽는 것으로 전례가 되었다."[46]는 것에서 알 수 있듯이 그것은 각서와 더불어 제문으로 사용되고 있었다. 이러한 과정 속에서 사세보시 미가와치에 도조신사(陶祖神社)가 탄생하였으며, 조선도공의 3세인 이마무라 죠엔이 죠엔대명신으로서 모셔지게 되었던 것이다.

그 후 1917년에 마츠우라 아츠시(松浦厚) 백작이 「삼명산개요기념비(三皿山槪要記念碑)」, 1918년에는 「창요삼백년기념지비(創窯三百年記念碑)」의 찬서를 적었는데, 특히 전자의 경우는 다음과 같은 내용이 적혀있다.

우리 제 35세 선조 히젠모리(肥前守) 히로무(凞)공이 이마무라씨 제 2세 죠엔이 가마를 연 공을 명심하여, 그의 7세손에게 올바른 날에 죠엔

---

45 『平戸燒沿革一覽』, 天保 13(1842) 壬寅 條.
46 『平戸燒沿革一覽』, 天保 14(1843) 癸卯 條.

의 제사를 영원히 지내고, 또 이를 게을리 하지 않기 위해 글로 새겨두
어 기념하고자 한다.[47]

여기서 보듯이 죠엔이 1842년에 신이 된 다음 1917년에 마츠우라
영주의 직계 자손인 아츠시의 찬서에 의해 한번 더 촉구되었다. 그것
이 기념비에 새겨져 조선도공의 3세인 죠엔은 미가와치의 신으로서
오늘에 이르기까지 변함없이 모셔지게 되었던 것이다.

5. 도조신사와 이마무라가의 후예들

일본에는 도조를 모시는 신사가 이곳 말고도 몇 군데 더 있다. 교
토의 와카미야하치만궁(若宮八幡宮), 도치기현(栃木縣) 호가군(芳賀郡) 마
스코초(益子町) 카시마신사(鹿島神社), 이시가와현(石川縣) 노미시 사노초
(能美市佐野町)의 사노신사(狹野神社)의 경내에 각각 도조신사가 있다. 그
리고 아이치현(愛知縣) 세도시(瀬戸市) 쥰마초(巡間町)의 오오마신사(大目
神社)의 경내에는 있는 후지시로신사(藤四郎神社), 사가현 아리타초(有田
町)의 도산신사(陶山神社)도 지역의 도조를 모시고 있는 신사이다.

이 중 와카미야하치만과 카시마신사에서는 도자기와 관련된 신을
모셨다. 가령 시이네쯔히코(椎根津彦命)는 일본신화에서 초대 천황인
신무가 야마토를 정복하기 위해서는 아마노카구야마(天香久山)의 흙
으로 빚은 제기로 제사를 지내야 한다는 신탁을 듣고 명하여 제기를
만들게 한 자이다. 그리하여 그를 일본의 도조로 삼았던 것이다. 그

---

47 『平戸燒沿革一覽』, 大正6(1917) 丁巳條.

에 비해 카시마신사는 그릇을 만들 때 불이 필수적이기 때문에 불의
신인 호무수비(火産靈神)를 제신으로 모셨던 것이다.

그러나 나머지는 그렇지 않다. 즉, 사노신사에서는 구타니 도자기
(九谷燒)의 도조인 사이다 도카이(斉田道開: 1796-1868), 오오마신사에서
는 세도도자기(瀬戸燒)의 도조인 가토 토시로(加藤藤四郎: 1168-1249), 아리
타의 도산신사에서는 아리타 도자기의 도조인 이참평(李參平: 생년미상
-1655)을 각각 제신으로 모시고 있는 것이다. 이곳에서 보듯이 도조를
신으로 모시는 신사에는 신화 속의 인물(신)을 모시는 신화계 신사와
실재로 존재했던 도조(인물)을 모시는 역사계 신사가 있는 것이다.

이러한 신사들과 비교하여 보면 미가와치 도조신사는 실재로 역
사적으로 존재했던 죠엔이라는 인물을 신으로 모시고 있다는 점에
서 신화계 보다는 역사계에 속한다고 할 수 있다. 이러한 신사들과
비교하여 보면 다음과 같이 세 가지 특징을 지니고 있음을 지적할 수
있다.

첫째 미가와치 도조신사의 죠엔은 영주의 명에 의해 신이 되었다
는 점이다. 다른 신사들은 모두 지역민들에 의해 숭상되었던 신들이
었지만, 죠엔은 영주 마츠우라의 명에 의해 죠엔을 위한 신사가 건립
됨으로써 신이 된 인물이라는 특이성을 가지고 있다.

둘째는 그는 결코 실질적인 도조가 아니라는 점이다. 그에게는 부
친 산노죠, 조부 거관이 있었다. 이들은 모두 미가와치 도자기를 있
게 한 훌륭한 도공들이었다. 그러므로 미가와치 도자기의 도조는 거
관이어야 한다. 사노신사의 사이다 도카이, 오오마신사의 가토 토시
로, 도산신사의 이참평은 모두 초대에 해당되는 인물들이다. 다시 말
하여 도카이는 구타니야키(九谷燒), 토시로는 세도야키(瀬戸燒), 이참평

은 아리타야키(有田燒)의 시조이기 때문이다. 그야말로 그들은 누가 보더라도 지역의 가마를 처음 연 도조이었다. 그러나 미가와치의 경우는 그러한 개념에서 벗어나 있는 것이다. 그는 초대 거관-2대 산노죠를 거쳐 3대에 속하는 인물이기 때문이다. 이것은 앞에서 언급한 영주의 명에 따라 움직인 결과일 것이다.

셋째는 독립된 신사와 공간을 가지고 있다는 점이다. 다른 신사들은 모두 기존의 신사 경내에 있는 섭사 또는 말사이며, 또 독립된 공간을 가진다 하더라도 하치만 신과 함께 부신(副神)으로 모셔지는 경우가 대부분이다. 가령 도카이와 토시로는 도조로서 신으로 모셔지지만, 사노신사, 오오마신사와 같은 신사에 더부살이하는 형태를 취하고 있는 한편, 아리타의 이참평은 이름은 도산신사이지만, 주신(主神)은 신공황후, 응신천황, 나베시마이며, 정작 지역산업을 일으킨 도조 이참평은 부신으로 모셔지고 있는 것이다. 이러한 점에서 본다면 어느 신과 신사에 의지하지 않고 있는 미가와치의 도조신사는 그야말로 매우 특별한 신사임을 알 수 있다.

한편 『연혁일람』은 죠엔의 이후 이마무라가의 사람들에 대해서도 간략하게 서술하고 있다. 그것에 의하면 죠엔은 1666년에 아들을 얻었고, 그를 야지베 요시사다(彌次兵衛 好貞)라 했다. 그도 가업을 이어 활약하다가 부친 죠엔이 죽기 1년 전인 1716년에 향년 51세로 별세를 하였다. 그 뒤는 요시사다의 아들 마사유키(正幸)가 이었고, 그는 1736년 향년 50세의 나이로 사망했다. 그리고 그의 뒤는 1731년에 태어난 마사요시(正芳)가 이었다. 그 이후는 1759년에 출생한 마사요시의 아들 소하치 마사카즈(楚八正和: 1759-1838)가 계승했다. 그리고 그 뒤는 1805년에 태어난 마사카즈의 아들 츠치타로 마사부미(搥太郎正

文: 1805-1861)가 계승했다. 특히 그는 1830년대에는 나가사키의 네덜란드인들을 통해 커피용기를 만들어 무역을 하기도 했다.

츠치타로의 뒤는 1835년 출생 소하치 마사요시(楚八正義: 1835-1879)가 계승하였고, 마사요시의 뒤는 1862년 출신 진자부로 마사카타(甚三郎 正方: 1862-1900)가 이었다. 그의 뒤는 히로이치(廣一)가 이었다. 특히 진자부로의 부인 이마무라 세키는 오로지 도공으로 종사하여 모리아게에(盛上繪) 조각 등 선조인 죠엔의 풍을 터득하여 뛰어난 기술을 보였다고 한다.[48]

그 밖에 이마무라 호쥬(今村豊壽), 이마무라 죠사쿠(今村常作), 이마무라 카츠지로(今村克次郎), 이마무라 토라노스케(今村虎之助), 이마무라 구니사부로(今村國三郎), 이마무라 시카키치(今村鹿吉), 이마무라 로쿠로(今村六郎), 이마무라 료사쿠(今村良作) 등의 이름이 보인다.

그 중 호쥬는 1882년 나가사키에서 무역사업을 활발히 벌인 인물로, 『연혁일람』에는 "호쥬는 이마무라의 방계 자손으로 어려서 묵화를 좋아하여 영주의 어용화공인 카타야마(片山)선생의 문하생으로 들어가 카노(狩野), 도사(土佐) 두 종류의 묵화를 습득하여, 뒤에 영주의 어용을 배명하고 풍수(豊壽)의 두자를 하사받았다."[49]고 묘사되어 있다. 그는 훗날 1899년 도자기 의장 전습소가 개설되었을 때 그곳에서 학생들에게 묵화를 가르치기도 했다. 그리고 죠사쿠는 1865년경에 금란금부(金襴錦付) 두벌구이를 시작하였고,[50] 카츠지로의 경우 1890년 3월에 명치천황이 사세보 진수부(鎭守府)에 왔을 때 행재소의

---

48 『平戶燒沿革一覽』, 明治 33(1900) 庚子 條.
49 『平戶燒沿革一覽』, 明治 15(1882) 壬午 條.
50 『平戶燒沿革一覽』, 慶応 元(1865) 乙丑 條.

진열품으로 출품한 닭 모양의 장식물(太白鷄置物)이 구입되는 기회도 얻었다.[51] 토라노스케는 이마무라가의 방계 6대손으로 도자기 의장 전습소 개설되었을 때 알선에 진력했고, 그의 아들 구니사부로는 도화(陶畵)의 묘수였다.[52] 또 시카키치는 이마무라가의 방계 4대손으로, 1900년 황태자가 결혼할 때 사세보시의 헌상품인 향로 1개를 의뢰받아 만든 당대 일본을 대표하는 도공이었다.[53] 또 그는 1900년도 프랑스 파리 만국박람회에 출품하기도 했다.[54] 그리고 로쿠로는 영주의 어용으로 임명을 받아 옛 영주의 사저인 학봉저(鶴峰邸)에서 가마를 열었다. 특히 그는 도화(陶畵)를 좋아하여 영주는 그에게 효엔(表猿)이라는 호를 내리기도 했다.[55]

이와 같이 웅천도공 거관의 후예들은 일본 미가와치에서 이마무라(今村)라는 성씨로 도공의 명가로서 뿌리를 내렸다. 그들이 어떤 생활을 하였는지는 기록들이 없어 자세히 알 수는 없다. 그러나 그 일면을 엿볼 수 있는 자료가『연혁일람』와『갑자야화(甲子夜話)』에 약간 실려져 있다. 특히『갑자야화』는 이들이 모셨던 신사에 대한 그림도 싣고 있어 이를 중심으로 살펴보기로 하자.

이 책은 히라도의 9대 영주였던 마츠우라 기요시(松浦清, 号는 静山)가 1821년부터 1841년까지 20여 년 동안 계속 썼던 수필집으로 정편 100권, 속편 100권, 제3편이 78권으로 이루어져 있는데, 미가와치의 이마무라가(今村家)에 대한 기사가 제3편 11권에 수록되어있다. 그 내

---

51 『平戸燒沿革一覽』, 明治 23(1890) 庚寅 條.
52 『平戸燒沿革一覽』, 明治 32(1899) 乙亥 條.
53 『平戸燒沿革一覽』, 明治 33(1900) 庚子 條.
54 『平戸燒沿革一覽』, 明治 33(1900) 庚子 條.
55 『平戸燒沿革一覽』, 明治 34(1901) 辛丑 條.

용을 잠시 소개하면 다음과 같다.

나의 영지에서 만드는 도기는 세간에서는 히라도 도자기(平戶燒)라 한다. 거성 히라도의 섬에서는 13리가 떨어져 있다. 영지의 경계인 하이키(早岐)라는 곳의 미가와치(三川內)라는 산골마을에서 만든다. 이곳은 워낙 세간에서 유명한 도기, 이마리 도자기(今里燒)가 생산되는 곳과 경계지역에 있다. 이마리도 역시 히라도에 비해 내륙에 치우친 항구의 이름이고, 그 도기를 제작하는 곳은 아리타(有田)라는 또한 산골마을이다. 이마리에서 매출하므로 그렇게 부르는 것이지, 오히려 아리타라 부르지 않는다. 하이키를 히라도라는 것과 같다. 그런데 이 이마리와 하이키(미가와치)는 서로 경계에 접해있고, 작은 산을 끼고 서로 나뉘어져 있을 뿐이다. 이처럼 영읍은 서로 다르지만 지형이 같은 산골마을이라는 점을 알아야 한다. 또 미가와치의 도공을 지배하는 우두머리를 이마무라(今村) 모(당시는 야지베(彌次兵衛)라 했다)라 하여 대대로 이와 같았다. 내가 1779년(安永8) 히라도를 떠나 영지의 변경을 돌아보며 하이키(早岐)에 이르러 그 산마을로 가서 이마무라씨 집에서 쉬었다. 산가(山家)라 하지만 거처가 보기 싫지 않았다. 좌포(座鋪)도 넓었고, 추녀 밑에는 절목연(切目椽: 서까래)로 되어 있었고, 맞은편에 자연의 잔디를 만든 산처럼 되어있었고, 수목들로 그 뒤가 둘러쳐져 있었다. 이 잔디로 된 산 안에는 작은 사당이 있다(자세한 것은 뒤에 그림으로 나타냈다). 그 앞에 작은 도리이(鳥居)가 서있다. 이것에 현판이 걸려져 있는데, 글씨가 웅천명신(熊川明神)이었다. 내가 좌우 사람들에게 "이는 어떤 신이냐?" 하고 물으니, 누가 "우지가미(氏神)"라 대답했다. "우지가미란 어떤 신이냐?"하고 또 묻자, 그는 원래 조선인으로 법인공(法印公)이 그곳에서 돌아올 때 함께 따라서 이곳에 왔다. 그리하여 고려의 신을 초빙하여 이 집의 진주(鎭主)로 하였으며, 또 우지가미가 되었다. 나는 그 때 생각했다. 웅천(熊川)이란 고려의 지명 고모가이(熊川)이기 때문에 우지가미라 해도 좋을 것으로 생각했다. 또 사당 주변을 보니 매화의 고목의 가지가 얽혀서 옆으로 누웠으며, 표주박을 끈으로 가지에 매달아 놓았다. 내가 이를 물으니 곤줄박이(山雀)가 여기에 와서 머문다고 했다(이것은 이미 속77권에 적어두었다). 이것은 참으로 신기한 일이라 생각했다. 요즘(天保5 甲午) 히슈(肥州)의 이야기에 예전에 말씀하신 미가와치의 이마무라 집에 있는 웅천사당에 대하여 재작년(天保3 壬辰)인가 물으니, 그 사당도 지금은 없고, 현판도 원래부터 없었다고 대답했다. 히슈에서 찾아도 보았지만 그 지역의 전령(田令)과 이장(里長)들도 모두 모르며 찾지 못했다 한다. 내가 처음부터 헛소리(虛談)를 한 것이 아니다. 그런데 지금과 같이 된 것은 실로 개탄할 일이다. 돌이켜 보건데 안영(安永)때 부터 이미 56년, 상전(桑田)의 변화도 믿음에 속지 못한다. 또한 옛날이 그리우면 뒤의 그림에서 찾아야 할 것이다. 또 이마무라의 조상을 물으니 조선의 웅천사람 거관이라 하니, 그렇다면 웅천은 바로 이마무라씨가 태어난 곳이다. 따라서 예전에 씨족신이라고 한 것도 믿을 수 있다. 또 이마무라는 내가 순시할 때는 야지베(彌次兵衛)라 하였지만, 그 아들이 소하치(楚八), 그 아들이 츠치타로(槌太郎)로 지금은 야지의 손자라 들었다. 뜬 구름, 흐르는 물(浮雲流水)과 같은 세상사에 슬픔을 참기 어려웠다. 살펴보니 『징비록(懲毖錄)』에 웅천군은 경상도의 동쪽 해변의 땅, 부산포에서 멀지 않다고 했으니, 무릇 법인공의 옛일을 생각해 볼 일이다.[56]

---

56 松浦靜山(1982)『甲子夜話』平凡社, pp.253-254.

▌미가와치의 웅천명신 사당(松浦淸의『甲子夜話』에서)

이상의 기록에서 보듯이 1779년 영주 마츠우라 기요시(松浦淸: 1760-
1841)가 영내 변경지역을 순회할 때 미가와치의 마사요시 저택을 들
렀던 상황을 자세히 기록해 놓은 것이다. 이 기록에 우리의 눈길을
끄는 기사가 하나 있다. 그것은 다름 아닌「웅천명신」이라는 사당이
다. 실제로『갑자야화』에는 그림까지 그려놓았다. 그 그림에 나타난
것으로 보면, 마사요시가 사는 집의 뒷 배경에 높은 산들이 그려져 있
는 것으로 보아 상당히 높은 산 중턱에 위치해 있는 것처럼 보인다.
지붕 너머로 돌로 쌓은 축대가 약간 보이고, 그 위에는 말끔히 깎아놓
은 풀밭이 있으며, 그 안에 웅천명신을 모신 사당이 있다. 사당 앞에
는 도리이가 서있으며, 그 옆에는 앞 내용의 묘사에서 보듯이 오래된

매화나무가 가지를 옆으로 뻗치고 있다.[57] 즉, 이들은 자신들이 모시는 신을 일본신사와 같이 도리이를 만들고 그 이름을 명신(明神)이라는 이름을 붙였다. 그리고 그 신을 자신들의 우지가미라 했다. 즉, 그들은 그 신사의 우지코(氏子)이었던 것이다. 이처럼 그들이 모시는 신의 사당과 이름은 일본의 현지화 하였지만, 그들의 고향을 나타내는 웅천은 잊어버리지 않았다. 그리하여 웅천명신이라는 한국과 일본이 복합된 문화가 합쳐진 이름의 신이 탄생하였던 것이다.

그러나 유감스럽게도 이 신사는 오래가지 못했다. 1832년경에는 그 사당은 물론 웅천명신이라고 쓴 현판마저 없어졌으며, 이러한 것이 있었다는 사실 조차도 지역의 유지인 전령과 이장들도 모른다고 했다. 이러한 사실을 영주인 마츠우라 기요시는 매우 안타까운 일이라고 개탄했다. 이러한 일이 있고 난 후 10년 뒤인 1842년에 영주의 명으로 인해 죠엔을 신으로 모시는 도조신사가 탄생했다. 이러한 상황으로 미루어 죠엔이 도조신사의 신이 될 수 있었던 것은 없어진 미가와치의 우지가미를 되살리기 위한 영주의 종교정책이었을 가능성도 있었을 것으로 추정된다.

6. 마무리

나가사키현 사세보시에 위치한 미가와치는 순백색의 백자 생산지로 일본에서 유명하다. 덴마크 박물관장을 역임한 에밀 한노오바는 미가와치의 자기를 평하기를 "1750년부터 1830년까지 일본이 생

---

57 松浦靜山, 앞의 책, p.254.

산한 자기 가운데 백색으로 빛나는 최고의 제품인 나베시마나 아리
타의 제품은 여기에 따라오지도 못한다"고 할 만큼 절찬을 받은 적
이 있다.[58] 특히 이곳의 백자는 달걀 껍질 처럼 얇고 단단했다. 이것
이 나가사키에 체재하고 있었던 네덜란드인 상인들에게 주목을 끌
어 유럽에 수출하는 기회를 얻었다. 이러한 자기의 생산이 있기까지
는 이마무라 집안이 배출한 도공을 빼놓고는 이야기할 수 없다. 그
들의 시조는 임란 때 포로로 잡혀간 경남 웅천 출신 도공 거관이었
다. 그는 그릇을 구우면서도 끊임없이 백자 생산을 위한 기술을 연마
했다. 그의 뒤를 이은 산노죠도 부친의 기술을 계승하는 한편, 백자
를 생산하기 위한 기술을 터득하기 위하여 당시 유명한 도공들을 찾
아다니며 수련을 쌓았다. 하지만 도토의 문제로 완벽한 백색의 그릇
을 구워내지 못했다.

이것을 완벽하게 해결한 자가 산노죠의 아들 죠엔이었다. 그는 조
부와 부친의 기술을 계승하는 한편 도토 찾기에도 게을리 하지 않은
끝에 드디어 구마모토의 아마쿠사에서 만족할 만한 도토를 발견하
기에 이른다. 그리고 지주와의 계약을 맺어 지속적인 재료수급의 발
판을 마련했다. 그로 인해 미가와치는 비로소 순수한 백색의 자기그
릇을 생산할 수 있게 되었던 것이다.

그 결과는 엄청났다. 막부 쇼군(장군)과 각지 영주에게 헌상품을 만
들었을 뿐만 아니라 천황가에도 헌상될 그릇을 만들게 되었던 것이
다. 다시 말해 재일 조선인 3세 죠엔은 미가와치의 백자를 지역상품
이 아닌 전국 상품으로 발전시킨 장본인이었다. 이러한 공적이 인

---

58 下川達彌(2012)「今日に伝える平戸三皿山の歴史と伝統」p.2, 이 논문은 2012년 현
    재「三川内焼とその時代」라는 홈페이지를 통하여 공개된 자료이다.

정되어 봉건 영주의 명에 의해 그는 죽어서 미가와치 도자기의 도
조로 인정되어 도조신사에 모셔지는 신이 되었던 것이다. 이것은
초대가 도조가 되는 타 지역의 사례들과 비교하여 보아도 매우 이
례적인 것에 속한다. 그 뿐 아니다. 타 지역의 도조들은 자기만의
공간을 확보하지 못한 채 다른 신사의 경내를 빌려 안주하고 있지
만 미가와치의 도조신사는 독립된 공간을 확보하고 있으며, 도조
가 보조가 아닌 주신으로 모셔지고 있다는 점도 또 하나의 특징으
로서 빼놓을 수 없다. 이처럼 이마무라 죠엔은 미가와치에 있어서
특별한 존재이었다.

제9장

미가와치의 조선여인 고려 할머니

1. 머리말

나가사키현(長崎県) 미가와치(三川內)는 사세보시(佐世保市)의 동부지역에 위치해 있는 한적한 시골마을이다. 얼핏 보기에는 여느 시골마을과 달라 보이지 않으나, 동네를 한 바퀴 걸어보면 그 느낌은 사뭇 다르다. 곳곳에 높이 솟아오른 굴뚝하며, 드문드문 보이는 도자기 가게와 가마들이 보이기 때문이다. 관계자의 말을 빌리면 현재 14개소 자기를 굽는 가마가 있으며, 과거에는 이보다 훨씬 많았다고 한다. 즉, 이곳은 도자기를 생산하는 도예 마을이다.

이곳에서 생산되는 그릇은 도기가 아닌 자기이다. 그리고 이들 제품에는 하얀 백자에다 쪽빛(藍色)으로 그림을 그려 넣고 있는 것이 특색이다. 새하얀 흰색과 쪽빛이 어우러져 마음껏 아름다움을 자랑하

▌당자회 양식의 타일로 장식한 벽

고 있는 것 같다. 특히 이들이 자랑하는 그림이 당자회(唐子繪)이다. 이것은 중국 당나라 아이들이 당나라 부채를 들고 소나무 아래에서 목단 꽃 위를 날고 있는 나비와 함께 노는 모습의 그림 도안을 말한다. 아이들의 숫자에 따라 그릇을 사용하는 신분도 달랐던 것 같다. 7명은 쇼군가(將軍家)과 천황가(天皇家)에 바치는 헌상품이었고, 5명은 영주들에게 납품되는 것이었으며, 그 이하 3명은 일반 대중용이었다. 이같이 그릇 속에 아이들의 숫자를 달리하여 만들어 내었다는 것은 이곳 자기 그릇이 얼마나 전국적으로 고가품으로 팔려나갔는가를 짐작케 해주는 부분이라고 생각한다.

이러한 마을에 우리의 눈에도 낯설지 않는 돌로 만든 신사가 있다. 그것은 부산신사(釜山神社)이며, 또 그곳의 제신은 '고려 할머니(高麗

┃ 부산신사

姥'라고 불리는 조선여성이다. 그녀는 어떤 여성이었기에 이곳의 신이 되어있는 것일까? 지역민들은 현재 이곳에서 활동하고 있는 도공들 가운데 그녀의 후손들이 가장 많고, 또 그곳은 임란 때 납치당하여 일본으로 건너간 조선도공들에 의해 이룩된 도예촌이라고 한다. 그 뿐만 아니라 이곳은 고려 할머니를 비롯한 많은 조선도공들이 있었던 곳이라 한다.

이러한 사실만으로도 이곳은 우리의 학문적 호기심을 자극하기에는 충분하다. 이곳에서 활약한 조선도공들은 언제 어디에서 어떻게 이곳으로 왔으며, 또 이곳에서 어떠한 일을 하면서 일본에 정착하였는지 궁금한 점이 한 두 가지가 아니기 때문이다. 앞으로 여기에 대한 세세한 연구가 이루어져야 함은 두말할 나위가 없다. 이러한 의미에서 본장에서는 일차적으로 부산신사에 신으로 모셔져 있는 고려할머니에 초점을 맞추어 미가와치 도자기 마을에 있어서 조선도공에 관한 연구를 출발하고자 한다.

지금까지 '고려 할머니'에 대한 연구는 매우 단편적으로 이루어진 경향이 있다. 가령 김문길은 임란 때 포로가 된 부산출신의 여성으로 보았고,[1] 그에 비해 황정덕은 경남 창원의 삼포출신이라고 했다.[2] 또 일본인 나카시마 히로키(中島浩氣)는 함경도 웅천출신이라고 보기도 했다.[3]

이들의 연구는 그녀가 미가와치 도자산업에 크게 기여한 조선출신 여성이라는 사실을 이해하는 데 크게 도움을 주는 것은 사실이다. 그 내용이 너무나 간략하게 소개되어 있어 우리의 지적인 욕구를 충족시키기에는 부족한 면이 없지 않다. 더군다나 그녀는 이 지역의 신이 된 인물이다. 따라서 그녀에 대한 보다 깊이가 있는 구체적인 내용을 담을 수 있는 연구가 필요가 있다고 본다.

다행히도 그녀에 관한 자료가 현재 마츠우라사료박물관(松浦史料博物館)이 소장하고 있는 이마무라가 기록(今村家記錄)의『삼천내소물약기(三川內燒物略記)』와『평호소연혁일람(平戶燒沿革一覽)』에 비교적 상세히 서술되어있다. 전자는 미가와치 도자기의 본가를 이루는 조선도공 거관의 후예인 이마무라가(今村家)의 기록이지만, 후자는 히라도 영주였던 마츠우라(松浦) 백작 가문의 편수소에서 1918년에 유인물로 펴낸 것으로 1598년부터 1910년까지 미가와치 도예촌의 역사를

---

1 김문길(1995)『임진왜란은 문화전쟁이다』혜안, pp.212-223.
2 황정덕(1996)「일본 땅에 도예기술을 떨치다」『내 고장 자랑 - 진해, 웅천, 웅동 - 내 고장총서(1)』진해웅천향토문화연구회, pp.46-61.
3 中島浩氣(1985)『肥前陶磁史考』靑潮社, pp.218-219.

기록하고 있다. 그 중 전자는 이마무라 가문의 개인적 역사적 기록에 중점을 둔 것이므로 고려할머니에 관한 기사는 고작 한건만 발견될 뿐이다. 그러나 후자의 경우는 히라도 도자기의 전반적인 연혁이기 때문에 그 속에는 고려할머니 및 그의 후예들에 대한 정보가 비교적 풍부하게 들어있다.

본장은 이러한 특징을 가지고 있는『삼천내소물약기(이하는 미가와치도자기 약기로 통일했다.)』와『평호소연혁일람(이하는 히라도도자기 연혁일람으로 통일했다.)』의 내용을 면밀히 검토함으로써 '고려 할머니'가 어떤 사람이며, 또 어찌하여 일본에서 신이 될 수 있었는가에 대해 해답을 찾고 나서 그녀의 후손들의 활약상도 파악함으로써 임란 때 잡혀간 한 도공의 집안이 일본에 어떻게 정착하였는지를 살펴보고자 하는 것이다.

2. 왜군에 잡혀 일본으로 간 조선 소녀 '갓난이'

고려 할머니가 일본으로 건너가게 된 상황과 초기의 정착과정을 비교적 상세하게 기록한 것은『미가와치도자기 약기』이다. 그것의「고려모이력신전사(高麗姥履歷申傳の事)」에는 다음과 같은 기록이 있다.

조선 부산의 출신이다. 거관(巨關)과는 약간의 인연(幽綠)이 있는 자이며 고아였다. 일본에 왔을 때는 아직 어린 소녀이었다. 영주 마츠우라공(松浦公)이 돌연히 전쟁에 나감에 따라 거관을 재촉하여 데리고 올

283

때 (고려 할머니도) 운이 나쁘게도 빨래하러 나가 집에 없는 것을 찾아서 데리고 왔기 때문에 의류 등도 그대로 인 채 (왜군의) 배를 타고 히라도(平戶)로 왔다. 아는 사람도 없고 먼 나라에 와서 마음이 불안하여 불편함이 더욱더 증가했다. 이에 (거관은) 자애를 베풀어 항상 옆에 두고 위로하면서 길렀다. 그리고 그릇을 빚는 기술을 가르쳤다. 그리고 1610년(慶長15)경에는 이미 20여살이 되었기 때문에 남편을 맞아 아이를 낳으며 살게 하고자 하였으나 본인은 일생 남편을 원치 않는다고 불응함에 따라 거관도 그대로 두었다. 실로 강건한 부인이다.

1610년 산노죠 마사이치(三之丞 正一)가 출생한 후 어미가 죽음에 따라 고려 할머니를 (거관의) 부인과 같이 또 (산노죠의) 어미와 같이 서로 사랑하고 아꼈다. 그 후 요시노모토(筱(葭)本)에 가서 함께 다정하게 지내다가 나중에 거관이 흑발산(黑髮山)으로 은둔을 했으며, 그 후 산노죠와 함께 여러 곳을 배회하던 중 오야마다 자에(小山田佐衛)와 함께 가라츠(唐津)의 시이노미네(椎之嶺)에 가서 머물게 했다. 그리고 그곳의 모토야지우에몬(本彌次右衛門)와 나가자토 무에몬(中里茂右衛門)에게 (고려) 할머니를 부탁해 두었다. 이 나가자토 무자에몬이 (고려) 할머니의 양자가 되었다. 그 때가 1705(寶永2) 을유년(乙酉年)이다.[4]

이 기록상에 보이는 고려 할머니의 고향은 부산이었다. 그러한 사실을 『미가와치도자기 약기』에서는 다음과 같이 또 한번 강조하고 있다.

고려 할머니에 관한 것을 부산이라고 하는 등 후세의 사람들이 서로 말하는 것은 오해이다. 이 노파는 조선의 부산 사람이다. 부산(釜山)과

---

4 『今村家記錄 三川內燒物略記』의 「高麗姥履歷申傳事」條.

요산(窯山)은 서로 틀림에도 불구하고 후세의 사람들은 원조 가마의 신을 잘못 인식하고 있는 것이다.[5]

이상의 내용은 고려할머니의 고향이 부산이기 때문에 그릇을 굽는 가마 요산(窯山)과 부산(釜山)이 일본어 발음이 같기 때문에 후세의 많은 사람들이 혼란이 생겨 그녀를 원조 가마의 신으로 인식하고 있는 것은 잘못이라는 것이다. 이처럼『미가와치 도자기 약기』에서도 그녀의 고향은 부산이었다.

그녀는 고향마을에서 빨래하러 나갔다가 왜군들에게 납치당한 것이었다. 고고학자 시다가와 타츠지(下川達彌)는 '고려할머니'를 임란 이전에 일본으로 간 것으로 보았다.[6] 그가 무엇을 근거로 이 같은 해석을 하였는지는 알 수 없으나, 위의 기록에서 보듯이 임란 때 히데요시의 명에 따라 조선으로 출병한 마츠우라 병사에게 납치당한 것이었다. 그 증거로 후술하겠지만『히라도 도자기 연혁일람』에 그녀가 임란 때 거관과 함께 납치당한 기록을 대표적인 예로 들 수가 있을 것이다.『미가와치도자기 약기』에 의하면 거관은 1598년(慶長3)에 포로가 된 것으로 기록하고 있기 때문이다.[7] 따라서 그녀의 도일은 정유재란 때 이루어진 것으로 보는 것이 타당하다.

이렇게 납치당한 그녀는 거관과 한 가족처럼 지냈다. 거관은 어린 나이에 끌려온 그녀를 불쌍히 여기고는 항상 자신의 곁에 두고 자식처럼 기르며 도예기술을 가르쳤다. 다시 말해 그녀는 원래 도공이

---

5 『三河內燒物略記』의 「四代目今村彌次衛好貞再調書留」條.
6 下川達彌, 「三川內燒物語」.
7 『三河內燒物略記』의 서문 「今村家記錄昔の儘」條.

아니라 일본에서 도공이 된 사람이었다. 그리고 그녀는 자신이 납치당한 것이 큰 충격이었는지 자신의 본명과 나이는 물론 출신의 신분에 대해서도 제대로 밝히지 않았던 것 같다. 따라서 위의 기록에서는 그에 관한 기록이 일체 없으며, 단지 그녀를 고려할머니(高麗姥)라고만 기록해 두고 있을 뿐이다. 또 자신을 납치한 남자들에 대한 거부감이 있었는지 결혼할 기색조차 보이지 않았다.

이러한 그녀가 조선도공 거관의 일본인 아내가 아이(산노죠)를 낳고 죽어버리자, 거관의 부인과 같이 산노죠의 어미와도 같이 아이를 돌보며 살다가 거관이 시이노미네의 모토야지우에몬과 나카자토무자에몬에 의탁하고는 자신은 흑발산으로 은둔했다. 그리고 훗날 고려할머니는 나카자토무자에몬을 양자로 삼았다. 즉, 결혼도 하지 않고 양자를 받아들인 것이었다. 그 이후의 삶에 대해서『히라도도자기 연혁일람』은 다음과 같이 서술하고 있다.

> 1622년(元和8) 가라츠의 시이노미네(椎ノ嶺)에서 에이(嫛: 음 에이 또는 이, 영아(嬰兒) 혹은 추녀(醜女)를 의미한다. 필시 혼명(渾名)일 것이다)도 마가와치의 나가하야마(長葉山)에 이주하여 요업을 시작하였다. 에이는 웅천사람으로 거관과 동시에 귀화하여 나카노의 도공이었으나, 훗날 나카자토 무에몬과 혼인하여 가라츠 시이노미네에 이주하였다. 1613년(慶長18)에 아들을 낳았으나, 무에몬이 이어서 죽자 아들에게 습명(襲名)케 하였을 때 에이의 나이는 56세, 아들 무에몬은 10살이었다. 에이는 고려계통의 검은 그릇를 만드는 기예가 뛰어났다 한다.[8]

---

8 佐藤獨嘯, 「平戶燒沿革一覽」, 元和 8 壬戌(1622)條.

여기서 보아 알 수 있듯이 위의 기록은『미가와치도자기 약기』에서 보이지 않는 부분이 제법 보인다. 먼저 그녀의 이름이 표기되어있다는 점이다. 도진순을 비롯한 대부분의 연구자들은 그녀의 이름은 모른다고 했다. 그러나 여기서 그녀의 이름을 '에이(嬖)'라고 표기 되어있다. 물론 '에이'란 일본식 이름이다. 하지만 그 이름은 단순한 일본명의 '에이'가 아니다. 그 속에 본명이 감추어져 있을 뿐이다.

이 이름을 두고 일본인들은 양극단적인 전설을 만들었다. 하나는 너무나 예쁜 젊은 여성이라는 것과 또 다른 하나는 그와 반대로 너무 못생겨서 생겨서 붙여진 이름이라는 것이다.[9] 후자는 아마도 위의 기록에서 유추한 것으로 보인다. 그러나 위에서 '필시 혼명이다'라고 하였듯이 단지 추측에 지나지 않을 뿐 용모를 추정할 수 있는 단서는 아무것도 없다. 오로지 알 수 있는 것은 그녀의 이름의 한자표기가 '예(嬖)'로 되어있다는 것이다.

이 점은 매우 중요하다. 왜냐하면 그것이 바로 그녀의 본명이기 때문이다. 즉, '예'는 갓난아이라는 뜻의 한자이다. 즉, 굳이 한국식 이름으로 말하자면 '갓난이'인 것이다. 그것이 한자로 표시하면 '예'가 되었고, 다시 그것을 일본어로 읽으면 '에이'가 되었던 것이다. 이처럼 그녀의 이름은 고상한 귀족풍의 이름이 아니라 가난한 시골 여자아이에게서 흔히 볼 수 있는 '갓난이'라는 이름을 가진 여성이었다.

그리고『히라도도자기 연혁일람』에서는 그녀의 고향을 앞의『미가와치도자기 약기』와는 다르게 웅천으로 기록되어있다. 즉, "웅천 사람으로 거관과 같이 귀화한 나카노의 도공"이었다는 것이 바로 그것이다. 이처럼 그녀의 고향을 어느 곳이라고 단정 짓기 어렵지만,

---

9 中島浩氣, 앞의 책, p.217.

이상의 기록에서 보듯이 부산 혹은 웅천을 포함한 경상도 서남부지역인 것만은 틀림없을 것 같다. 특히 후자의 기록에 무게를 둔다면 그녀는 거관과 함께 붙잡혀 일본으로 간 사람이었다.

1910년대의 역사학자 오니시 린고로(大西林五郎)는 일찍이 그에 대해 주목하고 그의 저서『일본도지(日本陶志)』에서「미가와치 도자기는 1594년(文祿3) 9월 히라도의 영주 마츠우라 시게노부가 조선에서 귀국할 때 데리고 온 거관(巨關)에서 부터 시작된다」고 밝히고 있다.」[10] 만일 그것이 사실이라면 그녀는 임란 때 일본군들이 철수할 때 거관과 함께 왜군에 붙잡혀서 일본으로 간 어린 소녀 갓난이였던 것이다.

『미가와치도자기 약기』에서 그녀가「거관이 혼인하여 아내가 1610년에 아들을 낳고 죽자 거관의 아내와 같이 어미와 같이 거관의 아이를 돌보았다.」는 것은 같은 시기에 같이 붙잡혀서 일본으로 가서 함께 살게 된 거관을 그만큼 의지하였음에 틀림없다. 그녀에게 있어서 거관은 친형제 혹은 가족이나 다름이 없었다. 그리하여 거관의 아이를 마치 자기 자식처럼 돌보았던 것이다.

또『히라도도자기 연혁일람』에서는『미가와치도자기 약기』에서 볼 수 없었던 기사가 하나 더 있다. 그것은 다름 아닌 "나카자토 무에몬에 출가하여 가라츠 시이노미네에 이주하였다."는 그녀의 결혼에 관한 기사이다. 전자는 결혼하기를 거부하고 거관의 아들과 함께 시이노미네로 이주하여 살다가 훗날 나카자토 자무에몬을 양자로 삼았다고 했다. 그에 비해 후자는 나카자토 무에몬과 결혼한 다음 시이노미네로 이주하여 아들 한명을 낳은 것으로 되어있는 것이다. 이처럼 그녀의 결혼과 자식에 대해서도 두 기록은 차이를 보이고 있어

---

10 大西林五郎(1919)『日本陶志』松山堂書店, p.49.

어느 것이 옳은지 판단하기 어렵다. 그럼에도 불구하고 향토사가 요시무라 시게사부로(吉村茂三郎)[11]와 오하타 미치오(大畑三千夫)[12]는 그녀의 남편은 나카자토 무베이(中里茂兵衛)라 했고, 또 재일 작가 김달수는 나카자토 하사미(中里波左見)라고 했다.[13] 그리고 황정덕도 이러한 부분에 대해 현지조사에서 그녀의 후손을 만나 위의 자료 나카자토 무에몬은 에이의 장남이며, 남편의 이름은 나카자토 무베이라는 증언을 들었다고 했다.[14] 즉, 그는 요시무라와 오하타의 견해를 자손을 통해 들었던 것이다.

역사학자 도진순은 갓난이 '에이'가 시이노미네에 있는 나카자토에게 시집간 것처럼 서술하고 있다.[15] 그러나 그것은 사실이 아니다. 위의 어느 기록을 보더라도 그러한 기록은 보이지 않는다. 『미가와치도자기 약기』에서는 "영주가 나카자토 자무에몬에게 의탁을 시켰다"라고만 되어있을 뿐 나카자토가 시이노미네의 거주자라는 의미의 내용은 없다. 전체의 문맥으로 본다면 그녀가 살고 있었던 나카노에 거주하였다고 보는 것이 타당하다.

미마 분고로(三間文五郎)가 쓴 『히라도번사고(平戸藩史考)』에서도 "고려 할머니(에이)도 같은 곳에서 도업을 하였으며, 마을사람 나카자토 무에몬(中里茂衛門)에게 시집을 갔으며, (그후) 가라츠의 시이노미네로 거주를 옮겼다."[16]고 되어있다. 이처럼 그녀는 나카노에서 나카자토와 결

---

11 吉村茂三郎(1956) 『松浦史』 松浦史刊行會.
12 大畑三千夫(1992) 『平戸藩窯(三川内燒)と鶴峰園 -三猿-』 〈個人出版〉 p.110.
13 金達壽(1993) 「日本の中の朝鮮文化(8)」 『月刊 韓國文化(3)』 韓國文化院, p.9.
14 황정덕, 도진순, 이윤상(2010) 『임진왜란과 히라도 미카와치 사기장』 동북아역사재단, p.56.
15 황정덕, 도진순, 이윤상, 앞의 책, p.57.
16 安部直樹(2001) 「平戸藩主と松浦鎭信の茶道」 『長崎國際大學論叢(1)』 p.12에서 재인용.

혼하여 살다가 가라츠의 시이노미네로 이사를 하였던 것이다. 아마도 이러한 혼란이 생겨난 것은 『미가와치도자기 약기』의 나카자토 자무에몬과 『히라도도자기 연혁일람』의 나카자토 무에몬은 동일인으로 보았기 때문일 것이다. 그러나 이상의 기록에는 나카자토 무에몬은 그녀의 남편이고, 나카자토 자무에몬은 그녀의 아들(양자)이다.

한편 일부 사람들은 에이의 남편 나카자토는 일본인이었다고 한다. 하지만 그가 살았던 히라도의 나카노나 가라츠의 시이노미네는 일본 인보다 조선인 마을이었다. 마츠우라 시게노부가 조선에서 100여명을 연행하여 가서 집단으로 살게 한 곳이 고라이마치(高麗町)이며, 그들 중 거관, 돈육(頓六)과 같은 도공들에게는 나카노에서 요업을 하게 하였기 때문이다. 따라서 나카노는 조선도공의 마을이었던 것이다.

그리고 이들이 이주한 가라츠의 시이노미네 또한 조선도공의 마을이었다. 그곳은 현재 이마리시(伊万里市) 미나미하다초(南波多町)의 시이노미네를 말한다. 이곳은 임란 이후 나베시마번(鍋島藩)이 번내의 가마를 통합 운영을 하기 위해서 영내의 도공들을 아리타(有田)와 시이노미네에 집약시키는 정책을 폈다.[17] 그 결과 곳곳에 흩어져 작업을 하고 있던 조선도공들이 이 두 곳 중심으로 집결하게 되었던 것이다.

그 중에서 시이노미네는 키시타케(岸岳)와 가라츠(唐津)의 조선도공들이 주로 모였다. 키시타케는 가라츠지역의 도요지 가운데 가장 오래된 곳으로 해적에 가까운 해상세력인 하타씨(波多氏)의 거점지역이었다. 그러므로 이곳은 임란 이전부터 이들에 의해 납치당한 조선도공들이 거주하고 있었다. 그러나 임란 도중 하타씨가 히데요시에 의해 멸망하자, 이들은 일본의 각지로 흩어졌는데, 그 일부가 시

---

17 松尾香(2003)『風土記 椎ノ峰史乘』山口印刷株式會社, p.19에서 재인용.

이노미네로 이주하여 자리를 잡고 있었던 것이다.

이에 비해 가라츠는 이곳 영주인 테라사와 히로다카(寺澤廣高: 1563-1633)가 히젠(肥前)의 나베시마 나오시게(鍋島直茂)를 따라 임란 때 조선으로 출병하여 전쟁을 수행하면서도 대거 조선도공들을 납치하여 간 조선도공들이 집단을 이루며 살던 곳이었다. 나베시마의 명령에 따라 자신들의 사적인 어용가마를 제외한 나머지 조선도공들을 모두 시이노미네로 보냈던 것이다. 그러므로 시이노미네는 조선도공들로 붐비고 있었다. 물론 이들 중에는 일본인이 전혀 없었던 것은 아닐 것이다. 그러나 이 같은 역사적 배경을 미루어 볼 때 일본인이 그곳에서 들어가서 산다는 것은 쉬운 일이 아니다. 이러한 면들을 종합하여 볼 때 갓난이 '에이'의 남편 나카자토 무에몬은 일본인보다는 조선인일 가능성이 더 높다 하지 않을 수 없다.

이렇게 시작된 에이의 신혼생활은 시이노미네에서 1622년까지 이어졌다. 그 동안 아들 무에몬을 얻었다. 이처럼 행복하게 살아야 할 시기에 남편을 잃고 말았다. 여기에 충격이 컸던 것 같다. 그녀는 타향과도 같은 시이노미네를 떠나 자신이 어린 시절 같이 시간을 보낸 사람들이 많이 모여 사는 미가와치로 이주를 하는 것이다. 그 때 에이의 나이가 56세였고, 아들 무에몬이 10살이었다는 것이다.

3. 죽어서 신이 된 조선 여인 갓난이

갓난이 '에이'는 특히 고려계통의 검은자기를 만드는 기예가 뛰어났다고 한다.[18] 이러한 기술에서 보듯이 그녀는 어릴 때 나카노에서 익혔던 도예기술을 시이노미네에서도 계속 발휘하였으며, 그 경향은 조선풍의 검은 그릇(黑燒)이었다. 그녀가 만든 그릇의 색깔이 검다는 것은 도토에 의한 것이며, 자기가 아닌 도기라는 것을 의미한다. 이러한 배경을 가지고 있었기 때문에 유럽인들이 선호하는 순수한 흰 백색의 자기그릇을 생산하기 보다는 다도를 즐기는 일본인이 선호하는 도기생산에 힘을 기울였다.

이 점은 그녀와 같은 동향인 거관이 추구했던 것과는 전혀 다른 것이었다. 그러한 사정을 『히라도 도자기 연혁일람』은 다음과 같이 기술하고 있다.

> 1629년 에이는 이미 고려다완, 말차다완을 만들었으며, 이 해에 회색 그릇(灰色燒)를 발명했다. 1634년, 에이는 점점 연구를 거듭하여 뛰어난 붉은 빛 나는 그릇(朱泥色燒)를 만들어냈다.[19]

여기에서 보듯이 조선 여인 갓난이는 연구를 거듭한 끝에 1629년에 이르러 차사발을 만들었다. 일본의 다도는 말차를 기본으로 한다. 그러므로 다완은 어느 정도 커야 한다. 이 때 가장 선호되었던 것이 고려다완이라는 조선의 사발이었다. 이것을 그녀가 재현해 내었다는 것이다. 이처럼 그녀는 출발은 조선풍의 사발로 하였지만, 점점 날이 갈수록 그녀의 실험이 거듭되었고, 그 결과 회색빛과 붉은 빛이 나는 다완(그릇)까지 만들었다는 것을 위의 기록에서 알 수 있는 것이다. 이처럼 그녀는 여성이면서도 훌륭한 조선 여성 도공이었다.

---

18 佐藤獨嘯, 앞의 책, 元和 8 壬戌(1622)條.
19 佐藤獨嘯, 앞의 책, 寬永 11 甲戌(1634)條.

한편 그녀는 무녀적인 성격도 가지고 있었다. 그녀는 일찍이 작은 사당을 지어 산신 '니무네 명신(明神)'을 모셨다고 한다. 이 신은 『미가와치도자기 약기』에 "니무네 대명신은 고려가마(高麗燒窯)의 신이자 산신이다."[20]고 명시해놓고 있다. 이처럼 이 신은 도자기 가마의 신인 동시에 산신이었다. 이 신에 대해 해마다 제사를 지냈는데, 그때 제관은 갓난이 '에이'였다. 이러한 성격 때문에 일부 사람들은 원래 그녀는 부산의 신관의 딸이라고 해석하는 사람도 있었다.[21] 그리고 역사학자 김문길은 그녀의 슬하에 자식 5명이 있었다 했다.[22]

그러나 이것도 사실과 다르다. 앞에서 보았던 것처럼 그녀는 남편을 일찍 여의었고, 그 때 아들 한 명밖에 없다. 그것도 『미가와치 도자기 약기』에 의하면 결혼도 하지 않고 양자만 받아들였을 뿐이다. 이처럼 그녀가 재혼을 하지 않은 이상 5명의 자식을 둘 수가 없는 것이다. 이 부분에 대해서는 『히라도도자기 연혁일람』은 다음과 같이 기술하고 있다.

1638년 에이의 아들 나카자토 무에몬(中里茂右衛門)이 아들을 얻어, 무에몬이라 명명했다. 무에몬에게는 다섯 아들이 있었다. 차남 센우에몬(千右衛門)은 성을 나카자토라 했다. 3남 도시치베(藤七兵衛)는 뒷날 기하라야마(木原山)의 담당자가 되었으며, 성을 요코이시(橫石)라고 고쳤다. 4남 고베이(五兵衛)는 성을 사토미(里見)라고 고쳤고, 5남 진에몬(甚右衛門)은 성을 후루가와(古川)로 고쳤다. 모두 분가하여 도업(陶業)에 종

---

20 『今村家記錄 三川內燒物略記』, 6代 正芳 條.
21 中島浩氣, 앞의 책, p.217.
22 김문길, 앞의 책, p.214.

사하였다.[23]

이 기록을 근거로 보면 그녀의 아들은 무에몬 1명뿐이었고, 그가
결혼하여 얻은 아들이 부친의 이름을 그대로 물려받아 조부와 부친
과 동일한 무에몬(2대)이라 하였는데, 그가 결혼하여 다섯 아들을 둔
것이 된다. 그 아들 중 장남에 대한 이름이 등장하지 않는 것으로 보
아 일찍 사망한 것 같고, 차남 센우에몬이 성씨를 나카자토라 한 것
을 보면 가업은 차남에게 넘겨주었던 것 같다. 즉, 차남이 3대 무에
몬이 되었던 것이다. 그리고 3남은 요코이시(橫石), 4남은 사토미(里
見), 5남은 후루카와(古川)라는 성을 창씨한 것으로 되어있다. 다시 말
하여 이들은 미가와치의 요코이시, 사토미, 후루가와의 시조가 된
것이었다.

『히라도도자기 연혁일람』에 의하면 "1664년 영주(松浦鎭信)가 미
가와치 도예촌의 대표자인 이마무라 야지베(今村彌次兵衛)에게 도쿠
가와가를 비롯한 각 영주들에게 헌상되는 그릇을 만들게 한 후 그
공으로 상을 내리기 위하여 이마무라를 부를 때 에이도 불렀다. 그
러나 그녀는 자신은 이미 늙었다고 하며 사절하였다. 그리하여 영
주는 그 자손에게 고려 도자기 어용(高麗燒御用)을 명하였고, 그 제품
또한 세간에서 화제가 되어 자기와 함께 칭찬을 받았다."[24]고 기록
하고 있다.

여기서 보는 것처럼 1664년 당시 '에이'는 영주가 공로를 치하하
기 위하여 불러도 갈 수 없을 만큼 나이가 들어 있었던 것이다. 당

---

23 佐藤獨嘯, 앞의 책, 寬永 15 戊寅(1638)條.
24 佐藤獨嘯, 앞의 책, 寬文 4 甲辰(1664)條.

시 에이는 98세이었다. 이 기록의 또 하나 중요한 사실은 영주가 그녀의 자손에게 고려도기를 만드는 어용 도공이 될 것을 명하고 있다는 사실이다. 이처럼 그녀의 나카자토 가문은 미가와치에 있어서 다기에 맞는 도기그릇을 만드는 명인으로 자리잡고 있었던 것이다.

조선의 갓난이 '에이'는 장수했다. 1672년 에이가 106세의 고령으로 타계하였다. 『히라도도자기 연혁일람』에 의하면 그녀를 "장부를 능가하는 호기와 기개가 있었다. 언제나 도예연구를 게을리 하지 않았고, 늘 자제들을 격려했다."[25]고 서술하면서 사람들은 그녀를 고려 할머니라는 뜻으로 "고라이 바바(高麗媼)이라고 했다."[26]고 적고 있다. 이처럼 그녀는 남자를 능가하는 포용력을 가지고 자신의 연구 향상에 대한 노력은 물론 미래의 미가와치를 짊어지고 가야 할 젊은이들을 항상 격려했다. 그러므로 사람들은 '고라이 바바'라는 애칭으로 에이를 불렀던 것이다.

그런데 그녀가 106세의 고령으로 죽을 때 남긴 유언이 『히라도도자기 연혁일람』에 다음과 같이 2곳에 기록되어있다.

(1) 寬文 12 壬子(1672) 條

내가 죽으면 반드시 이 사당을 불태워라. 연기가 땅에 머무르면 나의 혼이 이곳에 머물며 도업(陶業)을 보호하고, 만약 연기가 하늘로 올라가면 내 혼이 조선으로 돌아가는 것이다.[27]

---

25 佐藤獨嘯, 앞의 책 寬文 12 壬子(1672) 條.
26 佐藤獨嘯, 앞의 책 寬文 12 壬子(1672) 條.
27 佐藤獨嘯, 앞의 책 寬文 12 壬子(1672) 條.

(2) 寬政 3 辛亥(1791) 條

내가 죽으면 이 사당을 불태워라. 연기가 하늘로 올라가 조선이 있
는 쪽으로 간다면 이 제사는 그만두고, 새로이 산신을 모시는 사당을
세우고 제사를 지내거라. 만일 연기가 올라가지 않고 땅에 머물다가 사
라지면 영원히 이 사당에 제사를 지내거라.[28]

여기에서 보이는 사당은 에이가 매년 그녀가 제녀가 되어 제사를
올리던 곳이었다. 『히라도 도자기 연혁일람』에는 사당에 모셔지는
신은 니무코명신(ニム子明神)이며, 이 신은 고려 도자기를 생산하는 가
마의 신이자 산신이라고 했다.[29] 즉, 자신들의 집안 나카자토 가문의
수호신이었던 것이다. 그런데 에이는 이 사당의 신을 자신의 영혼과
일치를 시켜놓고 있다. 즉, 자신의 영혼이 없는 곳에 신이 있을 수 없
고, 신이 없는 곳에 자신도 있을 수 없다는 사고를 가지고 있었던 것
이다.

사람들은 이 같은 유지를 받들어 에이가 죽고 나서 사당에 불을
붙였더니 연기는 하늘로 올라가지 않고 땅에 머물렀다. 이를 기이하
게 생각한 자손과 사람들은 그녀를 영원히 제사지내기로 하였다고
한다.[30] 이와 같이 그녀는 죽어서 니무코명신과 함께 자연스럽게 미
가와치의 고려도자기를 생산하는 도공들의 신이 되었다. 죠엔은 영
주의 명에 의해 신이 되었지만, 고려 할머니는 스스로 죽어서 자손들
을 보호하는 신이 되려고 하였다. 그에 따라 그녀는 지역의 신이 아

---

28 佐藤獨嘯, 앞의 책 寬政 3 辛亥(1791) 條.
29 佐藤獨嘯, 앞의 책 寬政 3 辛亥(1791) 條.
30 佐藤獨嘯, 앞의 책 寬文 12 壬子(1672) 條.

고려할머니의 묘비

닌 가문의 수호신이 된 것이다. 이 점은 앞장에서 보았던 같은 지역
내 도조의 신이 된 이마무라 죠엔(今村如猿)과 확연하게 다른 점이다.

　그녀를 모신 사당은 원래 사기그릇을 생산하는 가마의 부근에 있
었던 것 같다. 『히라도 도자기 연혁일람』에 의하면 1716-1731년 사
이에 가마의 윗부분에 큰불이 나서 사당 좌우에 서있는 큰 소나무에
옮겨 붙어 불타 없어졌다고 한다. 그 후 사람들은 화재를 피하여 사
당을 지금의 산으로 옮겼으며, 그 산을 미가와치 사람들은 고려어(한
국어)로 '산바라게'라고 불렀다고 했다.[31]

　그 산이란 현재 텐만궁(天滿宮)이 있는 곳을 말한다. 이것은 스가와
라 미치자네(菅原道眞: 845-903)[32]를 주신으로 모시고 있는 신사가 있는

31　佐藤獨嘯, 앞의 책 寬政 3 辛亥(1791) 條.
32　스가하라 미치자네는 菅原是善의 3남으로, 헤이안(平安) 시대의 귀족, 학자, 시인,
　　정치가, 관료이다. 우다(宇多)천황에게 중용되어 관료가 되었고, 그 후 다이고(醍
　　醐)천황 때에는 우대신으로 승진하였으나, 좌대신 후지와라 도키히라(藤原時平)

경내로 옮겼다는 것이다. 이 신사의 제신인 스가와라 미치자네는 미 가와치 전역을 지키는 우부스나가미(産土神)[33]의 역할을 하고 있는 신 이다. 그러므로 산의 맨 위에는 스가와라 미치자네가 모셔진 본전의 건물이 있고, 그 아래에 고려 할머니가 모셔진 신사가 자리를 잡고 있다. 그리고 사람들은 고려할머니를 모신 신사의 이름을 부산신사 (釜山神社)로 지었다. 그에 따라 고려 할머니는 부산대명신(釜山大明神) 이라는 신이 되었다.

이러한 이름 때문에 에이를 원래 도공출신이 아니라 부산에 거주 하는 신관의 딸이라는 설이 제기되기도 했다.[34] 필자도 한때 오해를 한 적이 있다.[35] 그리고 실제로 지역민들에게도 일어났다. 즉, 1883 년 구스모토 세키스이(楠本碩水: 1832-1916)[36]가 찬하고, 나카바야시 고

의 참소로 인해 大宰府의 權帥로 좌천되어 현재에서 사망했다. 그 후 천재지변이 빈 번하게 발생하여 사람들은 미치자네가 내린 저주라고 해석했다. 이를 해결하기 위해 그를 天滿天神으로 모시고, 관위도 贈正一位, 太政大臣로 임명했다. 현재는 학 문의 신으로 대중들로부터 인기가 있다.

33 우부스나가미(産土神)는 지역의 토착신, 본향의 신이라는 의미가 강하다. 그러므 로 이를 신앙하는 그룹은 혈연적인 요소보다 지연적인 성격이 강하다. 동족집단 의 결합이 약하나 지연의식이 강한 도시와 같은 경우 지역의 유력신사를 우부스나 가미로 삼는 경우가 많다. 미가와치의 경우 스가라라 미치자네를 신으로 모시는 텐만궁이 지역 전체를 통합하는 우부스나가미 역할을 한다고 볼 수 있다.

34 中里逢庵(2004)『唐津燒の研究』河出書房新社, p.43, 中島浩氣, 앞의 책, p.217.

35 노성환(2009)「나가사키현 미가와치의 조선도공에 관한 일고찰」『일본어교육(49)』 한국일본어교육학회, pp.201-214.

36 막말(幕末)과 명치(明治)시대의 유학자. 이름은 孚嘉, 字는 吉甫, 통칭은 謙三郎, 碩 水 또는 天逸을 자신으로 호(号)로 했다. 히라도 번사(平戸藩士)의 아들로 肥前針尾 島(長崎県佐世保市)에서 출생. 藩学維新館에서 수학한 후, 규슈 유학에 나서 広瀬淡 窓의 문하생이 된다. 그리고 肥後(熊本県) 長洲의 月田蒙斎로부터 야마자키 안사이 (山崎闇斎) 학파의 주자학을 배운다. 25세로 번학(藩学)의 조교가 되어, 에도(江戸) 에 유학하여 佐藤一斎에게서 학문을 배웠다. 1868년(明治1)에 貢士로 임명되어 3 년간 역할을 수행하다가 이를 그만두고 고향으로 돌아가 은둔생활을 보내다가 형 인 端山과 함께 鳳鳴書院을 건립하여 문하생을 육성한다. 안사이 학파의 주자학을 평생 신봉하였다. 그리고 그가 남긴 사상사에 대한 견해 및 중국, 일본의 유학자들 에 대한 간결한 비평은 학술적으로도 높게 평가되고 있다. 편저로는『朱王合編』(全

치쿠(中林梧竹: 1827-1913)[37]가 쓴 부산신사기(釜山神社記)의 비문에 "고려 할머니가 사망한 지 150-160년 이후 그 자손들이 만들어 제사를 지내고 신사 이름을 부산신사라 하였다. 대개 가마를 부산이라 하는데, 이것은 한국의 부산에서 취한 것이다"[38] 이처럼 그 신사가 부산신사로 불린 것은 그녀가 부산출신이기 때문이라고 해석하는 것이 많았다.

그러나 앞에서 본 바와 같이 그녀의 고향을 어느 곳이라고 단정을 내리기가 어렵다. 부산과 웅천도 가능성이 높은 후보지 중의 하나일 뿐이다. 그러나 신사의 이름을 부산으로 한 것은 지명의 부산이 아닐 가능성도 있다. 이 신은 원래 니무네명신이라는 산신이었으며, 그릇을 생산하는 가마(窯)를 보호하는 신이었다. 실제로 『미가와치도자기 약기』에 "가마야마(釜山)과 가마야마(窯山)이 서로 다르다. 이에 따라 후세 사람들이 원조 가마의 신이라고 잘못 생각한 것이다."라

4巻付1巻), 『碩水先生遺書』(全12巻) 등이 있다. 미가와치사람들이 부산신사기를 글을 부탁한 것은 그가 에도에서 향리에 돌아와 봉명서원에서 문하생을 가르치고 있었을 때 일 것으로 추정된다.

37 명치의 3대 명필로 꼽히는 서예가. 肥前国 小城藩(現在の佐賀県小城市)출신. 본명 隆経, 통칭은 彦四郎, 字는 子達. 호는 梧竹 또는 剣閣主人이라고 했다. 그의 집안은 대대로 나베시마번(鍋島藩)의 가신이었다. 18세 때 번의 명에 의해 에도(江戸)에 유학, 山内香雪, 市河米庵의 문하에 들어가 서예를 익혔다. 1877년에는 당시 나가사키의 清国理事府理事官이었던 여원미(余元眉)로부터 중국의 碑版法帖을 받아 六朝書의 연구를 시작하였으며, 1882년 귀국하는 여원미과 함께 청나라로 들어가 여원미의 스승인 潘存의 밑에서 古碑와 拓本을 수집하여 연구에 몰두한다. 1884년 귀국하였으며, 1891년에 왕희지의 十七帖의 臨書를 명치천황에게 헌상한다. 그는 80대 중반에 이르러 자신의 글을 집대성한 『梧竹堂書話』을 남겼다. 이처럼 미가와치인들이 부산신사기를 적은 비문을 세우기 위해 당대 최고의 명성을 누렸던 사람들에게 부탁하고 있음을 알 수 있다. 그리고 나카바야시가 1884년에 귀국하는 것으로 보아「부산신사기」는 1883년에 구스모토에 의해 작성되었지만, 실제 그 비의 글씨 작성과 비의 건립은 1884년 이후 일 것으로 추정된다.

38 원문을 소개하면 다음과 같다.「媼沒百五六十年 其子孫建神祠之 名曰釜山神社 蓋俗謂陶窯 曰釜山 且取之韓之釜山」

고 표시해 놓고 있기 때문이다.[39]

그리고 신사의 앞에 세워진 비문에서도 "가마를 부산이라 한다."
는 내용에서 보듯이 이를 순수하게 가마를 의미하는 말로 사용된 것
으로 볼 수 있다. 이를 증명할 수 있는 또 하나의 자료는 부산신사의
앞에 놓여져 있는 요산신사개축비(窯山神社改築碑)이다. 여기서 보듯이
부산을 요산(窯山)으로도 표기하고 있는 것이다. 따라서 여기에서 「부
산대명신」이란 "가마(窯)가 있는 산의 신"이라고 해석하는 것이 타당
하다고 생각된다.

『히라도도자기 연혁일람』에는 부산대명신에 대한 제사와 제물에
대한 기록도 남기고 있다. 그 내용을 소개하면 다음과 같다.

> (1) 2월 15일에 술과 안주를 올린다. (2) 4월8일 제사에 자반과 안주를
> 올린다. (3) 5월 5일 제사에 술과 안주를 올린다. (4) 11월15일 제사에 술
> 과 안주를 올린다. 이날 고려떡(高麗餠)을 만들어 올린다. 이 떡은 「시루
> 시토기」(시루떡)라 한다. 이것을 만드는 구전이 있다. 이상 4번 제사 가운
> 데 11월 15일을 본 제사라고 전해온다. 제사 때 신전(神前)에서 장구라는
> 것을 어깨에 메고 두드려 소리를 내었다. 지난해 화재로 장구가 소실되
> 어 지금은 물고기 모양의 북(魚之鼓)의 형태로 흙으로 만들어 아래 위로
> 종이를 두껍게 바른다. 길이 1척 5촌 안쪽 크기도 위의 것과 같았다.[40]

이처럼 그녀에 대한 제사는 1년 4차례나 올렸다. 특히 그날은 조선
식의 시루떡을 올렸다. 시루떡은 시루시토기(志るしとぎ) 혹은 고려떡

---

39 『今村家記錄 三川內燒物略記』의 「高麗姥履歷申傳事」 條.
40 佐藤獨嘯, 앞의 책, 寬文 12 壬子(1672) 條.

▌부산신사 입구

(高麗餠)이라 한다. 아마도 앞의 것은 시루떡이 일본식으로 와전된 것이며, 고려떡은 일본과 다른 조선의 떡이라는 의미일 것이다. 이처럼 이들은 특별한 날에 조선의 떡을 만들어 신에게 바쳤던 것이다. 그리고 제사가 끝나면 "장구라는 것을 어깨에 메고 두드려 소리를 내었다."[41]라는 표현처럼 장구를 치며 노래 부르며 함께 놀았던 것 같다. 장구가 소실된 후 위의 기록에서는 물고기 모양의 북(魚之鼓)의 형태로 흙으로 만들어 아래 위로 종이를 두껍게 바른다고만 하였는데, 『미가와치도자기 약기』에서는 그것을 손으로 쳐서 소리를 낸다고 했다.[42] 다시 말해 그것은 장구를 대신하는 악기이었던 것이다.

41　佐藤獨嘯, 앞의 책, 寬文 12 壬子(1672) 條.
42　『今村家記錄 三川內燒物略記』의 「高麗姥履歷申傳事」 條.

오늘날에는 그녀에 대한 제사에도 많은 변화가 일어났다. 1년에 4번 하던 것을 매년 4월 8일 하루를 정하여 지내는 것으로 결정하였다. 그 날이 되면 각지에 흩어져 살던 그녀의 후손들이 미가와치에 모여서 부산신사에 참배하고 함께 제사를 지낸다. 그리고 지금은 제사상에 올라가는 제물 중에서 시루떡은 보이지 않는다.[43] 시루떡을 만들 줄 아는 사람도 없거니와 파는 곳도 없기 때문이다.

4. 고려할머니 후손들의 과거와 현재상

갓난이 '에이'는 죽어서 신이 되긴 하였지만 세속적인 요소까지 완전하게 승화된 성스러운 신이 되지 못했다. 다시 말해 그녀에게는 인간적인 요소가 신적인 요소보다 더 많이 남겨져 있었다. 그 대표적인 예로 죽고 난 다음 불교사원으로부터 전념묘서대자(專念妙西大姉)이라는 계명을 받은 것을 들 수가 있을 것이다. 즉, 그녀는 죽어서 출가를 한 셈이다. 이처럼 사후 다른 사람들이 하는 모든 것을 그녀도 예외 없이 치른 것이었다. 이처럼 그녀는 죽어서도 인간의 굴레를 벗어나지 못했던 것이다.

그녀에게는 자손들이 많았다. 그녀의 직계에 대해『히라도도자기연혁일람』은 "2대 무에몬, 3대부터 5대까지 무에몬이라 하고, 6대 몬에몬(紋右衛門), 7대 토고로(藤五郎), 8대는 토시치로(藤七郎), 9대는 시게타로(繁太郎), 10대는 토쿠쥬(德壽)로 이어졌다"[44]고 기술하고 있다.

---

43 尹達世(2003)『四百年の長い道』リーブル出版, p.154.
44 佐藤獨嘯, 앞의 책, 寬文 12 壬子(1672) 條.

이와 같이 직계를 포함한 방계의 사람들, 그리고 앞에서 언급한 나카자토, 요코이시, 사토미, 후루카와로 일컫는 그녀의 후손들은 현재 그의 자손들이 미가와치와 사가현 다케오(武雄) 등지에 흩어져 살면서 도자기를 생산하고 있는 자들이 많다. 이들 집안에서도 명도공은 물론 판로를 개척한 사람들도 많았다. 특히 고려 할머니의 손자인 요코이시 후지시치베이(橫石藤七兵衛)는 1712년에 아마쿠사(天草)에서 하이키(早岐)로 반출되는 숫돌을 자기원료로 사용하여 순백색의 자기를 구워내는 비법을 알아내었다고 전해지고 있다.[45] 그리고 『히라도도자기 연혁일람』에는 1910년대까지 활약했던 인물에 대해 비교적 상세히 기록하고 있다.

가령 기술적인 면에서는 1830년 나카자토 우시타로(中里丑太郎)와 후루가와 쇼사쿠(古川庄作)이 유럽인들이 선호하는 얇은 커피잔을 최초로 만들었고,[46] 1865년 후루가와 마타조(古川又藏)가 영주의 어용 세공인이 되었다.[47] 그리고 1889년에는 나카자토 모리사부로(中里森三郎)가 프랑스 파리 만국박람회에 출품하였으며,[48] 또 1892년에는 방계의 6대손이자 2대 이래 고려도자기 어용의 명을 받았던 나카자토 요무사쿠(中里與茂作)가 다시 어용 도예의 명을 받았으며, 또 그의 후계자 마츠지로(松次郎)도 마가와치의 고유의 문양인 당자 그림(唐子畵)를 습득하여 호평을 받았다.[49] 그리고 1902년 나카자토 미마타(中里巳午太)는 새로운 기법인 뿌리는 그림(振掛畵)을 시작하였다. 또 그는 옛 영주 마츠우라 아키라(松

---

45 吉永陽三(1988) 「長崎の陶磁」『特別企画展　長崎の陶磁』佐賀県立九州陶磁文化館, p.128.
46 佐藤獨嘯, 앞의 책, 天保 元 庚寅(1830) 條.
47 佐藤獨嘯, 앞의 책, 慶応 元 乙丑(1865) 條.
48 佐藤獨嘯, 앞의 책, 明治 22 乙丑(1889) 條.
49 佐藤獨嘯, 앞의 책, 明治 25 壬辰(1892) 條.

浦銓) 백작의 부름에 따라 마츠우라가의 사적인 가마를 담당했다.[50] 그리고 1904년 사토미 마사시치(里見政七)가 대표(總代)로서 미국 세인트루이스 만국박람회에 모토야마조합에서 출품하여 금패 1등상을 받았다.[51] 1910년 나카자토 마사쥬로(中里政十郞)가 후쿠오카 공진회에 출품하여 상을 받았다.[52]

그 중에서는 기술을 토대로 생산한 제품을 판매하기 위해 조직을 만들고 판로를 개척하는 사람들도 눈에 띈다. 가령 1804년 나카자토 리스케 등이 나가사키에 오가며 네덜란드 사람과 무역하였고,[53] 1871년 옛 영주가 대관직을 맡고 있었던 후루가와 스미지(古川澄二)에게 "히라도 도자기 거래소(平戶燒物産會所)" 일체 업무를 넘겨주었다. 그리하여 그는 후쿠모토 등과 협의하여 만포장상포(萬寶山商鋪)라는 회사를 설립하고, 그들이 생산하는 제품에는 만보산지영제(萬寶山枝榮製)라고 명기했다.[54] 그리고 1869년 나카자토 쇼노스케(中里庄之助)가 도자촌의 촌장에 임명되었고,[55] 그는 1873년에는 미츠다케 사기장의 대표이사, 1874년에는 우편국 설치를 출원하여 국장으로 임명되었고, 1875년에는 당산의 총대가 되었으며, 1876년에는 제도업조합의 대표가 되었다. 그리고 1877년에는 미가와치의 작은 우두머리로 임명되었으며, 1869년에는 도자촌의 촌장에 임명되었고, 1884년에는 흥산회사를 설립하여 대표자가 되었다.[56]

---

50 佐藤獨嘯, 앞의 책, 明治 35 壬寅(1902) 條.
51 佐藤獨嘯, 앞의 책, 明治 37 甲辰(1904) 條.
52 佐藤獨嘯, 앞의 책, 明治 43 庚戌(1910) 條.
53 佐藤獨嘯, 앞의 책, 文化 元 甲子(1804) 條.
54 佐藤獨嘯, 앞의 책, 明治 4 辛未(1871) 條.
55 佐藤獨嘯, 앞의 책, 明治 2 乙巳(1869) 條.
56 佐藤獨嘯, 앞의 책, 明治 17 甲申(1884) 條.

이처럼 그의 직책이 빈번하게 바뀌는 것에서 보듯이 19세기 미가와치의 도자기는 근대화 물결에 급격한 변화를 겪고 있음을 알 수 있다. 그리고 1810년 사토미 마사우에몬(里見政右衛門)이 사라야마(皿山)의 촌장으로 임명되어 25년간 그 직책을 수행했고,[57] 1892년 사토미 마사시치(里見政七)가 제조가(製造家)의 대표로 선출되어 영주가 내린 산림과 에가미 마을 공장, 아울러 하이키항 원토 저장창고 등 일체 감독을 맡았다.[58] 그리고 1910년 나카자토 마사쥬로(中里政十郎)가 모토야마 우체국장에 임명되었다.[59]

한편 판로를 개척하는 사람들도 등장했다. 1882년 나카자토 모리사부로(中里森三郎)는 나가사키와 한신(阪神)지방, 요코하마(橫濱) 등으로 판로 확장에 힘쓰며 무역에 종사하였고,[60] 그에 이어 나카자토 토요시로(中里豊四郎)도 1891년 자가의 제품을 한신(坂神)지방으로 판로를 넓혔다.[61]

그리고 이들은 자신들의 기술을 후손들에게 전달하는 데도 노력을 기울였다. 1899년 도자기의장 전습소를 개설하였는데, 그 때 발기인에는 사토미 마사시치, 나카자토 도스카즈(中里利一), 나카자토 미마타(中里巳午太) 등이 보이며, 또 그곳의 부소장에는 사토미 마사시치가 추선되었다. 그리고 미마타 등에 의해 고유의 화법을 전수하였고, 또 제형과(製型科)에는 후루가와 코메노스케(古川米之助)가 주임교사로 있었다.[62] 그리고 1903년 나카자토 마사쥬로(中里政十郎) 교사로 부임

57 佐藤獨嘯, 앞의 책, 文化 7 庚午(1810) 條.
58 佐藤獨嘯, 앞의 책, 明治 25 壬辰(1892) 條.
59 佐藤獨嘯, 앞의 책, 明治 43 庚戌(1910) 條.
60 佐藤獨嘯, 앞의 책, 明治 15 壬午(1882) 條.
61 佐藤獨嘯, 앞의 책, 明治 24 辛卯(1891) 條.
62 佐藤獨嘯, 앞의 책, 明治 32 乙亥(1899) 條.

┃도자기로 된 나카자토 이치로치댁의 문패(여기에서도 당자회를 볼 수 있다)

하여 주로 도화(陶畵)를 학생들에게 가르쳤다.[63] 그 후 미마타가 공업보습학교를 창립하여 도화 및 제형의 도제를 양성하였다.[64] 특히 그는 1911년에 마츠우라백작으로부터 산엔(三猿)이라는 호를 받을 정도로 작품성이 뛰어났다. 1900년 일본 황태자 결혼식 때 헌상품으로서 1년 여 걸려 만든 향로 세트를 만든 것으로 알려져 있는 근대의 명인으로 일컬어지는 도공이었다. 이처럼 고려 할머니의 후손들은 미가와치 도자기의 성립에 있어서 중심적인 위치해 있었다. 다시 말하여 갓난이 조선여인은 미가와치 자기마을의 원조이었던 것이다.

63　佐藤獨嘯, 앞의 책, 明治 36 癸卯(1903) 條.
64　佐藤獨嘯, 앞의 책, 明治 39 丙午(1906) 條.

현재에도 미가와치에는 나카자토(中里)라는 성씨의 사람들이 많다. 이들 대부분이 직계라기 보다는 분가에서 갈라진 친척들이다. 가라코 도자기(唐子燒) 부문에서 현 지정 무형문화재로 되어있는 나카자토 토키오(中里時夫)씨는 그의 13대손에 해당된다. 그리고 부산신사의 밑에는 그의 후손인 나카자토 이치로(中里一郎)씨도 히라도코쇼가마(平戶洸祥窯)라는 간판을 걸고 도예에 종사하고 있다. 또 고려할머니 17대손으로 알려져 있는 나카자토 야스키치로(中里安吉郎雅介)씨는 마츠노키우우타니(松の木庵巨谷)이라는 가마를 운영하고 있는데, 그는 자기의 점토를 이용하여 국화를 만드는 이색적인 기술을 가지고 있는 것으로 유명하다. 이 기술이 인정받아 오늘날 현으로부터 무형문화재로 지정되어있다.[65]

이같이 걸출한 도공들을 배출한 고려 할머니 자손은 현재 15대까지 내려가 있다. 직계는 미가와치를 떠나 다케오(武雄)에서 터를 잡았다. 그가 바로 쯔치다 테루유키(辻田輝幸)씨이다. 이름도 바뀌어져 있다. 아마도 다케오의 쯔치다 집안에 양자로 간 것으로 보인다. 그러나 그는 도공의 길을 걸어 현재 선조의 이름을 딴 무에몬요(茂右衛門窯)라는 간판을 걸고 생업에 종사하고 있다. 그의 말에 따르면 그의 형제가 7남매였는데, 장남이 대를 잇지 않고, 다른 집으로 양자로 가 있는 차남인 자신이 대를 이어 도공의 길을 갔다고 한다. 그러나 그의 아들은 자신의 업을 잇지 않고 있으며, 현재(09년) 초등학교 4학년 재학 중인 손자에게 기대를 하며, 설득 중이라고 했다. 만약 손자가 대를 잇지 않으면 15대까지 내려온 고려할머니의 직계 자손은 가업을 접게 된다.

---

65 秦恒平(1976)『日本やきもの旅行-唐津、有田、小鹿田、高取、薩摩、壺屋-』平凡社, p.170.

5. 마무리

나가사키현 사세보시 미가와치에 자리 잡은 부산신사에 모셔지는 신은 일본명 에이, 한국명은 갓난이라는 조선여성이었다. 그녀의 고향은 부산 혹은 웅천이며, 임란 때 빨래하러 개울가로 갔다가 왜군에게 납치당한 사람이었다. 그녀가 포로가 될 때 거관을 비롯한 많은 조선도공들도 함께 있었다. 이들과 함께 히라도의 나카노에서 살면서 도예기술을 익혔다. 결혼하였으나 일찍 남편과 사별한 후 어린 아들과 미가와치에 살면서 자신의 기술을 발휘하여 차사발을 만드는 데 성공했다. 그녀와 함께 일본으로 끌려온 도공 거관은 순수 백색의 자기 제작을 추구하였다면 그녀는 조선풍의 차사발(다완)을 고집했다.

그녀의 후손들 가운데 직계는 나카자토라는 성씨를 계승하였지만, 방계들은 요코이시, 사토미, 후루가와라는 성을 창씨하여 지금까지 미가와치를 비롯한 일본 전역에 살고 있다. 이들 중 많은 사람들은 고향에 남아 가업을 계승하여 도예의 길을 가고 있다. 이러한 의미에서 그녀는 이들 집안의 시조이자, 미가와치 도자기를 이룩하는데 커다란 축을 형성하는데 기여한 인물이었다. 그녀의 인품은 남자를 능가하는 호기와 기개가 있다는 평을 얻었고, 노후에도 도예기술 연구를 계속하면서 자제들을 독려하여 사람들은 그녀를 애칭으로 "고려 할머니"라고 했다. 전란으로 인해 파란만장한 인생을 보낸 그녀는 106세까지 장수했다.

한편 그녀는 여성 도공이면서도, 도자기 가마의 수호신인 산신을 모시는 무녀이기도 했다. 그녀가 신이 되는 데는 이러한 종교적인 요소가 강하게 작용했다. 그녀는 사후 자신의 혼은 자신이 섬기는 신과 함께 미가와치에 남아서 자손들의 가마를 지키는 수호신이 되기를 자처했다. 이러한 유지를 받들어 사람들은 그녀를 부산신사의 신으로 모셨고, 제사지냄으로써 그녀는 미가와치의 신이 되었던 것이다. 지금도 그녀의 후손들은 매년 4월 8일이 되면 이곳에서 제사를 지내고 있다. 이들의 제사가 계속되는 한 그녀는 영원히 미가와치 부산신사의 신으로서 일본에 남아있게 될 것이다.

일본 규슈의 조선도공

제3부

사가의 조선도공

제10장

사가현의 조선도공과 민속생활

1. 머리말

　규슈 북부지역에 위치하고 있는 사가현(佐賀縣)에는 유난히 임진왜란에 관련된 유적지가 많다. 본장은 이곳에서 포로로 잡혀가 살면서 활약했던 조선도공들의 삶의 흔적을 찾는데 그 목적이 있다. 지금까지 사가현의 조선도공에 대해 연구된 적이 전혀 없는 것은 아니다. 지금도 간간히 그에 대해 소개되고 있다. 그 예로 한국에서는 방병선,[1] 신혜원,[2] 강경숙[3] 등의 연구가 있고, 일본에서는 나카노 히토시

1　방병선(2003)「조선도자의 일본전파와 이참평」『백제문화(32)』공주대 백제문화연구소, pp.261-271.

2　신혜원(2007)「도장 사카이다카키에몬에 관한 고찰」『일본문화연구(21)』동아시아일본학회, pp.85-97.

3　강경숙(1990)「일본 유전천구곡요에 보이는 한국문화의 영향」『미술사학연구(185)』한국미술사학회, pp.163-217.

(中野等),[4] 카타야마 마비(片山 まび),[5] 가나자와 요(金澤陽)[6] 등의 연구가 있다. 그런데 이들의 일련의 연구를 보면 한 가지 공통된 특징을 가지고 있다. 즉, 이들의 대부분의 관심은 지역을 대표할 만한 인물에 집중되어있다는 점이다. 가령 방병선은 아리타의 이참평을, 신혜원은 아리타의 이참평과 사카이다 가키우에몬을 집중 소개하고 있으며, 강경숙은 고고미술학적인 측면에서 아리타의 텐구다니의 도자기를 우리나라 16-17세기의 도자기와 비교하고 있는 것이다.

이에 비해 일본측에서도 나카노는 아리타를, 카타야마는 고고학적인 입장에서 가마터를 조사 연구하여 그 특징을 소개했고, 또 가나자와는 아리타 도자기가 해외와의 어떤 문화적인 교류를 가지고 있는지에 대해 분석하고 있다. 이처럼 지금까지 사가현의 조선도공들의 연구는 지역적으로는 아리타에, 그리고 인물로는 이참평에게 관심의 초점이 되는 경향이 강했다.

이러한 작업 덕분에 아리타의 이참평은 한국에서도 비교적 잘 알려져 있는 인물이 되었다. 물론 이참평이 사가현의 도자기에서 차지하는 위치는 참으로 크다. 그러나 이곳에서 도자기를 생산한 조선도공은 이참평만 있는 것이 아닐 것이다. 사가의 곳곳에 퍼져있는 도요지의 분포도를 생각하더라도 수많은 조선도공들이 그곳에서 도자기로 생업을 영위하였음은 두말할 나위가 없다. 필자는 일전에 사가현의 아리타 지역의 조선도공에 대해 고찰한 적이 있는데, 그 때 가

---

4 中野等(2005)「풍신수길의 대륙침공과 조선인 도공」『한일도자문화의 교류양상』〈한일관계사학회편〉 경인문화사.

5 가타야마 마비(2005)「풍신수길의 조선침략과 비전도자 -도자를 중심으로-」『한일도자문화의 교류양상』〈한일관계사학회편〉 경인문화사, pp.141-180.

6 金澤陽(1992)「オランダに見る陶磁器の東西交流」『Morning Calm(16)』 대한항공, pp.60-64.

능하면 이참평을 포함한 아리타 지역에서 활약한 조선도공들을 많이 찾아 소개하고자 했다.[7] 이번에도 그와 같은 작업의 일환으로 아리타를 제외한 다른 지역에서 활약한 사가현의 조선도공들을 찾는데 그 목적을 두었다.

사가현에는 곳곳에 조선도공들이 생산활동을 벌였던 도요지가 많다. 도예연구가인 나카자토 노리모토(中里紀元)씨에 의하면 사가현의 조선계의 도요지는 지금까지 발견된 것만 해도 약 160여개소에 이른다고 한다.[8] 이처럼 사가현 전역에 걸쳐 분포되어있는 도요지를 보면 어느 특정한 곳에 집중되어있는데, 대략 이를 정리하면 다음과 같은 3가지 지역을 들 수가 있다. 그 첫째는 가라츠계로 사가현의 북부지역인 가라츠와 시이노미네 지역을 중심으로 도자기를 생산하는 도요지이고, 둘째는 사가현의 중심지인 사가시에서 활동한 조선도공들의 도요지이며, 셋째는 남부지역인 이마리, 다케오, 우레시노 지역을 중심으로 하는 도요지이다. 그럼 이 세 곳을 중심으로 조선도공들의 흔적을 찾아보기로 하자.

2. 가라츠계의 조선도공

가라츠에서 생산되는 도자기는 주로 도기이며, 일용잡기가 많고, 그 생김새가 소박하고도 중후하여 일찍이 다인들로부터 인기를 끌

---

7 노성환(2009) 「일본사가현 아리타의 조선도공에 관한 일고찰」 『일어일문학(42)』 대한일어일문학회, pp.303-323.
8 中里紀元(1981) 「九州の朝鮮陶工たち」 『末盧國(2, 3)』.

었다. 이러한 가라츠 도자기를 생산한 조선도공들의 성격을 한마디
로 설명하기 어렵다. 왜냐하면 그들이 이곳으로 건너가게된 것은 어
떤 한 사건에 의해 한꺼번에 이루어진 것이 아니라 오랜 시간에 걸쳐
여러 번 반복하여 이루어졌기 때문이다. 그러므로 가라츠의 조선도
공들을 이해하기 위해서는 시대를 나누어 생각하는 것이 바람직 할
것 같다.

(1) 키시타케의 조선도공

가라츠지역에서 제일 먼저 도요지가 조성되고 사기그릇이 생산
되었던 곳은 키타하타무라(北波多村)의 산록에 위치한 키시타케(岸岳)
라는 지역이다. 지금도 이곳은 한도가메가미가마(飯洞甕上窯), 한도가
메시모가마(飯洞甕下窯), 호바시라가마(帆柱窯), 키시타케사라야가마(岸
岳皿屋窯)라고 불리는 옛 도요지가 점재해 있다. 이곳에서 생산되었던
그릇의 대부분은 천문연간(天文年間: 1532-1555)으로 추정되며, 그 특징
도 조선의 것과 크게 다르지 않았다. 일본 다도의 완성자 센노리큐
(千利休: 1522-1591)가 소지했던 것으로 알려져 있는 네노코모치(ねの子も
ち)라는 다완은 바로 이때 이곳에서 만들어진 것으로 알려져 있다.[9]
그러므로 이들은 임란이전부터 바다를 건넜던 조선도공들이었다.
그 중 한도가메시모가마는 사가현에서도 가장 오래된 가마로 북한
의 할죽식 등요(割竹式登窯)의 양식을 띠고 있다고 한다.[10]

이들 도요지에서는 짚으로 만든 회유(灰釉), 철유(鉄釉), 장석유(長石釉)

---

9 泉滋三郎(2006) 「唐津焼と織部焼について」『基礎科学論集 敎養課程紀要(23)』神奈
　川歯科大学, p.102.
10 中里紀元(2005) 「古唐津始原期の謎とルーツ」『古唐津の歴史(2)』松浦文化連盟, p.93.

▌센노리큐의 네노코모치

등 고도의 기술을 사용하여 일용잡기와 일부 다기를 구워냈다. 이러한 그릇을 일반적으로 키시타케 고가라츠(岸岳古唐津)라고 한다. 더 세분화하면 유약의 기법에서 한도가메가마계(飯洞甕窯系)와 호바시라가마계(帆柱窯系)로 나누기도 한다. 이 때 만들어진 도자기를 임란 이후의 것과 구분하기 위해 보통 오쿠고라이다완(奧高麗茶碗)[11]이라 한다.

이들 도공들이 조선의 어디에서 갔는지는 분명치 않다. 그러나 추측컨대 이곳은 왜구로서 활약했던 히젠 마츠우라당(肥前松浦党)의 하타씨(波多氏)의 거점지역이었기 때문에 이들이 한반도의 해안지역을 침탈하면서 상품가치가 높은 도공들을 잡아갔을 것으로 생각된다. 그러나 이들은 이곳에서 오랫동안 생산 활동을 벌이지 못하고 단절되고 말았다. 이렇게 된 가장 큰 이유는 그들을 납치하고 이곳에서 그릇을 굽게 하였던 하타씨가 멸망하였기 때문으로 생각된다.

1594년(文禄 3) 도요토미 히데요시는 하타 미가와노가미 치카시(波

11 오쿠고라이(奧高麗)란 모모야마시대(桃山時代) 옛 가라츠다완(古唐津茶碗)으로 코모가이풍(熊川風)의 옛 고라이 다완을 모방하여 만든 것이다. 오쿠(奧)란 옛날을 의미한다고도 하며, 또 조선의 내륙에서 만들어졌기 때문에 붙여진 이름이라고도 하나, 분명치 않다.

多三河守親)의 영지를 몰수하고 그를 유배시켜 버린다. 무엇 때문에 히데요시가 하타씨를 미워하여 그렇게 처분을 내렸는지는 명확히 밝혀진 바가 없다. 다만 일반적으로 해석하기는 조선으로 출병한 하타씨가 용맹치 못하고 독단적으로 행동하여 그에 대한 처분을 히데요시가 내렸다고 하고, 그의 부인 야스코(安子)가 절세의 미인이어서 히데요시가 탐했는데, 이를 거부한 그녀를 살해하려다가 실패하여 남편인 하타씨마저 미움을 받아 멸망하게 되었다는 이야기까지 세인들로부터 회자되고 있다.[12] 그러나 히데요시가 나베시마에게 보낸 주인장(朱印狀)에는 병을 핑계로 김해부근에서 은거하여 출전도 하지 않고 시기의 행세만 살피니 그야말로 전대미문의 겁쟁이여서 주벌(誅罰)을 하는 것이라고 적혀있다.[13] 만일 이것이 사실이라면 전쟁에 미온적인 태도를 보인 것에 대해 일벌백계를 한 셈이었다.

아무튼 그들을 관리하고 있던 하타씨가 멸망하게 됨에 따라 그들을 통제하는 자도 사라졌고, 이들도 자유로운 신분이 되었지만 보호막도 사라진 셈이 되었다. 계속 이곳에서 남아서 그릇을 굽는 사람들도 있었겠지만 그 수보다 자신들이 필요한 곳으로 이동하는 도공들이 대부분이었다. 당시 도공은 최고급의 첨단기술이었기 때문에 얼마든지 그들을 필요로 하는 곳은 많았다. 이러한 대부분의 도공들은 이곳을 떠나 시이노미네(椎ノ峰), 타쿠(多久), 타케오(武雄) 등 사가현뿐만 아니라 나가사키의 나가하야마(長葉山), 오하리(尾張)의 미노(美濃), 하기(萩)의 스사(須佐) 등 그들이 필요로 하는 일본의 전역으로 뿔뿔이 흩어져 퍼져나갔던 것이다. 여기에서 생겨난 지역민들의

---

12 滝口康彦(1991)『佐賀歷史散步』創元社, pp.47-48.
13 寺崎宗俊(1993)『肥前名護屋城の人々』佐賀新聞社, p.169.

구비전승에는 "키시타케에서 오가와라(大川原)를 넘어서는 흩어지는 고려인들."이라는 표현이 생겨났다.[14] 다시 말해 그들은 오가와라는 언덕까지는 한 가닥으로 가지만, 고개를 넘어서면 그들은 사방으로 흩어졌다는 뜻이다. 이처럼 도공들이 떠나기 시작하자 그릇을 굽던 가마들도 자연스럽게 하나둘씩 사라져 오늘날과 같이 되어버린 것이다.

(2) 가라츠의 조선도공

가라츠의 도자기가 본격적으로 일본에서 이름을 떨치게 되는 것은 임란 이후이다. 임란 때 이곳 영주인 테라사와 히로다카(寺澤廣高: 1563-1633)가 히젠(肥前)의 나베시마 나오시게(鍋島直茂: 1537-1619)를 따라 조선으로 출병하여 전쟁을 수행하면서도 대거 조선도공들을 납치하여 갔기 때문이었다. 이들 도공 가운데는 또칠(又七: 中里家의 초대)을 비롯하여 야사쿠(彌作: 福本家의 초대), 윤각청(尹角淸: 大島家의 초대), 히코에몬(彦右衛門), 카나에몬(金右衛門), 도코로사에몬(所左衛門), 키자에몬(喜左衛門) 등이 있었다.[15] 구태훈에 의하면 이들은 나베시마군의 작전지역이었던 웅천, 진주, 김해, 경주 등에서 되었을 가능성이 크다고 해석했다.[16]

이들이 마을을 이루며 도자기를 생산하고 살고 있었다는 사실은 조선 후기 지식인들도 이미 알고 있었다. 예를 들면 1636년의 역관

---

14 寺崎宗俊, 앞의 책, p.232.
15 이들 중 킨우에몬, 도코로사에몬, 기사에몬은 자손이 없어서 당대에 단절되고 만다.
16 구태훈(2008)「일본에서 꽃핀 조선의 도자기 문화 –임진왜란 당시 납치된 조선인 도공 이야기–」『역사비평(85)』역사비평사, p.176.

▌가라츠 나카자토의 본가

강우성(康遇聖: 1581-?)이 유고문을 가지고 가라츠에 가서 조선포로들을 데리고 가려고 하였지만, 귀국희망자가 나오지 않고, 모두가 자리에 앉아서 도자기 만드는데 열중하고 있었다고 했다. 그리고 1643년 제5차 통신사의 기록인 『계미동사일기(癸未東槎日記)』에 의하면 "임진년과 정유년에 포로로 잡혀온 사람이 히젠(肥前)에 많이 있었다. 나고야(名護屋)에서 1식 거리가 되는 곳에 한 마을이 있는데, 인가가 수백호였다. 이 마을을 고려촌이라 하고, 그들은 사기를 굽는 것을 생업을 삼고 있다 한다."[17]고 기록하고 있기 때문이다. 이처럼 이들은 귀국을 포기하였는지, 아니면 귀국의사를 표명하기 어려운 상황이었는지 알 수 없지만, 가라츠 지역에는 수많은 조선도공들이 있었던

---

17 이민수 역(1989)「계미동사일기」『해행총재(5)』 민족문화추진회, p.242.

것만은 확실하다.

이러한 조선도공들은 경사지에 계단식 가마를 설치하여 고온을 유지하며 도자기를 구워 대량생산을 했다. 그리고 생산방법도 물레를 발로 돌리면서 손으로 두드리는 기법으로 만드는 것이었다. 이처럼 그들은 조국에서 하였던 방법을 그대로 살려 소박하고 질박한 느낌의 도자기를 생산하였던 것이다.

그들은 처음에는 번의 보호 하에 식기나 옹기 등 주로 일용잡기를 만들었으나, 훗날 다인(茶人)들이 선호할 수 있는 질박함과 와비(侘び)의 정신에 맞는 다기를 생산하여 교토와 오사카 등지로 수출하여 인기를 끌었다. 그리하여 일본에서는 「1라쿠(楽), 2하기(萩), 3가라츠(唐津)」, 「1이도(井戸), 2라쿠(楽), 3가라츠(唐津)」라는 말이 있는데, 그 중 어느 것을 택한다 하더라도 가라츠는 빠지지 않을 정도로 그 유명세는 전국적이었다.[18] 가라츠는 조선도공들의 노력으로 어느덧 일본 3대 다기 명품을 생산하는 곳이 되었던 것이다.

(3) 시이노미네의 조선도공

에도시대(江戸時代)에 접어들고 대량의 도자기 생산으로 말미암아 산간의 나무벌채가 함부로 자행되어 임야가 황폐해지자 나베시마번(鍋島藩)은 번내의 가마를 통합을 단행하여 도공들을 아리타(有田)와 시이노미네(椎ノ峰)에 집약시키는 정책을 폈다.

나베시마의 가신인 이곳 영주 테라사와도 이 정책을 따르지 않을

---

18 전자는 제일 가치 있는 것은 라쿠야키인데, 이것은 교토(京都)에서 생산한 것이고, 두 번째가 하기(萩), 세 번째가 가라츠(唐津)에서 생산된 것이라는 의미인데, 후자는 첫 번째가 이도다완이고, 두 번째가 라쿠야키, 세 번째가 가라츠라는 뜻이다.

수 없었다. 그리하여 1615년에 그는 일부 어용가마를 남겨두고[19] 나머지 도공들은 현재 이마리시(伊万里市) 미나미하다초(南波多町)의 시이노미네로 이주시켰다.[20]

시이노미네는 원래 도자기와 관련이 없는 곳이 아니다. 가라츠에서 도공들이 이주하기 전부터 키시타케의 조선도공의 일부가 이곳으로 옮겨와서 생산 활동을 벌이고 있었다. 그리고 가라츠의 영주인 테라사와 히로타카가 대마도에 있었던 조선도공 이경(李敬)과 시치베이(七兵衛)를 이곳으로 초빙하였고, 또 조선도공 야사쿠(彌作)과 그의 아들 후지자에몬(藤左衛門)과 타자에몬(太左衛門)을 데리고 가서 자신의 영지 카라보리(唐掘), 사시무라(佐志村), 오가와라(大川原) 등을 거쳐 1615년(元和1)에 시이노미네에 정착시킨 적도 있다.[21] 이처럼 시이노미네는 원래 조선도공들과 인연이 많은 곳이었다.

그러나 이들의 이주는 그러한 인연보다는 그곳이 가지고 있는 지형적 조건 때문이었다. 즉, 그곳은 사방으로 산으로만 둘러쳐져 있어서 도공들이 다른 곳으로 도망가는 것을 방지하고, 도공들을 감시와 통제를 통하여 다른 곳으로 기술이 유출되는 것을 막을 수 있었던 것이다. 이로 인하여 일부 조선도공들이 모여 살았던 조용한 마을 시이노미네는 사가 전역에서 모여드는 도공들로 인해 번성을 이루게 되었다. 최고의 전성기 때에는 가구 호수가 350여 호에 이르렀을 정도로 큰 도자기 마을로서 성장하여 아리타와 버금가는 히젠 서부지

---

19 그 이유는 앞에서 말한 바와 같이 가라츠의 다기가 전국적인 유명세를 가졌기 때문에 그것만으로도 상품적 가치를 지니고 있었기 때문이다. 이 때 생산된 다기들이 막부에도 대량으로 헌상되었다. 헌상가라츠(献上唐津)라 하는 것은 바로 이를 두고 한 말이다.

20 松尾香(2003)『風土記 椎ノ峰史乘』山口印刷株式會社, p.19에서 재인용.

21 松尾香, 앞의 책, p.34.

역에 있어서 최대의 도자기 산지로서 알려지게 되었다.

　원록연간(元祿年間: 1688-1704년) 가라츠의 영주 도이 토시마스(土井利益: 1650-1713)는 나가사키로 가는 도중 시이노미네에 들러 타로에몬(太郎右衛門), 야지베이(彌次兵衛), 키헤이지(喜平次), 사쿠베이(作平), 타자에몬(太左衛門) 등 다섯 집의 가마를 시찰하고, 그 중 도요지를 타자에몬만 성씨가 없는 것을 알고 그에게 후쿠모토(福本)라는 일본성씨를 하사한 일이 있다.[22] 이처럼 조선도공들은 이미 자신의 이름은 일본식으로 사용하고 있었으나, 일본 성씨는 영주의 허가 없이 함부로 사용하지 못했던 것 같다.

　이렇게 발전을 거듭하던 시이노미네도 17세기 말에 이마리(伊萬里) 도자기 상인과 시이노미네 도공들 사이에 소송사건에 휘말리게 되면서 쇠락의 길을 걷게 된다. 이 사건은 이마리에 있는 도자기 상인들로부터 차용금을 얻어 쓴 시이노미네 조선 도공들이 그 돈을 갚지 못하자 이마리 상인들이 가라츠번에 소송을 제기한 것이었다. 이 사건으로 말미암아 8명의 우두머리 도공들이 가라츠번 내의 여러 지역으로 추방되면서 매듭을 지었다.

　이 때 많은 도공들이 시이노미네에서 추방되었다. 그러나 오가다(小形), 오오시마(大島), 나카자토(中里), 후쿠시마(福島), 후쿠모토(福本)의 다섯 성씨의 사람들은 잔류의 명을 받아 그대로 남았다. 5집안의 번요(관요)라 함은 이들 집안을 일컫는 말이다. 그러던 가운데 1726년에는 5대 나카자토 타로에몬(中里太郎右衛門)과 4대 오오시마 야지베(大島彌次衛)는 번으로부터 가라츠성 아래에 있는 보슈초(房主町)로 전근의 명을 받고 시이노미네를 떠나 버린다. 이들은 모두 번으로부터 어

22　松尾香, 앞의 책, p.39.

용소물사(御用燒物師)로서 받아들여져 대대로 도자기를 성내에 공급을 하였다. 이러한 도공들의 변화로 말미암아 쇠퇴의 길을 걷고 있던 가라츠에는 다시 가마터가 부활되는 계기를 맞이하였고, 그와 반대로 하나 둘씩 떠가나가는 도공들로 말미암아 시이노미네는 쇠퇴의 길을 걷게 되었다.

가라츠의 보슈초는 해안과 너무나 가까이 근접해 있어서 해풍의 영향이 강해 요업생산에는 적절치 못했다. 그리하여 이곳의 조선도공들의 후예들은 1734년(亨保 19)에 토진마치(唐人町)로 옮긴 것이 오차완가마(御茶碗窯)라는 관요이다. 이 가마는 1870년(명치 3)에 관요제도가 철폐되어도 대정(大正) 말기까지 사용했다고 한다.[23]

(4) 조선도공들의 민속생활

『송포풍토기(松浦風土記)』에 의하면 1615년(元和1) 시이노미네로 이주해 온 조선의 도공들은 대대로 음력 4월 8일이 되면 조상들에 대하여 감사하는 마음을 전하는 고라이마츠리(高麗祭)를 행하였다. 이 행사는 불곡(佛谷)에 위치한 고려사(高麗祠)에서 행하여졌다. 고려사는 조선도공들에 의해 세워진 신사이었다. 고려사의 건물 뒤에 고려신이 모셔진 석비가 3개가 있다. 이는 각기 다른 신이 아니라 해를 거듭해감에 따라 새롭게 만든 것이며, 중앙에 위치한 것이 그 중에서 가장 새로운 것이다. 이 비석의 뒤에는 나카자토(中里), 후쿠시마(福島), 오가다(緖方)라는 성씨 등을 가진 도공들의 이름이 새겨져 있다. 그리고 그 밑 좌우에는 산신사(山神祠)와 지신사(地神祠)라는 비석이 있다.

『송포풍토기』에 의하면 제삿날(고라이마츠리)이 되면 음식과 술을

---

23 田島龍太(2004)「唐津市 -唐人町と御用窯」『海路(2)』海路編輯委員會, p.119.

■시이노미네의 고려사

장만하여 고려신(高麗神)에게 제사를 올렸다. 특히 고려신에게는 고려떡을 바쳤다고 한다. 마을사람들에 의하면 근래까지도 고려 경단(高麗団子)라는 경단을 만들어 고려신에게 바친 다음 나누어 먹었다고 한다. 그리고 1930년대까지는 성대하게 제사가 치러졌으며 신사로 올라가는 산길에는 화려한 깃발이 세워지고, 신사에 봉납하는 일본식 씨름인 스모도 행하여졌으며, 먹고 마실 것을 파는 포장마차들도 즐비하게 들어섰다고 한다.[24]

이러한 고라이마츠리도 명치(明治) 시기에 접어들면 크게 변모하기 시작한다. 먼저 신사의 출입구에 서있는 토리이(鳥居)의 명문을 보면 이는 1881년 3월 상순에 이곳 지역민들에 의해 건립되는데, 이 때 새겨진 명문은 당시 76세였던 대복사(大福寺: 南波多町原屋敷)의 15대 주지인 다카시 가쿠죠(高志鶴城: 1806-1886)가 썼다. 그 명문이 마모가 되어 읽기 어려운 부분이 있으나 대략 읽히는 부분을 직역에 가깝게 번역하여 소개하면 다음과 같다.

---

24 松尾香, 앞의 책, p.19.

▌시이노미네의 고려사

이곳에 진좌하는 고려사(高麗祠)는 그 옛날 신공황후가 한국을 정벌할 때의 일이다. 귀국할 때 도공 23명을 데리고 와서 〈使元陶師...의미불명〉 마츠우라군(松浦郡) 가라츠(唐津)의 시골에 살게 하며 그곳에서 처음으로 도업(陶業)을 열고 이주해 살면서, 점차 기술을 연마하는 한편, 종래로부터 내려오는 고려사를 새로 고치고, 당산(當山)의 조상신(祖神)으로 삼았다. 원래부터 흥한 연유가 있다. 그러므로 세인들이 모두 칭송하여 말하기를 고려사가 바로 이것이라 했다. 따라서 산중을 들어 이를 제사하고, 산업이 점차 번창한다. 이로써 돌로 만든 사당(石祠)을 세우고, 토리이(鳥居)를 세워 오로지 당산의 번성을 바라는 것이다.

여기에서 보면 그 명문은 조선도공들이 임진과 정유의 왜란 때 연행된 것이 아니라 고대의 인물인 신공황후(神功皇后)가 신라를 정벌할 때 데리고 온 도공이라고 적고 있다. 세월이 300여년이나 흘러 19세기말이 되면 이 곳 사람들도 자신들의 선조가 어떤 연유에서 끌려와 시이노미네에 정착하였는지 잊어버렸는지, 아니면 그 사실을 잊고 싶었는지 알 수 없지만 역사가 왜곡되어 명문에 새겨져 있는 것이다.

그 뿐만 아니라 그들의 제의도 고라이마츠리가 아니라 '군치'라는 이름으로 바뀌었고, 날짜도 양력 5월 8일에 정하여 행하고 있다. 그리고 오늘날에는 지역민들의 인구가 급격하게 줄어 고려신은 이곳에 남아있는 7집에 의해 겨우 보존되고 있다. 그리고 신사의 신관도 없어서 제의도 그 때마다 하쿠산 신사(白山神社)에서 초빙하여 지내고 있는 상태라고 한다.

한편 가라츠 도자기도 근대에 접어들어 명치유신이 일어나고 번(영주)의 비호가 사라지자 어용가마도 급속하게 쇠퇴해졌고, 또 아리타를 중심으로 한 도자기의 대량생산으로 경쟁력을 상실한 많은 가마들이 문을 닫았다. 그러나 인간국보 나카자토 무안(中里無庵: 1895-1985)이 두드려서 만드는 전통적인 기법을 부활시켜 옛날 명성을 되찾고 있다. 현재에도 50여개소의 가마가 있으며, 전통적인 기법을 계승하는 한편, 현대 감각에 맞추어 새로운 시도도 시행되어 많은 도자기가 생산되고 있다.

(5) 조선도공의 후예들

가라츠의 조선도공들 가운데 나카자토계, 오오시마계, 오카타계 등 비교적 그들의 가계를 알 수 있는 집안들이 있다. 그 구체적인 사항을 살펴보면 먼저, 나카자토씨(中里氏)의 경우 초대 마타시치(又七)

327

- 2대 타로에몬(太郞衛門) - 3대 칸에몬(勘衛門) - 4대 타로에몬(太郞衛門)
- 5대 타로에몬(太郞衛門) - 6대 젠헤이지(善平治) - 7대 타로에몬(太郞衛門) - 8대 도시(陶司) - 9대 타로에몬(太郞衛門) - 10대 후지타로(藤太郞) - 11대 우타로(祐太郞) - 12대 타로에몬(太郞衛門) - 13대 시게오(重雄) - 14대 무안(無庵) - 15대 타로에몬(太郞右衛門)으로 이어지고 있다. 여기서 보듯이 이들은 2대인 타로에몬이라는 이름을 세습하는 경향이 강하다.

한편 오오시마씨(大島氏)는 초대 오오시마 히코에몬(大島彦右衛門) - 2대 히코에몬(彦衛門) - 3대 히코하치(彦八) - 4대 야지베이(彌次兵衛) - 5대 야키치(彌吉) - 6대 야지헤이(彌次平) - 7대 히코에몬(彦衛門) - 8대 겐노스케(源之助) - 9대 곤타유(權太夫) - 10대 키자에몬(喜左衛門) - 11대 신쿠로(新久郞) - 12대 요시사부로(吉三郞)로 내려오다가 대가 끊어졌다.[25] 특히 이들 중 초대는 원래 이름이 윤각청(尹角淸)이었고, 2대는 기요시게(淸茂), 3대는 기요구니(淸國), 4대는 기요아키(淸明)이었다.[26] 이처럼 이 집안사람들은 초기에는 초대의 이름 중 한 글자인 청(淸)자를 따서 이름을 조선식으로 지었던 적도 있었다.

그리고 오가타씨(小形氏)는 초대 오가다킨우에몬(小形金右衛門) - 2대 우노스케(卯之助) - 3대 오가다 다카노부(緒方高信) - 4대 다카치카(高親) - 5대 다카요시(高吉) - 6대 다카요(高世) - 7대 다카아키(高明) - 8대 다카노부(高信) 등으로 내려오면서 그들은 소화(昭和: 1926-1989) 초기에 가업을 접고 말았다. 이들은 첫 성씨는 오가다(小形)로 시작하였으나, 3대부터는 그것을 오가다(緒方)로 바꾸어 사용하고 있음을 알 수 있다.

여기에 대해 그들의 후손이자 미나미하타촌(南波多村)의 촌장을 역

---

25 松尾香, 앞의 책, pp.49-51.
26 中里紀元(2001)「肥前の朝鮮陶工」『佐賀の歴史と民俗』福岡博先生古稀記念誌, p.249.

임한 바 있는 오가다 다카요(緖方高世)씨는 1818년 오가사하라 나가마사(小笠原長昌: 1796-1823)가 이 지역의 영주로 부임하자, 자신들의 선조들이 영주의 성씨에 쓰이는 작을 소(小)자를 피하기 위하여 취해진 조취였다고 해석했다.[27]

특히 이들 가운데 3대 다카노부는 명도공으로 이름을 날렸는데, 그는 1779년에 태어나 13세부터 가업의 기술을 이어받았으며, 20세가 되던 1798년에 미야자키의 노베오카(延岡)의 오다씨(小田氏)로부터 초빙되어 그곳으로 가서 3년가량 머물면서 백자를 굽는 기술을 전수하기도 했다.[28]

이처럼 이들은 다른 지역으로 기술을 전수시키기도 했다. 그 후 다카노부의 가마는 가라츠번의 번요가 되었고, 56세 되던 해는 번으로부터 칼을 찰 수 있는 무사로서 대접을 받았고, 그 때 이름도 오가다 고베이다카노부(緖方廣兵衛高信)로 바꾸었다. 그러나 그 이듬해인 1835년에 향년 57세로 세상을 떠났으며, 석청산불퇴(釋淸山不退)이라는 법명을 받았으며, 그의 묘지는 시이노미네에 있다.[29]

그리고 후쿠모토씨는 초대 야지에몬(彌次右衛門) – 2대 야지에몬(彌次右衛門) – 3대 구시칸(久之함) – 4대 키우에몬(喜右衛門) – 5대 오노우에몬(斧右衛門) – 6대 키우몬(喜右門) – 7대 테베이몬(貞兵衛) – 8대 우메노스케(梅之助) – 9대 와키우에몬(脇右衛門) – 10대 키타로(喜太郞) – 11대 겐시치(源七)로 내려오다가 대가 끊어졌다.[30]

---

27 田中時次郞(1977)「椎峯. 緖方廣兵衛高信」『からすんまくら(第19號)』(1977年 9月 15日字) p.7.
28 田中時次郞, 앞의 글, p.7.
29 松尾香, 앞의 책, p.48.
30 松尾香, 앞의 책, pp.48-52.

여기에서 보듯이 이들 집안 가운데 나카자토씨를 제외한 모든 집의 가계는 단절되거나 아니면 도중에 가업을 접고 말았다. 지금도 가라츠와 시이노미네에는 희미하나마 조선도공들의 후예들이 살고 있다. 가라츠에는 또칠(又七)의 후손인 나카자토씨(中里氏)들로 나카자토 타로에몬 도방(中里太郎右衛門陶房)을 경영하는 나카자토 타다히로(中里忠寬)와 아야 가마(あや窯)를 경영하는 나카자토 후미코(中里文子)씨의 남편 나카자토 노리모토(中里紀元)씨를 들 수가 있다. 이들은 모두 친척으로 지금도 그들의 가마에서 생산되는 그릇이 가라츠 도자기의 대명사로 되어있다.

한편 시이노미네에는 고라이 에이(高麗媼)라고 불리우는 여성이 있었음은 앞장에서 보았다. 그녀는 무녀적인 성격을 지니고 있다고도 알려져 있는 유명한 인물로 시이노미네의 도공인 나카자토 무에몬(中里茂右衛門)과 결혼하여 살았으나 남편이 죽자 자식을 데리고 나가 사키현의 미가와치(三川內)로 거주지를 옮겨 미가와치 도자기의 창시자가 된다. 그러므로 그녀의 흔적이 시이노미네에는 남아있지 않지만, 그의 남편 형제의 후손들은 시이노미네에 남아있다. 나가자토 쿠쥬야타(中里久壽彌太)씨가 바로 그 예이다. 이들은 같은 나카자토라는 성씨를 사용하고 있으나 또칠을 선조로 하고 있는 나카자토씨와는 다르다. 현재 구쥬야타씨는 「나카자토 종가 14대 도선(中里宗家 14代 陶仙)」이라는 직함을 가지고 그의 아들 유이치로(裕一郎)씨와 함께 시이노미네요(椎ノ峯窯)라는 가마를 경영하고 있다.

3. 사가시의 조선도공

사가현의 현청소재지인 사가시(佐賀市)는 에도시대(江戸時代)에도 사
가번의 중심지이었다. 그러므로 사가번의 영주가 거처하는 성이 바
로 이곳에 있다. 따라서 이곳에는 조선인 포로 및 임란에 관련된 인
물이 많다. 필자는 일전에 여기에 관심을 가지고 일본 측에 서서 스
파이 역할을 한 이종환, 그리고 왜군들에게 피랍되어 간 유학자 홍호
연, 나염기술을 개발한 이구산 등을 소개한 적이 있다.[31]

그러나 사가시에는 이러한 지식계층의 조선포로들만 있는 것이
아니었다. 이러한 단서를 제공해주는 귀중한 자료가 『엽은(葉隱)』이
다. 『엽은』은 1716년(享保1)경에 사가번의 무사인 야마모토 쯔네토모
(山本常朝: 1659-1719)가 저술한 것으로서 일반적으로 무사도의 교본으
로 더 잘 알려져 있는 책이다. 그런데 이것에 임란에 관련된 기사와
함께 조선포로에 대한 기술이 자주 등장하는데, 그것과 관련된 부분
「文書 第3-39」에는 다음과 같은 내용이 적혀있다.

> 아리타(有田)의 사라야마(皿山)는 나오시게공(直茂公)이 고려국으로부
> 터 귀국할 때 일본의 보물로 삼으려고 도자기를 잘 굽는 우두머리격의
> 도공 6, 7명을 데리고 와서 킨류잔(金立山)에서 살면서 도자기를 굽게
> 했다. 그 후 이마리의 부근인 후지카와치야마(藤河內山)로 옮겨서 도자
> 기를 생산했다. 그로 인해 일본인들도 기술을 배워서 이마리, 아리타
> 지역에서 가마를 짓게 되었다.[32]

---

31 노성환(2008)「일본 사가시에 남은 임진과 정유왜란」『일어교육(46)』한국일본교
   육학회, pp.273-293.

이 기술의 내용을 그대로 믿는다면 나베시마 나오시게는 임진과 정유의 왜란을 통하여 뛰어난 기술을 가진 조선도공 6, 7명을 포로로 잡아 자기의 영지로 데리고 갔고, 처음에는 그들을 자신이 사는 사가의 킨류잔에서 도자기를 굽게 하였으나 사정이 여의치 않아 이마리 부근 후지카와치야마로 옮겨 그 업을 계속하게 하는 동시에 일본인들도 그들에게 기술을 배우게 함으로써 아리타와 이마리 지역에서 일본인들이 가마를 설치하고 도자기를 생산할 수 있게 되었다는 것이다. 그렇다면 킨류잔에 살았던 조선도공들은 사가에서 생산되는 도자기의 시조가 되는 셈이다.

이를 뒷받침이라도 하듯이 현재 킨류잔이 있었던 킨류초(金立町) 다이몬(大門)에는 2기의 비석이 남쪽으로 나란히 서있다. 이를 지역민들은 조선인의 역수비(逆修碑)라 부른다. 두 개 모두 높이가 150센티 정도이고, 폭이 75센티 정도 되는데, 우측의 것에는 "寬永六年(1629)己巳 道淸禪定門 逆修朝鮮國工政大王之孫金公之墓 妻女同國金氏 妙淸禪定尼 八月日"이라고 새겨져 있고, 좌측의 석비에는 "寬永五年(1628)戊辰 曉月淨雲禪定門靈位 九月初五日"이라고 새겨져 있다.

여기에서 보듯이 우측의 것은 그의 조상을 조선국 공정대왕이라고 일컫는 김공이 그 주인이며, 그의 법명이 도청이며, 그의 아내의 성씨가 같은 김씨이며, 법명이 묘청이라는 사실을 알 수가 있고, 좌측의 것은 본명은 알 수가 없고, 다만 그의 법명이 효월정운이라는 조선인의 것임을 알 수가 있다.

이러한 묘비를 두고 사가현은 1985년 12월 12일에 사적지로 정하고, 이 묘비는 16세기말 조선의 도공 그룹에 의해 도자가 만들어지

32　山本常朝(1983)『葉隱(上)』〈松永義弘 譯〉教育社, p.255.

| 조선인의 역수비

던 사실을 엿볼 수 있을 뿐만 아니라 히젠(肥前) 도자의 원류를 규명하는데 매우 중요한 자료가 된다고 설명을 하고 있다. 이처럼 사가시에는 여기에 새겨진 이름의 조선인을 비롯한 여러 조선도공들이 킨류잔에서 그릇을 구웠음을 이 유적을 통해 알 수 있는 것이다.

4. 이마리와 다케오 그리고 우레시노의 조선도공

(1) 이마리의 조선도공

이마리는 앞에서 말한 바와 같이 사가시의 킨류잔에서 그릇을 생산하고 있었던 조선도공들이 옮겨감에 따라 일찍부터 도자기와 인

333

연을 맺은 곳이다. 이를 바탕으로 나베시마번은 이 지역에다 관요를
만들었다. 이 일을 추진한 것은 나베시마번의 2대 영주인 나베시마
가츠시게(鍋島勝茂: 1580-1657)인데, 그는 교토(京都) 출신 소에다 키에몬
(副田喜右衛門)에게 명하여 아리타의 조선도공 가운데 기술이 뛰어난
사람들을 골라 아리타의 이와타니가와치(岩谷川內)에 번의 전용가마
를 개설하도록 하였다. 일종의 관요이었다. 아리타는 조선도공마을
로 유명하다. 그러므로 이마리의 도자기의 기반은 사가 및 아리타의
조선도공들이 이루어냈다고 해도 과언이 아니다.

그 이후 현재 오가와치야마(大川內山)로 옮겨 막부말기까지 250년
간 도자기를 생산하였다. 오가와치는 사방이 산으로 둘러쳐져 있어
이들의 기술보호와 감독관리가 매우 유리한 지형으로 되어있다. 그
만큼 번은 그들의 기술에 대한 보안유지를 하여 외부로 유출되는 것
을 철저히 막았던 것이다. 여기에 관련된 흥미로운 이야기가 전해오
는 데 그 중 하나를 소개하면 다음과 같다.

옛날 이곳에는 소에지마 유시치(副島勇七)라는 그릇을 잘 만드는 도공
이 있었다. 그는 조각 세공과 원료의 조합 등에도 능통해 있었다. 유시치
는 일에 관한한 누구에게도 지지 않는 자신감에 가득 차 있어서 때로는
마음에 들지 않는 것이 있으면 번의 관리에게 대드는 것도 한두 번 아니
었다. 그 때문에 드디어 세공장에서 쇼리키보(正力坊)라는 곳으로 쫓겨나
살게 되었다. 그러자 그는 어느 날 밤 몰래 마을을 빠져나와 행방을 감추
고 말았다. 그 길로 그는 이요(伊予)의 도베(砥部)라는 곳으로 가서 이름을
쿠메 유시치(久米勇七)라고 바꾸고 도공의 일을 했다. 유시치는 그곳에서
도 솜씨를 발휘하여 도공들을 길러냈다. 그러던 중 유시치가 만든 도베

도자기가 교토(京都)와 오사카(大坂)에서 높게 평가되어 인기를 끌며 팔렸다. 유시치가 오가와치에서 도망친 후 나베시마 도자기 기술이 유출되는 것을 엄격히 규제해온 사가번(佐賀藩)은 고바야시 덴나이(小林伝内)로 하여금 유시치를 체포하도록 명을 내렸다. 이에 덴나이는 그를 찾아 전국을 누빈 끝에 교토에서 평판이 높은 도베 도자기를 발견하고, 그는 금방 그것이 유시치의 작품이라는 것을 눈치챘다. 그리하여 도베로 가서 유시치를 3년 동안 구석구석 찾아 헤맨 끝에 드디어 그를 발견하고 체포하여 이마리로 돌아왔다. 사가번은 유시치를 기술유출이라는 죄목으로 1790년(寛政2) 12월 28일 사가의 카세(嘉瀬)의 형장에서 참수시켰다. 그 후 유시치의 목은 오가와치의 공동묘지에 묻혔다. 유시치는 기술을 외부로 유출시킨 중죄인이었으나, 오가와치 사람들은 그를 이마리의 기술을 뽐낸 자랑스러운 도공이라고 여겨 그에 관한 이야기를 오늘에까지 전하고 있으며, 그의 묘에는 언제나 공물이 끊이지 않는다고 한다.[33]

이 이야기에서 보듯이 사가번은 그들의 기술이 외부로 유출되는 것을 얼마나 철저히 막았는가를 알 수 있다. 이와같이 이마리의 오가와치에서 만들어진 도자기는 번의 엄격한 통제 하에서 만들어진 것이었다. 나베시마번요(鍋島藩窯)라 부르는 도자기는 바로 이를 말하는 것이다. 현재에도 이곳에는 도자기를 생산하는 가마가 무릇 24여개소나 집중되어있다.

이곳이 이렇게 된 데에는 앞에서도 언급한 바와 같이 조선도공들의 힘이 크다. 유감스럽게도 이곳에서 활동했던 조선도공들의 이름들이 좀처럼 문헌에서 발견되지 않는다. 그러나 지금까지 남아있는

---

33 imari.ed.jp/jouhou/kidssite/kodomoimarigakunituite/kodomoimarigakunituite.html.

┃도공무연탑

지명과 유적 등을 통해 그 흔적들을 찾을 수 있다. 그 대표적인 것이
도공무연탑(陶工無緣塔)과 고려인의 무덤, 그리고 다리 이름이다. 도공
무연탑은 피라미드 형태로 되어있는데, 1938년에 오가와치 출신 사
업가 이치가와 하루기치(市川春吉)씨가 지역민과 협력하여 지역 내에
흩어져 있는 무덤 약 880기를 한곳에 모아서 만든 것이다.

　그 후 지역민들은 이들의 영혼들을 위해 매년 4월 공양제를 올리
고 있다. 이들 가운데는 많은 조선인들이 있었을 것이다. 그리고 고
려인의 무덤은 이름에서 보듯이 이는 조선도공들의 무덤이 틀림없
다. 그리고 오가와치 마을 사이로 흐르는 강(계곡)에 놓여진 다리가
몇 개가 있는데, 그 중에 고려다리(高麗橋) 그리고 고려인 다리(高麗人
橋)가 있다. 그리고 곤겐타케(權現岳)에는 고려인의 묘라는 무덤이 전

▌고려인 무덤

해지고 있다. 이처럼 오늘날 나베시마번요로 유명한 오가와치의 도
자기에는 무명의 조선도공들의 피와 땀이 스며들어 있는 것이다.

(2) 다케오의 조선도공

사가현의 다케오시(武雄市)에도 옛날 조선도공들이 도자기를 구웠
던 가마터가 60여개소나 있으며, 이를 사람들은 다케오 고가라츠(武
雄古唐津)라고 한다. 이는 곧 가라츠계통의 도기를 구웠음을 의미하는
말이기도 하다. 그런데 이들 도요지를 지형상으로 말미암아 구로무
다계(黑牟田系)와 우치다계(內田系)로 구분할 수가 있다.

구로무다계는 주로 기온시다(祇園下), 코히라(幸平), 고라이바카(高麗
墓), 모노하라(物原), 마루야미즈나시(丸屋水無), 아오타니(靑谷) 등지에

337

분포되어있으며, 특히 아오타니와 하지바(土師場)의 모노하라산(物原山)은 국가로부터 유적지로 지정되어있다. 그 중 아오타니 지역에는 17개 정도의 등요가 설치되어있을 정도로 대규모의 생산체재를 갖추고 있었다.[34]

이에 비해 우치다계는 오타니(大谷), 카가미야마타니(鏡山谷), 후루야시키(古屋敷), 코토게(小峠) 등지에 설치된 가마를 말하는데, 여기에서도 대규모의 가마터가 발견되어 많고, 많은 조선도공들이 있었는데, 이들은 훗날 아리타로 옮겨갔다는 구비전승이 있다.[35] 아마도 이들은 심해종전(深海宗傳)과 백파선을 중심으로 하는 도공들일 것이다.

심해종전과 백파선은 이 책의 13장에서 자세히 소개하겠지만 김해출신으로 추정되는 도공으로 그들은 부부였다. 이들은 7, 8명의 도공들과 함께 이곳 우치다의 사라야마에서 작업을 했다. 그러나 1618년 10월 29일 종전이 사망하자 그의 부인인 백파선(百婆仙)이 906명의 도공들을 이끌고 아리타의 히에코바로 옮겼던 것이다. 당시 아리타에는 이참평에 의해 백토광산이 발견되어 백자를 구울 수 있는 상황이었기 때문에 이들도 그것을 따라 아리타로 옮겨갔을 것으로 추정된다. 906명이라는 숫자에서 보듯이 그것이 정확한 인원을 나타내는 것이 아니더라도, 이곳에 머문 조선도공들이 얼마나 많았는지 추측케 해주는 숫자인 것만은 틀림없다. 이들이 아리타로 떠나고 그 일부가 가미코히라(上幸平), 구로무다(黑牟田) 등지로 분산하여 가마를 열었다. 그들이 살았던 사라야마에는 지금도 230여기의 조선인들의 무덤이 있고, 또 구로무다에도 고려묘(高麗墓)라는 조선인들의

---

34 金達壽(1988)「日本の中の朝鮮文化(9)」『韓國文化(102)』自由社, p.4.
35 金達壽, 앞의 글, p.4.

묘가 50여기가 있다고 전해진다.[36]

이처럼 다케오에도 조선도공들의 흔적이 많이 남아있다. 지금도 다케오에는 심해종전의 13대 후손이라고 일컫는 마루타 다카아키라 (丸田隆彰)씨를 비롯한 80여개소 도자기를 생산하는 가마가 있으며, 주로 생활도기와 다도구를 생산하고 있다.

(3) 우레시노의 조선도공

우레시노(嬉野)도 도자기 생산지로서 유명하다. 이 지역의 도자기를 보통 히젠요시다 도자기(肥前吉田燒)라 한다. 이 지역은 임란 이전부터 도자기를 생산한 것으로 추정된다. 그 이유는 1577년 요시다 사에몬이에무네(吉田左衛門家宗)가 도석(陶石)을 발견하여 도자기를 생산하였기 때문이다. 오늘날 남은 흔적에 의해 본다면 이곳의 도자기 산업은 그다지 성행하지는 못했던 것 같다. 그 후 사가번주인 나베시마 나오시게가 데리고 간 조선도공의 한명을 요시다산(吉田山)에 초빙하여 도자기를 생산케 했다. 이것이 히젠요시다 도자기의 출발이었다. 유감스럽게도 그에 관한 기록이 없어 그 당시 상황을 정확히 알 수가 없다.

그러나 그가 나베시마 나오시게의 관할 하에 있었다는 것은 그의 생산기법이 아리타계통임을 말한다. 그 예증으로 1661-73년 사이 아리타의 난가와라(南川原)에서 소에지마(副島), 무다(牟田), 가네가에(金ヶ江) 이에나가(家永)의 4명의 지도자를 우레시노로 초청하여 조그마한 가마를 폐지하고 커다란 등요(登窯)를 2개 만들고 있기 때문이다. 이

---

36 우동규(1987)「피로도공들의 도자기발달과 후예들」『일본학(6)』동국대 일본학연구소, p.215.

때 그들은 아리타 도공들로부터 제조의 기술을 전수 받았을 것으로 짐작하고도 남음이 있다.

한편 우레시노에는 우치노야마(內野山)라는 곳이 있다. 그곳에서도 옛 가마터가 발견되는데, 구전에 의하면 1598년(慶長3) 나베시마 나오시게가 조선에서 철수할 때 납치해간 도공들 가운데 상원(相源)과 김원(金源) 그리고 또 한명의 도공이 우치노야마에 가서 여장을 풀었다고 한다.

이를 증언이라도 하듯이 상원의 묘비가 발견된다. 상원의 묘비는 다카오산(高尾山) 중턱에 있는데, 높이가 8척, 폭이 2척 1촌이 되는 편편하게 생긴 큰 묘비인데, 정면에는 청예묘독(淸譽妙讀)과 월심묘독(心月妙讀)이라고 병기되어있고, 우측에는 「寬永十七庚辰八月十三日」이라고 새겨져 있고, 그 밑에는 「相原宗左右門尉」라는 글자가 새겨져 있다. 이로 말미암아 이 묘비는 상원부부의 묘비이며, 그의 아들로 추정되는 사람의 이름이 「相原宗左右門尉」이라는 것을 보면 그의 일본 성씨는 아이하라(相原)이라고 하였음을 알 수 있다. 그리고 청예와 심월은 사원에서 받은 계명일 것이다. 그리고 그곳에 또 하나의 조선인 묘로 추정되는 묘가 있는데, 그 묘비에는 완월묘진(完月妙眞)이라는 이름과 시주인듯한 고지마 이에문(小島伊衛門)이라는 이름이 있고, 그 우측에는 연보갑인이년(延保甲寅二年)이라고 새겨져 있다. 상원의 묘는 그의 후손 아이하라씨 집안에서 관리하고 있다. 그리고 이 지역사람들은 매년 2월 15일과 11월 15일이 되면 상원의 묘비 앞에서 제전을 베푸는 것이 관례로 되어있었다 한다.[37] 이처럼 이곳에서 처음으로 가마를 개설한 상원에 대한 은혜를 잊지 않고 있는 것이다.

---

37 中島浩氣(1985)『肥前陶磁史考』靑潮社, p.185.

┃고려신

그리고 우치노야마에는 신요(新窯)와 하요(下窯) 사이에 천신사(天神祠)라는 신사와 함께 고려신(高麗神)을 모신 돌로 만든 사당이 있다. 돌로 만든 지붕이 덮여져 있고, 그 안에는 신상이 모셔져 있다. 사당에는 「天正十六年」이라는 글자가 있고, 또 신상 쪽에는 「明和九辰三月吉日」이라는 문자가 새겨져 있다. 이는 원래 산 위에 있었던 것을 1930년경 천신사와 함께 이곳으로 이전한 것이다. 만일 이것이 천정연간(天正年間: 1573-1593)에 만들어진 것이면 이곳 도공들은 임란 이전부터 와있었던 것이 된다. 그 반면 명화9년이란 1772년이므로, 이 때는 역병이 이 지역을 나돌아 어려움에 처해진 적이 있었던 시기이다.[38] 그러므로 이 신상은 아마도 그 역병의 예방과 치유를 위해 만들어졌을 가능성이 있다.

우레시노 도자기는 주로 식기를 비롯한 생활잡기였다. 천보연간

---

38 中島浩氣, 앞의 책, p.184.

(天保年間: 1830-1844)에 접어들어 생산과잉으로 말미암아 가격이 하락되고, 궁지에 몰린 적이 있으나, 1880년에 소에지마 토시사부로(副島利三郎)가 「정성사(精成社)」라는 회사를 요시다산(吉田山)에 창업하고 경영을 본격화하여 일찍 해외로 눈을 뜨고, 주로 중국과 조선으로 수출하기 시작하여 대정연간(大正年間: 1916-1928)에는 조선의 시장을 거의 독점하다시피 호경기를 누리기도 했다. 그러나 조선의 정세가 악화가 되고, 또 타생산지의 대두로 말미암아 점차로 쇠퇴해졌으나, 1924년에 다시 경영합리화를 꾀하여 공동출자하여 요시다 제도주식회사(吉田製陶株式会社)를 설립하고 가마도 한 곳에 모아 생산하기 시작하여 오늘에 이르고 있다. 현재는 11개의 가마가 있으며, 온천의 관광과 더불어 관광객을 상대로 한 식기를 생산하고 있다.

5. 마무리

지금까지 사가현의 조선도공에 관한 연구는 지역으로는 아리타, 인물로는 이참평에 집중되는 경향이 매우 강했다. 그에 따라 아리타가 아닌 다른 곳에 산재해 있는 사가현의 조선도공은 우리들에게 잘 알려지지 않는 결과를 낳았다. 이에 본장에서는 아리타를 제외한 사가현에서 활약했던 조선도공을 찾고자 하였던 것이다. 그 결과 조선도공들이 만든 도요지가 가라츠, 사가시, 이마리, 다케오, 우레시노 등지에 골고루 분포되어있는 것을 알 수 있었다.

가라츠 지역의 조선도공들은 주로 키시타케와 가라츠 그리고 시이노미네에서 활약하였는데, 초기의 도공들로는 또칠이를 비롯해 히코우에몬(彦右衛門), 야사쿠(弥作) 등의 이름이 보인다. 또 이들은 자신들을 지켜주는 신으로 일본신이 아닌 고려신을 모셨고, 봄에 날을 잡아 그 신사 앞에 모여 조선식의 시루떡을 만들어 올리고 제사를 지냈다.

한편 사가시의 조선도공은 킨류잔에 역수비를 통해 김공과 효월 정운이라는 이름을 남겼다. 이에 비해 이마리의 조선도공들은 자신들의 조선이름을 좀처럼 보여주지 않지만 지명과 유적을 통하여 그들의 흔적을 남겨놓았다. 도공무연탑, 고려인의 무덤, 고려 다리, 고려인 다리가 바로 그것들이다. 다케오에는 심해종전과 백파선을 위시한 사라야마와 구로무다에 조선인묘와 고려묘라 불리는 곳에 묻힌 조선도공들이 있었다. 그리고 우레시노에서는 상원과 김원을 비롯한 무명의 조선도공들이 있었고, 또 이들은 타 지역에서처럼 고려신을 모셨음을 알 수 있었다.

이처럼 사가현의 곳곳에 생산되고 있는 도자기는 임란과 정유재란을 통해 일본으로 건너가게 된 조선도공들에 의해 시작되었음을 알 수 있다. 현재에도 사가현에는 이들이 이룩한 도요지가 그대로 계승되어 도자기의 명성을 이어가고 있다. 특히 가라츠에는 조선도공 또칠의 후손이 나카자토라는 이름으로 도자기라는 가업을 오늘날까지 이어가고 있다. 그렇지만 대부분의 조선도공들은 일본사회에 빠르게 동화되어 조선의 이름과 출자를 밝혀내는데 여간 어려움이 많은 것이 아니다. 앞으로 여기에 대한 연구가 더 많이 그리고 활발하게 진행될 필요가 있다. 이것은 단순한 조선도공에 관한 연구가 아니라, 우리가 잃어버렸던 역사를 되찾는 일이기 때문이다.

일본 규슈의 조선도공

제11장

아리타의 조선도공과 민속

1. 머리말

규슈 북부 사가현(佐賀縣)에는 유난히 조선도공과 관련된 지역이 많다. 그 중에서 아리타(有田)만큼 우리에게 가장 많이 알려진 곳도 없을 것이다. 아리타는 인구 약 2만 2천여 명 되는 조그마한 도시로 지금도 도자기 생산지로 유명하다. 이들이 자랑하는 도자기 산업은 임란 때 포로로 잡혀간 조선도공들을 배제하고는 이야기할 수 없다. 그들이 있었기에 오늘의 아리타가 있는 것이다. 그리하여 일찍부터 한국에서도 여기에 관심을 가지고 연구가 진행되고 있다. 그 대표적인 예로 방병선,[1] 신혜원,[2] 강경숙[3] 등의 연구를 들 수가 있을 것이다.

---

1 방병선(2003)「조선도자의 일본전파와 이참평」『백제문화(32)』공주대 백제문화
   연구소, pp.261-271.

한편 일본에서도 나카노 히토시(中野等),[4] 카타야마(片山 마비),[5] 카나자와 요우(金澤陽)[6] 등에 의해 활발하게 연구가 이루어지고 있다.

강경숙과 나카노와 카타야마는 고고미술학적인 측면에서 가마터를 조사 연구하여 그 특징을 소개하고 있고, 가나자와는 아리타 도자기가 해외와의 어떤 문화적인 교류를 가지며 발전하고 있는지에 대해 분석하고 있다. 이에 비해 방병선과 신혜원은 아리타(有田)의 인물에 관심을 가지고 분석하고 있는데, 이들의 주요 대상은 이참평(李參平)이라는 조선도공이었다.

이참평은 일찍부터 우리에게 알려졌다. 그곳을 다녀온 사람들이 쓴 대부분의 글에서도 그를 빠뜨리지 않고 있다. 그 대표적인 예가 신일철,[7] 우동규,[8] 최승범,[9] 김병종,[10] 김충식[11] 등의 글들을 들 수가 있을 것이다. 이처럼 아리타의 조선도공들의 소개와 연구에 있어서 집중적으로 관심의 초점이 되는 인물은 이참평이었다. 물론 이참평

2 신혜원(2007)「도장 사카이다카키에몬에 관한 고찰」『일본문화연구(21)』동아시아일본학회, pp.85-97.
3 강경숙(1990)「일본 유전천구곡요에 보이는 한국문화의 영향」『미술사학연구(185)』한국미술사학회, pp.163-217.
4 中野等(2005)「풍신수길의 대륙침공과 조선인 도공」『한일도자문화의 교류양상』〈한일관계사학회편〉경인문화사.
5 가타야마 마비(2005)「풍신수길의 조선침략과 비전도자 –도자를 중심으로-」『한일도자문화의 교류양상』〈한일관계사학회편〉경인문화사, pp.141-180.
6 金澤陽(1992)「オランダに見る陶磁器の東西交流」『Morning Calm(16)』대한항공, pp.60-64.
7 신일철(1986)「일본 도자기의 시조 –이참평을 보고-」『일본문화의 뿌리 한국』〈구원회편〉상서각, pp.26-36.
8 우동규(1987)「조선도공들의 도자기 발달과 후예들」『일본학(6)』동국대 일본학연구소, pp.216-219.
9 최승범(1994)『조선도공을 생각한다』신영출판사, pp.60-123.
10 김병종(1998)「이역에서 우는 조선도공의 혼」조선일보. 98. 08. 31일자, 14면.
11 김충식(2006)「일본 도자기의 시조 이참평, 아리타에 스미다」『슬픈열도』효형출판, pp.226-242.

▌아리타의 정경

이 아리타에서 차지하는 위치는 참으로 크다. 그를 무시하고는 아리타의 도자기를 생각할 수 없는 것은 사실이나, 그렇다고 해서 그에게만 초점을 맞추어 연구하고 그 결과를 소개한다면 그와 함께 이룩한 그 밖의 다른 조선도공들의 흔적이 가려져 보이지 않게 될 우려가 있다. 아리타에는 이참평 이외에도 수많은 조선도공들이 있었을 것이다.

　이러한 관점에서 본장에서는 아리타에 이참평 이외에도 수많은 조선도공들이 있었을 것으로 가정하고 이들의 흔적을 찾아내는데 그 목적을 두었다. 그렇다고 해서 이참평을 완전히 배제하자는 것은 아니다. 어디까지나 아리타 도자기를 형성하는 데 있어서 어떠한 조선도공들이 활약하였으며, 그들이 오늘날까지 어떤 것을 아리타에 남기고 있는지에 대해 알고자 하는 것뿐이다. 그러므로 이참평을 포함한 모든 조선도공들을 대상으로 하려고 한다. 따라서 본장의 내용

347

은 미술사 또는 고고학적인 관점이 아니라 인물에 초점을 맞추어 고
찰한 것이다.

2. 고려도공과 긴모산의 도공

아리타에는 임란 이전부터 정착한 조선도공들이 있었던 것 같다.
그들의 흔적을 현재에도 찾아볼 수 있는데, 바로 그곳이 당인고장요
(唐人古場窯)이다. 그 지역에는 '고라이진바카(高麗人墓)'라는 조선인들
의 무덤이 있고, 또 그곳에 얼마 떨어져 있지 않은 곳에 조선인 마을
이라는 의미인 '고라이진야시키(高麗屋敷)'라는 지명이 지금까지 남아
있다.

이들이 이곳에 언제부터 거주하기 시작하였는지 정확히 알 수는
없으나 임란 이전부터 거주하였음은 분명하다. 그 증거로 고려인 묘
지터에 세워진 비석에 「文禄二 癸巳 教山道夢信士 八月二日」이라는
글귀가 새겨져 있다. 이것을 토대로 생각하면 이 묘의 주인공은 문
록 2년 8월 2일에 사망한 것이 된다. 문록 2년이란 1593년을 말한다.
그 시기는 임란이 발발하여 일본군에 의해 부산의 1차 공격이 벌어
졌던 해이다. 그러므로 그 해 이곳 조선인들이 아리타에 갔을 가능성
은 거의 없다. 다시 말해 그들의 아리타 거주는 임진왜란 이전부터
이루어지지 않았으면 이러한 묘비의 건립은 불가능한 것이다. 이와
같이 아리타에는 임란 이전부터 조선도공들이 정착하며 살았던 것
이다.

그리고 1839년경의 기록인 일명 『종환문서(宗歡文書)』인 「당인정어

용황물당물옥직어유서서(唐人町御用荒物唐物屋職御由緒書)」에도 이참평 그룹과는 전혀 다른 계통의 조선도공들이 있었음이 확인된다. 그 부분의 내용을 소개하면 대략 다음과 같다.

> 나베시마가 출병하여 조선에 있었을 때 다회를 개최한 적이 있었다. 그 때 종환의(宗歡儀)라는 자가 진귀한 조선의 도자기를 선물로 바쳤다. 이를 받은 나베시마는 매우 기뻐했다 한다. 그 후 나베시마는 종환의와 함께 귀국하여 '우리의 영지에서도 조선의 도자기를 생산하고 싶다. 도공들을 데리고 올 수 있는 적절한 방안이 없겠는가.'하고 말을 했다. 그러자 이 말을 들은 종환의는 조선으로 건너가 길주의 서남쪽에 위치한 '긴모산'에서 남경풍(南京風)의 도자기를 생산하는 도공 8명을 데리고 왔다. 이들로 하여금 아리타에 정착시켜 질 좋은 조선의 도자기를 생산케 했다는 것이다. 종환의는 이러한 공적을 인정받아 그 곳에서 생산된 도자기의 판매는 모두 그가 맡아서 했다 한다.[12]

여기에 등장하는 종환의는 본래 함경도 길주 출신으로 알려져 있으며, 본명이 이종환이다. 그는 바다에 나갔다가 풍랑을 만나 일본으로 건너가 정착한 사람으로 임란이 발발하자 일본 측에 서서 고국을 침입한 왜군의 길잡이가 되기도 하고, 또 조선 진영으로 변장하여 들어가 정보를 캐내는 스파이 역할을 하기도 한 사람이다. 훗날이 사람은 나베시마번의 어용상인으로 인정받아 그의 일족들이 현재 사가시의 토진마치에 터전을 이루고 살면서 무역과 사업을 하여

---

12 中里紀元(2001) 「肥前の朝鮮陶工」 『佐賀の歷史と民俗』〈福岡博先生古稀記念誌〉 pp.251-252에서 재인용.

┃현재의 장소로 이전하기 전의 당인신사

큰돈을 벌어 영화를 누렸던 사람이다.[13] 오늘날 토진마치에는 그를 기리는 신사까지 있다.[14] 이와 같이 그는 사가에 있어서는 공로가 큰 인물이다. 이상의 내용은 바로 이러한 자신의 공로를 설명하기 위해 작성된 것이다. 그러므로 그 내용을 모두 사실로서 인정할 수 없지만, 그가 조선의 긴모산에 살고 있는 도공 8명을 데리고 왔고, 이들이 아리타에 정착하였다는 사실은 무시할 수 없다. 이처럼 아리타에는 조선도공들이 임란 이전부터 정착한 곳이었다.

　이종환이 데리고 갔다는 조선도공들은 위의 문서에 의하면 함경

13　노성환(1997) 『일본 속의 한국』 울산대출판부, pp.103-106.
14　현재는 「심벌로드 미치카도관장」으로 이전되었으며, 그 크기도 크게 축소되어 사당의 건물도 방치되다시피 공원의 한쪽 벽면에 위치해 있다.

도 길주의 서남쪽에 위치한 긴모산으로 되어있다. 그런데 문제는 여기에서 말하는 긴모산의 위치가 정확하지 않다는 것에 있다. 과거 아리타의 일부 사람들은 이 기록을 한치의 의심도 없이 믿은 결과 그들의 고향은 함경도의 길주라고 보는 사람들도 없지 않았다. 그러나 오늘날에는 이러한 견해에 찬성하는 사람은 거의 없다. 왜냐하면 함경도의 부근에는 긴모산이라는 유사한 이름을 가진 산이 없다는 점 그리고 이 지역이 임란 이전부터 빈번하게 교류하였다는 점, 또 나베시마와 종환의가 활약한 대부분의 지역은 북방이 아니라, 한반도의 남부 지역이라는 점 등을 감안할 때 그를 포함한 긴모산의 도공들은 함경도 길주 출신일 가능성은 거의 없다. 더군다나 긴모산이 한반도 남부일 가능성을 뒷받침해주는 결정적인 단서는 『이에나가문서(家永文書)』이다. 그에 관련된 내용을 잠시 소개하면 다음과 같다.

> "나의 선조 이에나가 잇키모리(家永壹岐守)는 ....나오시게님으로부터 '긴모산에 살고 있는 당인(여기서는 조선인)은 그릇을 만드는 기술이 뛰어나기 때문에 그 당인의 제자가 되어 제도의 기술을 배우도록 하라'는 명령을 받았다. 그리하여 그곳에 가서 기술을 습득하고, 구운 도자기를 보여 드렸더니 나오시게님으로 부터 당인 3명을 데리고 사가의 킨류잔(金立山)에 가마를 만들고 도자기를 구워라는 명령을 받고서 귀국했다. 앞의 당인은 고세키 츄베(小關忠兵衛), 마타로쿠(又六)라는 자들이다.[15]

위의 내용에서 보아 알 수 있듯이 일본인 이에나가 잇키모리는 나

---

15 有田町歷史編纂委員會(1985)『有田町史 陶業編(1)』有田町, p.19.

351

베시마 나오시게의 명을 받아 조선으로 건너가 긴모산의 도공들에게 기술을 배웠으며, 또 이들을 일본으로 데리고 가서 킨류잔에서 도예를 하였다는 것은 긴모산의 위치가 일본 사가 지역에서 건너가기 쉬운 곳을 암시한다. 그렇다면 긴모산은 일본열도에서 멀리 떨어진 함경도 길주가 아니라 한반도 남부지역이 아니면 안된다. 그러므로 일본인들이 도공의 기술을 배우기 위해 가볍게 바다를 건넜고, 조선도공들도 일본 측의 요청을 받아들여 바다를 쉽게 건넜다.

현재 아리타의 향토사학자들은 『종환문서』에 표시된 긴모산을 금오산으로 잘못 표기한 것으로 보는 견해가 지배적이다. 즉, 금오산을 일본식 발음대로 표기했다고 보고 있는 것이다. 그러나 문제는 어느 곳의 금오산인지가 분명하지 않다는 점이다. 왜냐하면 금오산이라는 지명이 한두 군데가 아니기 때문이다. 가령 금오산이라는 이름을 가진 산은 경북의 구미와 경주에도 있다. 그리고 포항의 영일만 부근에도 있을 뿐만 아니라, 경남 하동군 백연리 근방에도 금오산이라는 지명이 있다. 그리고 전남 여수와 화순(한천면)에도 금오산이 있다. 이처럼 금오산은 한반도 남부에 집중되어있으며, 그것도 여러 군데 있으며, 또 공교롭게도 모든 금오산의 부근에서 도요지가 발견되고 있다. 그러므로 아리타 일부 조선도공들의 고향인 긴모산이 한국의 어느 곳의 금오산을 가리키고 있는 것인지 확증을 내릴 수 없다. 여하튼 아리타에는 한국 남부지역 출신인 조선도공들이 임란 이전부터 들어가 정착하여 살았음은 분명하다. 이들은 고려인이라고 불리웠으며, 또 긴모산의 도공이라고도 불리웠던 것이다.

3. 난가와라의 조선도공

아리타에는 또 한 그룹의 조선도공이 있었다. 그 증거로 1723년에 6대 사카이다 가키에몬(酒井田柿右衛門)에 의해 작성된 문서에 의하면 도요토미 히데요시가 조선으로 출사하여 돌아올 때 조선국 남천원 이라는 곳에서 150명의 도공들을 납치하여 데리고 갔으며, 그 중 75 명 정도가 나베시마의 영지인 아리타의 난가와라(南川原)에서 도자기를 생산케 했다는 것이다. 그리하여 이곳 지명이 그들의 고향인 남천원을 그대로 사용하게 되었다는 것이다. 향토사가인 나카자토 노리모토(中里紀元)씨에 의하면 남천원은 전남 남원이며, 이들 도공들은 정유재란 때 일본군이 남원성을 함락하였을 때 포로가 된 자들이라고 해석했다.[16]

이것이 사실인지 아닌지 확인할 수 없지만 아리타에는 조선의 남천원 출신 도공들도 있었음은 틀림없는 사실이다. 남천원 도공들은 아리타 도자기 발전에 결정적인 역할을 한다. 이 마을에서 가키에몬 이라는 명도공을 배출하기 때문이다. 가키에몬은 일본인으로 니고시테, 아카에쯔케(赤繪), 니시키테(錦手)를 개발하여 아리타 도자기의 지역적 특징을 있게 한 인물로 유명하다. 니고시테는 우유빛 나는 백색의 도기를 말하며, 아카에쯔케는 이마리의 도자기 상인인 히가시지마 도쿠에몬(東島德右衛門)을 통해 손에 넣은 중국자기에 자극을 받아, 적, 청, 황색을 넣은 그림을 넣는 기법의 도자기이다. 그에 비해 니시키테는 금, 은의 색깔을 화려한 색상의 도자기를 말한다.[17] 이러

---

16 中里紀元(2001)「肥前の朝鮮陶工」『佐賀の歴史と民俗 -肥前諸大名の連行とヒユウラ ク舞と望郷の丘-』〈福岡博先生古稀記念誌〉 p.250.

▌난가와라의 조선도공 유적지

한 그의 기술개발로 인해 조선자기적인 성격으로부터 탈피하여 아
리타만이 가질 수 있는 독특한 양식의 도자기를 창출하여 1650년 이
후에는 조선 도자와 전혀 다른 길을 걷게 되는 것이다.[18]

　가키에몬의 집안은 원래 도공과는 아무런 관련이 없었다. 전승에
따르면 그들은 현재 후쿠오카현 야메시(八女市)의 토호 사카이다(酒井
田) 가문의 출신으로, 류조오지(龍造寺)의 집안과 싸움에 휘말려 그만
당주와 장남 등이 전사하자, 그 집안의 막내인 야지로(彌三郎)가 포로
가 되어 아리타의 이참평 휘하에서 조선도공들과 함께 도자기를 구
웠던 것이 도공의 길을 걷게 된 계기가 되었다고 한다.

17　龍口康彦(1973)『佐賀歴史散歩』創元社, p.95.
18　가타야마 마비, 앞의 논문, p.142.

이러한 그가 1617년 그의 나이 46세 때 사카이다 엔자이(酒井田圓西)
라는 새로운 이름으로 바꾸고 조선도공의 마을인 난가와라로 옮기
는 것이다. 그리고 1596년이 되던 해에는 아들이 태어났는데, 그가
바로 초대 가키에몬이 되는 키자에몬(喜三右衛門)이었다.[19] 그들 부자
는 때 마침 그곳에 와있었던 다카하라 고로시치(高原五郎七) 밑에서 4
년간 도예기술을 열심히 익혔다. 그리고 가키에몬은 나가사키현의
미가와치에서 온 또 한명의 도공 우다 콘베이(宇田權兵衛)의 제자가 되
어 도예기술을 배웠다.

그들의 스승격인 다카하라 고로시치는 히데요시의 휘하에 있었던
도공으로 히데요시 집안이 몰락한 후로 각지로 떠돌다가 아리타로
왔다고도 하고, 또 천주교도라서 탄압을 피해다녔다고도 한다. 그러
나 한 가지 분명한 것은 그는 가라츠의 시이노미네 출신의 조선도공
이라는 사실이다.[20] 그리고 우다 콘베이는 나가사키현의 미가와치에
서 조선도공 이마무라 산노죠와 함께 다카하라 고로시치에게 기술을
배우러 온 조선도공이었다. 이들이 이곳으로 모여든 것은 그곳이 조
선의 남천원에서 건너간 조선도공들의 마을이었기 때문이다.

이와 같이 본다면 니고시테와 아카에쯔키를 개발하였으며, 또 그
이후에는 금, 은색을 넣는 화려한 문양 니시키테를 개발한 사카이다
엔자이의 부자의 기법은 조선도공 다카하라 고로시치와 우다 콘베
이가 전수한 기술이 밑거름이 생겨났다고 해도 과언이 아니다.

19 신혜원, 앞의 논문, p.92.
20 「朝鮮の役と陶工招來」『風土記 日本(1) -九州, 沖繩編 -』平凡社, p.170.

4. 아리타에 남은 조선도공의 문화

이같이 아리타에는 조선의 여러 계통의 도공들이 있었다. 그들의 노력으로 인해 아리타의 도자기 산업은 부흥기를 맞이하였으며, 그에 따른 경제적인 효과는 엄청난 것이었다. 가령 사가의 나베시마번에서 생산된 쌀의 값이 10만냥이라고 한다면 아리타의 도자기 값은 무릇 8만냥이나 되었다 한다.

이러한 경제성 때문에 아리타에는 오늘날 산업스파이와 같은 사람들이 많았다고 한다. 그들은 남몰래 아리타로 숨어들어 기술을 배우고, 그들의 고향으로 돌아가 각기 도자기의 시조가 되는 것이다. 그 대표적인 예가 아이즈(會津)의 혼고 도자기(本鄕燒), 이시가와(石川)의 구타니 도자기(九谷燒) 등이 바로 그것이다. 전자는 사토(佐藤)라는 자가 배워갔으며, 후자는 고토(後藤)라는 자가 아리타에서 3년간 살면서 결혼도 하여 자식도 낳았지만, 기술을 익히자 처자식도 버리고 자신의 고향으로 돌아갔다고 전해진다. 이처럼 아리타의 조선도공들은 그야말로 황금알을 낳는 최첨단의 연금술사이었던 것이다.[21]

그러나 그들의 생활은 순탄한 것만은 아니었다. 조선도공의 후예이자 역사가이기도 한 나카자토 노리모토(中里紀元)씨는 사가번에서도 유일하게 아리타에서 몇 번이나 주민들이 쟁의를 일으키는 것에 주목하고, 그 원인을 너무나 과중한 세금에 있다는 사실을 밝혀냈다. 즉, 사가번은 처음에는 이들에게 효과적인 생산을 위해 모든 편의를 제공하였지만, 시장성과 경제성이 확보되자 점차적으로 이들에게 운임비를 올렸다. 1년에 2관하던 종전의 값을 어느새 68관 90전으로

---

21 金達壽, 앞의 글, p.8.

인상한 것이다. 무릇 34배나 인상하였으니 이들 생활은 궁핍해질 수밖에 없었다. 황금알을 낳으면서 정작 그 혜택을 보지 못하는 자신들의 생활에 견디다 못해 목숨을 걸고 쟁의를 일으켰고, 또 정신이상자가 되는 자도 나왔다는 것이다.[22]

이처럼 그들에게 있어서 아리타에서 삶은 결코 쉽지 않았다. 그러한 어려운 여건 속에서도 그들 나름대로 독특한 문화를 만들어 갔을 것이다. 만약 그들이 남긴 생활문화 가운데 오늘날까지 전해지는 것이 있다면 어떠한 것들이 있을까? 여기에 대해 다음과 같이 3가지를 지적할 수 있을 것 같다. 하나는 사람이고, 또 하나는 언어이고, 또 다른 하나는 민속생활이다.

첫 번째 사람으로는 조선도공들의 후예들이다. 앞에서 잠시 언급한 아리타 출신 유학자 타니구치 시오다(谷口鹽田: 1822-?)는 자신의 시조가 귀화한 한인이라고 했다. 이처럼 그들 후예 가운데는 도공이 아닌 유학자들도 배출했다. 특히 눈에 띄는 것은 이참평의 후손이 지금도 아리타에 도자기를 생산하고 있다는 사실이다. 그의 이름은 가네가에 요시토(金江義人)씨로 이참평의 13대손으로 직계 후손이다. 그의 부친은 도공이었지만 그의 기술은 부모에게서 배운 것이 아니라 했다. 어릴 때 다른 집의 가마에서 잠시 일을 도와주면서 도자기 굽는 일을 배운 적이 있는데, 그것을 기초로 갈고 닦아 오늘날 전문적인 도예가로서 성장했다고 했다.

그가 어렸을 때는 아리타의 도공들은 무척 가난했다 한다. 그리하여 그는 처음에는 도자기 관계의 일을 하지 않고, 기관사로서 일본철도청에서 근무했었다. 그의 부인 미야자키 타메노씨는 그 때 직장 동

---

22 中里紀元, 앞의 논문, p.243.

료의 소개로 만나서 1947년에 결혼하였다 한다. 슬하에는 2남 2녀를 두었으나 장남은 어렸을 때 죽고, 딸 둘은 현재 모두 출가해 있으며, 차남 가네가에 쇼헤이(金ヶ江省平)씨가 14대 가네가에 산베이가 되어 부인 미리(美里)씨와 함께 선조들이 해온 도공으로서의 길을 걷고 있는 것이다.

한편 심해종전의 후예도 아리타에 살고 있다. 비록 직계는 아니지만 방계의 후손들이 아리타에서 현재 도자기를 생산하는데 종사하지는 않고 도자기를 판매하는 심해삼룡당(深海三龍堂)이라는 회사를 설립하여 운영하고 있다. 그 회사는 1906년(明治39)에 설립된 것으로 알려져 있다. 현재 후카우미 마사루(深海勝)씨가 사장직을 맡고 있다. 아리타의 지역민들의 얘기를 종합하여 보면 마사루씨의 부친인 후카우미 히로시씨는 사위양자라 했다. 다시 말하자면 심해삼룡당의 주인은 아들이 없어 딸을 통하여 사위양자를 맞아들여 대를 잇게 한 것이었다. 이와 같이 직계는 아니지만 아리타의 후카우미씨들은 심해종전(백파선)의 대를 이어가고 있는 것이다. 히로시씨의 아내는 현재 팔십이 훨씬 넘은 노인이 백발의 노인이다. 한 가지 이상한 일은 아리타 사람들은 그녀를 백파선 할머니라고 정답게 부르고 있었다. 그녀의 선조 백파선이 사망한지 350여년이 지난 오늘날까지 그 이름은 아리타 사람들의 뇌리에서 사라지지 않고 살아 숨쉬고 있었던 것이다. 이와같이 이참평과 심해종전의 후예들이 아리타를 떠나지 않고 그들의 선조들이 이룩한 도자기와 관계가 되는 일에 오늘날까지 종사하고 있는 것이다.

두 번째는 조선도공들이 사용하던 언어가 지금도 남아있다. 그 대표적인 예가 토치미, 즈으기, 치야쯔, 온잔, 굴칸, 톤바이, 오로, 쪽바게, 톰판이, 톰바이베 등이다. 「하마」는 가마 안에 도자기를 놓는 받침대를 말하고, 「토치미」는 토친이라고도 하는데, 기둥처럼 떠 바치는 도침(陶枕)을 잘못 발음한 것으로 현재는 사용하지 않고 있다. 그리고 「온잔노스」는 일본어로 「温座の巣」라고 표기하고 있으나 이는 등요의 경계부분에 있는 통염구(通炎口)를 말한다. 「굴칸」은 등요 가운데 가장 큰 방을 말하며, 「톰바이」는 등요의 연화상태(煉瓦状)를 말하며, 때로는 톰바리라고도 한다. 아마도 이것은 둥근통이라는 의미의 통발에서 생겨난 것이 아닌가 생각된다. 그리고 「오로」는 현재 사용하고 있지 않지만 도토를 만드는 장치를 말하며, 「쪽바게」는 박을 갈라 만든 쪽박을 의미하는 말이다.[23] 그리고 도자기의 초벌구이를 건조시키기 위해 올려놓는 판대기를 「톰판이」라고 한다. 이는 아마도 통판에서 나온 것 같다. 그리고 도공들의 집 담을 「톰바이베」라고 하는데, 이는 도자기 구울 때 자연스럽게 생겨난 기와같이 둥근통과 같은 것을 가지고 벽을 하였기 때문에 통발벽이라 할 수 있다. 이것이 의미가 퇴색되고 발음도 와전되어 토바이베가 된 것으로 추정된다.

세 번째의 것으로는 야마노보리라는 봄철 야유회 놀이를 들 수가 있다. 이 놀이의 유래는 조선도공들이 매년 6월이 되면 술과 음식을 장만하여 초하루부터 수일 동안 관음산에 올라 잔치를 벌였다. 지금도 그 자리에는 제례묘라 하여 돌로 만든 비석이 서있다. 그 주변에는 비교적 평평하게 생긴 공간이 나오는 데 그곳에서 춤을 추며 며칠 동안 놀았던 것이다. 그 때 그들이 추웠던 춤은 고라이마이(高麗舞)라 했다. 이들은 그들이 모시는 종묘팔번사(宗廟八幡社)의 제의 때도

---

23 中島浩氣(1985)『肥前陶磁史考』〈復刻版〉靑潮社, pp.515-516.

추었다.

조선도공들은 한번 놀면 몇일 간 놀았다. 그 때문에 생산에 차질이 생겨나는 것을 우려한 사가번에서는 1807년 이들을 생활을 감시하는 사라야마 대관(皿山代官)을 통하여 야마노보리를 금지시킨다. 그리고 제의 때도 조선춤을 추지 못했다. 이처럼 사가번은 이들의 민속생활마저 관리하고 있었다. 그러나 이들의 욕망을 완전히 없앨 수가 없었다. 아리타에 기근과 도자기의 불경기가 찾아오자, 이들은 기다렸다는 듯이 사라야마 대관(皿山代官)에게 「선조신인 팔번신에게 최근 몇 년 동안 고국의 춤을 봉납하지 못했다. 그 때문에 25년 전 천명연간(1781-1788) 때 대흉작을 시작하여 1807년(文化 4)에는 도자기의 불경기가 계속되어 도공들이 사라야마(皿山)를 도망치는 자가 생겨나게 되었다」고 호소하고 있는 것이다. 하지만 사라야마 대관은 이들의 제의가 받아들여지지 않았다.[24]

이렇게 금지된 야마노보리는 막번정치가 끝나고 1897년(明治 30)에 다시 부활되어 오늘에 이르고 있다. 그러나 오늘의 것을 과거의 것과 상당히 다르다. 날짜가 6월 1일 하루만 하는 것으로 정해져 있으며, 그리고 대개 6월 30일에 하는 나고시바라이(夏越祓)[25]의 행사를 이 날에 함께 하는 것으로 하기 때문에 행사 내용도 그 전과는 완전히 다르다. 즉, 장소가 관음산이 아닌 도산신사로 바뀌었고, 또 술과 음식을 먹으며 흥에 겨워 추는 고려춤 대신 띠(茅)로 둥글게 만든 것을 도산신사의 토리이(鳥居)에 매달아 놓고, 액년을 맞이하는 남녀들로

---

24 宮田幸太郎(1975)『有田皿山の制度と生活』個人出版, p.234.
25 1년 중 반 정도 지나는 시기에 지난날의 죄와 부정을 털어내고, 남은 반년을 무사 건강하게 지내기를 기원하는 제의행사를 말한다. 이때에 신사와 가정집에서는 대로 만든 둥근 형태의 조형물 또는 장식물을 세우거나 메달아 놓기도 한다.

하여금 좌우좌의 순으로 3회씩 통과하도록 하고 있다.[26] 이와 같이 원래 가지고 있던 조선의 민속이 시대의 사정에 따라 변질되어 오늘날까지 남아서 전해오는 것이다.

5. 마무리

지금까지 아리타의 조선도공에 관한 연구는 이참평에 집중되는 경향이 있었다. 그에 따라 수많은 다른 조선도공들이 있었음에도 불구하고 우리들에게 알려지지 않았다. 즉, 그들은 이참평에 가려졌던 것이다. 그러나 이상에서 살펴보았듯이 아리타에는 이참평만이 있는 것이 아니었다. 임란 이전부터 정착한 고려인으로 불리는 도공들이 있었고, 또 조선의 반역자 이종환에 의해 포로가 된 긴모산의 도공들도 있었다. 그리고 김해에서 건너갔을 것으로 추정되는 백파선 그룹이 있었다. 그뿐 아니었다. 난가와라에는 남원으로 추정되는 남천원의 조선도공들이 있었다. 이들이 있었기 때문에 오늘날 아리타의 도자기가 있는 것이다.

특히 이참평은 임란이전부터 정착한 조선도공들과 조선도공의 제자인 이에나가라는 일본도공들의 힘을 입어 백자광산을 발견하고, 일본에서 최초로 백자를 생산했다. 그리고 난가와라의 조선도공들은 다카하라 고로시치를 맞아들였고, 그로부터 배운 기술이 나가사키의 미가와치 도자기 발전에도 크게 이바지하였을 뿐만 아니라

---

26 八尋典子(1998)「渡來陶工の望鄕の宴」『有田皿山 おんなの散步史』〈有田町歷史資料館編〉有田町敎育委員會, pp.40-41.

오늘날 아리타 도자기의 특징인 니고시테와 아카에쯔키를 개발할 수 있었다.

한편 조선도공들이 남긴 흔적들이 아직까지 아리타에서 숨을 쉬고 있다. 그 대표적인 예로 이참평과 백파선의 후예들이 아직까지 아리타에서 도공 또는 도자기 판매회사를 경영하고 있으며, 또 그들이 사용했던 전문용어가 아직도 아리타의 도공들 사이에서 사용되고 있으며, 또 그들이 즐겼던 봄철의 야마노보리 행사가 다소 형태가 바뀌어 6월의 도산신사의 나고시바라이(夏越払い)라는 제의행사가 되어 행하여지고 있다.

사가는『하가쿠레(葉隱)』라는 유명한 서적이 저술된 곳이기도 하다. 이는 1716년 나베시마번의 무사인 야마모토 쯔네토모(山本常朝: 1659-1719)가 무사로서의 덕목에 관해「무사도(武士道)」라는 용어로 설명한 것을 타시로 쯔라모토(田代陣基: 1678-1748)가 필록을 한 것이다. 그러한 내용이기 때문에 이 책을 소위 일본 무사도의 교과서라고도 불리고 있기도 하다. 그런데 이 책에는 무사도와 전혀 관계없는 조선도공과 관련된 기술도 군데군데 적혀 있어서 조선도공의 연구에서도 결코 무시할 수 없는 문헌이기도 하다. 이 책(권3)에 이러한 구절이 나온다. 아리타의 사라야마는 나오시게공이 고려에서 돌아올 때 일본의 보물로 하고자 하여 도자기를 잘 굽는 우두머리격의 조선도공 6, 7명을 데리고 왔다고 적고 있는 것이다. 이 말은 지금 음미해 보아도 전혀 틀린 말이 아니다. 그 표현대로 일본군에게 끌려간 조선도공들은 사가의 아리타에서 일본의 보물인 도자기를 남겼던 것이다.

제12장

아리타 도자기의 개조 이참평

1. 머리말

일본의 규슈 북부 지방에 사가현(佐賀県)이라는 곳이 있다. 임란 때 그곳을 지배했던 자는 나베시마 나오시게(鍋島直茂: 1537-1619)이었다. 그는 임진과 정유의 왜란 때 히데요시의 명에 따라 우리나라에 쳐들어 와 귀국할 때 많은 도공들을 데리고 간 것으로 널리 알려져 있다. 그리하여 그의 영내에는 조선도공과 관련된 유적지가 많다. 그 중 사가현 서부지역에 위치해 있는 아리타는 비교적 우리들에게도 잘 알려져 있는 곳이다.

아리타는 인구 약 2만 2천여 명 되는 조그마한 중소도시이다. 주요산업은 두말 할 나위없이 도자기이다. 즉, 조선도공들이 이룩한 산업을 지금까지도 계속 이어지고 있는 것이다. 그런데 이곳에 우리

▌이시바신사(石場神社)의 이참평상

의 눈길을 끄는 기념비와 신사가 있다. 그 기념비는 '도조이참평비
(陶祖李參平碑)'로 아리타 시내가 내려다 보이는 렌게이시산(蓮花石山) 정
상에 서있다. 그리고 그 아래에 자리잡고 있는 도산신사에는 이참평
이 신이 되어 모셔져 있다. 신사 관계자의 말을 빌리면 이곳에 모셔
지는 주신은 하치만신(応神天皇)이며, 이참평과 나베시마 나오시게가
배사(配祀)되어있다고 한다. 즉, 이참평이 주신이 아니라는 것이다.
그러나 앞에서 언급한 것처럼 신사의 위에 도조 이참평 기념비가
서있고, 또 이 신사의 주요한 제의가 5월 4일 도조제라는 사실을 감
안한다면 비록 부신으로 모셔지고 있지만, 실제로는 이참평이 주신
임을 금방 알 수 있다.

　여기에 모셔져 있는 이참평은 과연 누구인가? 그는 어떤 일을 하

였기에 일본에서 신으로 모셔지는 것일까? 이름으로 보아 일본인이 아닌 것은 분명하다. 그는 한반도에서 바다를 건너 일본으로 건너간 조선인이었다. 여기에 대한 인상이 강했는지 이곳을 다녀온 사람들이 쓴 대부분의 글에서도 그를 빠뜨리지 않고 있다. 그 대표적인 예가 신일철,[1] 우동규,[2] 최승범,[3] 김병종,[4] 김충식[5] 이미숙[6] 등의 글들을 들 수가 있을 것이다. 그런데 이들의 일련의 글에서 찾아낼 수 있는 하나의 공통점은 이참평이 임진과 정유의 왜란 때 왜군들에 의해 강제 연행되어 일본으로 건너간 불쌍한 도공이지만, 여기에 좌절하지 않고 아리타에서 백자광을 발견하고 일본 최초로 자기를 생산하여, 아리타 도자기를 세계만방에 알렸으며, 아리타를 일본 도자기 산업의 중심지가 되게 한 장본인이다. 그리하여 일본인으로부터도 대은인으로서 신으로서 추앙을 받게 된 자랑스러운 한국인이라는 점이다.

그러나 냉철히 이참평에 관한 자료들을 두고 생각하면 그에 대한 실체가 밝혀진 것이 별로 없다. 즉, 그의 고향은 어디이며, 일본으로 가기 전에 무엇을 했으며, 왜 일본으로 갔는지, 또 일본에서 어떤 생활을 했으며, 그는 어찌하여 아리타에서 백자광을 찾을 수 있었고, 어떻게 신이 되었는지 등 제대로 밝혀진 것이 없는 것이다. 이에 본

1　신일철(1976) 「임란 때 잡혀간 조선도공들」『문학사상(10)』 문학사상사.
2　우동규(1987) 「조선도공들의 도자기 발달과 후예들」『일본학(6)』 동국대 일본학연구소, pp.216-219.
3　최승범(1994) 『조선도공을 생각한다』 신영출판사, pp.60-123.
4　김병종(1998) 「이역에서 우는 조선도공의 혼」 조선일보. 98. 08. 31일자 14면.
5　김충식(2006) 「일본 도자기의 시조 이참평, 아리타에 스미다」『슬픈열도』 효형출판, pp.226-242.
6　이미숙(2006) 「조선 사기장 이참평의 피납과정과 활동에 관한 연구」『인문과학연구(26)』 pp.227-246.

장에서는 그가 어떻게 신이 되었는가에 초점을 두어 이참평에 관한
기존자료를 재검토해 봄으로써 그의 실체에 대해 살펴보고자 한다.

2. 그는 어찌하여 일본으로 갔을까?

아리타의 도조인 이참평은 일본으로 가기 전 조선에서의 행적은
잘 알려져 있지 않다. 그의 고향이 어디이며, 어떻게 일본으로 가게
되었는지 등 잘 알려진 바가 없다. 그 때문에 지금까지 여러 가지 의
문이 제기되고 있다.

(1) 그의 본명은?

먼저 이참평이라는 그의 이름은 본명이 아닐 가능성이 많다. 96년
10월 15일 타쿠(多久)에서 열린 이참평 심포지움에서 작가 츠노다 후
사코(角田房子: 1914-2010)[7]는 "천민에 불과한 일개의 도공이 당시 왕조
의 성씨인 '이(李)'라는 성을 사용하는 것은 불가능하다."고 하면서
그의 성씨는 일본에서 윤색되었을 것이라고 추정했다.[8]

---

7   일본의 논픽션 작가. 일본 펜 클럽 명예회원. 동경출신, 福岡女学校(現 福岡女学院中
    学校·高等学校)전공과 졸업 후, 프랑스의 솔로본드 대학에 유학하나, 제2차 세계
    대전이 발발하여 중도에 그만 두고 귀국, 전후에 남편의 전근에 의해 다시 프랑스
    에 가서 생활을 했다. 1960년대부터 집필활동을 시작하여 정력적인 취재와 면밀
    한 고증을 거쳐 일본 근현대사와 관련된 논 픽션 작품을 다수 발표하여 1961년에
    『東独のヒルダ』로 文藝春秋読者賞, 1964년에는 『風の鳴る国境』로 婦人公論読者賞,
    1985년에는 『責任 ラバウルの将軍今村均』로 新田次郎文学賞을 각각 수상하였으며,
    1988년에는 민비의 살해사건을 다룬 『閔妃暗殺』이란 작품으로 新潮学芸賞受賞을
    수상하기도 했다.
8   松本源次(1996)『炎の里有田の歴史物語』의 제1장 「李参平のことについて」를 참조,
    이 책은 서명으로 인터넷에 공개되어 있다.

　이렇게 생각한 그녀에게도 문제가 전혀 없는 것이 아니다. 왜냐하면 한국의 이씨 중에는 왕족인 전주 이씨만 있는 것이 아니기 때문이다. 그리고 도공들이라고 해서 성을 가지지 말란 법도 없었다. 가고시마의 조선도공들 가운데는 신, 하, 김 등 많은 사람들이 성씨를 가지고 있었던 예를 얼마든지 찾을 수 있기 때문이다.

　그러나 그녀가 제기한 것처럼 이참평의 성씨와 이름에 대해서는 불명확한 점이 있는 것은 사실이다. 이참평에 관한 기록은 대개 두 가지 종류가 있다. 하나는 그의 후손이라 일컫는 가네가에(金ケ江) 가문의 문헌인『금강구기(金江舊記)』이며, 또 하나는 타쿠(多久)의 영주 가문인 타쿠가(多久家)의 고문서『금강삼병위유서지사(金ケ江三兵衛由緖之事)』이다. 전자는 18세기경 가네가에 가문이 매년 번에서 지급되던 봉록(쌀)이 번의 사정에 의해 끊어졌기 때문에 이것을 복원하고자 선조의 공적을 기록한 것이고, 후자는 1805년 가네가에 가문이 번에 제출한 문서이다. 이를 편의상「가네가에가문서(金ケ江家文書)」라고 하고, 전자를『타쿠가고문서(多久家古文書)』부르기로 하자.

　이러한 기록들에 이참평이라는 이름이 일체 등장하지 않고 있는 것이다. 다시 말하여 전자에는 "그의 출신이 금강(金江)이기 때문에 일본이름을 가네가에 산베이(金ケ江三兵衛)라고 했다."고 하며, 이름을 산베이(參平) 또는 산베이(三平)으로 표기되어있으며, 후자에는 '이모(李某)'라고 하기도 하고, 또 성씨도 없이 '산베이(三兵衛)'라고도 하고 있다. 이처럼 초기에는 그의 이름이 명확하지 않는 것이다. '참평'을 일본식으로 읽으면 '산베이'가 되는데, 이것을 한자로 '三兵衛'로 표기하고 있듯이 한국에서는 보기 힘든 이름이다. 즉, 이름 끝에 병위(兵衛)를 붙이고 '베이'라고 하는 것은 흔히 일본에서 있는 일이다. 그리고 그 앞에 '삼(三)'이 붙어있는 것은 그가 장남이 아닌 삼남일 가능성이 높다는 것을 의미하는 이름이기도 하다.

실제로 그의 이름은 명치초기까지만 하더라도 고착화되어 있지 않았다. 당시 저명한 역사학자인 구메 구니타케(久米邦武: 1839-1931)는 이참평을 '이씨참평(李氏三平)'이라고까지 표현하기도 했다. 그리고 아리타 도자기에 정통한 오사키 요코(尾崎葉子)에 의하면 이참평이란 말은 명치기의 연구자들에 의해 사용되기 시작한 표현이라고 해석했다.[9] 그러던 것이 1917년(大正6)에 도조 이참평비(陶祖李參平碑)가 세워지면서 그의 이름이 어느덧 이참평으로 통용화 되어 버렸다. 다시 말해 이참평의 이름이 성립하는 것은 근대 이후라는 것이다. 이처럼 이참평의 이름의 실체는 명확하지 않다고 보는 것이 타당할지 모른다.

그렇다고 해서 그의 실체까지 부정될 수는 없다. 기록에서도 그 인물에 대해 이모, 산베이, 가네가에 산베이 등으로 표기되어있을 뿐만 아니라, 『타쿠가고문서』의 「금강가부소계도」와 「금강청오병위계도」에 '明曆元辰8月死, 元祖, 朝鮮人, 三兵衛'이라는 구절의 내용을 찾을 수 있고, 또 니시아리타(西有田)의 용천사(龍泉寺)에서 보관중인 과거장(過去帳)에서도 그의 이름을 발견할 수 있으며, 그리고 1962년에 발견된 묘지에도 "祖月窓淨心居士, 8月11日, 同名三兵衛敬建立"이라고 적힌 그의 묘가 있는 것으로 보아 그의 실재는 의심할 여지가 없다.

한편 그의 후손들이 사용하고 있는 가네가에라는 성씨는 초기부터 사용되어진 것 같다. 그 증거로 이참평이 죽고 나서 1년 뒤인 1656년에 타쿠가에서 가네가에가에게 보낸 문서에 가네가에 요스케(金ヶ

---

9 吉永陽三(2002)「李氏朝鮮王朝の陶工たちの恩惠」『葉隱研究(48)』葉隱研究會, p.14.

江介左衛門) 이하 10명의 가네가에라는 성을 가진 사람의 이름을 열거하고 있기 때문이다. 이처럼 그들은 초기부터 가네가에(金ケ江)라는 성씨를 사용하고 있었던 것이다. 본장에서는 논의를 이끌어 가기 위해서 편의상 그를 이참평이라고 부르기로 한다.

(2) 어찌하여 그는 일본으로 갔을까?

이 같은 수수께끼를 안고 있는 이참평이 어떻게 일본으로 건너가게 된 것일까? 그것은 다름 아닌 히데요시가 일으킨 전쟁 때문이었다. 그를 일본으로 데리고 간 사람은 나베시마번(鍋島藩)의 영주 나베시마 나오시게(鍋島直茂)로 되어있다. 그에 관해서 아리타초(有田町) 역사편찬위원회가 낸 『아리타초사(有田町史)』에 이참평의 가문인 「가네가에가 문서(金ケ江家文書)」에 의거하여 다음과 같이 내용을 소개하고 있다.

나베시마 나오시게의 군대가 산 속에서 길을 잃었다. 길 안내자도 없어서 어찌 할 줄 모르고 있었을 때 저편 멀리 한 채의 작은 집이 보였다. 길을 묻기 위하여 부하를 보내었다. 그러자 그 집에서 3명의 남자가 나왔다. 길을 묻자 그들은 말이 통하지는 않았으나 손짓 발짓하여 겨우 그 의미를 파악할 수 있었다. 그들이 가르쳐준 길을 따라 공격하여 대승리를 거두었다. 이윽고 전쟁이 끝나고 나베시마 군대가 일본으로 철수할 때 나베시마는 선착장에서 길을 안내한 조선인 3명을 불러 그들의 이름과 사는 곳 그리고 직업을 물었다. 이에 대답하기를 두 사람은 농부였고, 참평이라는 사나이는 도자기를 만들며 생계를 꾸려가는 도공이라고 대답했다. 이를 들은 나베시마는 '이번 전쟁에서 너희들은 일본군대의 길 안내를 하였다. 그러므로 일본군이 철수해버리면 이를 지켜

369

본 마을 사람들이 필시 너희들에게 보복을 가할지도 모른다. 따라서 여기
에 있는 것보다 우리와 같이 일본으로 건너가 도자기 굽는 일에 전념하는
것이 좋지 않겠느냐?' 하고 일본으로 옮겨와 살기를 권했다. 그러자 참평
은 그 말을 좇아 나베시마의 군대와 함께 일본으로 건너왔다.[10]

이 기록의 내용을 그대로 따른다면 그는 길을 잃고 있는 나베시마
군의 길잡이 노릇을 하였기 때문에 조국에 남으면 동포들에게 보복당
할 우려가 있어 왜군을 따라 일본으로 건너갔다는 식의 설명이다. 만
일 이것이 사실이라면 이참평은 조국을 배반한 사람이다. 더구나 일
본의 도예연구가 미스기 다카토시(三杉隆敏)는 이참평에 대해 이상의
기록에서 느꼈던 것 보다 더 충격적인 해석을 다음과 같이 하고 있다.

규슈의 카라츠(唐津)에는 임진왜란 이전부터 조선에서 도공들이 건
너와 도자기를 구우며 살았다. 임진란 때 조선으로 출병하는 일본군은
조선에 관해 전혀 모르는 상황이었다. 그리하여 당시 가라츠에 와 있는
조선인 도공들을 통하여 이참평의 무리들을 알았을 것이다. …(생략)…
전쟁에 진 일본군이 후퇴할 때 지금까지 일본군을 지원했던 조선인들
은 일본에 이주하기를 원했다. 그 중 이참평도 자신의 집단이주에 관
해 직접 일본군과 교섭하여 나베시마의 군대와 함께 일본으로 왔을
것이다.[11]

이처럼 이참평과 일본군과의 만남에 대해 미스기는 나베시마 군

---

10 有田町歷史編纂委員會(1985)『有田町史 商業編(2)』有田町, pp.12-14.
11 三杉隆敏(1989)『やきもの文化史』岩波書店, p.156.

▌박정자 공원에 세워진 이참평기념비와 이참평 묘비

대가 조선에서 길을 잃고 방황하고 있었을 때 만난 것이 아니라, 그 이전부터 서로 내통하고 있었던 사이라고 보았다. 즉, 그는 일본군 이 조선으로 쳐들어가기 전에 이참평의 무리들로부터 조선에 관한 정보를 입수하였을 것이라고 추정하였던 것이다. 만일 이러한 해석 이 사실이라면 그는 이적행위를 한 것이 된다.

그러나 이러한 내용이 적힌 「가네가에가 문서」를 전적으로 역사 적 사실을 그대로 반영한 것이라고 보기 어렵다. 즉, 이 유래서가 쓰 여 지게 된 동기가 객관적인 입장에서 자신들의 가문의 역사를 정리 하는 차원에서 기록된 것이 아니라 이참평이 발견한 이즈미야마(泉 山)의 광석 채굴권을 둘러싸고 사가번(佐賀藩)에 소송하는 가운데 자 기들이 유리한 주장을 위해 쓰여 진 것이기 때문이다. 즉, 이것은 일 종의 소장(訴狀)이라 할 수 있다. 그러므로 상황이 다소 주관적인 성 격을 띠지 않을 수 없는 것이기에 이를 모두 사실로 받아들이기는 어 렵다. 어쩌면 왜군을 위해 길을 안내하였다는 것은 일본에서 살아가 야 하는 자신의 정당성을 확보하기 위해 생각해낸 고육지책이었는

371

지도 모른다. 따라서 자의가 아니라 강제로 끌려간 것으로 보려는 경향의 해석이 대두되는 이유도 바로 여기에 있는 것이다.[12]

그리고 적군의 길 안내를 하였다 하더라도 그것은 피치 못할 상황에서 본의가 아닌 강제로 하였을 가능성도 배제하기 힘든다. 그러한 예를 얼마든지 찾을 수 있는데, 가령 가토 기요마사(加藤淸正)가 함경도로 들어가는 길을 몰라 안성에서 현지인(조선인) 두 명을 붙잡아 길 안내를 부탁했다. 이에 길을 모른다는 이유로 거절하자 이내 그 중 한명을 목을 자르고 위협을 가하며 나머지 한명에게 길을 안내하기를 요구하는 내용이 『회본태각기(繪本太閤記)』에 그림과 함께 나온다.[13] 이러한 상황에서 이참평이 적군을 위해 길을 안내했을 가능성도 배제하기 어렵기 때문이다.

한편 한국에서는 그의 도일 동기는 강제 연행으로 보는 시각이 강하다. 그 예로 신혜원[14]과 이미숙[15]은 아예 그를 일본으로 끌려갔다는 표현을 쓰고 있다. 이를 증명이라도 하듯이 증거가 천안시 북면 매송리에 있는 '이참평도공해원비'라는 기념비이다. 이 비석의 이름에서 보듯이 일본군에 강제 연행되어 일본이라는 타향에서 살아야 했던 이참평의 한을 풀기 위해 세워진 것이다.

그리고 몇 년 전 한국에서는 이참평도공 비문정정위원회를 조직하여 아리타에 서있는 도조 이참평비에 적힌 비문내용에 대해 문제를 삼은 적이 있다. 그들은 이참평이 일본에 간 것은 대동이 아니라 납

---

12 최승범, 앞의 책, pp.116-122.
13 中里紀元(1993)『秀吉の朝鮮侵攻と民衆, 文祿の役(上)』文獻出版, p.271.
14 신혜원(2007)「도장 사카이다카키에몬에 관한 고찰」『일본문화연구(21)』동아시아일본학회, p.89.
15 이미숙, 앞의 논문, p.231.

|이참평비에 적힌 낙서(그의 도일을 강제연행임을 강조하고 있다.)

치이며, 연행이라고 주장하면서 아리타시 상공회의소에 정식으로 비문의 내용을 고쳐주기를 요청한 일이 있었던 것이다.[16]

그 뿐만 아니라 법정논란까지 벌어진 적이 있다. 사건의 발단은 공주시의 박정자 공원에 세워진 기념비에서 비롯되었다. 이곳에는 이참평의 기념비가 두 개나 있는데, 하나는 1990년에 한국도자기문화진흥협회가 일본 측과 함께 세운 것으로 폭 210㎝, 높이 700㎝의 돌과 도자기 파편을 이용해 만든 '일본도기 시조 이참평공 기념비'이고, 또 다른 하나는 이참평공제전위원회(李參平公祭典委員會)가 세운 것으로 폭 100㎝, 높이 196㎝의 '이참평도공제전비'이다. 원래 이 두 개는 70㎝ 거리를 두고 나란히 놓였던 것인데, 작은 비는 현재 50여m 떨어진 곳에 몸체와 받침돌이 분리된 채 덩그러니 뉘어져 있다. 여기에는 일련의 사건이 있었던 것이다. 사건의 전말은 다음과 같다.

2006년 말 한국도자문화협회는 이참평공 제전위원회가 나중에 세운 비를 철거하라는 내용의 민사소송을 제기했다. 제전위원회가

---

16 신봉승(2008) 「가라쓰 그리고 아리타(2)」『한글한자문화』전국한자교육추진총연합회, pp.18-19.

아무런 권한 없이 협회가 건립한 기념비 부지 내에 제전비를 세워 협회의 비석사용권을 침해했다는 이유에서다. 이에 대해 제전위원회측은 기념비 문구 중 '이참평공이 임진·정유의 난에 일본에 건너갔다'는 표현은 일본으로 건너갔다는 것은 강제연행을 부정하는 것으로 보고 이를 바로잡는 차원에서 옆에 세워져야 의의가 있다고 맞섰고 법정 다툼으로 비화한 것이다. 그러나 연행을 객관적으로 입증할 만한 사료가 없다는 이유[17]로 제전위원회측이 1심에서 패소 판결을 받았고, 재심은 대전고등법원 민사 3부 조정판결에서 이루어졌는데, 그 결과는 공주시가 한국도자기문화진흥협회 측의 기념비 문구를 수정하고 나중에 세운 비를 인수해 철거하라는 판결이 나왔다. 그리하여 수정 추가된 문구가 이참평이 '조선의 도공으로서 임진·정유왜란에 일본에 건너가게 됐다'는 내용이다. 그러자 제전위원회측이 세운 비가 강제철거되기 전에 지금의 위치로 옮겨져 바로 세워지지 못하고 지금과 같이 방치되어있게 된 것이다. 이처럼 한국에서는 이참평의 도일을 두고 학계가 아닌 법원이 연행과 자진에 대한 해답을 유보한 채 오늘에 이르고 있다.[18]

3. 이참평의 고향은 어디인가?

오랫동안 이참평의 고향은 충남 금강유역으로 되어있었다. 이는

---

17 정성일(1993) 「조선도공의 후예, 토칠이와 이삼평」『한국과 일본, 왜곡과 콤플렉스의 역사』(한일관계사학회편) 자작나무, p.101.
18 이참평비는 2016년 10월 공주시가 반포면 학봉리에 「이참평 공원」을 조성하여, 그곳으로 이전되었다.

도자사 연구에 있어서 고전이라 할 수 있는 나카시마 히로키(中島浩氣)의 설을 그대로 수용한 결과이었다. 나카시마는 그의 저서 『비전도자사고(肥前陶磁史考)』에서 "조선국 충청남도 공주군의 계룡산 중턱에 금강도라는 도산이 있었는데,[19] 당시 활발히 도자기를 생산한 곳이었다고 전제하면서, 그의 성씨 가네가에는 이곳 금강도에서 유래되었다고 한 것이었다.[20] 그리하여 아리타에 세워진 도조 이참평비에 " 도조 이참평은 "조선 충청도 금강 사람"이라고 새겨져 있다. 우리의 연구자들 가운데도 이를 견해를 무비판적으로 받아들여 그의 고향은 '충남 금강 유역'이라는 것이 거의 정설화되어 있다고[21] 언급하는 사례들도 적지 않게 발견된다.

그를 충청남도 금강 출신이라고 믿고 있는 데에는 그 나름대로 이유가 있다. 앞에서 언급한 『금강가문서』에서 '참평은 원래 금강(金江) 출신이었으므로 일본이름을 가네가에 산베이(金ヶ江三兵衛)로 했다.' 라고 기술되어 있기 때문이었다. 나카시마도 바로 이것에 근거하여 제시된 의견이었다. 이러한 설을 전적으로 받아들인 한국의 일부 인사들은 앞에서 언급한 바와 같이 공주시 박정자 공원에 이참평 기념비를 두 개나 세워놓고 연행이냐 아니냐를 놓고 싸웠던 것이다.

그런데 최근 이에 의문을 제기하는 사람들이 있다. 그 대표적인 예로 가고시마(鹿児島)에서 도예작업을 하고 있는 조선도공의 후예 심수관(沈寿官)인데, 그는 "당시 조선에는 가라우스(唐臼)는 없었다. 그럼에도 아리타에는 이것이 이참평 시대에 등장해 있는 것은 이참평이 중

---

19 中島浩氣(1936) 『肥前陶磁史考』 肥前陶磁史考刊行會, p.444.
20 中島浩氣, 앞의 책, p.413.
21 윤용이(1994) 「조선초기 도자와 일본 도자에의 영향」 『일본연구(9)』 한국외대 일본연구소, p.36.

국인일 가능성이 있다."고 하였고, 또 니시야마 미네쓰구(西山峰次)는
"이참평이 그릇을 생산했다는 가마가 연방상계단식등요(連房狀階段式
登窯)로 되어있는데, 이것이 아직까지 한국에서는 발견되지 않는다
는 것은 과연 아리타 자기가 조선도공에 의해 성립되었을까 하는 데
는 의문이 든다."고 하였던 것이다.[22]

그들이 제기하고 있는 것처럼 왜군에 잡혀간 임란포로들 가운데
명나라 사람들도 있었을 것이며, 또 그들 속에는 도공들도 없지 않았
을 것이다. 그러나 이참평 관련문서의 내용에서 보듯이 그들 자신이
길을 잃고 헤매는 왜군을 안내하였다고 하고, 그것을 계기로 조선에
서 건너왔다고 하며, 또 백자광을 발견할 때도 조선의 같은 고향출신
인 도공들로부터 많은 정보를 얻었다고 하듯이 굳이 그의 조선 출신
설마저 부정할 필요는 없다고 본다.

그러나 그의 고향이 충남의 금강출신이라는 점은 의심해 볼 필요
가 있다. 즉, 충남 금강은 금강(金江)이 아니라 금강(錦江)이기 때문이
다. 그리고 나베시마 군대(鍋島軍隊)가 조선에서 활동한 경로에도 금
강유역이 없다. 즉, 임란 때에는 부산-기장-울산-경주-영천-신령-의
흥-용궁-죽령-한양-함흥으로 진입하고 있는데, 충청도는 충주를 통
과하지만 금강 부근에는 거치지 않고 있으며, 철수는 죽도(김해)를 통
해 하였으며, 정유재란 때에도 가라산성을 공략하고, 금구, 김제, 강
진 등지에서 전투를 벌이나 금강유역에는 가지 않고, 본진은 김해의
죽도에 계속 머무르고 있었다. 그러므로 그를 금강출신의 조선도공
으로 받아들이기 어렵다.

일본에서도 일찍부터 여기에 의문을 품는 자들이 많았다. 가령

22 松本源次(1996), 앞의 책, 이참평조 참조

마와타리 하치타로(馬渡八太郎)는 금강이란 김해를 일본식으로 발음한 것을 히라가나로 표기하고, 이를 나중에 한자를 표기하는 과정에서 금강으로 바뀐 것이라고 해석했다.[23] 즉, 한반도 남부라고 막연히 추정한 것이 아니라 구체적인 지명까지 언급한 것이었다. 그리고 미가미 쓰기오(三上次男: 1907-1987)도 당시 계룡산 유성온천 부근 가마터에서 금강이라는 지명을 찾을 수 없고, 또 이참평을 데리고 간 나베시마군대의 행로가 경상도, 함경도, 전라도 강진 등이라는 점을 들어 이참평은 경상도, 전라도 출신으로 보아야 타당할 것이라고 주장했다.[24]

한국 측에서도 충청도 설에 대해 의문을 제기하는 사람이 있었다. 가령 최남선은 이참평을 '영남금강인(嶺南金江人)'이라고 했고, 재일 사학자 이진희도 같은 의견으로 그의 성씨 가네가에는 김해의 다른 발음이며, 더군다나 그를 데리고 간 나베시마는 조선에서 김해를 담당하였으므로, 김해 도공들이 잡혀갈 때 같이 갔을 것으로 해석하고 있는 것이다.[25]

이러한 의견들은 상당히 설득력이 있다. 왜냐하면 규슈에 정착한 조선도공의 대부분은 사천, 부산, 남원 등 남부지역 출신이다. 충청도 금강출신은 보이지 않는다. 그 뿐만 아니다. 백자에 집착한 것에서도 추정할 수 있듯이 그는 관요의 도공일 가능성이 높다. 이러한 점에서 본다면 금강보다 김해가 더 유력하다. 관요는 김해에는 있지

---

23 馬渡八太郎(1937)「李氏は日本磁器の元祖(上)(下)」『肥前史談(10-4)』肥前史學會, p.17.

24 三上次男(1989)『日本. 朝鮮陶磁史研究』中央公論美術出版, pp.102-103.

25 김충식(2006)「일본 도자기 시조 이삼평 아리타에 스미다」『슬픈 열도 -영원한 이방인 사백년의 기록-』효형출판, p.231.

만, 금강유역(계룡산 등지)에는 관요가 보이지 않기 때문이다. 더군다나 이참평의 고향을 이상의 문헌에서 금강도(金江島)라고 표기하고 있듯이 내륙이 아니라 섬을 가리키고 있다. 또 이참평을 데리고 간 나베시마군은 임란과 정유의 왜란 때 김해의 죽도에 진지를 구축하여 본진을 두었으며, 퇴각할 때도 이곳을 통하여 일본으로 돌아갔다. 그 기간이 무릇 약 6년이 된다. 그러므로 이 시기에 이참평을 만났을 가능성이 높다. 이러한 점에 있어서 이참평은 충청도 금강유역보다는 김해출신일 가능성이 높다. 그럼에도 불구하고 성질 급한 일부 한국인들은 검증도 없이 금강(金江)을 금강(錦江)으로 보고, 충청도 땅에 기념비를 무릇 세 개나 세웠던 것이다.

4. 이참평은 일본에서 무엇을 하였는가?

그가 일본군과 함께 건너가 처음으로 산 곳은 타쿠(多久)이었다. 그러한 사정을 위의 문서는 다음과 같이 설명하고 있다.

> 나베시마군에는 타쿠 야스토시(多久安順: 1566-1641)를 부장으로서 출병하고 있었기 때문에 나오시게의 명령에 의해 참평은 다쿠가에 위탁되었다. 그리하여 참평은 타쿠 야스노리를 섬기게 되었고, 이야기 상대의 역을 맡기도 하였으나, 언어가 제대로 소통되지 않아 잠시 그 직을 고사하고 본래의 도기직을 맡기를 원하였다. 야스토시도 참평의 의견에 전적으로 동의하고 그의 청을 들어주었다. 참평은 원래 금강 출신이었으므로 일본이름을 가네가에 산베이(金ケ江三兵衛)로 했고, 또 타쿠가

의 가신으로 신분도 인정받고서, 1616년에 도공 18명과 함께 아리타(有田)의 미다레바시(亂橋: 현재 三代橋)로 이주했다. 이들은 처음에는 생계를 위해 농업을 하면서 도토를 찾았는데, 이윽고 이즈미야마(泉山)에서 도석의 광상(鑛床)을 발견했다. 그리하여 시라가와(白川)의 텐구다니(天狗谷)에서 가마를 설치하고 그림과 세공의 기술을 자손들에게 가르치고 점차로 번영했다. 번주는 산베이의 공로를 치하하고, 야스노리는 하녀를 산베이와 결혼시켰다. 산베이는 주로 가마의 도자기생산에 종사했고, 세공 및 그 밖의 기술을 가르쳤기 때문에 지역사람들은 물론 타지에서도 기술을 배우러 왔고, 인가는 증가하여 점차로 번영의 땅이 되었다 한다.[26]

여기에서 보듯이 이참평은 처음에는 나베시마를 따라 사가에 잠시 머물렀으나 그 후 타쿠 야스토시(多久安順: 1563-1636)[27]에 맡겨져 타쿠에 머물렀다. 그러면서 그는 조선의 이야기를 영주에게 들려주는 역할을 맡아서 하다가 그것이 부담이 되었는지 그 직을 고사하고 원

---

26 三杉隆敏(1989)『やきもの文化史』岩波書店, p.156.
27 전국시대와 에도시대 초기의 무장. 히젠(肥前) 류조지씨(龍造寺氏)의 일문인 류조지 나가노부(龍造寺長信)의 아들이자 타쿠씨(多久氏)의 시조. 생모는 오다씨(小田氏), 첫 이름은 류조지 이에히사(龍造寺家久). 나베시마 나오시게의 차녀인 치츠루(千鶴)와 결혼. 초대 타쿠(多久)의 영주가 되어 타쿠나가토야스토시(多久長門安順)으로 개명하였고, 그의 뒤는 양자인 多久茂辰가 이었다. 그 밖에 양녀로서 伊勢菊(神代常利室)가 있다. 세키가하라(関ヶ原) 전투에서는 본가인 서군(西軍)에 속해있으면서도 도쿠가와 이에야스(德川家康)에게 대량의 쌀을 보냈다. 1607년 류조지 다카후사(龍造寺高房)가 사망하고 류조지씨의 본가가 단절되자 그 뒤를 잇는 나베시마(鍋島)씨에 중용되어 친족과 동등한 대우를 받아 사가번청역(佐賀藩請役)을 역임했다. 1634년에 다카후사의 서자인 伯庵이 龍造寺季明라고 칭하고 막부 쇼군인 도쿠가와 이에미츠(德川家光)에게 사가번령은 류조지씨의 것이라고 주장하였을 때 야스토시는 직접 막부에 가서 서자인 季明(伯庵)이 대를 잇는 것이라면 자신이 더 정통성이 있다고 주장하여 나베시마씨를 옹호했다. 이처럼 그는 나베시마씨와의 관계가 돈독했다.

▌이참평을 신으로 모신 도산신사

래 자기의 직업인 도공으로 돌아가고자 하였다. 타쿠 야스토시가 이를 허락하자 그는 도공 18명과 함께 아리타로 옮긴 것으로 되어있다. 이 부분에 대해서 『金ヶ江三兵衛由緒の事』에서는 조금 다르게 되어 있다. 즉, 아리타로 옮기기 전에 그는 타쿠의 남쪽 우메노(梅野)에 있는 오토게(大峠)라는 곳에서 가마를 짓고 도자기를 만들었다는 것이다.[28] 다시 말해 이참평이 일본에서 처음으로 가마를 설치한 곳은 타쿠라는 것이다. 이러한 관계로 타쿠시에서는 2005년 5월 타쿠성묘(多久聖廟)의 일각에 「이참평현창암(李参平顕彰庵)」이라는 건물을 건립하고 그 안에다 「도조, 이참평현창지비(陶祖·李参平顕彰之碑)」를 설치했

---

28 森淳(1991)「李参平과 有田白磁의 發展」『미술사연구(6)』미술사연구회, p.154.

다. 이를 추진한 당시 시장 요코오 토시히코(横尾俊彦) 씨에 의하면 이
참평이 타쿠에서 18년 정도 살면서 사기그릇 제작에 심혈을 기울였
다고 했다.[29]

그러나 타쿠에서의 사기그릇제작은 그에게 만족감을 주지 못했던
것 같다. 그러한 사정을 알려주는 중요한 단서가 『명산대관구기각서
(皿山代官舊記覺書)』에 남아있다. 그것에 의하면 타쿠 야스노리가 이참
평으로 하여금 도기제작을 명하여, 가마를 설치하여 제작에 돌입하
여 어느 정도 만족할만한 그릇을 얻었으나, 그는 만족하지 않았다.
그리고는 양질의 도토를 찾겠다고 야스노리에 청을 했고, 이에 야스
노리는 사가번 영지 내에서 흙을 찾고 마음대로 실험을 해도 좋다고
허락을 했다. 그러자 이참평은 도토를 구하기 위해 단신으로 타쿠를
떠났다는 것이다. 이 부분은 18명과 함께 떠났다는 위의 자료와는 다
르게 묘사되어있다.

그가 찾고자 하는 도토는 과연 어떠한 것인가? 위의 기록에서는
그것은 도석이었다고 한다. 여기에서 말하는 도석은 도기가 아닌 자
기를 만들어 내기 위한 흙이었다. 그러므로 광산에서 광물을 캐듯이
돌을 캐어내어 이것을 가루를 내어 도토를 만들어야 한다. 그가 이즈
미야마(泉山)에서 도석 광산을 발견하고 시라가와의 텐구다니에 가
마를 설치하고 그릇제작에 돌입했다는 것은 그가 도기가 아닌 자기
를 구워내고자 했다. 다시 말해 그가 타쿠의 도토가 그에게 만족감을
주지 못하였다는 것은 그곳의 도토로는 자기를 생산할 수 없었음을
말하는 것이기도 하다. 즉, 그는 백자를 만들고 싶었던 것이다.

백자는 철분이 거의 들어있지 않은 흰 점토 혹은 그에 상응하는 백

---

29 横尾俊彦(2005) 「陶祖·李參平と多久の物語」 『市長コラム』, 多久市 홈페이지 참조.

석을 으깨어 구워내어야 한다. 이것은 백토가 없이는 불가능하다. 이러한 사정으로 미루어 보더라도 그는 평범한 조선 도공이 아니었다. 당시 조선의 일반적인 식기는 90%이상이 사기로 불리는 도기이었다. 그러나 백자는 극히 일부 지배계급만이 사용하는 그릇이었다. 이것들은 주로 정부에서 관리하는 관요에서 생산되는 것들이었다.[30] 그러므로 이참평은 민간 도요지에서 일하는 도공이 아닌 관요에서 자기를 구웠던 특수기술을 가진 도공이었을 것으로 추정되는 것이다.

그들이 아리타 지역에 처음으로 정착한 곳은 미다레바시이다. 그들은 왜 이곳을 선택하였을 까? 그 이유는 그곳이 다름 아닌 조선 도공의 마을이었기 때문이었다. 지금도 그곳에는 당인고장요(唐人古場窯)와 고라이진바카(高麗人墓) 그리고 고라이진야시키(高麗屋敷)라는 지명이 남아있다. 이곳에 사는 조선인들은『금강가문서』에 의하면 "미다레바시에서 밭을 일구며 살던 사람들은 고려의 금강이라는 곳 출신이라고 전해진다."[31]고 기록되어있다. 다시 말하여 이참평은 자기와 같은 고향출신 조선도공들이 거주하고 있는 지역으로 들어와 살면서 도토를 찾았다. 이는 이참평이 타쿠에 살면서 고라이진야시키의 조선도공들에 관한 정보를 미리 가지고 있었으며, 이를 바탕으로 아리타를 향해 거주지를 옮겼던 것으로 해석이 된다.

미다레바시에서 생활은 순탄하지 않았다. 「가네가에가문서」(文化4년)에 의하면 그가 생활을 위해 산 속에서 논밭을 개간하며 겨우 생

---

30 倉田芳郎(1994)「肥前磁器創始者と佐賀, 多久唐人古場窯の工人」『磁器へのあこがれ』多久市教育委員會, pp.30-32.
31 森淳, 앞의 논문 p.156에서 재인용.

명을 부지하고 있었다고 한다. 이러한 그에게 이즈미야마에서 도석의 광산을 발견할 수 있는 기회가 찾아온 것이었다. 여기에 대해 모리 준(森淳)은 "키시마군(杵島郡)과 니시마츠우라군(西松浦郡)의 경계에 있던 사카이마츠(境松)라는 소나무 부근에서 우연히 백자광을 발견했다."고 했다.[32]

그러나 백자광은 그렇게 우연히 발견된 것은 아니다. 아리타에는 이참평이 타쿠에서 오기 전에 이미 조선도공들이 살고 있었기 때문에 그들로부터 충분한 예비지식을 얻었을 것이다. 그리고 이참평이 백자광을 발견하기 이전부터 그곳에 자기를 만드는 일본인 도공도 있었다. 그것을 증명하는 문서가 「명산대관구기각(皿山代官舊記覺)」에 수록되어있다. 그것의 1773년(安永2)의 일기에 이에나가 쇼우에몬(家永正右衛門)의 자손이 제출한 「사공어타언신상구상각(乍恐御詫言申上口上覺)」에 대략 다음과 같은 내용이 적혀있다.

사가군(佐嘉郡) 타카키무라(高木村)에 살고 있던 토기를 만드는 도공 이에나가 잇키모리(家永壹岐守)는 나베시마 나오시게의 명에 따라 사가(佐嘉)의 킨류잔(金立山)에 있던 당인(唐人) 도공 고세키 츄베(小關忠兵衛), 마타로쿠(又六)에게 제도 기술을 배웠으며, 드디어 번의 명에 의해 3명의 당인과 함께 킨류잔에서 사기그릇을 만들기 시작했다. 그러나 킨류잔 부근에는 좋은 흙이 없었기 때문에 서쪽의 후지노가와치(藤野川内)로 가서 도기를 만들었다. 그러나 그 중 당인들은 본국으로 돌아갔다. 그리하여 잇키모리는 아들 타로베이(太郎兵衛)와 함께 도토를 찾아서 아리타의 코미조바라(小溝原)로 거처를 옮기고 도기를 구웠다. 여기에

---

32 森淳, 앞의 논문 p.116.

┃이참평이 발견한 텐구다니의 백자광

서도 도토가 떨어졌기 때문에 손자인 이에나가 쇼우에몬에게 토상(土床)을 찾게 하였더니 지금의 토장(土場)에서 발견하여 시라가와산(白川山)의 텐구다니(天狗谷)에 가마 1기를 설치하고 중국풍의 도자기(南京燒)를 생산하고 있었다. 그런데 타쿠 미사쿠모리(多久美作守)가 조선에서 귀국할 때 데리고 와서 측근에 둔 조선인이 있었는데, 그는 중국풍의 도자기를 굽는 기술을 가진 우수한 도공이었다. 그가 타쿠의 허락을 받아 (아리타에 와서) 일본인을 몰아내고 혼자서 그릇을 생산하겠다고 청원을 하여 이것이 인정이 되었고, 그 이후부터는 일본은 여기서 가마를 운영할 수 없게 되었다. 쇼우에몬은 지난 자기 가문의 유서를 적은 것을 명산대관(皿山代官)인 야마모토 진우에몬(山本甚右衛門)에게 제출한 바 있으나, 이에나가 가문은 그 후 직분을 수행할 수 없게 되어 생계도

제대로 유지하지 못해 선조의 제사도 지낼 수 없어 유감천만이므로 자손인 나도 유서서를 제출하는 바이다.[33]

이것이 사실이라면 이참평이 텐구다니에서 자리잡기 이전에 이미 그곳에는 킨류잔 조선도공에게서 도예기술을 배운 이에나가가 가마 1기를 설치하고 중국풍의 도자기를 생산하고 있었다. 그들도 텐구다니의 흙을 이용하여 그릇을 만들고 있었던 것이다. 그러나 그들은 이곳에서 작업을 오래 할 수 없었다. 이참평의 건의로 이곳에서 쫓겨난 것이었다.

실제로 그러한 일이 있었음은 「산본신우위문중징연보(山本神右衛門重澄年譜)」에도 보인다. 이것은 17세기 전반에 이마리(伊万里), 아리타를 포함한 좌하번영서목방면(佐賀藩領西目方面)의 대관(代官)을 역임한 야마모토 시게즈미(山本重澄: 1590-1699)의 연보를 그의 아들인 야마모토 쓰네토모(山本常朝: 1659-1719)[34]가 1707년(宝永4)에 정리한 것이다.

그 속에 적혀 있는 조선도공 관련의 기사를 보면 첫째 나베시마 나오시게가 「일본의 보물」을 만들 목적으로 고려국의 도공 6, 7명을 연행해 왔다는 것, 둘째 이들을 킨류잔에 가마를 설치하고 그릇을 굽게 하였다는 것, 셋째, 그 후 조선도공들은 킨류잔에서 이마리의 후지가와치로 이주하여 그곳에서 그릇생산을 했고, 넷째는 1637년(寛永14) 3월 19일에 내려진 당인 이외의 일본인을 추방하라는 명이

---

33 三上次男(1989), 앞의 책, pp.110-111.
34 에도 중기의 사상가이자 사가번의 중급무사. 무사도의 텍스트라 할 수 있는 『葉隱』(1716)의 주요부분의 구술자이기도 하다. 특히 「무사도란 죽는 것을 찾는 것이다」는 그의 말은 지금도 명언으로서 남아있다. 山本重澄의 차남. 이름은 神右衛門, 호는 旭山, 출가 이후의 법명은 旭山常朝.

내려졌고, 그 다음날 시행되었다는 것이다. 아리타에 7개소, 이마리에 4개소 합계 11개소에서 826명의 남녀 공인(남532명, 여294명)이 폐업, 결국 제도소의 수가 150호, 녹로 155대로 제한되었으며, 도업소는 13개소로 지정되었다.

이때 이참평의 자손은 도제를 합쳐 30여명이 있었다고 전해진다. 이러한 대규모의 구조조정에서 살아남은 도자기 관계자들은 모두 이참평에 의해 총괄되었다.[35] 위의 내용은 이러한 번의 대대적인 구조 조정에 의해 이에나가는 도공직에서 쫓겨나 생계의 어려움을 겪고 있는 것이 여실히 드러나는 자료라 하지 않을 수 없다.

이 자료는 또 다른 의미에서 매우 중요성을 띠고 있다. 이참평이 백자광을 발견하기 이전에 이미 그들이 그곳에 자기그릇을 굽고 있었다는 사실이다. 다시 말하여 이참평의 백자광 발견은 앞에서 언급한 아리타에 거주하고 있던 조선도공들로부터 정보를 얻고, 텐구다니에서 도자기를 굽는 일본인 도공 이에나가 로 부터 실마리를 얻어서 얻어진 결과이었다. 그것은 하루아침에 기적처럼 이루어진 것이 아니라 선인들의 경험과 지혜를 살린 것이며, 일본인 이에나가에 의해 소규모 단위로 채굴되어 사용되던 백자광을 본격적으로 개발하여 대량생산을 할 수 있는 체계를 갖춘 자가 이참평이었을 가능성이 높은 것이다.

「가네가에가문서」는 이참평이 텐구다니에서 가마를 설치하였을 때 당시 그곳은 다나카 마을(田中村)이었고, 인가가 드문드문 있었으며, 사람들은 깊은 산 계곡 사이에 약간의 전답으로 겨우 생명을 부지하고 있었다. 참평은 그곳의 이즈미야마에서 양질의 도석은 물론

---

35 森淳, 앞의 논문, p158.

땔감과 물이 풍부하다는 것을 알고 그곳에 바로 가마를 설치했다고
한다.[36] 일본에서 본격적인 자기 생산은 이렇게 시작되었다.

이참평이 백자광산을 개발하고 자기를 생산하자 도공들은 이곳
에 모여들기 시작하여 아리타는 명실공히 일본에서도 유명한 도자
기 마을이 되었던 것이다. 그 상황을 『타쿠가고문서(多久家古文書)』의
1862년(文久2)조와 1808년(文化5) 조의 기록에 다음과 같이 서술해 놓
고 있다.

(1) 문구 2년

아리타에서 최상의 흙을 발견하였으므로, 가미시라가와(上白川)라는
곳으로 주거를 옮겨 도자기를 만들어 번성하기 시작했습니다. 지금은
명산(皿山), 즉, 제도소(製陶所)가 생겨 사가번의 제일가는 산업이 되었
는바, 이는 가네가에 산베이(이참평)의 공훈입니다.[37]

(2) 문화 5년

저는 명하신대로 찾아본 결과 지금의 이즈미(泉山)에서 도석(陶石)을
발견했습니다. 첫째 물과 나무가 좋아서 처음에 시라가와 텐구다니에
가마를 만들고 화공의 자손을 가르쳐 가면서 점차로 번성하게 되므로,
태수께서 기뻐하시고 노고를 위로해 주셨습니다. 그 후 초슈(長州)님이
숙소에 있던 여인을 구해 주셔서 부부가 되었습니다.[38]

---

36 小宮木代良(2009) 「〈陶祖〉言說の成立と展開」『九州史學(153)』九州史學研究會, p.58.
37 森淳, 앞의 논문 p.157.
38 小宮木代良(2009), 앞의 논문, p.58.

▌이참평 후손 가네가에 쇼헤이씨

　여기에서 보듯이 이참평이 일으킨 도자기 생산이 번에 있어서 가장 산업으로 발전하였음을 알 수 있다. 그리고 그는 그릇을 구웠을 뿐만 아니라 그림을 그리는 화공들도 육성하였다. 이러한 공훈에 영주 나베시마는 크게 치하하며, 참평을 자신의 침소에 시중을 드는 하녀와 결혼시켰다. 그 이후 그는 참평은 '가네가에(金江)'라는 일본성씨로 성을 바꾸어 일본인으로서 아리타에 정착하여 살았다. 그리고 처음에는 조선도공들과 일본인 도공들이 함께 작업을 같이 했던 것 같다. 그러나 이상의 기록에서 보듯이 조선인 도공(이참평)의 건의가 받아들여져 그곳에서 일하던 일본인 도공들은 바깥으로 내쫓기고, 조선인 도공들을 중심으로 작업이 진행되도록 했다.

　이로 말미암아 이참평 집안은 자손대대로 번으로부터 부지(扶持)

를 받았으며, 이시바(石場)의 쇼야(庄屋: 지역의 관리자, 촌장과 같은 존재)가 되었으며, 자석광산의 채굴권도 부여받았고,[39] 또 그의 밑에는 150여명의 조선도공들이 있었다.[40] 그야말로 그는 대규모의 도공들을 관리하는 사람이 된 것이었다. 이와 같이 아리타를 도자기 마을로 만든 이참평은 1655년(明曆1) 가미시라가와의 자택에서 향년 75세의 일기로 생애를 마쳤다.

지금도 아리타에는 도예가로서 활동하고 있는 그의 직계 후손이 있다. 도예가 가네가에 쇼헤이(金ヶ江省平)가 바로 그 장본인이다. 그는 부친인 요시히토(義人)씨로 부터「도조 이참평요(陶祖李參平窯)」를 계승하고 스스로 14대 가네가에 산베이(金ヶ江三兵衛)라는 이름을 물려받았다. 그의 부친은 젊었을 때는 도예와는 관계가 없는 철도국에 근무했다. 퇴직 이후 이참평요를 재개하여 아들에게 물려 주었던 것이다. 쇼헤이씨에 의하면 초대인 이참평 이후 2대 三兵衛(始 与助左ェ門) - 3대 三兵衛(始 惣太夫: 1724년 사망) - 4대 三兵衛(1764년 사망) - 5대 三兵衛(始 惣太夫: 1769년 사망) - 6대 惣太夫(1806년 사망) - 7대 三兵衛(1835년 사망) - 8대 惣太夫(1848년 사망) - 9대 三兵衛(1860년 사망) - 10대 儀三郎(1884년 사망) - 11대 米助(1909년 사망) - 12대 儀平(1950년 사망) - 13대 義人을 거쳐 본인 쇼헤이(省平)가 14대로서 대를 잇고 있다고 한다.

그는 다케오(武雄) 고교를 졸업하고 규슈조형단기대학(九州造形短大學)에 진학하여 예술을 공부하였으며, 이곳을 졸업한 이후에는 현립의 요업시험장(窯業試驗場)에서 도예의 수련을 받았다. 그리고 32세 때

39　今泉元佑(1980)「陶祖李參平と磁器の創始」『陶説(332)』日本陶磁器協會, p.41.
40　金達壽(1988)「日本の中の朝鮮文化(9)-肥前ほか肥後(長崎県, 佐賀県, 熊本県)-」『月刊 韓國文化(4)』自由社, p.9.

대전 엑스포에 부친이 조선도공 후예들의 귀향전에 참가하게 되자, 이를 수행하였으며, 이를 계기로 부친의 밑에서 수련을 한 다음 아리타도자기 전통공예사(有田焼伝統工芸士)라는 자격증도 취득했다.

여기까지 계승하는 데는 결코 순탄하지 않았다. 모리 준(森淳)씨에 의하면 "4대까지는 가미시라가와(上白川)의 텐구다니에서 도자기를 만들었으나 5대째인 소다유(惣大夫) 때에 이르러서는 가세가 기울었으며, 그 때 가업을 일가인 가네가에만우에몬(金ヶ江万右衛門)에게 양도하고, 자신들은 히에코바(稗古場)로 이주하여 가마를 운영하였다." 그리고 가네가에의 청원서에 "5대째인 소다유(惣大夫) 대에 이르러 불에 타 없어져 도공직을 그만두고, 그 이후 6대 이후로는 회공직 등으로 전환하였다"는 기록이 있다고 한다.[41]

5. 이참평은 어찌하여 신이 되었을까?

그는 죽어서 곧 신이 되지 못했다. 앞에서 언급한 바와 같이 근세 어느 문헌에도 이참평이란 이름은 없다. 이모, 산베이, 가네가에 산베이는 있어도 이참평이란 이름은 보이지 않는 것이다. 그럼에도 불구하고 그가 신이 될 수 있었던 것은 아리타 도자기 관계자들에게 있어서 조선인 도조가 필요한 시대적 요청이 있었다.

에도막부가 멸망하고 명치 신정부가 들어서자 아리타의 도자기 업체들도 종전의 사가번의 관요에서 스스로 독립체제로 전환하지 않으면 안되었다. 다행히 아리타 도자기는 일찍이 무역을 통해 유럽

---

41 森淳, 앞의 논문, p.157.

에도 많이 알려져 있었기에 큰 어려움은 없었다. 이에 힘입어 이들은 국내에서 해외에 이르기까지 판로를 적극적으로 개척했다. 해외에서 개최되는 만국박람회에도 적극 참여했다. 이러한 노력의 결과 대성공을 거두어 아리타는 대호황을 누렸다.

이러한 번영을 누릴 수 있는 토대에는 도자기에 있음을 누구도 부인할 수 없었다. 그리하여 이들은 자신들의 제품을 적극 외부에도 알리면서 지역 내부를 통합할 수 있는 신사가 필요로 했고, 그에 따라 도조도 필요했다. 더군다나 아리타와 경쟁관계에 있는 히라도(平戸) 도자기 마을인 미가와치(三川內)에는 이마무라 죠엔(今村如猿)을 신으로 모신 도조신사(陶祖神社)가 에도시대 때 부터 있었다. 따라서 아리타에도 그와 같은 도조가 필요했던 것이다. 이때 대두된 자가 바로 이참평이었다.

아리타의 도조에 대해서 언급되는 사람들은 이참평만 있는 것이 아니었다. 앞에서 든 이에나가(家永壹岐守)도 들 수가 있을 것이다. 그는 이참평이 아리타로 이주하기 전 1616년(元和 2) 이전부터 텐구다니에서 자기를 구웠던 사람이다. 실제로 1857년(安政4)에 발행된 카나모리 도쿠스이(金森德水: ?-1865)가 쓴『본조도기고증(本朝陶器攷証)』에서는 이에나가를 아리타의 도조로서 언급하고 있었다.[42] 그러므로 역사적으로 본다면 이참평보다 앞서기 때문에 그를 도조로 삼아도 이상할 것이 없었다. 그러나 그를 도조로 하기에는 부족한 면이 너무 많았다. 그가 본격적인 자기생산을 할 수 있는 체제를 갖춘 것도 아닐뿐만 아니라, 후손들은 구조조정에 의해 바깥으로 쫓겨나 도예의 길을 이어가지 못한 패자들이었기 때문이다.

---

42 小宮木代良(2009), 앞의 논문, p.66.

한편 또 한명의 도조가 외부에서 거론되고 있었다. 1854년(嘉永7) 교토의 타우치 바이켄(田內梅軒)에 의해 저술된 『도기고(陶器考)』였다. 이 책은 일본 전국의 도기에 관하여 산지마다 그 유래와 특색을 정리한 것이다. 그것에 의하면 "이마리(伊万里)는 속칭 '이마리(今利)'라고 한다. 이마리 도자기는 야마다 고로다이후(山田五郎大夫)로부터 시작되었다. 그 이전에 일본에는 청화백자(染付)가 없었다. 고로다이후는 이세(伊勢)의 마츠자카(松坂)의 사람인데, 명나라 오주(吳州)에 가서 도자기 기술을 배워 본국으로 돌아와 청화백자를 만드는 법을 전했다. '오랑대부오상서(五郎大夫吳祥瑞)'라는 글자의 낙관이 찍힌 그릇은 오(吳)에서 만든 것이다."고 말하고 있다.[43] 여기서 말하는 이마리란 아리타와 이마리를 포괄하는 의미의 말이다. 이것이 사실이라면 도조는 야마다 고로다이후가 되어야 한다.

이 부분에 대해서 사가현의 지역민들로부터 검증작업이 이루어졌다. 1881년(明治14)경 사가(佐賀)의 수사관(修史館)에서 개최된 정기 연구회에서 구메 구니타케(久米邦武: 1839-1931)를 중심으로 시게노 야스츠구(重野安繹: 1827-1910), 오카야 시게자네(岡谷繁實: 1835-1920) 등 21명이 참석하여 고로다이후의 아리타(이마리) 도자기의 도조설을 고증한 결과 전면 부정되었다. 그리고 이 도조설이 불리한 것은 그의 도조설은 외부에서만 통용되고 있었을 뿐 아리타 내부에서는 거의 알려져 있지 않았다. 그리고 그것을 증명할 만한 그의 후손들도 없었다.

이에 비해 이참평은 여러 가지 면에서 유리한 조건들을 가지고 있었다. 첫째, 비록 시조의 이름은 불분명하다고 하지만 이상의 자료에서 제시되어 있듯이 조선에서 건너간 산베이가 백자광을 발견하

---

43 小宮木代良(2009), 앞의 논문, pp.65-66.

여 아리타 도자기를 부흥시켰다는 시조 전승이 뚜렷하게 전하고 있
었다는 점이다. 둘째는 아리타의 도조는 조선인이라는 전승과 신사
가 있었다는 사실이다. 그에 대한 사료가 1809년(文化6) 「명산대관구
기각(皿山代官舊記覺)」에서 찾을 수 있다. 이것에 의하면 아리타 도공들
이 대관에게 청하기를 "다음 달 아리타 사라야마의 종묘인 하치만궁
(八幡宮)의 제례 때 나오시게(日峯)가 데리고 온 아리타 도자기 원조(元
祖)의 보은에 보답하기 위해 고려춤(高麗踊)을 추게 해 달라."고 하는
내용이 담겨져 있다.[44]

여기에서 보듯이 이미 아리타에서는 에도시대부터 그들의 원조
는 조선에서 건너온 도공들이며, 그들은 하치만궁에 모셔져 있다는
인식이 있었음을 알 수 있다. 그러한 인식하에 당시 조선도공의 후예
들은 하치만궁의 제례 때 조선춤을 추어야 한다고 주장하였던 것이
다. 즉, 하치만궁은 비록 일본의 신사와 신들의 이름을 사용하고 있
었지만, 실제는 조선출신 아리타 도자기원조의 제삿날이었던 것이
다. 이러한 그들에게 있어서 이에나가와 고로다이후를 원조로 생각
하는 마음은 추호도 없었음은 분명하다. 그러므로 조선도공 1세이
자 그들의 리더이었던 이참평은 도조가 되기에 충분한 조건을 갖추
고 있었다.

셋째는 이참평이라는 이름이 쉽게 조합될 수 있다는 점이다. 즉,
앞의 문헌들에 나타난 '이모(李某)', '삼평(三平)', '삼병위(三兵衛)', '가네
가에 산베이(金ケ江三兵衛)'를 두고 조선식 이름을 유추하면 쉽게 이참
평(李三平) 혹은 이삼병위(李參兵衛)라는 두 개의 이름이 쉽게 등장한다.
이 둘 중에서 '삼병위'와 '가네가에 산베이'는 누가 보아도 일본적인

---

44 小宮木代良(2009), 앞의 논문, p.53.

이름이므로 조선을 강조할 경우 자연스럽게 이참평으로 귀착이 되는 것이다. 이러한 유리한 조건을 지닌 이참평은 드디어 아리타에서 신이 되는 기회를 가지는 것은 어쩌면 자연스러운 귀결이었다.

넷째는 조선인에 대한 차별인식이 없었다는 점이다. 이러한 예는 에도막부 말기와 명치초기에 아리타에서 활약했던 유학자 타니구치 란덴(谷口藍田: 1822-1902)의 행동에서도 찾을 수 있다. 그는 자신을 이참평과 같이 나베시마에게 연행되어 일본에 온 조선인의 후손이라고 인식하고 스스로 한(韓)이라는 성씨를 사용하여 자신의 이름은 한중추(韓中秋)라고도 했다. 이러한 그가 이참평을 칭송하기 위해 "만산에 구름과 같이 돌이 종횡하고, 만국에 좋은 도자기 이름이 서로 다투며 전한다. 이백년전 이러한 일을 시작한 조선명수 이참평(滿山如雲石縱橫, 滿國爭傳良器名, 二百年前開此業, 朝鮮名手李參平)"[45]이라는 시를 지어 이참평이라는 이름을 세상에 알렸던 인물이기도 했다. 이처럼 막말과 명치초기에 아리타에는 조선인에 대한 차별의식이 없었다. 이처럼 이참평이 조선인이라는 사실이 아리타의 도조가 되는 데 걸림돌이 될 수 없었던 것이다.

1828년 아리타 도자기 원조를 모신 하치만궁은 대화재로 건물과 기록이 소실되고 만다. 이는 신사 측으로 보면 불행이었지만, 이참평으로 보면 신이 될 수 있는 행운이 바로 눈 앞에 다가온 행운의 사건이었다. 왜냐하면 이 신사는 그 후 이시바 신사(石場神社)의 경내에 새롭게 조그만하게 지어서 더부살이하다가 명치 초기에 현재의 장소

---

45 신일철(1976) 「임란 때 잡혀간 한국도공들」『문학사상(10)』 문학사상사에서 재인용. 또 도조신사 위 도조 이참평 기념비 부근에도 陶山이라는 한시의 시비가 있다. 그 내용을 잠시 소개하면 다음과 같다. 眼底家如櫛, 窯煙起脚間, 松風自萬古, 李祖鎭陶山 즉, 눈 아래 마을 집들이 즐비하고, 가마터 연기는 발밑에서 일어나고 솔바람은 옛날부터 푸르며, 이조(이참평) 도산에 진좌했다는 내용이다.

도산신사

로 옮기고 이름도 도산신사(陶山神社)로 개칭하여 독립하였다.[46] 이때 이참평은 하친만신의 부신(副神)으로서 나베시마 나오시게와 함께 도산신사의 신이 된 것이다.

아리타의 도자기를 깊게 연구하고 야마다 고로다이후를 검증에 있어서 중심적인 역할을 한 역사가 구메 구니타케는 이참평이라는 이름을 사용하는 것을 주저했다. 그리하여 앞에서 언급한 바와 같이 그는 '이씨참평(李氏三平)'이라고 표현했다. 그러나 아리타의 시라가 와 소학교의 교장이었던 에고시 레이다(江越禮太: 1827-1892)가 아이들 에게 부르게 한 노래에는 이참평을 등장시키는 한편, 마츠자카 출신 고로다이후에 대해서는 거부감을 표시했다. 그리고 1878년(明治11)

---

46 小松和彦(2001)「李參平 陶山神社」『神になった人びと』淡交社, pp.180-181.

프랑스만국박람회에 나가기 위해 마련된 「공예지료(工藝志料)」에 구로가와 마요리(黑川眞賴: 1829-1906)가 이참평을 주인공으로 한 아리타 도자기의 유래기를 작성하여 싣고 있다. 이제는 이참평이란 과거에 존재했던 실재의 이름이 되었다.

그를 신으로 모시는 도산신사는 1880년에 건물을 새롭게 지었다. 정면의 편액은 당대 일본을 대표하는 서예가 나가바야시 고치쿠(中林梧竹: 1827-1913)가 썼다. 그리고 제일(祭日)은 10월 17일로 정하고, 순번을 정하여 각 지역이 맡아서 행하도록 했다. 1887년 아카에마치(赤繪町)가 하였을 때 이마에몬(今右衛門窯) 가마에서 만든 자기의 고마이누(狛犬) 한쌍을 바쳤고, 그 다음해에 맡은 히에코바(稗古場)는 이와오 큐키치(岩尾久吉)가 만든 자기의 도리이를 바쳤다. 그리고 그 이듬해는 나카노하라(中原)는 당시 명공 이데 킨사쿠(井手金作), 코야마 나오지로(小山直次郎), 가와나미 키사쿠(川浪喜作) 등이 합작하여 만든 커다란 물동아리를 바쳤다.[47]

1917년에는 그에게 있어서 확고부동한 신적 존재가 될 수 있는 획기적인 사건이 발생한다. 그를 아리타의 도조로 하는 기념비를 아리타 시내를 한눈에 내려다 보이는 렌게이시산(蓮花石山) 정상에 세웠던 것이다. 그것이 바로 '도조이참평지비(陶祖李參平之碑)'인 것이다. 물론 이를 세울 때 문제가 없었던 것은 아니다. 조선인의 기념비를 일본 신(하치만 신)을 모신 신사 위에 세운다는 것에 대하여 반대의견이 만만치 않았던 것이다. 그러나 아리타 사람들은 이를 감행했다. 이때 구 나베시마 영주의 후예들로부터 찬조를 얻어 이씨송덕회(李氏頌德會)를 조직하고, 그 회의 명예총재로서 거물급 정치인 오쿠마 시게노

---

47 松本源次(1989)「大樽 陶山神社」『皿山なぜなぜ』有田町教育委員會. p.24.

부(大隈重信: 1838-1922)를 추대했다. 그러자 순식간에 거액의 기부금이 모여서 그 해 12월에 이 기념비가 세워지게 된 것이다. 이 때 비문의 글씨는 후작 나베시마 나오미쓰(鍋島直映: 1872-1943)가 썼고, 이면의 찬문은 당시 사가중학교 교장으로 있던 센쥬 타케지로(千住武次郎)가 지었으며, 글씨로 옮겨 적은 자는 당시 유명한 서예가 사와이 죠스이(澤井如水)였다. 그 내용을 소개하면 다음과 같다.

우리의 도조 이참평은 조선 충청도 금강 사람이다. 문록 원년 도요토미 히데요시의 정한 때에 나베시마군을 위해서 도움을 준 일이 적지 않았기 때문에 경장 원년 번조 나베시마 나오시게가 개선하여 휴행(携行)하여 돌아와서 그를 귀화시킨 다음 참모장 타쿠 야스노리에게 몸을 맡겼다. 금강사람이기 때문에 가네가에라는 성을 사용케 했다. 처음에는 오기군(小城郡)의 타쿠에 살면서 그가 습득하고 숙련되어있는 제도의 일을 시작하였으나, 양질의 원료가 얻을 수가 없었다. 그리하여 원화연간(元和年間: 1615-1624) 마츠우라군 아리타향 미다레바시에 와서 도업을 종사하여 드디어 이즈미야마에서 자석을 발견했다. 그 후 시라가와로 이주하여 처음으로 순백의 자기를 제작한 것이다. 실로 이것이 일본에서 자기제조의 시작이다. 그 후 줄곧 그 제조법을 계승하여 오늘의 성황을 볼 수 있게 된 것이다. 이러한 것을 생각하면 이씨는 우리 아리타의 도조일 뿐만 아니라 일본요업계의 대은인이다. 그리하여 도자기업에 종사하여 그 은혜를 입고 있는 자는 누구나 다 이씨가 남긴 공적을 존경하지 않는 사람은 없는 것이다.[48]

---

48 有田町歴史編纂委員會, 앞의 책.

┃도조 이참평비

　여기서 보듯이 이참평은 가네가에 산베이(金ケ江三兵衛)의 조선이름
이 된 동시에 완벽한 아리타의 도조가 되었다. 이제 더 이상 이참평
의 이름을 부정할 수도 없었다. 이처럼 이참평은 아리타의 역사적
요청에 의해 도산신사의 신이 되었던 것이다.

　이와 같이 「도조이참평지비」를 세운 아리타 사람들은 이참평이
도토를 발견한 곳에 이삼평발견지자광지(李參平發見之磁鑛地)라는 대형
기념비를 세웠고, 또 이시바 신사(石場神社)의 경내에 한복을 입은 이
참평상을 만들어 신체(神體)로 모셨다. 그리고 이참평의 무덤을 찾다
가 찾지 못해 히에코바(稗古場)의 보은사(報恩寺)의 묘지에다 그의 가묘
를 세우기도 했다.[49]

───────────────

49　이참평의 무덤은 훗날 텐구타니가 있는 시라가와(白川)에서 발견되었다.

이참평이 작업을 했다고 전해지는 텐구다니 유적도 대대적으로 발굴조사가 진행되었다. 그때 우리의 눈길을 끄는 것은 그에 대한 조사보고서의 서문에 당시 아리타의 군수가 "나는 여기 집대성되어 간행을 보게 된 이 보고서를 제일 먼저 도조 이참평 월창정심거사(月窓淨心居士)의 무덤 앞에 바치고자 합니다. 그리하여 우리 아리타군이 고래의 도자업으로 번영하였으며, 또한 장래에도 생생하게 발전해갈 터전을 열어준 도조 이참평에게 찬양과 경모의 성의를 다하여 바치고자 합니다."라고 쓰고 있다는 사실이다.[50] 이처럼 이참평은 아리타 도자기의 번영을 가져다 준 대은인이었던 것이다. 그리고 2001년에는 경기도 이천시에서 열린 「세계도자 엑스포전」에서는 이참평의 생애를 한일합작으로 제작한 영화 백신도해(白神渡海)가 상영되기도 했다.[51] 이제 이참평은 영화인들에 의해 조선에서 바다를 건너 일본으로 간 백자의 신이 되어 현대에 부활하였던 것이다.

6. 마무리

이상에서 보듯이 아리타 도자기의 도조 이참평은 수수께끼의 인물이었다. 그의 일본이름은 가네가에 산베이지만 조선의 이름도, 고향도 분명하지 않을 뿐만 아니라 그의 도일동기에 대해서도 명확히 밝혀진 바가 없다. 그러나 한 가지 분명한 것은 그가 임진과 정유

---

50 김태준, 앞의 책, p.101에서 재인용.
51 감독은 오가와 마스오(小川益生)가 맡았고, 이참평역은 한국의 배우 오광록씨가 맡았다.

의 왜란 때 왜병들에 의해 일본으로 건너가 아리타에서 선배의 조선
도공과 일본인 이에나가의 협력을 얻어 백자광을 발견하고, 자기생
산을 본격적으로 생산함으로써 아리타의 번영을 가져다 준 인물이
라는 사실이다.

이러한 그가 죽어서 금방 아리타의 신이 된 것은 아니다. 명치유신
이후 관요이었던 아리타 도자기가 민간업체로서 전환하여 국내외적
으로 판로를 개척하여 대호황을 누렸을 때 그들의 도조가 필요했다.
이때 그들은 도조로서 논의되었던 야마다 고로다이후, 이에나가 잇
키모리, 가네가에 산베이의 3명 중에 가네가에 산베이가 가장 유력
했다. 그 이유는 아리타에는 조선도공이 도자기 원조라는 전승과 신
사를 가지고 있었기 때문이었다. 더군다나 당시 조선인에 대한 차별
인식도 없었다. 이러한 조건에 비추어 보면 '가네가에 산베이'는 조
선인이고, 그에 관한 공적이 역사적으로 명확했다는 점은 어느 후보
보다 유리했다. 더구나 그의 조선이름은 자료에 나타난 사례만으로
도 이참평이라는 이름을 쉽게 조합해 낼 수 있었다.

여기에 지역의 지식인들도 큰 몫을 했다. 그들은 몇 차례나 검증작
업을 한 결과 가네가에 산베이를 선택하였던 것이다. 그러한 작업에
핵심에 있었던 구메 구니타케는 가네가에 산베이의 조선이름을 '이
씨참평(李氏三平)'이라고 표현하였지만, 타니구치 시오다, 에고시 레
이다(江越禮太), 구로가와 마요리(黑川眞賴)는 과감하게 이참평이라는
이름을 사용했다. 이러한 과정을 거쳐 가네가에 산베이는 이참평이
라는 이름으로 부활하여 「도조이참평지비」에 각인되었으며, 도산신
사의 신이 되었던 것이다.

그 이후 이참평의 현창사업은 끊이지 않아, 이시바 신사에는 한복

을 입은 이참평상을 만들어 신체(神體)로 모셨고, 일본의 아리타와 타쿠에서는 「이삼평발견지자광지」, 「이참평현창암」, 「도조이참평현창지비」가 세워졌으며, 한국에서는 「이참평도공해원비」, 「일본도기시조 이참평공 기념비」, 「이참평도공제전비」가 세워졌다. 그리고 영화인들은 그를 백자의 신이라는 의미로 백신(白神)이라고 칭하였다. 이처럼 이참평은 근현대에 접어들어 화려하게 도자의 신으로 부활해 있는 것이다.

일본 규슈의 조선도공

제13장

일본의 조선 여성 도공 백파선

1. 서론

지금 김해에는 백파선이라는 인물이 화두의 주인공으로 떠오르고 있다. 일반적으로 백파선은 임란 때 김해에서 끌려간 여성 도공으로 알려져 있다. 이러한 백파선을 허성곤 김해시장은 「일본 최고의 도예지인 아리타를 세계적인 도자기로 부흥시킨 김해의 귀중한 뿌리이자 우리의 할머니」라고 말한 적이 있다.[1]

김해시에서는 백파선과 관련된 도요지에 대해 학술조사가 실시되고 있다. 2015년 한일문화연구소는 「대감리에서 공납용 가마터가 발견되었다고 하면서 조선시대 왕실에서 사용한 공납용 도자기를 생산했던 지방요가 14세기 후반부터 김해 대감마을에 있었다는 사

---

1 연합뉴스, 2016년 10월17일.

실을 증명하는 것」이라고 밝혔다. 이처럼 일본으로 끌려가기 전 백파선의 도요지를 상동면 대감리 마을로 추정하는 연구결과를 내놓았다.

그 날 김문길 책임연구원은 「이번 조사는 김해 상동에서 활동하다 임진왜란 때 일본으로 끌려간 김태도(金泰道＝金宗傳)·백파선 사기장 부부가 일본 도자기 기술의 원류임을 입증하는 귀중한 자료」라고 평가하면서 「이를 확인하기 위해 임진왜란 당시 조선 도공이 끌려간 일본 아리타 지역과 다케오 지역을 방문, 일본 도자기의 원조로 불리는 김해출신 김태도·백파선 사기장 부부의 흔적을 확인하고 대감마을 분청사기 터와의 연관성에 대한 역사적 고증도 했다」고 덧붙여 설명했다.[2]

이를 바탕으로 본다면 아리타 도자기를 탄생시킨 여성 도공 백파선의 고향은 김해 대감리이며, 그녀의 남편 이름이 김태도(김종전)가 된다. 학술조사는 그 후에도 이루어졌다. 2019년 8월 22일 김해시 상동면행정복지센터에서 (재)동아세아문화재연구소가 「김해 상동 백자 가마터」 발굴조사의 성과를 공개했는데, 그 날 김재홍 전임연구원은 「상동 백자 가마터는 민수용 반상기, 공납·특수 소비지를 위한 철화백자를 제작한 곳」이라며, 「백자 가마터 발굴로 백파선이 사용했던 가마가 인근에 존재할 가능성이 더 높아졌다」고 강조했다.[3]

이처럼 백파선 관련 학술조사가 두 차례에 걸쳐 이루어졌다. 그로 인해 대감리 마을이 백자의 도요지이었다는 사실에서는 서로 의견

---

2 허충호(2015) 「김해 상동면 대감리가 분청사기의 시원」『경남신문』 2015년 9월 6일자.
3 이경민(2019) 「백파선 가마터, 상동 대감리에 존재 가능성 커졌다」『김해뉴스』 2019년 8월 27일자.

이 같지만, 그곳이 백파선 고향이냐 하는 점에 대해서는 미묘한 차이를 보인다. 즉, 전자는 백파선 고향이라고 확정하지만, 그에 비해 후자는 그럴 가능성이 높다고 하며 확정을 짓지 않고 있는 것이다.

백파선이 김해 출신인지 아닌지를 떠나 전국적으로 잇슈화되는 경향도 있다. 가령 이혜경 백파선 역사문화아카데미 대표는 「여성이라면 접근조차 할 수 없는 영역에 과감히 다가서서 최고의 도공으로 우뚝 섰다는 것 하나 만으로도 그러하다. 또한 우리가 흔히 접하는 해외 이민자들의 성공담을 스스로 보여준 사람이라는 것이다. 전쟁포로로 일본에 끌려갔으면서도 결국 노력 끝에 성공해 주류사회로 진출하는 성공드라마를 썼다는 것이다. 한편 놓쳐서는 안 되는 대목이 있다면 다름 아닌 500년이 지났음에도 백파선의 덕분에 한일 간어려운 정치 외교적인 어려움을 극복해낼 수 있는 초석을 이어받게됐다」고 하면서 백파선의 행적에서 자신의 롤 모델을 찾은 느낌이라고 높게 평가했다.[4] 다시 말해 백파선은 여성으로서 해외에 이주하여 주류사회에 진출한 성공적인 인물로 평가되고 있는 것이다.

지금 김해를 포함한 백파선에 대한 인식은 조선시대 최초의 여성 사기장이라는 이미지가 강하다. 남편 김태도(金泰道 =深海宗傳)와 함께 상동 대감마을에서 도예 작업하였으며, 이들 부부는 임란 때 왜군에 의해 일본 사가현(佐賀縣) 다케오(武雄)로 끌려갔으며, 남편이 세상을 떠나자 조선인 도공 900명을 데리고 아리타로 이주해 「아리타 도자기」를 탄생시킨 주역이며, 오늘날까지도 현지에서 '아리타 도업의 어머니'로 존경받고 있는 인물로 기억되고 있다.[5]

---

4 박중하(2019) 「진정한 여성 리더십을 발견하는 데에 5백년이 걸렸다」 『한우리경 제』 2019년 7월 28일자.

이것이 사실이라면 매우 놀라운 사건이 아닐 수 없다. 임란과 정유의 왜란 때 왜군에 의해 납치되어 일본으로 건너간 조선도공이 다수 있다는 것은 누구도 부인할 수 없는 사실이다. 도자기 전쟁이라 불릴 만큼 많은 도공들이 자의든 타의든 바다를 건너 일본에 정착하여 활동했다는 것은 익히 잘 알려진 사실이다. 그러나 그들이 일본에서 공헌한 활동에 비해 그들에 관한 기록은 너무나도 부족하다. 더구나 그들의 고향과 이름을 알기는 매우 어렵다. 기록의 주체자가 일본인이기 때문에 그러한 사항들은 그들에게 그다지 중요한 일이 아니었다. 그러므로 그것에 관한 기록이 거의 발견되지 않는다. 그러한 의미에서 여성 도공 백파선과 그녀의 남편이 김해 대감리 출신이며, 그녀의 남편 이름이 김태도라는 것이 구체적으로 나타난다는 것은 그야말로 놀라울 따름이다.

이러한 담론은 어떻게 생성된 것일까? 본 장에서는 김해에서 생성된 백파선 담론의 출발과 형성 그리고 그것이 발전되면서 어떠한 결과를 낳았는지를 살펴보고, 또 그러한 담론이 어떠한 것을 근거를 가지는 것인지를 검증하기 위해 지금까지 발굴된 백파선에 관한 사료를 살펴보고자 한다.

2. 백파선 담론의 형성

백파선에 관한 연구는 국내에서도 어느 정도 이루어지고 있다. 그

---

5 이경민(2019)「백파선 가마터, 상동 대감리에 존재 가능성 커졌다」『김해뉴스』
   2019년 8월 27일자.

대표적인 예로 우동규(1987), 이병태(1995), 이미숙(2008), 김문길(2009), 송희복(2017), 오병우(2018, 2019) 등의 연구를 들 수가 있다.

그런데 이들의 대부분은 백파선과 그의 남편 심해종전이 김해 출신이라는 설이 정설화하고 있다. 가령 우동규는 「1598년 20대 다케오(武雄)의 영주 고토 이에노부(後藤家信)가 조선에서 철군할 때 경상남도 김해에서 종전(일본명 深海宗傳)과 7, 8명의 도공을 피납하여 우치다 사라야마(內田皿山)에 축요(築窯)하도록 보호함으로써 시작되었다」고 했다.[6] 이 설이 이미숙에게 그대로 받아들여져 백파선은 김해 출신이라고 했다.[7] 이처럼 우동규가 그들이 포로로 잡힌 곳이 김해라고 하였던 것을 이미숙은 어느덧 출신지가 김해로 바뀌어져 있는 것이다.

이러한 주장은 김해를 비롯한 지역 연구자들에 의해 이론적으로 구체화되기 시작한다. 그 대표적인 예가 김해의 향토사가 이병태와 역사학자 김문길이다. 그들의 주장을 잠시 소개하면 다음과 같다.

(1) 심해종전이야말로 김해출신의 도공이었음이 틀림없을 것[8]……… 일본에서 심해종전이라고 불리워지는 심해의 출신지를 심해라고 한 것은 김해의 노인들은 지금도 김해를 짐해, 길을 질, 김(海苔)을 짐 등으로 부르고 있느니, 김해가 짐해로, 다시 심해로 와전되어 그를 일본음으로 후카우미로 불리우게 된 것으로 본다. 그를 납치해간 고토 이에노

---

6 우동규(1986)「피랍도공들의 도자기발달과 후예들」『일본학』6집, 동국대 일본학 연구소, p.215.

7 이미숙(2008)『日本 九州地域의 朝鮮 被虜 沙器匠 硏究』강원대 대학원 박사학위논문, p.89.

8 이병태(1995)「김해의 도공 심해종전」『향토문화연구』제13집, 김해문화원, p.59.

부가 김해의 죽도성(竹島城)에서 6년간 점거하고 있었던 나베시마 나오시게의 부하이므로 그도 김해출신의 도공이었음이 쉽사리 추정할 수 있다[9]

(2) 김해 가락 출신의 도공을 들 수가 있다. 이름은 종전(宗傳, 본명은 泰道)이고 성은 김해 김씨이다. 종전은 부부가 함께 끌려간 것이다.[10]....... 당시 김해는 심해(深海) 또는 창해(倉海)로 불렀다. 이 두 글자는 바다를 끼고 있는 김해를 의미한 것이고, 곡창지대를 의미하는 곳이다......아리타 일대에는 김종전 후손들이 많이 살고 있으며, 상점 간판도 심해라고 되어있는 것이 눈에 많이 띄었다.[11].....백파선은 김해 김씨로서 오늘날 김해를 심해라 부르고 있다. 심해는 옛명이다.[12]

여기에서 보듯이 이들의 주장을 간략히 요약하면 백파선의 남편 심해종전이 조선의 심해 출신이기 때문에 자신들의 성씨를 심해로 삼았는데, 그 심해가 김해와 발음이 유사할 뿐만 아니라, 고토 이에 노부가 김해의 죽도성에 6년간 점거하고 있었기 때문에 심해는 김해를 가리키는 것이라고 단정을 내리고 있는 것이다. 그리고 여기서 한 걸음 더 나아가 백파선 남편 심해종전의 본명을 김태도라 하였고, 특히 김문길은 백파선 남편의 본명이 김해 김씨의 김태도이며, 김해 가락 출신 도공이라고 단정했다.

---

9 이병태(1995), 앞의 논문, pp.58-63.
10 김문길(2009) 『일본의 역사와 조선 –살아 움직이는 가야문화』 부산외대 출판부, p.182
11 김문길(2009), 앞의 책, p.199
12 김문길(2009), 앞의 책, p.203

이러한 언설이 정설화되어 송희복은 「백파선이 김해여인인 것은 이론의 여지가 없다」고 하였고,[13] 노혜경도 「김해에서 고토 이에노부에게 잡혀 다케오(武雄) 후루가라쓰(古唐津) 우치다야마(內田山) 諸窯의 祖가 되었다」고 하면서 「일본식 성씨 심해는 김해라 추정한다」고 했다.[14] 또 오병우는 백파선은 「경상도 김해 출신 사기장의 아내」이며,[15] 그 사기장은 「다케오 영주 고토 이에노부(後藤家信)에게 강제로 끌려간 김태도」라고 했다.[16] 그리고 김태도와 그의 아내 백파선은 자손들에게 심해라는 성을 물려주게 되는데, 심해에는 「고향인 김해를 마음 깊이 그리워하는 뜻이 담겨있다」고 했다.[17] 이처럼 백파선 일족들은 이국땅에 살면서 고향 김해를 잊지 않기 위해 심해라는 성씨를 삼았다고 까지 해석이 되고 있다. 필자도 한 때 이에 동조하여 김해를 사투리식으로 잘못 발음하여 심해가 되었다고 보고 그들을 김해출신이라고 보는 것이 자연스럽다고 한 적이 있다.[18]

이같이 학계에서도 백파선은 김해출신 여성 도공이며, 그의 남편 심해종전 또한 김해출신 도공이며, 본명은 김태도로 받아들여지고 있음을 알 수 있다. 그리고 아리타 보은사의 백파선의 「만료묘태도파지탑(萬了妙泰道婆之塔)」의 설명하는 안내판에도 「경상도 김해출신

13 송희복(2017) 「외국소설 속에 그려진 김해의 여인」『국제언어문학』38집, 국제언어문학회, p.47

14 노혜경(2017) 「일본 속의 조선 도공과 한류 –문화원형과 생산기술, 세계시장의 만남-」『역사와 실학』62집, 역사실학회, p.278.

15 오병우(2019) 「日本の女流作家村田喜代子の作品から見た韓国 –特に韓日の婚礼文化を中心に-」『퇴계학논집』24집, 영남퇴계학연구원, p.363.

16 오병우(2018) 「韓日 葬禮文化 比較硏究 = 韓·日葬禮文化の比較硏究 – 村田喜代子の小說『龍秘御天歌』을 中心に」『일본문화학보』76집, 한국일본문화학회, pp.92-93.

17 오병우(2018), 앞의 논문, pp.92-93.

18 노성환(2009) 「일본 사가현 아리타의 조선도공에 관한 일고찰」『일어일문학』제42집, 대한일어일문학회, p.317.

김태도(일본명 후카우미 소덴)」라 하였으며, 그들의 일본 성씨 후카우미
는 깊이 고향 김해를 그리는 뜻」에서 만들어졌다고 해설문이 적혀
있다.

3. 백파선 담론의 발전과 활용

이러한 담론은 시간의 흐름에 따라 더욱 구체화되었고, 행동으로
나타났다. 그 예로 백파선 연구소 소장을 맡은 김선미는 「백파선 부
부가 살았던 곳에 대해서는 '김해'라는 설에 아직까지 이견이 없다」
고 했고,[19] 김해의 이봉수(대감마을 개발위원장)는 「『세종실록지리지』를
비롯한 지방 기록지에 따르면, 고려말기부터 임진왜란 이전까지는
국가도요지가 아니면 도자기 생산이 불가능했다. 김해에서 임진왜
란 이전에 도자기를 생산한 것은 대감마을 뿐이었다. 낙동강 등의 수
로가 있는 지리적인 여건 등을 보면 김해 출신인 백파선 일가가 일본
으로 끌려가기 전 도자기를 만들었던 곳은 대감마을이었을 가능성
이 가장 크다」라고 했다.[20] 이처럼 그는 백파선과 그의 남편은 김해
시 상동면 대감마을 출신이라 추정하였던 것이다.

이러한 추론을 학술적으로 뒷받침해준 것이 한일문화연구소의 김
문길이었다. 그는 처음에는 백파선의 남편 김종전이 일본에서 주로
생활필수품을 만들었던 것으로 보아 김종전의 가마터는 김해군 좌

---

19 김선미(2019) 「김해, 백파선 그리고 백파선 연구소 - 조선최초의 여성도공 백파
    선의 삶을 되살리다-」『백파선연구소』 창간호, 백파선연구소, p.6.
20 김선미(2018) 「조선 최초의 여성도공, 백파선 ①」 여성신문, 2018.07.25 08:40 수정
    2018-08-05 20:39.

부면 동산동 가마터이고, 그는 김해 동산동 사람이었을 것이라고 추측했다.[21] 그러나 그 후 그의 태도는 바뀌어 상동면 대감리라고 단정하면서 다음과 같이 말했다.

> 이번 조사는 김해 상동에서 활동하다 임진왜란 때 일본으로 끌려간 김태도(김종전)·백파선 사기장 부부가 일본 도자기 기술의 원류임을 입증하는 귀중한 자료......(생략)......이를 확인하기 위해 임진왜란 당시 조선 도공이 끌려간 일본 아리타 지역과 다케오 지역을 방문, 일본 도자기의 원조로 불리는 김해출신 김태도·백파선 사기장 부부의 흔적을 확인하고 대감마을 분청사기 터와의 연관성에 대한 역사적 고증도 했다.[22]

여기에서 보듯이 그들은 학술적 고증을 통하여 백파선의 고향을 김해시 상동면 대감마을로 확정하다시피 했다. 그러나 그의 주장에는 설득력이 부족하다. 대감마을이 분청사기터였다는 것이 결코 백파선 부부의 고향이라는 증거가 될 수가 없다. 다시 말해 그럴 가능성은 있어도 단정 지을 수 있는 결정적인 단서가 될 수 없는 것이다.

그럼에도 불구하고 이를 바탕으로 현재 대감마을은 백파선의 고향이 되어 그것과 관련된 것들이 대거 등장했다. 그 중 가장 눈에 띄는 것은 마을 담벼락에 그린 벽화이다. 그 그림을 보면 그곳이 예전에는

---

21 김문길(2009), 앞의 책, p.190.
22 허충호(2015) 「한일문화연구소 용역조사 발표 –김해 상동면 대감리가 분청사기의 기원–」 경남신문, 2015년 9월 6일자.

411

상동마을의 백파선 벽화

도자기 마을이었음을 금방 알 수 있는 것들이다. 그런데 그 중에 백파선을 테마로 그려놓은 것이 있는데, 그것이 바로 「불의 여신 아름다운 도공 조선최초의 여성도공」이라는 테마의 그림이다. 그것에는 백파선을 「김해에서 태어나 남편 김태도와 함께 일본으로 끌려가 현지에서 아리타 도자기의 기반을 다진 인물」로 설명되어 있다. 이제 백파선은 김해 출신 여성 도공일 뿐만 아니라 조선최초의 여성 도공으로 되어있다. 그리고 이곳에는 2층 건물 마을회관이 있고, 1층이 백파선 쉼터로 활용되고 있다. 그리고 마을 창고의 벽에는 다음과 같이 백파선에 대해 설명하고 있는데, 그것을 그대로 옮기면 다음과 같다.

　　아리타 도자기의 대모 백파선(1569-1656): 그는 김해 대감 사람이다. 임진왜란 당시 시가현 타케오 지방의 영주 이에노부에게 끌려간 김태도(일본식 이름은 심해종전) 인물이 있었다. 김태도 부인이 백파선이다.

▌상동마을의 백파선 쉼터

자손들에게 '심해'라는 성을 물려준다. 김해를 마음 깊이 그리워한다는 의미가 담겨 있다. 김태도와 백파선은 걸작의 막사발과 향로 등을 만들어 이에노부 영주에게 상납되었다. 김태도는 1618년 10월 29일 세상을 떠났다. 백파선은 아들 종해와 백자에 몰두한다. 아리타에 양질의 토석이 발견되어 조선사기의 일족을 데리고 아리타로 옮겨 도자기 제작에 전념한다. 가족 조선사기장들로부터 존경받았던 백파선은 (1656년) 3월 10일 96세라는 긴 인생의 여정을 마감했다.

여기에서 보듯이 비록 사가를 시가로 잘못 표기하고 있지만, 백파선은 상동 대감마을 출신이며, 남편과 더불어 일본에서 막사발과 향로 등을 만든 조선의 사기장으로 활약하였으며, 남편과의 사별 이후 아들 종해와 함께 백자의 제작에 전념하였다고 설명하고 있다. 이처럼 백파선은 대감마을에서는 이미 숭배의 대상을 넘어 지역 문화의 아이콘이 되고 있었다.

백파선의 현창사업은 비단 김해에서만 이루어지는 것이 아니다.

413

▌아리타의 백파선 게스트하우스

일본에서도 이루어졌다. 먼저 소설가 무라다 기요코(村田喜代子)가 백파선을 주인공으로 하여 『용비어천가(龍秘御天歌)』(1998), 『백년가약(百年佳約)』(2004)이라는 작품이 속속 발표되었다. 이를 바탕으로 2005년에서 2006년에 걸쳐 「와라비座 뮤지컬」에 의해 「백파(百婆)」라는 제목으로 뮤지컬이 만들어져 일본 전국 순회공연이 이루어졌다.

여기에서 백파선(朴貞玉)은 남편(辛島十兵衛, 張成徹)이 죽자 일본식 장례가 아닌 백발을 휘날리며 지붕 위에 올라가 북쪽을 향해 「학생 진천 장씨 복-(學生, 鎭川, 張氏, 復-)」이라고 외치며 일본식 장례를 거부하며 조선식 장례를 치르기를 고집하지만 이를 반대하는 아들에 의해 뜻을 이루지 못하는 여인으로 묘사되어있다.

그 뿐만 아니다 백파선이 활약했던 일본 아리타에서는 구보다 히토시(久保田均)씨를 중심으로 갤러리 백파선이 생겼고, 그 옆에는 백파선 게스트 하우스가 있으며, 게스트하우스에는 「백파선」, 「김해」라는 방이 있다. 그리고 2018년 4월 백파선기념사업회가 게스트 하우스의 앞에 차사발을 들고 있는 백파선의 추모상을 건립했다.[23] 이에 힘입어 2018년 10월 다케오시(武雄市)에서는 백파선의 남편 심해종전을 「다케오 도자기의 시조」라는 칭호와 함께 모리 공원(森公園)의 「비룡요(飛龍窯)」에서 「심해종전몰400년현창비(深海宗伝没400年顕彰碑)」 제막식이 거행되었다.

또 한국에서도 현창사업이 대대적으로 이루어졌다. 2013년에 MBC에서 백파선을 주인공으로 한 「불의 여신 정이」이라는 특별기획 역사드라마를 제작하여 방영했고, 2016년 단국대 무용학과 박사과정에서는 「백파선」을 모델로 만들어진 창작공연을 용인여성회관에서 행하였다. 그리고 2015년 퓨전국악단인 비단이 조국과 남편을 잃고 도자기 생산에 몰두한 백파선의 사연을 담아 「만월의 기적」이라는 타이틀로 음악을 발표했다. 또 그녀를 소설화한 것도 있었다. 2013년에는 이경민, 김지원, 김용석 등이 쓴 『백파선』과 이경희의 『불의 여신 백파선』이 있고, 2018년에는 이수광의 『백파선』이 있다. 그리고 2019년 서울디자인재단에서 「백파선의 역사적 발자취에 담긴 한국 여성의 리더십을 재조명하고 도자문화를 통한 디자인 공예 콘텐츠를 개발」하는 것을 목적으로 「한일 백파선 국제포럼」을 개최하였다.

---

23 이 추모상은 2018년 사단법인 한국도예협회와 조선도공기념사업회 산하 백파선기념사업회가 건립하였으며, 기단과 좌대를 포함해 높이 1,8미터 규모로 치마저고리를 입고 앉아 차사발을 받쳐 들고 들여다 보는 모습을 형상화한 것이다. 이것은 경기도 여주에서 작품 활동하고 있는 안석영 작가가 조선시대의 방식을 고증하여 제작한 것으로 알려져 있다.

▌백파선 추모상

　이러한 분위기 속에서 김해시는 2016년 10월 일본의 백파선 갤러리 및 백파선 후손과 교류활성화를 위한 양해각서를 체결하고, 백파선의 후손인 후카우미 야스시(深海靖)씨를 김해시의 명예시민으로 추대하는 방안을 검토하고 있으며, 김해시 도예협회는 10분가량의 백파선 일대기를 내용으로 하는 홍보영상을 제작하여 김해도자기 축제 때 상영하였으며, 김해에 백파선 동상을 건립하는 방안을 적극 추진할 계획이다.[24] 그리고 2019년 8월 23일에는 김해시청에서 백파선 연구소 개소식이 있었다.

　이같이 한일양국에서 백파선의 현창사업이 활발하게 벌어지는 동안 백파선에 대한 신화가 생겨났다. 그 첫째는 일본 아리타 도자기 기술의 원조라는 것이고, 둘째, 조선 최초의 여성 도공이라는 점이며, 셋째는 도공집단의 리더였다는 것이다.

24　박동필(2018)「김해출신 도공 백파선 숭상사업 본격화」『국제신문』2018년 4월 9일자.

이를 강조하기 위해 다케오에서 아리타로 옮겨갈 때 900여명의 도공들을 데리고 갔다고 했다. 가령 일본의 나카자토 노리모토(中里紀元)는 「万了妙恭道婆之塔碑文」에 의하면 1656년 종전의 처 백파선은 다케오 우치다에서 아리타 히에코바로 900여명의 도공들을 데리고 이주했다고 했다.[25]

이러한 시각은 한국에도 있었다. 가령 우동규는 「1618년 10월 29일 종전이 사망하자 미망인 백파선이 도공들을 이끌고 제도에 힘을 쏟았으나 재료의 부족과 이참평의 백자기 완성에 자극되어 동족 906명을 이끌고 아리타의 히에코바에 이주하였다」고 했다.[26] 그리고 노혜경은 「다케오에서 도자기를 굽고 있던 종전의 미망인 백파선이 동족 906명을 이끌고 아리타로 왔다」라고 했다.[27] 다소 인원에서 차이를 보이지만 오병우는 백파선은 환갑이 넘어 남편이 세상을 뜬 뒤 900명이 넘는 도공들을 이끌고 아리타로 이주해 세계적으로 유명한 아리타 도자기 산업을 발전시키는 데 일조했다고 했다.[28] 그리고 백파선 연구소 소장 김선미도 「도공과 식솔 960여명을 이끌고 아리타의 히에코바로 이주했다」고 했다.[29] 또 놀라운 사실은 「백파」라는 뮤지컬을 공연한 「와라비자 뮤지컬」에서는 「1610년대 심해종전의 아내 백파선은 남편과 함께 일족 900명을 데리고 한반도에서 지금의 사가현에 이주하였다」고 설명했다는 것이다.[30] 다시 말해 그것은 일본으로 건너가기 이전부터 그녀의 일족은 900여명을 거느리는 리더

25 中里紀元(2001) 「肥前の朝鮮陶工」『佐賀の歴史と民俗』福岡博先生古稀記念誌, p.235.
26 우동규(1986), 앞의 논문, p.215.
27 노혜경(2017), 앞의 논문, p.278.
28 오병우(2018), 앞의 논문, p.93.
29 김선미(2019), 앞의 논문, p.5.
30 https://www.warabi.jp/hyakuba/hyakuba.html

였고, 그들을 이끌고 일본으로 건너간 것 같다고 오해를 불러일으킬 수 있는 설명인 것이다.

이러한 담론은 언론에서는 아예 상식처럼 되어버렸다. 가령 「남편이 숨지자 900여명의 조선도공을 데리고 아리타로 이주해 세계적으로 유명한 아리타 도자기를 탄생시켰다」[31]고 하는 기사는 언론에서 쉽게 찾아볼 수 있다. 이처럼 백파선은 다케오에서 아리타로 이주하기 전부터 도공집단의 리더로서 묘사되고 있다.

백파선 신화는 한일양국에서 만들어졌다. 일본의 경우 아리타에서 백파선을 다음과 같이 설명했다. 즉, 「아리타 도자기의 시조로 추앙받는 이삼평과 동시대 아리타에서 '도자기의 어머니'로 존경받았으며, 뒤에 후손이 백파선이라 이름 붙였다. 당시는 남녀구분과 신분제 사회가 공고하던 때로 중국과 조선에서도 여성이 도공이 된다는 것은 상상하기 어려웠다. 또한 백파선은 도공으로서 뿐만 아니라 직접 가마소를 운영하며 많은 도공들을 길러내는 등 업적을 남겼다. 이는 일본 사회가 여성을 도자기의 영웅으로 만들어낸 것으로 세계 도자사에 큰 족적을 남기는 일이다」라고 했다.[32]

한편 한국에서는 서울디자인재단이 백파선은 「백 살까지 산 신선 같은 할머니」라는 뜻의 이름으로 「일본 도자기 어머니」라는 점을 강조하면서 다음과 같이 백파선을 설명했다.

경남 김해 출신인 백파선은 도자기공 김태도(金泰道)의 배우자로 정

---

31 홍용덕(2018) 「조선 여성도공 백파선 기념상 일본에 세워진다」 『한겨레』 2018년 4월 22일자.
32 이 글은 사가현 아리타의 갤러리 백파선에서 발행한 「百婆仙」이라는 인쇄물의 내용을 그대로 옮긴 것이다.

유재란 당시 남편과 일본 다케오로 끌려갔다. 남편이 세상을 떠난 뒤 다케오에 거주하던 도공 900여 명을 이끌고 아리타로 이주, 사가현의 작은 마을인 아리타를 세계적인 도자기의 메카로 부흥시켰다. 백파선은 일본 최초로 도자 생산의 분업화에 성공하여 아리타 도자기의 유럽 수출을 가능하게 했으며 여성들을 도자 생산에 참여시키는 등 여성 도공들의 지위를 높였다. 최근 일본 아리타에서는 백파선을 일본 도자기 발전의 주축이자 여성 리더십의 상징으로 주목하고 있다.[33]

여기에서 보는 것처럼 백파선은 여성 리더로서 아리타 도자기를 세계적인 메카로 부흥시킨 인물로서 묘사되고 있다. 신화의 극치는 김해시 상동면 대감마을에서 이루어졌다. 그곳의 백파선 쉼터에는 백파선과 관련된 내용들이 적힌 판넬들이 전시되어있는데, 그 중에 우리의 눈길을 끄는 것이 아리타의 도조인 이참평과의 관계이다. 그것에 의하면 다음과 같이 서술되어있다.

일본 전통 도자기의 랜드마크로 알려진 이삼평은 충남공주 출신으로 임진왜란 때 왜장 나베시마에게 잡혀 일본 아리타로 끌려갔다. 원래 이삼평에게는 백자를 굽는 기술이 없었다. 그가 사는 아리타는 김종전 부부가 도자기를 굽던 다케오의 구로무다와 가까운 거리여서 그가 자주 찾아와서 도자기 기법에 대해 김종전 부부와 상담하였다. 김종전이 먼저 세상을 떠난 뒤에 부인 백파선이 요업장을 확장하고 많은 도자기 기술자를 양성할 때에도 멀지 않은 곳에 있던 이삼평도 늘 찾아와 도자기 기술을 전수 받았던 것이다. 그때 백파선에게 기술을 전수받은 조선

---

33 http://publicdesignjournal.com/Issue/140

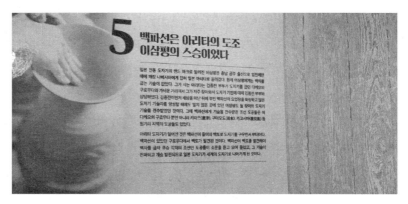

▌백파선 쉼터의 백파선 해설판

도공들은 이 다케오의 구로무다 뿐만 아니라 카라쯔, 구마모토, 가고시
마 등 원거리 지역의 도공들도 있었다. 아리타 도자기가 일어선 것은
백파선이 들어와 백토로 도자기를 구우면서 부터이다. 백파선이 있었
던 구로무다에서 백토가 발견된 것이다. 백파선이 백토를 발견하여 백
자를 굽자 규슈 각처의 조선인 도공들이 소문을 듣고 모여 들었고, 그
기술이 전파되고 계승 발전되므로 일본 도자기가 세계의 도자기로 나
아가게 된 것이다.[34]

이상의 내용은 일본 도자사의 상식에서 크게 벗어난 것이었다. 가
령 1616년 이참평이 아리타에서 양질의 백자광을 발견하여 텐구타
니(天狗谷)에서 가마를 설치하고 일본에서 최초로 백자를 생산했다.
이로 인하여 이참평은 아리타 도공들의 우두머리가 되었고, 또 훗날
아리타의 도조가 되었다. 그의 도자기술이 다케오에 사는 백파선 부

---

34 이 글은 백파선 쉼터에 전시되어있는 백파선 관련 글 중 「5. 백파선은 아리타의 도
조 이삼평의 스승이었다」는 글 내용을 그대로 옮긴 것이다.

부에게 자주 찾아가 배웠다는 기록은 어디에도 없다. 그럼에도 불구하고 김해에서는 아리타 사람들이 도조로 받들고 있는 이참평을 백파선 부부의 제자로 묘사함으로써 김해 출신 백파선 부부가 충남 공주 출신 이참평보다 더 위대할 뿐 아니라 실제로는 백파선이 아리타의 도조라고 강조하고 있는 것이다.

백파선의 부부가 김해김씨의 김해출신이라고 주장한 김문길은 한 걸음 더 나아가 「오늘날 심당길 도공과 이삼평(이참평) 도공의 후손은 많은 활동을 함으로 역사교과서까지 기록되었지만, 김종전 부부는 그들의 스승이기도 했지만 아직 아는 사람이 없다」고 했다.[35] 여기서 심당길은 가고시마(사쓰마)에서 활약한 도공으로 심수관(沈寿官)의 선조이다. 이 말이 사실이라면 백파선, 김종전 부부는 이삼평뿐만 심당길의 스승이라고까지 하였던 것이다. 이와 같이 김해에서 백파선은 일본 아리타 도자기 기술의 원조이자 조선 여성최초의 여성 도공일 뿐만 아니라 이참평의 스승이라는 담론까지 형성되고 있는 것이다.

이러한 백파선은 한일양국 관계자들에 의해 현창사업이 활발하게 벌어지고 있으며, 그에 따라 그녀에게는 「일본 도자기의 어머니」 「도자기의 수호신」 「불의 여신」이라는 최고의 수식어가 따라다니게 되었다. 여성도공으로서, 도공집단의 지도자로서 살다간 백파선의 예술성과 위대성 그리고 고향 찾기 등 어느 하나 중요하지 않은 것이 없다. 그러나 그것들은 어디까지나 사실에 입각해야 한다. 그러한 절차와 고증 없이 추측만으로 현창사업을 펼친다는 것은 모래 위에 성을 쌓는 일이 될 수밖에 없다. 그러기 위해서는 백파선에 관한 기록은 반드시 검토되어야 함은 두말할 나위가 없다.

---

35 김문길(2009), 앞의 책, p.203.

4. 사료를 통해서 본 백파선

백파선에 관한 사료는 그다지 많지 않다. 다케오의 영주이었던 고토가(後藤家)의 공적을 기록한 『후등가어전공기(後藤家御戰功記)』와 「만료묘태도파의 비(萬了妙泰道婆之塔)」의 비문이 있을 뿐이다. 전자는 에도시대 초기에 편찬된 것이며, 후자는 1705년 3월에 백파선의 증손인 실선(實仙)에 의해 건립된 것으로 현재 보은사(報恩寺) 경내에 있다. 더구나 후자는 마모가 심해 읽기가 대단히 어려우나, 다행히 비문의 내용이 전자에 그대로 수록되어 있어 내용을 파악하는 것이 그다지 어렵지 않다.

그럼 먼저 『후등가어전공기』에는 백파선과 관련하여 서술하고 있는데, 원문과 함께 번역문을 첨부하여 소개하면 다음과 같다.

「家信渡海之節、廣福寺別宗和尚連越居候處、此節帰朝之砌、右別宗ニ申付高麗深海之者焼物師夫婦連帰り廣福寺門前ニ為致住居、其後内田村ニ焼物仕立候様、土地を被与被申候、元和四年十月廿九日、右焼物師相果候ニ付、其婦人子共引連稗古場ニ引移、焼物仕立候處、高麗人共段々相集リ、此レ有田皿山之始祖之由ニ而、実ハ武雄内田村より相始候（干今内田村皿屋と申邊焼物之左品刷出シ候事段々有之候、其邊ニ右焼物師相住居候と相見へ申候）、右高麗より連帰候焼物師曾孫實仙と申候僧、其曾祖母塔ニ書銘いたし候文左ニ記之、.....右高麗人其孫苗字深海と称候事」

「고토 이에노부(後藤家信)가 도해(渡海)를 했을 때, 광복사(廣福寺)의 별종화상(別宗和尙)을 데리고 갔다가 귀국할 때 별종에게 말하기를 조선 심해(深海)의 도공부부를 데리고 돌아가 광복사 문전(門前)에 살게 하고, 그 후 우치다무라(內田村)에서 도자기를 만들 수 있도록 토지를 주었다. 1618년(元和4) 10월 29일 그 도공이 죽었기 때문에 부인이 아이들을 데리고 아리타(有田)의 히에코바(稗古場)로 이사하여 도자기를 만들었더니 조선인들이 점차 몰려들어 이것이 아리타(有田) 사라야마(皿山)의 시조라고 하는데, 사실은 다케오(武雄) 우치다무라에서 시작된 것이다(지금 內田村皿屋 지역 주변에는 조악한 도편이 나오는 것으로 보아 그 주변에 도공들이 살고 있었던 것으로 보인다).... 오른쪽의 조선인은 그 자손의 성씨를 심해라 했다」(필자 번역)

여기에서 보듯이 백파선 부부는 고토 이에노부에게 납치되어 다케오의 광복사 승려 별종(別宗)에게 맡겨졌고, 그 절 앞에서 거주했다. 그러다 우치다에 토지를 하사받아 도자기를 구웠다. 그리고 남편이 1618년 10월 사망하자 자식들을 데리고 아리타로 이주하여 도자기를 만들며 생계를 유지했다.

이러한 내용에서 보듯이 백파선이 도자기술을 어떻게 익혔는지 알 수 없다. 도공의 아내이었기 때문에 자연스럽게 익혔는지, 알 수 없다. 그러나 이들의 도자기술을 가늠해볼 수 있는 부분의 기술이 있다. 즉, 그들이 처음으로 도자기를 구웠던 우치다 마을에서 출토된 도편은 좌품(左品)이라 했다. 다시 말해 품질이 좋지 못한 조악한 것들이라는 뜻이다. 이것만으로 본다면 그들의 기술은 그다지 높지 않은 것으로 보인다. 그러므로 그들이 이참평의 스승이라는 점에 대해서는 의혹을 제기하지 않을 수 없다.

그들의 아리타 이주는 1618년 남편이 사망한 후에 이루어진다. 이 때 900여명의 도공들을 데리고 이주했다는 기록 또한 없다. 더구나 그 때는 이미 이참평이 아리타의 도공들을 총관리 하는 우두머리가 되어 있었다. 그러므로 오히려 가족들과 함께 이주한 백파선은 이참평에게 의지하여야 할 처지였다. 그리고 그의 성씨를 심해(深海)라 했다.

또 하나의 기록인 「만료묘태도파지탑(萬了妙泰道婆之塔)」의 비문이 다. 일본 연구가 나카자토 노리모토(中里紀元)가 「万了妙恭道婆之塔」이 라고 하였지만, 실제는 「萬了妙泰道婆之塔」이다. 이 비문의 내용을 원문과 함께 번역문을 첨부하여 소개하면 다음과 같다.

「曾妣不知姓, 高麗深海人, 文禄初, 本朝攻高麗帰□, 後藤家信頗命曾大孝妣, 謚廣福別宗, 従来仍在門前, 盖有年矣, 信公□ 已能之, 幸得蒙恩, 賜内田, 刱開陶器地, 自作茗盌香鑪, 乃捧信公并別宗和尚, 到今寺僧謂之新太郎燒. 元和四年十月廿九日歿, 法号天室宗傳. 曾妣訓子女得母道, 而後捨内田, 来稗古場, 黒髪山秀白土玉堆, 以為天賜陶地, 由是家居高麗人等悉頼爾, 以明暦二年三月十日, 卒壽九十六, 呵淑容嶷状揚且顔耳垂-肩有充瑠迹, 慈孫尊德常称百婆仙, 惟曾公婆實是皿山始者也. 祖父平左エ門法名宗海, 以業大振家聲, 生二男七女. 伯父宗光生男投廣福薙落, 先孝湛丘生三男, 許仙与季皈佛, 中子力家事, 外曾孫三人為僧, 不是先祖善因所致乎. 仙攣緇索来裔, 立石浮屠一基之次, 洒紀二三□實, 伏願障雲忽盡, 心月圓明遠垂慈蔭孫葉繁栄. 宝永二乙酉天三月十日 茲丁五十年 祐德嗣法比丘絶玄實仙敬白」

「증조모 성은 불상(不詳)이며 조선 심해(深海)의 사람이다. 문록(文禄) 의 초에 일본이 고려를 침략하여 돌아올 때 고토 이에노부(後藤家信)는

萬了妙泰道婆의 탑

매우 강하게 증조부모에 명하여 광복사(廣福寺)의 별종화상(別宗和尚)에 부탁하여 데리고 왔다. 그리고 절의 문전(門前)에 살면서 수년이 지났다. 이에노부공(家信公)의 은혜를 입어 우치다(內田)를 받아 도기지(陶器地)를 열고 스스로 명완(名碗)과 향로(香爐) 등을 만들어 이에노부공과 별종화상에게 바쳤다. 지금에 이르기까지 사승(寺僧)들은 이를 신타로야키(新太郎燒)라 부른다. 1618년(元和4) 10월 29일 사망했다. 법명을 천실종전(天室宗伝)이라 한다. 증조모는 자녀를 훈육하며 어머니의 길을 실천했다. 그 후 우치다를 버리고 히에코바(稗古場)로 왔다. 흑발산(黑髮山)은 훌륭한 백토(白土)가 산출되는 천혜의 도지(陶地)이다. 그리하여 집에 있었던 조선인들은 모두 그녀를 의지하며 왔다. 1656년(明曆2) 3월 10일 서거했다. 향년 96세. 크게 웃고, 아름다운 용모이며, 특별히 빼어난 눈썹, 또 얼굴은 귀가 어깨까지 늘어졌으며, 귀걸이를 착용한 구멍의 흔적이 있었다. 효행자(孝行者)의 자손들은 그 덕을 기려 항상 그녀를 백파선(百婆仙)으로 부르고 있었다. 이 증조부모야말로 사라야마(皿山)의 시조이다. 조부 혜자에몬(平左工門), 법명 종해(宗海)는 가업을 크

425

게 일으켜 가문의 이름을 높였고, 2남 7녀를 생산하였다. 백부 종광(宗光)은 아들을 낳고 광복사에 들어가 삭발했다. 망부 담구(湛丘)는 3남을 낳고, 실선(実仙)과 말자(末子)가 불문(仏門)에 들어가는 것을 허용하고, 차남이 가업을 이었다. 외증손(外曾孫) 3명이 승려가 된 것은 선조의 좋은 인연이 있었기 때문이다. 실선은 검은 물감(墨染) 들인 옷을 입고, 후손(来裔)들을 위해 석탑(石塔) 1기(一基)를 세우며 두 세 개의 말을 적어 둔다. 엎드려 원컨대, 장애가 되는 구름이 걷히고, 심월원명(心月圓明)하여 멀리 자비의 마음을 드리워 자손이 번영되기를 기원한다. 1705年(宝永2) 을유(乙酉) 3월 10일 50回忌에 祐徳嗣法比丘絶玄實仙敬白」(필자 번역)

이러한 비를 세운 것에 대해 서울디자인재단은 「백파선은 96세의 나이로 세상을 떠났으나, 1705년 비문을 작성할 당시 이름 없이 살아온 그의 삶을 안타까워했던 증손자가 이름을 지어 비문에 작성한 것으로 알려졌다」고 했다. 그러나 그러한 근거 또한 어디에도 없다. 오히려 마지막의 문장에서 보듯이 자손들이 번영하기를 기원하며 세운 것으로 보는 것이 타당하다.

전체 내용 중 특히 첫 부분은 앞의 『후등가어전공기』와 유사하다. 다른 것이 있다면 그들의 출신지가 조선의 심해라고 명시해놓은 점이다. 그들은 광복사 앞에 살면서 그릇을 만들어 이에노부와 광복사의 별종에게 바쳤는데, 이를 신타로야키(新太郎焼)라 했다는 것이다. 이는 백파선의 남편이 신타로라는 일본 이름을 가지고 있었다는 것을 의미하는 것이기도 하다. 그의 남편이 사망하여 사원으로 받은 법명은 천실종전(天室宗伝)이었다. 그 후 백파선은 다케오에서 아리타로 거처를 옮겼는데, 그 이유는 다음의 문장인 「흑발산(黒髪山)은 훌륭한 백토(白土)가 산출되는 천혜의 도지(陶地)이다」라고 하였듯이 양질의 백토를 찾아 이주했다.

여기서도 900여명을 데리고 다케오에서 아리타로 이주하였다는 기록은 전혀 보이지도 않는다. 기록으로는 그녀가 아리타에서 정착하자 조선도공들을 고용하였으며, 이들은 그녀에게 의지하며 살았다고 설명하고 있다. 다시 말해 인원수가 몇 명인지 알 수 없거니와, 그들이 백파선 쉼터에서 말하는 것처럼 가라츠, 구마모토, 가고시마 등 원거리 지역의 도공들이라는 설명은 일체 없다. 『후등가어전공기』에서는 남편이 죽고 자식들을 데리고 아리타의 히에코바로 이주하였다 했고, 「만료묘태도파지탑」에서도 그와 유사한 내용의 서술이 있는가 하면 「집에 있었던 조선인들은 모두 그녀를 의지하며 왔다」고 할 뿐 그 수에 대해서는 밝힌 적이 없다. 그럼에도 사람들은 그녀를 900명, 혹은 960여명을 인솔하여 다케오에서 아리타로 이주한 여성 리더로서 묘사하고 있다. 이것은 백파선의 위대함을 포장하려는 신화적 요소라 지적할 수 있을 것이다.

그녀는 1656年(明曆2) 세상을 떠났는데, 그 때 나이가 96세였다 하니 놀라울 정도로 장수한 셈이다. 백파선이란 이름에 대해서 한국도예협회회장 윤태운은 조선백자를 닮고 자애로웠기 때문에 붙여진 이름이라 했다.[36] 그러나 「만료묘태도파지탑」에서는 자손들이 그녀의 덕을 기려 불렀던 애칭이라고만 설명되어있다. 즉, 그것은 마을 주민들이 아닌 직계의 자손들이 붙인 이름이었다.

그녀의 아들은 헤자에몬(平左エ門=宗海)이다. 그는 가업(家業)을 크게

---

36 정승욱(2016)「일본 재건 종잣돈 된 도자기 -조선도공 백파선이 가르쳐-」『세계일보』2016년 3월 16일자.

일으켰고, 2남 7녀를 두었으며, 장자 종광(宗光)이 출가하여 차남 담구(湛丘)가 대를 이었고, 담구에게는 아들 3명이 있었으나, 장남과 3남이 출가하여 차남이 가업을 이었다고 서술하고 있다. 그리고 이 비는 담구의 장남이자 백파선의 증손자인 실선이 가문의 번영을 기원하여 세운 것이라고 천명하고 있다.

이를 바탕으로 본다면 그들의 집안은 백파선이 아닌 그의 아들 종해 대에 이르러 부흥한 것으로 보인다. 다시 말해 1세대인 백파선에 의해 기초가 다져졌다면 2세대는 이를 바탕으로 집안의 번영을 이루었다는 것이다. 그러므로 백파선은 아리타 도자기의 씨앗을 뿌린 1세대의 상징적인 인물로 보아야 할 것이다.

그리고 이러한 사료를 통해 조선의 출신지와 이름에 대해서 알 수 있는 것은 첫째, 그들의 고향이 조선의 심해라는 점이고, 둘째, 백파선과 남편의 본명은 모른다는 점이며, 셋째, 남편의 일본 이름이 신타로이고, 법명이 천실종전(天室宗伝)이라는 점이다. 넷째, 백파선의 사후 계명이 「만료묘태도파(萬了妙泰道婆)」이라는 사실이다.

그렇다면 조선의 심해란 어디를 가리키는 말인가? 심해라는 지명은 조선에 없다. 사실 심해(深海)를 김해(金海)로 추정하는 설은 나카시마 히로키(中島浩氣)가 처음으로 제시한 것이었다. 그도 김해가 도요지이었고, 나베시마군의 주둔지이었으며, 그 뿐만 아니라 심해와 김해와의 발음 유사성을 들어 그렇게 주장한 것이었다.[37]

이러한 추정이 지금까지 아무런 여과 없이 받아들여져 통용되고 있었던 것이다. 「심해」는 일본어로 「신카이」로 발음된다. 그와 유사한 발음이 나는 지역은 김해와 진해(鎭海)가 있다. 김해는 「킨카이」,

---

37　中島浩氣(1985)『肥前陶磁史考 復刻版』靑潮社, p.137.

진해는 「친카이」라고 하기 때문이다. 두 지역은 발음의 유사성뿐만 아니라 조선시대의 도요지로도 유명하다. 그리고 김해도 오래된 지명이지만, 진해 또한 고려 때부터 사용되었고, 김해에서도 그다지 멀리 떨어진 곳도 아니다. 그러므로 일본인들이 말한 심해가 김해인지 아니면 진해를 가리키는 것인지에 대해서는 현재로서는 판별하기 어렵다. 그럼에도 불구하고 백파선 부부가 김해출신이라고 하고, 그것도 상동면 대감마을이라고 단정 짓는 것은 너무도 성급한 일이 아닐 수 없다.

앞에서도 보았듯이 많은 사람들은 백파선의 남편을 김태도라고 했다. 그러나 그의 본명은 알 수 없다. 더구나 그가 김씨라는 것도 아무런 근거가 없다. 그럼에도 불구하고 그를 김태도라고 하는 이유는 어디에 있는 것일까?

그에 대한 해답은 백파선의 계명에 있었다. 일반적으로 일본에서는 사람이 죽으면 출가하게 되어 사원으로부터 계명을 받는다. 계명은 원호(院號), 도호(道號), 계명(戒名), 위호(位號)로 구성되는데, 보통 원호는 신분이 높은 사람이 받기 때문에 일반인들은 원호를 생략하고 도호, 계명, 위호를 받는다. 이러한 원칙으로 본다면 백파선의 계명 「만료묘태도파」는 다음과 같이 읽어야 한다. 즉, 도호가 「만료(萬了)」, 계명이 「묘태(妙泰)」, 위호가 「도파(道婆)」이다. 다시 말해 그녀에게는 「○○院」이라는 원호는 없다. 그럼에도 불구하고 이러한 원칙을 무시하고 「만료묘태도파」 중 「태도」라는 두 글자만을 골라 남편의 이름으로 해석한 것이었다. 그것 또한 백파선의 계명인 「만료묘태도파」의 일부에서 고른 것이지 심해종전의 계명에서 추출한 것이 아니다. 그러므로 백파선의 남편은 김씨인지 아닌지 판단하기 어려우며, 그

429

의 본명이 김태도가 아닌 것은 분명하다.

한편 백파선의 남편을 김종전이라고도 한다. 이 이름은 앞의 기록에서 보듯이 그것은 그의 법명 천실종전에서 따온 이름이다. 좀 더 정확하게 말하자면 도호가 천실(天室), 계명이 종전(宗傳)인데, 그 중 계명을 따서 김종전이라고 한 것이었다. 따라서 이것 또한 본명이라 할 수 없다. 그리고 그가 김해 김씨 성이라 할 수 있는 근거가 아직 어디에서도 발견되지 않고 있다. 그러므로 그에게 김씨 성을 부여하는 것은 대단히 위험한 일이 아닐 수 없다.

또 많은 사람들은 백파선이 다케오에서 900여명을 이끌고 아리타로 이주할 만큼 조선도공들의 리더였다고 한다. 그러나 그러한 기술은『후등가어전공기』그리고「만료묘태도파지탑」의 어디에도 없다. 다만 있다면 아리타로 이주한 다음 몇 명인지 알 수 없지만 조선도공들을 고용한 일은 있으며, 그녀가 인자하여 그들이 그녀를 의지하였다는 기록이 있을 뿐이다.

또 조선 최초의 여성도공이라는 점에서도 의혹을 제기하지 않을 수 없다. 도예가 신한균은「시대상황으로 여성이 허드렛일을 할 수는 있지만 치마를 입고 직접 물레를 차는 등 도공 일을 한다는 것은 가능하지 않다」며,「우리나라 도자 역사에서 여성 도공의 흔적은 본 적이 없다」고 했다.[38] 이 말이 맞다면 우라나라의 도자사에서 여성도공의 출현은 거의 불가능하다.

그리고 위의 기록에서도 보듯이 그녀의 도자기술이 언제부터 익혔는지 알 수 없다. 조선에서 배운 것인지, 아니면 일본에서 익힌 것

---

38 이연옥(2010)「한일문화연 '하기 도자기 원조는 울산출신 여도공'」『울산매일』 2010년 10월 6일자.

인지 분명치 않다. 『후등가어전공기』에서 보듯이 그들이 초기에 만든 것들이 조악한 것들이었다면 그들의 도자기술은 일본에 정착하여 배웠을 가능성도 없지 않다.

이럴 가능성은 「만료묘태도파지탑」의 비문이 더욱 높게 만든다. 그것에 의하면 그녀의 용모 중 「얼굴의 귀가 어깨까지 늘어졌으며, 귀걸이를 착용한 구멍의 흔적이 있다」라고 한 점이다. 이는 그녀가 조선에서 귀걸이를 하고 있었으며, 그것을 벗어도 귀가 어깨까지 축 쳐질 정도로 늘어날 정도로 무거운 것을 하고 있었다는 것을 의미한다. 만일 이것이 사실이라면 백파선은 과연 도공일까?

임란이전 조선시대 양반계층들은 남녀구분 없이 귀걸이를 했었다. 그러한 흔적이 왕조실록에도 보인다. 1572년 9월 선조는 「신체(身體)와 발부(髮膚)는 부모에게 물려받는 것이니 감히 훼상(毁傷)하지 않는 것이 효(孝)의 시초라고 하였다. 우리나라의 크고 작은 사내아이들이 귀를 뚫고 귀고리를 달아 중국 사람에게 조소(嘲笑)를 받으니 부끄러운 일이다. 이후로는 오랑캐의 풍속을 일체 고치도록 중외(中外)에 효유(曉諭)하라. 서울은 이달을 기한으로 하되 혹 꺼리어 따르지 않는 자는 헌부가 엄하게 벌을 주도록 할 것으로 승전(承傳)을 받들라.」[39] 하며 젊은 남성들이 귀를 뚫고 귀걸이 하는 것을 금한 일이 있었다.

그에 대한 단속이 그다지 심하지 않았는지, 그로부터 20년이 지난 임란 때에도 그러한 사람들이 많았던 것 같다. 이러한 것이 일본 측

---

39 선조 5년 9월 28일(辛亥). 젊은 사내들이 귀를 뚫고 귀고리 하는 풍조를 금하도록 하다. 「備忘記傳于政院曰: 身體髮膚, 受之父母, 不敢毁傷, 孝之始也. 我國大小男兒, 必貫穿其耳, 作環珥而懸之, 取譏於中國, 亦可羞愧. 自今後, 一切痛革胡習, 曉諭中外. 京中則限今月, 其或憚不卽從者, 憲府嚴加懲罪, 以此捧承傳可也.」

자료에도 고스란히 담겨져 있다. 그에 대해 재일사학자 윤달세(尹達世)가 철저히 조사한 바가 있는데, 그것에 의하면 『담로초(淡路草)』에 「조선에서 생포한 사람 가운데 귀에 커다란 구멍이 있는 자가 있다.」 또 「조선에서 여자를 데리고 왔는데, 그 여자의 귀에 영락을 끼고 있었다」라는 기록이 있다고 한다.[40] 이처럼 남녀를 가리지 않고 귀족층 사이에서는 귀걸이를 하는 것이 유행이었던 것 같다.

이러한 모습이 특이하였는지 과장되게 표현한 경우도 심심찮게 발견된다. 예를 들면 『단파사(丹波史)』에는 「야마모토 타지마노가미(山本但馬守)의 아내는 조선에서 데리고 온 여자이었는데, 그의 자손 3,4대까지 귀에 구멍이 있었으며, 그 후 없어졌다」는 기록이 있고, 또 효고현(兵庫縣) 타지마(但馬) 지방의 기록인 『칠미군지고(七美郡誌稿)』에도 「오호다가키 무네다카(大田垣宗喬)는 조선정벌 때 조선 왕족의 첩실을 데리고 와 자신의 처로 삼았다. 좌우 양쪽 귀에는 금귀걸이를 걸고 있었기 때문에 그의 자손들은 귀의 밑 부분에 흔적이 있다」는 기록이 있다는 내용이 있다. 조선 여인들의 자손들까지 귀에 흔적이 나타났다고 한 것이었다. 당시 이러한 풍습이 없었던 일본으로서는 그러한 모습이 얼마나 강렬하였는지를 나타내주는 것으로 볼 수 있을 것이다.

귀걸이는 여성뿐만 아니라 남성들도 하였음을 다음과 같은 예에서 알 수 있다. 즉, 『남모루군지(南牟婁郡志)』에 「다카가와라 다테와키 이에모리(高瓦帶刀家盛)는 호리우치아와노모리(堀內安房守)를 따라 출정하였다가 귀에 은환(銀環)을 건 사람을 포로로 잡아 돌아왔다」, 또 오카야마현(岡山縣) 구라시키시(倉敷市)의 모 집안에서는 「히데요시가 일

40　尹達世(2010) 『四百年の長い道〈續編〉』 リトルガリヴァー社, p.44.

▌김해시 백파선 연구소를 열다

으킨 조선전쟁에 참여하였다가 돌아올 때 조선인 7명을 데리고 왔는데, 그 중 두 명은 귀에 구멍을 뚫은 남자가 있었다」는 기록이 바로 그것이다.[41] 아리타의 백파선이 「귀가 어깨까지 늘어졌으며, 귀걸이를 착용한 구멍의 흔적이 있었다」는 서술은 바로 이러한 사정을 나타낸 것이다.

귀걸이를 한 여인이란 도공의 아내와는 어울리지 않는다. 더구나 백파선은 귀가 어깨 가까이 늘어질 정도 무게의 귀걸이로 치장한 여인이었다. 이 정도의 금 또는 은 귀걸이를 하였다는 것은 조선에서 그녀의 신분을 가늠해볼 수 있다. 즉, 경제적 부를 축적한 양반계층 또는 상인계층의 사람이 아니면 불가능하다. 천민으로 취급당하는 도공의 아내로서는 도저히 있을 수 없는 것이다. 이러한 신분의 여인

41 尹達世(2010), 앞의 책, pp.46-50.

이었다면 그녀의 남편 또한 그에 걸맞는 신분의 사람이어야 한다. 이 것 또한 도공과는 어울리지 않는다.

이와 같이 볼 때 백파선과 그의 남편 심해종전이 처음부터 도공이 었다는 것에 대해 강한 의혹을 제기하지 않을 수 없다. 오히려 도공이 아니라 양반의 신분이었다면 이해가 간다. 그들이 처음 만든 그릇이 조악하였다. 또 그들의 도자 생산은 광복사 앞에서 수년간 산 후 우치다무라로 옮겨 그릇을 구웠다. 다시 말해 일본에 가자마자 그릇을 만든 것이 아니었다. 그렇다면 그들의 도자기술은 광복사 문 앞에서 수년간 살면서 익혔을 가능성이 매우 높다. 수년간 배웠지만 처음으로 생산한 것은 만족할만한 그릇이 아니었다고 보는 것이 합당한 추론일 것으로 생각된다.

이러한 추론이 허용된다면 백파선의 일족은 조선의 양반 출신이 었는데, 왜군에게 납치되어 다케오의 광복사 앞에 살면서 도자기술을 배웠고, 그 기술을 살려 우치다무라에서 그릇을 구웠으나 완성도가 낮았으며, 그 이후 이참평이 아리타에서 백자광산을 발견하여 본격적으로 백자 생산에 박차를 가할 때, 그녀는 식솔들과 함께 공들과 함께 아리타로 이주하였다. 더구나 그녀는 치솟은 눈썹에 크게 웃는 호탕한 성격으로 신분을 초월하여 많은 사람들을 인자하게 대하는 대범한 인품을 가진 여성이었다. 이에 많은 조선도공들이 정신적으로 의지하고 존경하였던 인물이었을 것으로 보인다. 즉, 그녀는 조선이 아닌 일본에서 최초의 여성 도공이 된 조선 여인이라 할 수 있을 것이다.

5. 마무리

지금까지 살펴보았듯이 백파선은 임진왜란 때 왜군에 납치되어 일본 사가 아리타에 이주하여 조선도공을 대표하는 여성 도공이었다. 그 뿐만 아니라 1656년 96세의 일기로 사망하여 장수의 상징이기도 하다. 그러한 것에서 백파선이라는 이름을 얻었을 가능성이 높다. 이러한 그녀에 관한 사료는 1787년경에 편찬된 『후등가어전공기』와 1705년에 건립된 보은사에 남아있는 백파선 법탑에 새겨진 비문밖에 남아 있지 않다. 더구나 후자의 것은 현손에 의해 건립된 것이므로 다소 과장되거나 미화되었을 가능성도 있다.

그럼에도 불구하고 이상의 두 가지 사료를 통하여 알 수 있는 것은 첫째, 그들의 고향이 조선의 심해라는 점이고, 둘째, 백파선과 남편의 본명은 모른다는 점이며, 셋째, 남편의 일본 이름은 신타로이고, 법명이 천실종전이라는 점이다. 넷째, 그들의 초기 도자기술은 그다지 능숙한 편이 아니었으며, 다섯째, 백파선의 사후 계명이 「만료묘태도파」라는 사실이다. 그리고 여섯째 그녀의 「얼굴의 귀가 어깨까지 늘어졌으며, 귀걸이를 착용한 구멍의 흔적이 있다」는 귀족적인 신분에 어울리는 용모상의 특징이다.

이러한 사항을 토대로 그녀를 본다면 백파선과 그녀의 남편은 본래 도공이 아니라 경제적 부를 축적한 양반계층 출신일 가능성이 높으며, 그들의 도자기술은 일본에서 익혔을 가능성도 있다. 그리고 그들의 고향으로 추정되는 심해는 발음상 김해일 가능성은 높으나, 진해도 그 가능성에서 빠뜨릴 수 없다. 그러므로 어느 곳으로 단정한다는 것은 성급한 처사가 아닐 수 없다.

그녀의 남편 심해종전(일본명 深海宗傳)이 김씨 성을 가진 사람이라
는 것이 아무런 근거가 없다. 그리고 한국에서 본명으로 알려진 김
태도는 그의 아내 백파선의 계명에서 따온 것이며, 또 김종전은 일본
절에서 부여한 법명에서 따온 것이었다. 그러므로 그를 비롯한 백파
선을 김해시 상동면 대감마을 출신이며, 조선 최초의 여성 도공이며,
900여명을 인솔하여 일본으로 갔다거나, 다케오에서 아리타로 옮겨
간 리더이었다고 보는 것은 사료의 내용과는 상당한 거리가 있다.
그리고 그들이 김해 김씨이며, 가고시마의 조선도공 심당길과 아리
타 도자기의 도조 이삼평의 스승이었다는 것은 더더욱 얼토당토하
지 않은 언설이다.

이러한 담론은 원자료를 해독하지 않고 진행된 미숙한 연구에 의
해 생성된 것이었다. 그럼에도 김해시는 "백파선 숭상사업을 통해
김해가 국내 최대 예술도자기 시장이 될 수 있도록 지원"하겠다고
포부를 밝히고 있다.[42]

임진과 정유의 왜란은 우리 민족에게 뼈아픈 역사적 교훈을 남기
고 있다. 그 때 왜군에 의해 강제 연행되어 일본으로 건너가 살다가
생애를 마감한 수많은 백성들이 있었다는 것은 어느 누구도 부인할
수 없는 역사적 사실이다. 오늘을 살아가는 우리로서 그들의 삶을 조
명하고, 또 그들의 고향과 이름을 찾아주려는 움직임은 결코 비난의
대상이 될 수 없다. 어쩌면 그것은 나라가 백성을 지켜주지 못한 죄
책감에서 나온 통렬한 반성과 책임일지도 모른다. 그렇다고 역사적
검증 없이 그들의 고향과 이름을 찾을 수 없다. 그럴수록 철저한 조

---

42 박동필(2018)「김해출신 도공 백파선 숭상사업 본격화」『국제신문』 2018년 4월 9
일, 10면.

사와 검증이 이루어져야 함은 두말할 나위가 없다. 그것이야말로 후손으로서 그 분들에 대한 예의이자, 책임과 의무일 것이다. 그러한 의미에서 볼 때 성급하게 그들의 고향을 김해라 하고, 그들에게 김씨 성을 부여하고, 일본인이 부여한 이름으로 본명으로 삼는 것은 결코 바람직하다고 볼 수 없다. 차분한 이성적인 사고로 검증의 시간이 필요한 이유가 바로 여기에 있다 하겠다.

일본 규슈의 조선도공

제1장

김충식(2006) 『슬픈열도』 효형출판.

김태준(1977) 『임진란과 조선문화의 동점』 한국연구원.

구원회(1986) 「단군을 모신 옥산신사」 『일본문화의 뿌리 한국』 상서각.

박대양(1989) 「동사만록」 『해행총재 11권』 민족문화추진회.

신봉승(1982) 「일본도자기의 전통을 세운 한국도공들」 『한국인』 1982년10월호.

신봉승(1996) 『조선사 나들이』 도서출판 답게.

신일철(1986) 「남원에서 납치된 사쯔마야키의 도조들」 『일본문화의 뿌리 한국』 상서각.

심수관(1998) 「한국혼을 지켜온 재일 400년」 『민족연구(1)』 한국민족연구원.

송효빈(1985) 「사쓰마야키 14대 심수관」 『이것이 일본이다』 한국일보사.

우동규(1987) 「피로도공들의 도자기발달과 후예들」 『일본학(6)』 동국대 일본학 연구소.

윤치호(2001) 『국역 윤치호일기(1)』 〈송병기역〉 연세대출판부.

홍종필(1996) 「유구왕국의 도조가 된 조선인 張獻功에 대하여」 『인문과학연구논총(14)』 명지대 인문과학연구소.

정광(1988) 「일본 살마 묘대천에 정착한 임진왜란 한국피로인의 모국어 교육」 『이중언어학회지(4)』 한국이중언어학회.

岡田喜一(1972) 『陶磁大系(16)』 平凡社.

司馬遼太郎(1976) 『故郷忘れじがたく候』 文藝春秋.

椋鳩十(1979) 「12代沈壽官」 『日向薩摩路』 保育社.

橘南谿(1974) 『西遊記』 平凡社 東洋文庫.

鄭光(1988) 「薩摩苗代川傳來の朝鮮歌謠について」 『國語國文(57-6)』 京都大學 文學部 國文科研究室.

李進熙(1987) 『江戶時代の朝鮮通信使』 講談社.

제2장

김의환(1992) 「日本 鹿兒島 苗代川. 笠野原의 玉山宮(檀君祠堂)과 그곳에 전해오는 우리말의 舞歌. 祝詞에 대하여」 『박영석교수화갑기념』 탐구당.

김충식(2006) 『슬픈열도』 효형출판.

노성환(1997) 『일본 속의 한국』 울산대 출판부.

노성환(2007) 「나에시로가와 조성도공 마을에 관한 일고찰」 『일어일문학(35)』 대한일어일문학회.

박용식(2002) 「단군신사와 심수관」 『한글한자문화(38)』 전국한자교육추진총연합회.

신봉승(1982) 「일본도자기의 전통을 세운 한국도공들」 『한국인(10월호)』.

신봉승(1996)『조선사 나들이』도서출판 답게.

신일철(1986)「남원에서 납치된 사쯔마야키의 도조들」『일본문화의 뿌리 한국』
　　　　상서각.

심수관(1995)「日本の中の韓國文化の紹介とこれからの日韓文化交流のありかた」『일
　　　　본학보(35)』한국일본학회.

심수관(1998)「한국혼을 지켜온 재일 400년」『민족연구(1)』한국민족연구원.

송효빈(1985)『이것이 일본이다』한국일보사.

송형섭(1988)「도공 심수관(상)(하)」『일본 속의 백제문화』한겨레.

이상균(1999)「조선도공들의 일본이주 -일본 살마도자기와 관련하여-」『한중고
　　　　고학연구(6)』한국선사고고학회.

이장근(2002)「권병현 주중대사 회고록」월간 신동아, 2002년 3월호.

이진희(1982)『한국과 일본문화』을유문화사.

정병설(1997)「조선도공 후예 심수관의 허상과 실상」『문헌과 해석사』태학사.

정수웅(1999)『일본역사를 바꾼 조선인』동아시아.

조희웅, 마쯔바라 타카토시(1997)「숙향전 형성연대 재고 -일본측 자료를 중심
　　　　으로」『고전문학연구(12)』한국고전문학회.

홍종필(1996)「유구왕국의 도조가 된 조선인 張献功에 대하여」『인문과학연구논
　　　　총(14)』명지대 인문과학연구소.

岡田喜一(1972)『陶磁大系(16)』平凡社.

姜魏堂(1966)『生きている虜因 薩摩焼ゆらい記』新興書房.

金達壽(1990)「苗代川」『古代朝鮮과 日本文化』講談社.

司馬遼太郎(1976)『故郷忘れじがたく候』文藝春秋.

제3장

金義煥(1992)「일본 鹿兒島縣 苗代川. 笠野原의 玉山宮(檀君祠堂)과 그곳에 傳해오
　　　　는 우리말의 舞歌. 祝詞에 대하여」『한국사학논총(상)』水邨 박영석교수
　　　　화갑기념논총간행위원회.

김정호(2011)「사료를 통해서 본 조선피로인의 일본 나에시로가와 정착과정연
　　　　구」『한국정치외교사논총(33-1)』한국정치외교사학회.

김충식(2006)『슬픈 열도』효형출판.

노성환(2007)「옥산신사의 제의와 조선가요에 대한 일고찰」『일본언어문화(11)』
　　　　한국일본언어문화학회.

박성수(2000)『단군문화기행』서원.

박용식(2002)「단군신사와 심수관」『한글한자문화(38) 』전국한자교육추진총연
　　　　합회.

신봉승(1996)『신봉승의 조선사 나들이』도서출판 답게.

서영대(1999)「전통시대의 단군인식」『고조선 단군학(1)』단군학회.

李源圭(1928)「조선가요의 사적고찰」『조선문 조선(134)』조선총독부.

임동권(1974)「옥산궁에 대하여」『한국민속학(1)』한국민속학회.

장사훈(1991)『한국음악사』세광음악출판사.

정수웅(1999)『일본 역사를 바꾼 조선인』동아시아.

차덕호(2001)「薩摩苗代川傳承 朝鮮歌謠의 음운고찰」『국어문학(36)』국어문학회.

原田一良(2002)「薩摩苗代川玉山宮における檀君祭祀の再檢討」『한국신을 모시는 일본의 신사』한국학중앙연구원.

李杜鉉(1973)「玉山宮廟祭」『南日本文化(6)』鹿児島短期大学.

加藤灌覺(1921)「薩摩の苗代川村(上)(中)(下)」『朝鮮』朝鮮總督府.

加藤玄智(1928)「日本で朝鮮の国祖と云はるる檀君を祀った神社」『宗教研究(514)』宗教研究会.

金達壽(1990)「苗代川 –薩摩焼の創始者たち–」『古代朝鮮と日本文化』講談社.

北島万次(1995)『豊臣秀吉の朝鮮侵略』吉川弘文館.

五代秀堯, 橋口兼柄(1982)『三国名勝図会(1)』靑潮社.

鮫島佐太郎(1987)『苗代川のくらし』南日本新聞開發センター.

司馬遼太郎(1976)『故郷忘じがたく候』文藝春秋.

鄭光(1988)「薩摩苗代川伝来の朝鮮歌謠について」『国語国文(57-6)』京都大学文学部国文科研究室.

椋鳩十(1979)「12代沈壽官」『日向薩摩路』保育社.

內藤寯輔(1976)『文祿, 慶長役に於ける被虜人の研究』東京大出版会.

藤井茂利(1988)「薩摩玉山宮に残る『鶴亀ノ舞歌』の表記」『国語国文薩摩路(30)』鹿児島大学文理学部国文研究室.

藤井茂利(1989)「薩摩玉山宮に残る〈鶴亀ノ舞歌〉再考」『国語国文薩摩路(32)』鹿児島大学文理学部国文研究室.

松田道康(1970)「玉山神社 高麗神舞の原流を探して」『民俗研究(5)』鹿兒島民俗学会.

吉田猶藏(1927)「苗代川を訪ふ」『朝鮮(149)』朝鮮總督府.

제4장

김승한(1979)『일본에 심은 한국(1)』중앙일보사.

김충식(2006)『슬픈 열도』효형출판.

신봉승(1996)『신봉승의 조선사 나들이』도서출판 답게.

이진희(1982)『한국과 일본문화』을유문화사.

정광(1996)「오나리攷 –임진왜란 때에 납치된 苗代川 한인들의 망향가」『문학과 언어의 만남』〈김완진 외〉신구문화사.

金達壽(1990年)「苗代川 –薩摩焼の創始者たち–」『古代朝鮮と日本文化』講談社.

司馬遼太郎(1976)『故郷忘じがたく候』文藝春秋.

鄭光(1988)「薩摩苗代川傳來の朝鮮歌謠について」『國語國文(57-6)』京都大學 文學部 國文科研究室.

李杜鉉(1973)「玉山宮廟祭」『南日本文化(6)』鹿児島短期大學.

椋鳩十(1979)「12代沈壽官」『日向薩摩路』保育社.

제5장

김동욱(2004) 「〈유구국세자〉이야기의 유변 양상」『한민족어문학(44)』한민족어
　　문학회.
김용의역(2010)『유로설전』전남대출판부.
박규태(2005) 「멀지만 가까운 또 하나의 일본 오키나와 탐방기」『종교문화비평
　　(8)』한국종교문화연구소.
설성경(2002)『홍길동의 삶과 홍길동전』연세대 출판부.
李沂東(2004)『高天原은 朝鮮인가』거창군.
이형구(2000) 「오키나와의 조선계 분청사기」『역사와 실학(14)』역사실학회.
임영진 「오키나와 구스쿠의 축조배경 –삼별초 세력의 이주 관련성」『호남연구
　　(52)』호남학연구원.
윤용혁(2009) 「오키나와 출토의 고려 기와와 삼별초」『한국사연구(147)』
홍종필(1996) 「유구왕국의 도조가 된 조선인 장헌공에 대하여」『인문과학논총
　　(14)』명지대 인문과학연구소.
홍종필(1999) 「한국과 오키나와의 관계에 대하여」『실학사상연구(10)(11)』역사
　　실학회.
伊芸弘子編(1992)『沖縄 首里の昔話 –小橋川共寬翁の昔話–』三弥井書店.
石川文一(1976)『琉球の伝説集』琉球文庫.
沖縄県立芸術大学付属研究所編(2003)『鎌倉芳太郎資料集(ノート編) 〈第1巻〉 –美術,
　　工藝編–』沖縄県立芸術大学付属研究所.
久米島, しまうた文化研究会(1982)『続琉球の昔物語』海邦出版社.
島袋盛敏(1964) 「琉歌大観」沖縄タイムス社.
島袋盛敏, 翁長俊郎(1968)『琉歌全集』武藏野書院.
多和田眞助(1987)『門中風土記』沖縄タイムス社.
當間一郎監修(1992)『琉球芸能事典』那覇出版社.
ナヌムの家歴史館後援会編(2002)『ナヌムの家歴史館ハンドブック』柏書房.
外間守善(1986)『沖縄の歴史と文化』中央公論社.
山里永吉(1964)『壺中天地 –裏からのぞいた琉球史–』琉球書籍輸入商組合.
尹達世(2003)『四百年の長い道–朝鮮出兵の痕跡を訪ねて–』リーブル出版.
中村 史(1998) 「沖縄・豊見城村「瓦屋節由来」『立命館文學(552)』立命館大学人文学会.

제6장

김문길(1995)『임진왜란은 문화전쟁이다』혜안.
김명란(1981)『일본 구주지방에 이식된 조선조 분청기법』이화여대 석사학위논
　　문.
김태준(1977) 「고려 자손들과 일본의 도자문화」『임진란과 조선문화의 동점』한
　　국연구원.
이미숙(2008)『일본 구주지역의 조선 피로사기장 연구』강원대 박사학위논문.
황정덕(1996) 「일본땅에 도예기술을 떨치다」『내 고장 자랑 –진해, 웅천, 웅동–

　　　　내 고장총서(1)』진해웅천향토문화연구회.

大畑三千夫(평4년)『平戸藩窯(三川內燒)と鶴峰園 三猿』〈個人出版〉.

太田新三郎(1962)『波佐見地方 陶祖の探究』藤木博英社.

金達壽(1993)「日本の中の朝鮮文化(8)」『月刊 韓國文化』3, 韓國文化院.

渋江次郎(1935)『陶器講座(2) -平戸燒-』雄山閣.

白石純英(1975)「肥前平戸中野燒について」『陶說』日本陶磁器協會.

立平進(2008)「松浦鎮信〈天祥公〉と三川內燒」『長崎國際大學論叢(8)』長崎國際大學.

秦恒平(1976)『日本やきもの旅行-唐津、有田、小鹿田、高取、薩摩、壺屋-』平凡
　　　　社.

柳田国男(1989)「島の人生」『柳田国男全集(1)』筑摩書房.

尹達世(2003)『四百年の長い道』-ブル出版.

제7장

김문길(1995)『임진왜란은 문화전쟁이다』혜안.

김태준(1977)『임진란과 조선문화의 동점』한국연구원.

방병선(2003)「조선도자의 일본전파와 이삼평」『백제문화(32)』공주대 백제문화
　　　　연구소.

방병선(2008)「한일시대 한일도자교류」『한일문화교류 -그 새로운 역사의 장을
　　　　열며-』부산박물관.

우동규(1987)「피랍도공들의 도자기발달과 후예들」『일본학(6)』동국대 일본학
　　　　연구소.

이미숙(2008)『일본 구주지역의 조선 피로사기장 연구』강원대학교 박사학위논문.

최경화(2009)「18,19세기 일본 자기의 유입과 전개양상」『미술사논단(29)』한국
　　　　미술연구소.

貢人池氏(2005)『國譯 荷齊日記』서울시사 편찬위원회.

太田新三郎(1962)『波佐見地方陶祖の探究』藤木博英社.

白石純英(1978)「波佐見燒の開窯者をめぐって -李祐慶と秀山のこと-」『陶說 (1)』日
　　　　本陶磁協會.

波佐見史編纂委員會(1976)『波佐見史(上)』波佐見史編纂委員會.

波佐見燒400年祭實行委員會(1999)『波佐見燒400年の歩み』長崎縣波佐見町.

中島浩氣(1936)『肥前陶磁史考』〈復刻本〉, 靑潮社.

中野雄二(2008)「近世波佐見燒の歷史」『海路(6)』海鳥社.

中野雄二編輯(1999)『波佐見燒400年の歩み』波佐見燒400年祭實行委員會.

野上建紀(1999)「波佐見燒の成立について」『波佐見燒400年の歩み』長崎縣波佐見町.

松田毅一(1955)「大村藩年譜」『大村純忠公傳記』大村純忠公傳記刊行會.

尹達世(2003)『四百年の長い道』リーブル出版.

馬場淳(1969)『波佐見陶史』波佐見敎育委員會.

東彼杵郡中部地方職員會(1933)『東彼杵郡 中部地方 鄕土讀本』東彼杵郡中部地方職
　　　　員會.

波佐見史編纂委員會(1976)『波佐見史』波佐見史編纂委員會.

제8장

『平戶燒沿革一覽』
『三河內燒物略記』
김문길(1995)『임진왜란은 문화전쟁이다』혜안.
김태준(1977)「고려 자손들과 일본의 도자문화」『임진란과 조선문화의 동점』한국연구원.
노성환(2009)「나가사키현 미가와치의 조선도공에 관한 일고찰」『일본어교육(49)』한국일본어교육학회.
이미숙(2008)『일본 구주지역의 조선 피로사기장 연구』강원대 박사학위논문.
황정덕(1996)「일본 땅에 도예기술을 떨치다」『내 고장 자랑 -진해, 웅천, 웅동- 내 고장총서(1)』진해웅천향토문화연구회.
황정덕, 도진순, 이윤상(2010)『임진왜란과 히라도 미카와치 사기장』동북아역사재단.
下川達彌(1995)「中野燒」『平戶市史 - 自然,考古編-』平戶市.
下川達彌(2012)「今日に伝える平戶三皿山の歴史と伝統」『三川内燒とその時代』HP.
立平進(2008)「松浦鎭信(天祥公)と三川内燒」『長崎國際大學論叢(8)』長崎國際大.
中島浩氣(1985)『肥前陶磁史考』靑潮社.
松浦靜山(1982),『甲子夜話』平凡社.

제9장

김문길(1995)『임진왜란은 문화전쟁이다』혜안.
노성환(2009)「나가사키현 미가와치의 조선도공에 관한 일고찰」『일본어교육(49)』한국일본어교육학회.
황정덕(1996)「일본 땅에 도예기술을 떨치다」『내 고장 자랑 -진해, 웅천, 웅동- 내 고장총서(1)』진해웅천향토문화연구회.
황정덕, 도진순, 이윤상(2010)『임진왜란과 히라도 미카와치 사기장』동북아역사재단.
大畑三千夫(1992)『平戶藩窯(三川内燒)と鶴峰園 -三猿-』〈個人出版〉.
大西林五郎(1919)『日本陶志』松山堂書店.
中島浩氣(1985)『肥前陶磁史考』靑潮社.
中里逢庵(2004),『唐津燒の硏究』河出書房新社.
秦恒平(1976)『日本やきもの旅行-唐津, 有田, 小鹿田, 高取, 薩摩, 壺屋-』平凡社.
尹達世(2003)『四百年の長い道』リーブル出版.
松尾香(2003)『風土記 椎ノ峰史乘』山口印刷株式會社.
三間文五郎(1936)『平戶藩史考』平戶藩史考編纂會支部.
安部直樹(2001)「平戶藩主と松浦鎭信の茶道」『長崎國際大學論叢(1)』長崎國際大學.
吉村茂三郎(1956)『松浦史』松浦史刊行會.
吉永陽三(1988)「長崎の陶磁」『特別企画展 長崎の陶磁』佐賀縣立九州陶磁文化館.

제10장

강경숙(1990)「일본 有田天狗谷窯에 보이는 한국문화의 영향」『고고미술(185)』 한국미술사학회.

구태훈(2008)「일본에서 꽃핀 조선의 도자기 문화 – 임진왜란 당시 납치된 조선인 도공 이야기-」『역사비평(85)』역사비평사.

노성환(2008)「일본 사가시에 남은 임진과 정유왜란」『일어교육(46)』한국일본 교육학회.

노성환(2009)「일본 사가현 아리타의 조선도공에 관한 일고찰」『일어일문학(42)』 대한일어일문학회.

방병선(2003)「조선도자의 일본전파와 이참평」『백제문화(32)』공주대 백제문화 연구소.

신혜원(2007)「도장 사카이다카키에몬에 관한 고찰」『일본문화연구(21)』동아시 아일본학회.

우동규(1987)「피로도공들의 도자기발달과 후예들」『일본학(6)』동국대 일본학 연구소.

이민수 역(1989)「계미동사일기」『해행총재(5)』민족문화추진회.

中野等(2005)「풍신수길의 대륙침공과 조선인 도공」『한일도자문화의 교류양상』 〈한일관계사학회편〉, 경인문화사.

혼다 마비(2003)『임진왜란 전후의 한일도자 비교연구』서울대학교 박사학위논문.

가타야마 마비(2005)「풍신수길의 조선침략과 비전도자 – 도자를 중심으로-」『한 일도자문화의 교류양상』〈한일관계사학회편〉, 경인문화사.

泉滋三郎(2006)「唐津燒と織部燒について」『基礎科學論集 教養課程紀要(23)』神奈 川齒科大学.

金澤陽(1992)「オランダに見る陶磁器の東西交流」『Morning Calm(16)』대한항공.

金達壽(1988)「日本の中の朝鮮文化(9)」『韓國文化(102)』自由社.

滝口康彦(1991)『佐賀歷史散步』創元社.

寺崎宗俊(1993)『肥前名護屋城の人々』佐賀新聞社.

中里紀元(2001)「肥前の朝鮮陶工」『佐賀の歷史と民俗』福岡博先生古稀記念誌.

中里紀元(2005)「古唐津始原期の謎とルーツ」『古唐津の歷史(2)』松浦文化連盟.

中島浩氣(1985)『肥前陶磁史考』靑潮社.

滝口康彦(1991)『佐賀歷史散步』創元社.

田島龍太(2004)「唐津市 – 唐人町と 御用窯」『海路(2)』海路編輯委員會.

田中時次郎(1977)「椎峯. 緒方廣兵衛高信」『からすんまくら (第19號)』伊万里市郷土 研究会.

松尾香(2002)『風土記 椎ノ峰史乘』, 山口印刷株式會社.

山本常朝(1983)『葉隱(上)』〈松永義弘 譯〉教育社.

제11장

金澤陽(1992)「オランダに見る陶磁器の東西交流」『Morning Calm (16)』대한항공.

가타야마 마비(2005)「풍신수길의 조선침략과 비전도자 -도자를 중심으로-」『한 일도자문화의 교류양상』〈한일관계사학회편〉 경인문화사.

강경숙(1990)「일본 유전천구곡요에 보이는 한국문화의 영향」『미술사학연구 (185)』한국미술사학회.

김태준(1977)「고려 자손들과 일본의 도자문화」『임진란과 조선문화의 동점』한 국연구원.

김충식(2006)「일본 도자기 시조 이삼평 아리타에 스미다」『슬픈 열도 -영원한 이 방인 사백년의 기록- 』효형출판.

노성환(1997)『일본 속의 한국』울산대출판부.

방병선(2003)「조선도자의 일본 전파와 이참평」『백제문화(32)』공주대 백제문 화연구소.

신일철(1986)「일본 도자기의 시조 -이참평을 보고-」『일본문화의 뿌리 한국』〈구 원회편〉 상서각.

신혜원(2007)「도장 사카이다카키에몬에 관한 고찰」『일본문화연구(21)』동아시 아일본학회.

윤용이(1994)「조선초기 도자와 일본 도자에의 영향」『일본연구(9)』한국외대 일 본연구소.

우동규(1987)「조선도공들의 도자기 발달과 후예들」『일본학(6)』동국대 일본학 연구소.

中野等(2005)「풍신수길의 대륙침공과 조선인 도공」『한일도자문화의 교류양상』 〈한일관계사학회편〉 경인문화사.

정성일(1993)「조선도공의 후예, 또칠이와 이삼평」『한국과 일본, 왜곡과 콤플렉 스의 역사』〈한일관계사학회편〉 자작나무.

최승범(1994)『조선도공을 생각한다』신영출판사.

有田町歷史編纂委員會(1985)『有田町史 陶業編(1)』有田町.

有田町歷史編纂委員會(1985)『有田町史 商業編(2)』有田町.

今泉元佑(1980)「陶祖李參平と磁器の創始」『陶說(332)』日本陶磁器協會.

馬渡八太郎(1937)「李氏は日本磁器の元祖(上)(下)」『肥前史談(10-4)』肥前史學會.

金達壽(1988)「日本の中の朝鮮文化(9)-肥前ほか肥後(長崎県, 佐賀県, 熊本県)-」『月 刊 韓國文化(4)』自由社.

倉田芳郎(1994)「肥前磁器創始者と佐賀, 多久唐人古場窯の工人」『磁器へのあこがれ』 多久市敎育委員會.

小松和彦(2001)「李參平 陶山神社」『神になった人びと』淡交社.

龍口康彦(1973)『佐賀歷史散步』創元社.

中里紀元(2001)「肥前の朝鮮陶工-肥前諸大名の連行とヒユウラク舞と望郷の丘-」『佐 賀の歷史と民俗』〈福岡博先生古稀記念誌〉.

中里紀元(1993)『秀吉の朝鮮侵攻と民衆, 文祿の役(上)』文獻出版.

中島浩氣(1985)『肥前陶磁史』〈復刻版〉青潮社.

內藤雋輔(1976)『文祿 慶長役における被虜人の硏究』東京大出版.

八尋典子(1998)「渡來陶工の望郷の宴」『有田皿山おんなの散步史』〈有田町歷史資料館

編〉有田町教育委員會.
吉永陽三(2002)「李氏朝鮮王朝の陶工たちの恩惠」『葉隱研究(48)』葉隱研究會.
松本源次(1989)「大樽 陶山神社」『皿山なぜなぜ』有田町教育委員會.
三杉隆敏(1989)『やきもの文化史』岩波書店.
宮田幸太郎(1975)『有田皿山の制度と生活』個人出版.

제12장

김수현(2007)『16, 17세기 肥前陶磁에 대한 일고찰』경성대 석사논문.
김충식(2006)「일본 도자기 시조 이삼평 아리타에 스미다」『슬픈 열도 -영원한 이방인 사백년의 기록-』효형출판.
신봉승(2008)「가라쓰 그리고 아리타(2)」『한글한자문화』전국한자교육추진총연합회.
신일철(1976)「임란 때 잡혀간 한국도공들」『문학사상(10)』문학사상사.
신혜원(2007)「도장 사카이다카키에몬에 관한 고찰」『일본문화연구(21)』동아시아일본학회.
우동규(1987)「조선도공들의 도자기 발달과 후예들」『일본학(6)』동국대 일본학연구소.
윤용이(1994)「조선초기 도자와 일본 도자에의 영향」『일본연구(9)』한국외대 일본연구소.
이미숙(2006)「조선 사기장 이참평의 피납과정과 활동에 관한 연구」『인문과학연구(26)』.
정성일(1993),「조선도공의 후예, 또칠이와 이삼평」『한국과 일본, 왜곡과 콤플렉스의 역사』〈한일관계사학회편〉자작나무.
최승범(1994)『조선도공을 생각한다』신영출판사.
森淳(1991)「李參平과 有田白磁의 發展」『미술사연구(6)』미술사연구회.
有田町歷史編纂委員會(1985)『有田町史 商業編(2)』有田町.
今泉元佑(1980)「陶祖李參平と磁器の創始」『陶説(332)』日本陶磁器協會.
馬渡八太郎(1937)「李氏は日本磁器の元祖(上)(下)」『肥前史談(10-4)』肥前史學會.
金達壽(1988)「日本の中の朝鮮文化(9)-肥前ほか肥後(長崎県, 佐賀県, 熊本県)-」『月刊 韓國文化(4)』自由社.
倉田芳郎(1994)「肥前磁器創始者と佐賀, 多久唐人古場窯の工人」『磁器へのあこがれ』多久市教育委員會.
小松和彦(2001)『神になった人びと』淡交社.
小宮木代良(2009)「〈陶祖〉言說の成立と展開」『九州史學(153)』九州史學研究會.
中島浩氣(1936)『肥前陶磁史考』肥前陶磁史考刊行會.
中里紀元(1993)『秀吉の朝鮮侵攻と民衆, 文祿の役(上)』文獻出版.
松本源次(1989)「大樽 陶山神社」『皿山なぜなぜ』有田町教育委員會.
三杉隆敏(1989)『やきもの文化史』岩波書店.
三上次男(1989)『日本. 朝鮮陶磁史研究』中央公論美術出版.
吉永陽三(2002)「李氏朝鮮王朝の陶工たちの恩惠」『葉隱研究(48)』葉隱研究會.

제13장

김문길(2009) 『일본의 역사와 조선 -살아 움직이는 가야문화-』부산외대 출판부.

김선미(2019) 「김해, 백파선 그리고 백파선 연구소 – 조선최초의 여성도공 백파
　　　　　선의 삶을 되살리다-」『백파선연구소』창간호, 백파선연구소.

노성환(2009) 「일본 사가현 아리타의 조선도공에 관한 일고찰」『일어일문학』제
　　　　　42집, 대한일어일문학회.

노혜경(2017) 「일본 속의 조선 도공과 한류 –문화원형과 생산기술, 세계시장의
　　　　　만남-」『역사와 실학』62집, 역사실학회.

송희복(2017) 「외국소설 속에 그려진 김해의 여인」『국제언어문학』38집, 국제
　　　　　언어문학회.

이병태(1995) 「김해의 도공 심해종전」『경남향토사론총』경남향토사연구협의회.

이미숙(2008) 『日本 九州地域의 朝鮮 被虜 沙器匠 研究』강원대 대학원 박사학위
　　　　　논문.

우동규(1986) 「피랍도공들의 도자기발달과 후예들」『일본학』6집, 동국대 일본
　　　　　학연구소.

오병우(2018) 「韓日 葬禮文化 比較研究 = 韓日葬禮文化の比較研究 – 村田喜代子の
　　　　　小說「龍秘御天歌」を中心に」『일본문화학보』76집, 한국일본문화학회.

오병우(2019) 「日本の女流作家村田喜代子の作品から見た韓国– 特に韓日の婚礼文
　　　　　化を中心に -」『퇴계학논집』24집, 영남퇴계학연구원.

尹達世(2010) 『四百年の長い道〈續編〉』リトルガリヴァー社.

中島浩氣(1985) 『肥前陶磁史考〈復刻版〉』靑潮社.

中里紀元(2001) 「肥前の朝鮮陶工」『佐賀の歷史と民俗』福岡博先生古稀記念誌.

저자 약력

▮ 노성환(魯成煥, No, Sung hwan) ▮

울산대 일본어 일본학과 교수. 일본 오사카대학 문학박사.
1955년 대구출생. 계명대, 한국외대 대학원, 일본오사카대학 대학원에서
수학. 미국 메릴랜드대학 방문교수, 중국 절강공상대학 객원 교수, 일본
국제일본문화연구센터 외국인연구원 역임. 주된 연구분야는 신화, 역사,
민속을 통한 한일비교문화론이다.

저서

『일본속의 한국』(울산대 출판부, 1994), 『한일왕권신화』(울산대 출판부,
1995), 『술과 밥』(울산대 출판부, 1996), 『젓가락사이로 본 일본문화』(교
보문고, 1997), 『일본신화의 연구』(보고사, 2002), 『동아시아의 사후결혼』
(울산대 출판부, 2007), 『고사기』(민속원, 2009), 『일본의 민속생활』(민속
원, 2009), 『오동도 토끼설화의 세계성』(민속원, 2010), 『한일신화의 비교
연구』(민속원, 2010), 『일본신화와 고대한국』(민속원, 2010), 『일본에 남
은 임진왜란』(제이엔씨, 2011), 『일본신화에 나타난 신라인의 전승』(민속
원, 2014), 『임란포로, 일본의 신이 되다』(민속원, 2014), 『임란포로, 끌려
간 사람들의 이야기』(박문사, 2015), 『조선 피로인이 일본 시코쿠에 전승
한 한국문화』(민속원, 2018), 『조선통신사가 본 일본의 세시민속』(민속
원, 2019) 등

역서

『한일고대불교관계사』(학문사, 1985), 『일본의 고사기(상)』(예전사, 1987),
『선조의 이야기』(광일문화사, 1981), 『일본의 고사기(중)』(예전사, 1990),
『조선의 귀신』(민음사, 1990), 『고대한국과 일본불교』(울산대 출판부,
1996), 『佛敎の祈り』(일본출판)(法藏館, 1997), 『일본의 고사기(하)』(예전
사, 1999), 『조선의 귀신』(민속원, 2019) 등